日本人の情報行動 2010

橋元良明 編

東京大学出版会

Information Behavior 2010 in Japan
Yoshiaki Hashimoto, editor

University of Tokyo Press, 2011
ISBN 978-4-13-050176-7

序

　われわれが第1回「日本人の情報行動調査」を実施した1995年に，携帯電話を自分で利用しているという人は4.2%にすぎなかった．また，パソコンを自宅で利用している人は10.1%であった．今回の2010年調査では，それぞれ99.3%，65.2%と大きく比率を上げている．

　パソコンからであれ，携帯からであれ，インターネットを利用している人は2000年には24.4%だった．われわれの調査結果は当時，利用者の拡大として朝日新聞夕刊の一面トップ記事として大きく報道された．それが2010年調査ではインターネット利用者が79.4%になった．第1回調査の1995年にはインターネットという言葉すら知らない人が大勢いた．当時，パソコン通信に加入しているという人がわずか2.3%だった．

　この15年で情報メディア環境は文字どおり激変した．メディア環境と同時に，われわれの生活も大きく様変わりした．今20歳の大学生は9歳のとき（1999年）iモードの登場に接し，13歳（2003年）で携帯パケット定額制が始まり，15歳（2005年）以降，YouTubeなどの動画投稿サイトに自由にアクセスできる環境にいる．幼稚園に入学する前年（1960年）にはじめて家にテレビを迎え，友人をよんで電気を暗くしてスイッチを入れた筆者（橋元）とはまるで異星のメディア環境である．おそらく，変化の程度でいえば，この15年は人類史上，もっとも劇的な情報環境の変化を遂げた期間であったといって過言でないだろう．

　われわれはインターネットが普及し始める前の1995年に第1回の「日本人の情報行動調査」を開始した．それから5年ごとに調査を積み重ね，2010年には第4回目の調査を実施し終えた．インターネットをはじめ，各種メディアの利用がどのように変化しつつあるか，その変化を数字で裏付けることを目的としたのがこの「日本人の情報行動調査」である．

　本書で示すわれわれの調査研究は，人びとのメディア利用行動やコミュニケ

ーション行動，すなわちわれわれが「情報行動」とよんでいる生活行動に焦点を絞り，それに費やした時間量や利用の実態を，日記式調査と質問票調査の両面から明らかにしようとしたものである．われわれの調査は，調査内容を情報行動に特化しており，この種の調査としては後発隊であることのメリットを生かして，新しいメディアについても可能な範囲内で対処している．日々刻々変わるメディア環境下で，人びとの行動がどのように変化するかを明らかにすることがわれわれの調査研究の趣旨である．

今回，2010年6月に調査を実施し，本書はその報告である．

第1部では全国の満13歳から69歳までの個人を対象に実施した調査の結果を記述する．第2部では，これまでの4回の調査をベースに，さまざまな角度から日本人の情報行動に関して実証的に考察した論考を集めた．

2005年4月に全面施行されたいわゆる個人情報保護法で，近年，ランダム・サンプリングの基礎となる住民基本台帳の閲覧に極めて厳しい条件が課されるようになった．また，市民1人1人のプライバシー意識が高まり，サンプリングにより調査の対象者になっても，回答を拒否する例が飛躍的に多くなった．また，この種の調査は，文系の研究としては膨大な資金を要するものであるが，昨今の経済状況下で，公的な調査経費の調達もままならぬ情勢になった．そうしたなかで実施しえたということでも，われわれの調査は，貴重なものといえよう．

なお，2010年調査は電通総研との共同研究として実施した．同社の全面的な協力がなければ，今回の調査はありえなかった．記して感謝申し上げたい．

2011年3月
橋元良明

目　　次

序 ………………………………………………………… 橋元良明… i

第 1 部　日本人の情報行動の現状と変化

0　「2010 年日本人の情報行動調査」の概要 ……………… 橋元良明… 3
　0.1　研究の経緯 ……………………………………………………… 3
　0.2　調査の概要 ……………………………………………………… 4

1　情報行動の全般的傾向 …………… 橋元良明・北村　智・辻　大介・
　　　　　　　　　　　　　　　　　　　　金　相美… 9
　1.1　情報行動の概況 ………………………………………………… 9
　　1.1.1　情報行動の概略 …………………………………………… 9
　　1.1.2　年齢層別にみた情報行動 ………………………………… 11
　　1.1.3　2010 年調査結果と 2005 年調査結果の比較 …………… 14
　1.2　時間帯別にみたおもな情報行動 ……………………………… 16
　　1.2.1　テレビ視聴の時刻変化 …………………………………… 16
　　1.2.2　インターネット利用の時刻変化 ………………………… 25
　　1.2.3　その他の主なメディアの時刻変化 ……………………… 45
　1.3　情報機器の所有と情報支出 …………………………………… 53
　　1.3.1　情報機器の所有，利用状況 ……………………………… 53
　　1.3.2　情報支出 …………………………………………………… 60
　1.4　情報領域と情報源……………………………………………… 65
　　1.4.1　「ニュース」領域の情報源（複数回答）——テレビ・新聞が優勢 ……… 65
　　1.4.2　「ニュース」領域でもっともよく利用される情報源（単数回答）……… 67
　　1.4.3　「趣味・関心事」領域の情報源（複数回答）——内容による使い分け ……… 67

1.4.4 「趣味・関心事」領域でもっともよく利用される情報源（単数回答）… 69
　1.4.5 利用者の属性からみた情報源──
　　　　「国内ニュース」「ショッピング」情報を中心に ……………………… 69
　1.4.6 PCインターネット利用者の情報源 ………………………………… 75
1.5 状況別メディアの利用と情報行動規範意識 …………………………… 76
　1.5.1 状況別メディアの利用 ………………………………………………… 76
　1.5.2 情報行動規範意識 ……………………………………………………… 100
1.6 メディアの信頼性・重要性評価 ………………………………………… 106
　1.6.1 情報源としてのメディアの信頼性評価 ……………………………… 106
　1.6.2 情報入手手段としてのメディアの重要性評価 ……………………… 110
　1.6.3 娯楽手段としてのメディアの重要性評価 …………………………… 113
　1.6.4 情報機器の重要性評価 ………………………………………………… 117

2 メディア別にみた情報行動 ……橋元良明・森　康俊・久保隅　綾・金　相　美・北村　智・辻　大介・是永　論・小笠原盛浩… 123

2.1 PCインターネット利用 ………………………………………………… 123
　2.1.1 インターネット利用者の概観 ………………………………………… 123
　2.1.2 日記式調査からみたインターネット利用の概況 …………………… 127
　2.1.3 質問紙調査からみた利用内容 ………………………………………… 132
　2.1.4 電子メール ……………………………………………………………… 136
　2.1.5 インターネット利用の同時並行行動 ………………………………… 138
　2.1.6 動画サイトの視聴 ……………………………………………………… 139
　2.1.7 インターネットがテレビ視聴等，他メディア利用に及ぼす影響 … 148
2.2 モバイル・インターネット利用 ………………………………………… 154
　2.2.1 日記式調査からみた携帯インターネット利用の実態 ……………… 154
　2.2.2 質問紙調査からみた携帯インターネットの利用内容 ……………… 167
2.3 音声通話 …………………………………………………………………… 173

2.3.1　携帯電話による音声通話 …………………………………… 174
2.3.2　固定電話による音声通話 …………………………………… 176
2.4　テレビとその他の映像メディア …………………………………… 178
2.4.1　日記式調査からみたテレビ視聴実態とその決定要因 ……… 178
2.4.2　テレビと他の情報行動の同時並行行動 …………………… 187
2.4.3　放送サービスの利用状況と視聴形態の多様化 …………… 190
2.4.4　番組ジャンルとニュースの視聴 …………………………… 198
2.4.5　DVD・ゲーム …………………………………………………… 201
2.5　活字メディアとラジオ ………………………………………………… 212
2.5.1　新聞 …………………………………………………………… 212
2.5.2　本・雑誌・マンガ等 ………………………………………… 215
2.5.3　ラジオ ………………………………………………………… 218
2.6　対面コミュニケーション ……………………………………………… 219
2.6.1　会話行動の概略 ……………………………………………… 219
2.6.2　会合行動の概略 ……………………………………………… 222
2.6.3　場所・基本生活行動と対面コミュニケーション ………… 224
2.6.4　会話行動と通信メディア利用行動 ………………………… 225

3　若年層における情報行動 15 年間の推移 ………………… 橋元良明 … 229
3.1　はじめに ………………………………………………………………… 229
3.1.1　分析方法について …………………………………………… 230
3.1.2　各回の調査の概要 …………………………………………… 232
3.2　テレビ …………………………………………………………………… 233
3.3　新聞 ……………………………………………………………………… 236
3.4　ラジオ …………………………………………………………………… 238
3.5　読書 ……………………………………………………………………… 239
3.6　雑誌 ……………………………………………………………………… 241
3.7　マンガ …………………………………………………………………… 243

3.8 テレビゲーム（テレビモニター） ………………………………… 244
3.9 固定電話（通話）……………………………………………………… 246
3.10 携帯電話（通話） …………………………………………………… 248
3.11 インターネット ……………………………………………………… 249
3.12 携帯ネット …………………………………………………………… 252

第2部　2010年情報行動の諸相

4 政治意識と情報行動——テレビ視聴と私生活志向の
  関連を中心に ……………………………………………… 是永　論… 257
  4.1 はじめに ……………………………………………………………… 257
  4.2 政治不信と私生活志向——私的領域への退行としての情報行動？ ……… 258
  4.3 「私生活志向」の指標 ………………………………………………… 260
  4.4 私生活志向と情報行動 ……………………………………………… 262
  4.5 私生活志向と社会関係資本 ………………………………………… 266
  4.6 政治意識と情報行動 ………………………………………………… 270

5 居住地域の生態学的環境とインターネット利用行動 … 北村　智 … 275
  5.1 はじめに ……………………………………………………………… 275
  5.2 居住地域の特徴の抽出 ……………………………………………… 276
  5.3 インターネット利用パターンと居住地域の生態学的環境 ………… 279
  5.4 インターネット利用日数と居住地域の生態学的環境 …………… 284
  5.5 まとめ ………………………………………………………………… 289

6 日記式調査からみたITワークの実態と労働時空間の
  多様性への影響 …………………………………………… 久保隅　綾 … 293
  6.1 はじめに ……………………………………………………………… 293
  6.2 日本におけるITワークとその影響に関する研究 ………………… 294

6.3 日記式調査によるITワークに関する実証分析 …………………… 296
　6.3.1 ITワーク時間の実態と情報行動項目 …………………………… 297
　6.3.2 ITワーク時間とデモグラフィック属性——ITワーカーの横顔……… 299
6.4 ITワークと仕事時間——長時間労働か,
　　仕事時間のフレキシビリティか ………………………………… 302
6.5 ITワークと仕事の場所——オフィスからの解放? ……………… 306
6.6 まとめ——職場中心生活と分散的就労環境のゆくえ ………… 309

7 デジタルシニア時代の到来——インターネットの浸透と
　シニア層の変化 ……………………………………… 長尾嘉英… 315
7.1 はじめに……………………………………………………… 315
7.2 研究の背景 ………………………………………………… 316
7.3 シニアのインターネット利用率 ………………………… 317
7.4 インタビュー調査からみえてきた実態 ………………… 320
7.5 デジタルシニアとメディアの関わり …………………… 321
7.6 デジタルシニアの高いアクティブ性 …………………… 322
7.7 サクセスフル・エイジングとの関係 …………………… 324
7.8 高齢者のデジタル化へ向けての展望 …………………… 326

8 ネオ・デジタルネイティブの誕生と進化 ……………… 庄野　徹… 331
8.1 はじめに……………………………………………………… 331
8.2 アメリカにおける「デジタルネイティブ」と日本独自の
　　「ネオ・デジタルネイティブ」 ………………………………… 332
8.3 76(ナナロク)世代と86(ハチロク)世代の溝 ………………… 333
　8.3.1 世代間メディアリテラシー比較の起点となる76世代 ………… 333
　8.3.2 76世代と86世代のメディアリテラシーの違い ………………… 334
　8.3.3 "溝"を生んだ時代背景の考察 …………………………………… 335
8.4 ネオ・デジタルネイティブの特徴 ……………………… 336

8.4.1	ネオ・デジタルネイティブの定義 ……………………………………	336
8.5	ネオ・デジタルネイティブの2010年の変化 ………………………………	339
8.5.1	コミュニケーションサービスの普及 …………………………………	339
8.5.2	ネオ・デジタルネイティブのコミュニケーションの変化 ……………	340
8.5.3	繋がり確認型から情報共有発信型へ …………………………………	342
8.5.4	今後の加速要因 …………………………………………………………	343

第3部　調査票（単純集計結果）

第1部　日本人の情報行動の現状と変化

0

「2010年日本人の情報行動調査」の概要

橋元良明

0.1 研究の経緯

　東京大学社会情報研究所は2004年，大学院情報学環と合併し，新制情報学環として改組した．社会情報研究所の前身は新聞研究所である．
　メディア利用やコミュニケーション行動，すなわち「情報行動」に焦点をあて，日本人の情報行動の変化を継続的調査によって明らかにすること，これは東京大学新聞研究所時代から社会心理領域の教員にとって悲願であった．そのためのプリテスト的な意味をもつ単発的調査はこれまで何度か実施されてきた．古くは1958年から1960年にかけ池内一，岡部慶三らが実施した「東京都民の生活時間と生活意識調査」(1960)である．当時「情報行動」というタームはいまだ人口に膾炙していなかったが，この調査は余暇時間におけるマスメディア接触（当時はラジオ，新聞が中心）やコミュニケーション行動を詳細に分析しており，実質的に「情報行動」調査であった．1985年には岡部慶三，田崎篤郎を中心とする「情報行動研究会」が，日記式調査と質問票調査からなる『「情報行動センサス」に関する予備的調査研究』(1986)を実施した．「情報行動センサス」とは，将来的に情報行動に関し大規模調査を実施し，これを国民の生活指標のひとつとして位置づける，という希望を含めた命名であり，当該の調査はそのためのプリテストという位置づけであった．その後，研究所では，地域間比較を主眼とした調査（報告書『情報化の地域間格差と情報行動』1989）や東京都民に調査対象を限定した情報行動調査（「1991年東京都民情報

行動の実態」1992）が実施された．後者は 1991 年から開始され 4 年にわたって行われた重点領域研究「情報化社会と人間」の助成をえてなされたものであり，3 年後には同一サンプルに対する追跡調査を行い，総合的にみて情報行動パターンの大枠は短期間に大きな変化を示さないが，急速な情報化の動きを反映して，その間にもパソコン利用等，個別的メディア利用にかなりの変化が生じたことを明らかにしている（「東京都民情報行動の変化と実態――1991 年/1993 年パネル調査結果を中心に」1994）．

その後，1995 年 3 月には鈴木裕久を中心に全国の 13 歳から 59 歳を対象に「第 1 回　日本人の情報行動調査」が実施された．日記式調査と質問票調査から構成され，有効サンプル数 1025 と小規模ながら，デモグラフィック要因別の情報行動比較，地域別比較，個々のメディア利用に関する要因分析等，多角的に分析が実施された．叢書『日本人の情報行動 1995』(1997) はそれらの成果を集成したものである．

次いで 2000 年 3 月に「第 2 回　日本人の情報行動調査」を実施した．この調査では，日記式調査において「情報行動」と別途に「インターネット利用行動」の記入欄を追加している．これは当時，普及初期にあったインターネットの利用実態を，リアルタイムで数値として把握しようという意図に基づくものであり，調査当日における行為者率は 10% 程度であるが，行為者にあっては利用時間が 88 分にも及び，将来的にテレビを脅かす可能性を示唆するものであった．調査報告とともに 2000 年当時の日本人の情報行動に関する論考をまとめたものが『日本人の情報行動 2000』(2001) である．

さらに 2005 年には第 3 回の「日本人の情報行動調査」を実施し，その成果は『日本人の情報行動 2005』(2006) としてまとめられた．

本書は，これまでの成果を受け，2010 年 6 月に実施した「第 4 回　日本人の情報行動調査」の結果に基づいて記述されている．

0.2　調査の概要

以下に 2010 年 6 月に実施した調査の概要を示す．本書の第 1 部のデータは

すべてこの調査に基づいている．

1) 調査目的

2010年6月時点での日本人の情報行動の実態を明らかにし，あわせて1995年3月，2000年3月，2005年3月の調査結果と比較することを目的とする．

これまで5年ごとに3月に調査を実施してきたが，3月が年度末で，人によっては，入社，入学，転勤などの生活上の変化を迎える人も少なからずいること，メディア的にもイベント連動型の特集番組が企画されたり，各種スポーツイベントがさかんであったりして，やや特異なメディア接触パターンになりかねないことなどの理由から，2010年は6月に調査を実施することにした．

2) 調査方法

「日本人の情報行動調査」は以下の2つの調査から構成された．

（1） 日記式調査

2010年6月1日（火）-3日（木），6月8日（火）-10日（木）のうち，2日間計48時間の情報行動を記録．

具体的には，①「火曜・水曜」と②「水曜・木曜」の連続する2日間の2パターンを設定し，地域等に偏りが出ないよう，対象番号の偶数・奇数によってパターンを振り分けた．記録は基本的には15分単位（情報行動については10分以下の行動も記録）．

（2） 質問票調査

上記調査対象者に対し，メディア利用等に関し質問票で調査

調査実施期間は2010年5月28日（金）-6月14日（月）

いずれも調査対象，調査方法は以下のとおりである．

調査対象：全国満13歳以上69歳以下の男女

調査方法：住民基本台帳に基づく層化二段無作為抽出（全国157地点）

　　　　　調査員による個別訪問留置法

回収率等：抽出標本数2500人．有効回収票1478人（回収率59.1％）

3) 日記式調査の内容と記入方法

日記式調査票の（1）から（3）については，2日間の情報行動を15分きざみで，あらかじめ決められたコードを記入した．（4）については回数を記入した（詳細は第3部の調査票サンプルを参照）．

（1） 所在（7カテゴリー）
（2） 生活基本行動（8カテゴリー）
（3） 情報行動（36カテゴリー）
（4） その他のコミュニケーション行動の頻度（固定電話での通話回数，携帯電話での通話回数，パソコンのメール受発信，携帯電話メールの受発信，その日に会って話を交わした人数について24時間ごとに回数を記入）

（1） 所在（あなたのいた場所）については1995年調査，2000年調査に用いたカテゴリーを踏襲し，「自宅」「親戚や知人の家」「職場」「自宅兼職場」「学校」「移動中」「その他」の7カテゴリーを設けた．

（2） 生活基本行動（おもな生活行動）については，2005年調査の「趣味・レジャー・娯楽・遊び・スポーツ」と「休息・息抜き・その他」を合併し，「趣味・娯楽・休息・その他」とした．それ以外は2005年調査と同じく「睡眠」「身じたく・家事・子どもや家族の世話」「飲食」「移動」「仕事」「学校・塾の授業，それ以外の勉強」「買物」で計8カテゴリーである．なお，われわれの調査の主眼は，あくまで情報行動の分析であるため，生活基本行動に関しては，NHKの生活時間調査などで使用されている分類カテゴリーよりかなり簡略化されたコードを使っている．

この（1）および（2）に関しては，調査対象の48時間を15分単位で分割し，その記録単位すべてにそれぞれいずれかひとつのカテゴリーを選択して記入することを求めた．つまり「所在」「生活基本行動」は，情報行動欄に記入がある，なしにかかわらず，必ずいずれかのカテゴリーが記入されるものである．また，「生活基本行動」は，「仕事」「趣味・娯楽・休息」等のカテゴリーからも推察されるように，同時に何らかの情報行動が選択されていた場合，その目

的も意味するものである．

（3）　情報行動に関しては，基本的に2005年調査のカテゴリーを踏襲している（カテゴリー（各情報行動の詳細項目）に関しては，「1.1　情報行動の概況」または第3部の調査票サンプルを参照のこと）．

記入する場合の時間単位は15分であるが，情報行動については，15分単位のセルで，10分以上続いた行動を矢印で記入させ15分として計算し，10分未満の行動は×印で記入させ5分として計算した．

4）　日記式調査の分析に用いた基本変量の定義と計算方法
（1）　平均時間
　情報行動各カテゴリーの時間について，調査日数（2日間）の1日あたりの平均時間を求めた．計算上は，次の行為者率，行為者平均時間と同様，「調査日数2日間×調査対象者」が基本サンプル数となる．
（2）　行為者率
　調査対象の2日間の1日ごとに，あるカテゴリーの情報行動を行った人の比率を求め，2日間の平均をとった数値である．
（3）　行為者平均時間
　調査日ごとの該当カテゴリーの行動時間の合計を，同じ調査日の行為者の合計で除した数値である．すなわち，調査日1日あたりで，ある情報行動を行った人がどのくらいの時間，その情報行動を行ったかを算出した．

文　献

橋元良明・三上俊治他（1992）「1991年東京都民情報行動の実態」，『東京大学社会情報研究所調査研究紀要』，No. 2.
橋元良明・吉井博明・三上俊治他（1994）「東京都民情報行動の変化と実態──1991年/1993年パネル調査結果を中心に」，『東京大学社会情報研究所調査研究紀要』，No. 4.
池内一・岡部慶三・竹内郁郎他（1960）「東京都民の生活時間と生活意識（その一）」，『東京大学新聞研究所紀要』，No. 10.
情報行動研究会（1986）『「情報行動センサス」に関する予備的調査研究』．
「情報行動」研究班（1989）『情報化の地域間格差と情報行動』．
東京大学社会情報研究所編（1996）『情報行動と地域情報システム』，東京大学出版会．

東京大学社会情報研究所編（1997）『日本人の情報行動 1995』，東京大学出版会.
東京大学社会情報研究所編（2001）『日本人の情報行動 2000』，東京大学出版会.
東京大学大学院情報学環編（2006）『日本人の情報行動 2005』，東京大学出版会.

1

情報行動の全般的傾向

橋元良明・北村　智・辻　大介・金　相美

1.1　情報行動の概況

1.1.1　情報行動の概略

　表 1.1.1 は 2010 年調査の各行動の平均時間，行為者率，行為者平均時間を示したものである．サンプル数は調査日数 2 日×有効調査対象者 1478 人の計 2956 である．ただし，行為者平均の母数は，調査対象日 2 日間を別人の行動と見なして，調査対象日に少しでも当該行為を行った人数の合計である．以下，情報行動についてのみ記述する．

　全体平均時間でもっとも時間が長いのは 184.5 分の「テレビ視聴」である．テレビが情報行動の第 1 位であるのは 1995 年以来，一貫しており，また他の情報行動と比較して圧倒的に長時間である．

　2 番目が 113.9 分の「人と話をする」，3 番目が 38.5 分の「パソコンで作業をする」と続いている．「パソコンで作業をする」の 75.1% が，発生場所が「職場」または「自宅兼職場」であり，ほとんどが仕事のためのものである．

　行為者率の第 1 位も 91.4% の「テレビ視聴」である．第 2 位が「人と話を

1.1 は橋元良明が執筆．
1.2, 1.5 は北村智が執筆．
1.3, 1.6 は辻大介が執筆．
1.4 は金相美が執筆．

表 1.1.1 各行動の平均時間，行為者率，行為者平均時間

		番号	N	全体平均時間(分)	標準偏差	行為者率	行為者数	行為者平均時間(分)	標準偏差
あなたのいた場所	自宅（現在お住まいのところ）	01	2956	866.6	316.9	97.8%	2891	886.1	292.2
	親戚や知人の家	02	2956	20.9	93.9	9.8%	291	212.5	221.2
	職場	03	2956	291.2	303.0	54.2%	1603	537.0	193.0
	自宅兼職場	04	2956	32.1	162.5	6.0%	177	536.4	413.8
	学校	05	2956	52.3	162.2	16.0%	474	325.9	273.7
	移動中（交通機関，自家用車，徒歩など）	06	2956	74.4	71.9	83.6%	2472	89.0	69.9
	その他（矢印の下に具体的な場所をお書きください）	07	2956	102.4	184.1	57.7%	1707	177.4	213.1
主な生活行動	睡眠	08	2956	414.8	110.6	98.4%	2909	421.5	98.0
	身じたく（洗顔，化粧，トイレ，入浴，散髪など）・家事・子供や家族の世話	09	2956	176.7	178.8	95.3%	2817	185.4	178.6
	飲食（食事，喫茶，飲酒）	10	2956	94.0	57.2	95.5%	2824	98.4	54.8
	移動（送り迎えも含む）	11	2956	69.5	70.7	79.1%	2338	87.9	68.6
	仕事	12	2956	290.5	279.3	58.8%	1737	494.3	178.9
	学校・塾の授業，それ以外の勉強（部活動・クラブ活動も含む）	13	2956	50.8	164.2	11.7%	345	434.9	253.2
	買い物をする	14	2956	18.2	37.7	31.0%	915	58.8	47.0
	趣味・娯楽・休息・その他	15	2956	325.7	248.0	96.0%	2838	339.2	243.9
情報行動	テレビ	テレビ放送を見る	16	2956	184.5	156.2	91.4%	2703	201.8	152.3
		録画したテレビ番組を見る	17	2956	11.5	40.1	12.3%	365	93.5	73.2
		DVDソフト・レンタルDVDなどを見る	18	2956	3.1	20.6	3.3%	97	95.6	64.7
		テレビゲームをする	19	2956	3.0	38.4	2.1%	61	144.1	228.1
	携帯電話	メールを読む・書く	20	2956	20.6	59.2	47.8%	1412	43.0	79.8
		サイトを見る	21	2956	9.5	41.6	15.3%	453	61.8	89.8
		サイトに書き込む	22	2956	1.6	22.4	1.8%	54	85.1	144.0
		インターネット経由の動画を見る	23	2956	1.0	17.5	1.3%	38	79.9	133.6
		通話をする	24	2956	8.6	27.0	32.0%	946	26.9	42.2
		テレビ放送を見る	25	2956	1.7	19.1	2.2%	64	80.5	103.3
		録画したテレビ番組を見る	26	2956	0.3	5.2	0.4%	12	65.4	49.9
		ゲームをする	27	2956	1.8	19.4	2.9%	86	63.1	95.8
	パソコン	メールを読む・書く	28	2956	19.7	72.9	27.0%	799	73.0	125.7
		サイトを見る	29	2956	18.6	62.3	22.1%	653	84.4	109.7
		サイトに書き込む	30	2956	1.4	17.7	2.1%	63	67.3	101.8
		インターネット経由の動画を見る	31	2956	3.1	25.7	4.0%	118	78.5	103.4
		チャット機能やメッセンジャーを使う	32	2956	0.7	9.9	0.8%	23	90.4	68.4
		テレビ放送を見る	33	2956	1.8	19.7	1.5%	45	119.9	107.5
		録画したテレビ番組を見る	34	2956	0.3	5.8	0.5%	14	72.1	44.2

1　情報行動の全般的傾向

			番号	N	全体平均時間(分)	標準偏差	行為者率	行為者数	行為者平均時間(分)	標準偏差
情報行動	パソコン	DVDソフト・レンタルDVDなどを見る	35	2956	0.9	11.0	0.9%	27	96.7	63.8
		ゲームをする	36	2956	2.5	21.0	3.2%	94	79.2	88.4
		作業をする（Wordなどでの文書作成，Excelなどでの計算）	37	2956	38.5	115.4	16.8%	498	228.2	189.1
	印刷物	新聞を読む	38	2956	18.8	30.6	47.6%	1407	39.4	34.0
		マンガを読む	39	2956	1.1	8.3	2.5%	75	41.7	32.3
		雑誌（マンガを除く）を読む	40	2956	2.0	11.5	5.2%	153	38.4	33.9
		書籍（マンガ・雑誌を除く）を読む	41	2956	9.0	37.7	10.9%	323	82.6	83.4
		上記以外の文章を読む	42	2956	3.7	32.0	4.7%	138	78.7	127.2
	オーディオ	MP3プレイヤー・CD・MD・テープなどを聞く	43	2956	10.8	40.6	12.2%	361	88.4	81.7
		ラジオを聴く	44	2956	17.2	76.2	11.5%	340	149.4	175.5
	人との会話	人と話をする（打ち合わせを含む）	45	2956	113.9	181.6	57.0%	1686	199.6	201.7
		集会・会議・会合などに出席する	46	2956	12.7	56.0	9.0%	267	140.9	129.1
		固定電話で通話する	47	2956	10.3	44.6	23.8%	705	43.0	83.2
	その他	文書を手で書く（家計簿記入，事務文書作成も含む）	48	2956	12.1	52.2	14.1%	417	85.9	114.1
		授業・講習・講演会に出席する	49	2956	22.9	99.5	6.3%	186	364.6	181.2
		ビデオカメラ・携帯電話などで動画撮影する	50	2956	0.0	0.9	0.3%	9	13.9	10.2
		携帯型ゲーム機でゲームをする	51	2956	1.6	16.5	1.9%	56	84.6	86.1

する」で 57.0%，第 3 位が「携帯電話でメールを読み書きする」で 47.8%，ほぼ同率で 47.6% の「新聞を読む」が続いている．

1.1.2　年齢層別にみた情報行動

表 1.1.2 は年齢層別に各行動の平均時間をみたものである．

テレビ，新聞などは他の年齢層に比べ，10 代がもっとも低い（それぞれ 112.9 分，1.7 分）．一方，「テレビゲーム（14.4 分）」「携帯でのメールの読み書き（49.9 分）」「携帯でサイトに書き込む（4.3 分）」「MP3 プレイヤーなどを聞く（26.0 分）」「携帯型ゲーム機でゲームをする（9.2 分）」などは 10 代が

表 1.1.2　年齢層別にみた各行動の平均時間（分）

	番号	行動の種類	全体 (N=2956)	10代 (N=254)	20代 (N=288)	30代 (N=540)	40代 (N=540)	50代 (N=686)	60代 (N=648)
場所	1	自宅	866.6	746.2	816.8	859.3	812.2	874.1	979.6
	2	親戚や知人の家	20.9	6.9	47.2	24.8	20.3	13.5	19.9
	3	職場	291.2	33.9	357.7	370.9	394.1	329.5	169.9
	4	自宅兼職場	32.1	11.3	9.8	15.2	45.4	42.5	42.2
	5	学校	52.3	500.6	46.6	7.3	8.2	3.6	4.7
	6	移動中	74.4	79.2	87.2	73.4	71.1	74.2	70.7
	7	その他	102.4	61.9	74.8	89.1	88.8	102.6	153.0
生活行動	8	睡眠	414.8	417.1	441.1	420.9	385.1	395.0	442.8
	9	身じたく	176.7	65.3	147.1	212.1	196.3	193.7	169.6
	10	飲食	94.0	69.9	87.1	85.9	93.0	95.5	112.4
	11	移動	69.5	75.5	86.3	71.6	70.0	68.9	58.1
	12	仕事	290.5	43.6	337.6	357.3	396.6	320.9	190.0
	13	学校・塾の授業，それ以外の勉強	50.8	490.7	49.6	6.7	5.7	1.9	4.8
	14	買い物	18.2	6.6	12.8	16.6	17.7	20.2	24.7
	15	趣味・娯楽・休息・その他	325.7	271.4	278.5	268.9	275.6	344.0	437.5
情報行動	16	（テレビ）テレビ放送を見る	184.5	112.9	144.6	149.6	153.4	208.6	260.0
	17	（テレビ）録画したテレビ番組を見る	11.5	10.6	12.0	15.5	11.9	11.4	8.2
	18	（テレビ）DVDソフト・レンタルDVDなどを見る	3.1	3.3	3.0	3.8	2.6	4.9	1.1
	19	（テレビ）テレビゲームをする	3.0	14.4	7.1	2.2	3.1	0.2	0.1
	20	（携帯電話）メールを読む・書く	20.6	49.9	47.6	21.8	20.6	11.9	5.2
	21	（携帯電話）サイトを見る	9.5	30.8	35.2	11.2	4.4	1.3	1.2
	22	（携帯電話）サイトに書き込む	1.6	4.3	3.9	1.4	0.4	2.0	0.1
	23	（携帯電話）インターネット経由の動画を見る	1.0	1.5	0.6	0.9	1.4	1.4	0.4
	24	（携帯電話）通話をする	8.6	2.6	12.3	8.6	11.1	9.0	6.8
	25	（携帯電話）テレビ放送を見る	1.7	1.3	4.2	1.0	0.6	2.1	1.9
	26	（携帯電話）録画したテレビ番組を見る	0.3	0.1	0.0	0.9	0.1	0.2	0.1
	27	（携帯電話）ゲームをする	1.8	3.7	4.5	3.2	2.3	0.1	0.1
	28	（パソコン）メールを読む・書く	19.7	4.0	17.7	25.1	37.9	18.2	8.8
	29	（パソコン）サイトを見る	18.6	7.2	33.2	34.5	20.2	13.5	7.6
	30	（パソコン）サイトに書き込む	1.4	0.7	1.6	2.4	2.4	0.6	0.9
	31	（パソコン）インターネット経由の動画を見る	3.1	3.9	8.9	4.1	3.3	1.3	1.3
	32	（パソコン）チャット機能やメッセンジャーを使う	0.7	0.0	0.8	1.6	0.1	1.4	0.0
	33	（パソコン）テレビ放送を見る	1.8	0.2	2.5	2.2	0.9	1.5	3.0

1 情報行動の全般的傾向

	番号	行動の種類	全体 (N=2956)	10代 (N=254)	20代 (N=288)	30代 (N=540)	40代 (N=540)	50代 (N=686)	60代 (N=648)
情報行動	34	（パソコン）録画したテレビ番組を見る	0.3	0.0	1.9	0.2	0.1	0.5	0.0
	35	（パソコン）DVD ソフト・レンタル DVD などを見る	0.9	0.2	2.7	1.1	1.3	0.7	0.1
	36	（パソコン）ゲームをする	2.5	1.2	4.5	3.1	1.3	3.0	2.1
	37	（パソコン）作業をする	38.5	1.3	60.7	54.7	58.6	37.7	13.6
	38	（印刷物）新聞を読む	18.8	1.7	4.5	8.9	14.4	24.8	37.2
	39	（印刷物）マンガを読む	1.1	2.7	3.2	1.6	0.5	0.2	0.4
	40	（印刷物）雑誌（マンガを除く）を読む	2.0	1.8	2.4	1.7	1.7	1.9	2.5
	41	（印刷物）書籍（マンガ・雑誌を除く）を読む	9.0	14.1	7.6	6.4	9.0	11.1	7.7
	42	（印刷物）上記以外の文章を読む	3.7	8.1	5.1	3.5	1.9	3.8	2.8
	43	（オーディオ）MP3 プレイヤー・CD・MD・テープなどを聞く	10.8	26.0	24.8	12.8	7.4	7.6	3.1
	44	（オーディオ）ラジオを聞く	17.2	0.9	6.0	12.3	15.8	22.1	28.5
	45	（人との会話）人と話をする	113.9	125.0	162.8	156.2	135.0	92.7	57.2
	46	（人との会話）集会・会議・会合などに出席する	12.7	5.2	12.1	11.8	24.9	11.7	7.7
	47	（人との会話）固定電話で通話する	10.3	0.3	12.9	14.2	15.3	9.2	6.7
	48	（その他）文書を手で書く	12.1	11.2	14.1	13.2	8.7	14.5	11.0
	49	（その他）授業・講習・講演会に出席する	22.9	204.2	32.3	2.2	3.7	2.1	3.1
	50	（その他）ビデオカメラ・携帯電話などで動画撮影する	0.0	0.1	0.1	0.1	0.1	0.0	0.0
	51	（その他）携帯型ゲーム機でゲームをする	1.6	9.2	3.0	2.3	0.3	0.2	0.0

もっとも長い．パソコンでのインターネット利用は「メールの読み書き」が40代，「サイトを見る」が30代でもっとも長いが，「1.2.2 インターネット利用」の節で詳述するように，その多くが職場での利用である．自宅での利用に限定して分析すれば，パソコンによるインターネットの利用は，ほとんどの項目で20代がもっとも長い．

「書籍（マンガ・雑誌を除く）を読む」について10代が14.1分ともっとも長くなっているが，これは書籍の対象からとくに学習書（教科書，参考書等）を除外していないためと考えられる．なお，情報行動として別項目に「授業・

表 1.1.3 2010 年調査結果

			番号	全体平均時間 (分)	
				2010 年	2005 年
情報行動	テレビ	テレビ放送を見る	16	184.5	180.3
		録画したテレビ番組を見る	17	11.5	6.5
		DVD ソフト・レンタル DVD などを見る	18	3.1	2.6
		テレビゲームをする	19	3.0	7.3
	携帯電話	メールを読む・書く	20	20.6	16.3
		サイトを見る	21	9.5	1.4
		サイトに書き込む	22	1.6	0.1
		インターネット経由の動画を見る	23	1.0	―
		通話をする	24	8.6	8.2
		テレビ放送を見る	25	1.7	―
		録画したテレビ番組を見る	26	0.3	―
	パソコン	メールを読む・書く	28	19.7	12.3
		サイトを見る	29	18.6	10.7
		サイトに書き込む	30	1.4	1.0
		インターネット経由の動画を見る	31	3.1	―
		テレビ放送を見る	33	1.8	―
		録画したテレビ番組を見る	34	0.3	―
		DVD ソフト・レンタル DVD などを見る	35	0.9	0.8
		ゲームをする	36	2.3	0.5
		作業をする（Word などでの文書作成，Excel などでの計算）	37	38.5	39.1
	印刷物	新聞を読む	38	18.8	26.1
		マンガを読む	39	1.1	2.6
		雑誌（マンガを除く）を読む	40	2.0	4.0
		書籍（マンガ・雑誌を除く）を読む	41	9.0	7.1
		上記以外の文章を読む	42	3.7	5.5
	オーディオ	MP3 プレイヤー・CD・MD・テープなどを聞く	43	10.8	12.8
		ラジオを聴く	44	17.2	23.1
	人との会話	人と話をする（打ち合わせを含む）	45	113.9	54.0
		集会・会議・会合などに出席する	46	12.7	6.9
		固定電話で通話する	47	10.3	11.8
	その他	文書を手で書く（家計簿記入，事務文書作成も含む）	48	12.1	9.7
		授業・講習・講演会に出席する	49	22.9	11.8

公衆・講演会に出席する」という項目があり，この項目と「書籍を読む」の重複記入はほとんどないため，授業中に教科書を読む行為は「書籍を読む」には含まれていないとみなしうる．

1.1.3 2010 年調査結果と 2005 年調査結果の比較

表 1.1.3 はおもな情報行動の平均時間（分），行為者率（％），行為者平均時間（分）について，2005 年と 2010 年を比較したものである．

と 2005 年調査結果の比較

	行為者率（%）			行為者平均時間（分）		
2010—2005	2010 年	2005 年	2010—2005	2010 年	2005 年	2010—2005
4.2	91.4	90.5	0.9	201.8	199.3	2.5
5.0	12.3	7.0	5.3	93.5	92.5	1.0
0.5	3.3	2.4	0.9	95.6	106.1	−10.5
−4.3	2.1	5.1	−3.0	144.1	144.5	−0.4
4.3	47.8	33.8	14.0	43.0	48.2	−5.2
8.1	15.3	3.0	12.3	61.8	45.6	16.2
1.5	1.8	0.5	1.3	85.1	27.4	57.7
	1.3	—		79.9	—	
0.4	32.0	31.4	0.6	26.9	26.1	0.8
	2.2	—		80.5	—	
	0.4	—		65.4	—	
7.4	27.0	18.9	8.1	73.0	65.1	7.9
7.9	22.1	12.9	9.2	84.4	83.1	1.3
0.4	2.1	1.4	0.7	67.3	71.5	−4.2
	4.0	—		78.5	—	
	1.5	—		119.9	—	
	0.5	—		72.1	—	
0.1	0.9	0.8	0.1	96.7	104.7	−8.0
2.0	3.2	1.1	2.1	79.2	45.6	33.6
−0.6	16.8	15.1	1.7	228.2	259.3	−31.1
−7.3	47.6	61.6	−14.0	39.4	42.4	−3.0
−1.5	2.5	3.8	−1.3	41.7	68.1	−26.4
−2.0	5.2	7.5	−2.3	38.4	53.8	−15.4
1.9	10.9	9.9	1.0	82.6	71.8	10.8
−1.8	4.7	6.1	−1.4	78.7	90.2	−11.5
−2.0	12.2	12.4	−0.2	88.4	103.2	−14.8
−5.9	11.5	16.0	−4.5	149.4	146.9	2.5
59.9	57.0	32.3	24.7	199.6	167.2	32.4
5.8	9.0	5.9	3.1	140.9	116.6	24.3
−1.5	23.8	37.6	−13.8	43.0	31.3	11.7
2.4	14.1	10.3	3.8	85.9	94.5	−8.6
11.1	6.3	3.8	2.5	364.6	313.3	51.3

　情報行動のうちもっとも時間が長い「テレビ」についてみれば，5 年で 4.2 分増加している．しかし，その理由のひとつは，調査対象者の高齢者比率が増加したことにある．2005 年では年齢層別構成比率において 50 代が 22.1%，60 代が 18.8% であるが，2010 年調査ではそれぞれが 23.2%，21.9% と増加している．これは標本の抽出が実態的人口比例によることと，また高齢者ほど回収率が高いことによる結果である．2.4.1 でも触れるとおり，テレビは高齢になるに従い，視聴時間が長くなる傾向にある．したがって，この 5 年の平均視聴

時間の微増は，国民全体の平均年齢の高齢化を反映したものである．3.2 で分析するとおり，10 代，20 代の若年層では視聴時間はこの 5 年で減少している．

その他おもなメディアでは新聞が 7.3 分減少している．新聞はこの 5 年間で全年齢層で減少傾向にある．

それに対して携帯電話によるインターネット利用，パソコンによるインターネット利用は平均利用時間，行為者率とも増加している．

1.2　時間帯別にみたおもな情報行動

　この節では，日記式調査における各時刻の行為者率（該当の 1 時間において 1 度でも行為した人の比率）を 1 時間ごとに計算し，2 日間の行為者率をそれぞれの行為者数で重み付けて平均した数値を用いることで，時間帯別の情報行動の行為者率変化を確認する．

1.2.1　テレビ視聴の時刻変化

　今回の日記式調査ではテレビ視聴に関する項目を「テレビ放送を見る」「録画したテレビ番組を見る」の 2 つに分け，テレビ（テレビ受像機），携帯電話，パソコンのそれぞれについて行為の記録を求めた．ここでは「テレビ放送を見る」を「リアルタイム視聴」行為，「録画したテレビ番組を見る」を「タイムシフト視聴」行為とする．

（1）　リアルタイム視聴

　回答者全体のリアルタイム視聴行為者率の時間帯推移についてまとめたのが図 1.2.1 および表 1.2.1 である．図 1.2.1 における「2010 年（全体）」はテレビ受像機，携帯電話，パソコンの機器を問わないリアルタイム視聴行為の行為者率推移であり，「2010 年（テレビ受像機）」はテレビ受像機からのリアルタイム視聴行為に限った行為者率推移である．過去との比較のため，2005 年調査における「（テレビで）テレビ放送を見る」の行為者率推移を図 1.2.1 および表 1.2.1 に併記した．

1 情報行動の全般的傾向

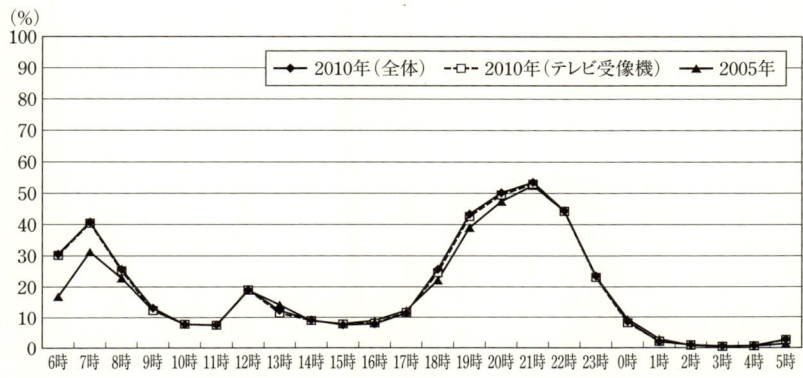

図 1.2.1 時間帯別のリアルタイム視聴行為者率の推移

表 1.2.1 時間帯別のリアルタイム視聴行為者率 (%)

時刻	2010年テレビを見る (全体)	(テレビ受像機)	2005年テレビを見る
6:00	30.11	29.87	16.84
7:00	40.73	40.36	31.46
8:00	26.01	25.78	22.99
9:00	12.96	12.75	12.63
10:00	7.78	7.61	8.21
11:00	7.34	7.17	7.55
12:00	19.11	18.61	18.70
13:00	11.77	11.54	14.33
14:00	8.93	8.76	8.95
15:00	7.44	7.24	7.79
16:00	8.25	8.05	9.00
17:00	11.60	11.40	12.24
18:00	24.70	24.49	21.66
19:00	42.56	42.29	38.96
20:00	49.66	49.29	47.67
21:00	53.25	52.60	52.65
22:00	44.18	43.57	44.60
23:00	24.15	23.55	23.49
0:00	7.98	7.75	9.40
1:00	2.37	2.17	2.70
2:00	1.05	0.95	0.82
3:00	0.64	0.61	0.29
4:00	0.78	0.78	0.11
5:00	2.71	2.67	1.22

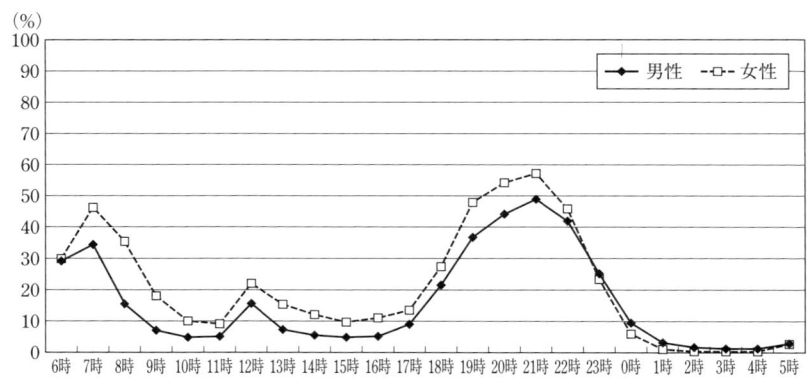

図 1.2.2　性別ごとの時間帯別のリアルタイム視聴行為者率の推移

　図 1.2.1 および表 1.2.1 からわかるように，2010 年調査結果に関して，機器を問わないリアルタイム視聴行為とテレビ受像機からのリアルタイム視聴行為にほとんど差はなく，時間変動パターンの相関係数は 0.999 であった．一般的にみてリアルタイム視聴行為のほとんどはテレビ受像機からのものであると考えられる．

　また，2010 年調査における時間変動パターンと 2005 年調査における時間変動パターンもほぼ一致しており 2005 年リアルタイム視聴と 2010 年リアルタイム視聴（全体）との時間変動パターンの相関係数は 0.980，2010 年リアルタイム視聴（テレビ受像機）との相関係数は 0.979，率としても差はほとんどみられなかった．

　次に回答者を男性と女性に分けてリアルタイム視聴行為者率の時間帯推移についてまとめたのが図 1.2.2 および表 1.2.2 である．男性と女性のリアルタイム視聴行為の時間変動パターンの相関係数は 0.959 と，変動パターンそのものはほぼ一致しているが，行為者率に目を向けるとほぼ一貫して男性よりも女性のほうが高い行為者率を示したといえる．

　回答者を年齢層別に分けてリアルタイム視聴行為者率の時間帯推移についてまとめたのが図 1.2.3 および表 1.2.3 である．パターンについては 10 代以外は 7 時，12 時，19-21 時の 3 つのピークがあることが一致していた．年齢層間の時間帯推移パターンの相関係数をみると 10 代と 60 代のあいだが 0.817 とも

表 1.2.2 性別ごとの時間帯別のリアルタイム視聴行為者率 (%)

時刻	テレビ放送を見る（全体）	
	男性	女性
6：00	29.71	30.46
7：00	34.20	46.45
8：00	15.43	35.28
9：00	7.03	18.15
10：00	5.00	10.22
11：00	5.29	9.14
12：00	16.01	21.83
13：00	7.39	15.61
14：00	5.65	11.80
15：00	4.78	9.77
16：00	5.36	10.79
17：00	9.20	13.71
18：00	21.45	27.54
19：00	36.81	47.59
20：00	44.13	54.51
21：00	**48.77**	57.17
22：00	42.17	45.94
23：00	24.86	23.54
0：00	9.86	6.35
1：00	3.62	1.27
2：00	1.59	0.57
3：00	1.09	0.25
4：00	1.01	0.57
5：00	2.68	2.73

っとも低かった．行為者率としては，全体として年齢層が上になるに従って行為者率が高くなる傾向にあったといえる．ピーク時の行為者率に着目すると，10代ではもっとも高かった21時台でも37.4%に留まり，60代のピークである20時台の行為者率66.8%と比較して約30%の差がみられた．

就業形態別のリアルタイム視聴行為の時間帯推移をまとめたのが，図1.2.4および表1.2.4である．全体的な時間帯推移のパターンは基本的には大きく変わらないが，朝のピークが学生・生徒は6時台，フルタイムとパート・アルバイトは7時台，専業主婦と無職は8時台と就業形態ごとに相違があった．学生・生徒は前述の10代の推移パターンと重なるところが多く，12時台の昼のピークがないことが他の就業形態にない特徴であった．

第1部　日本人の情報行動の現状と変化

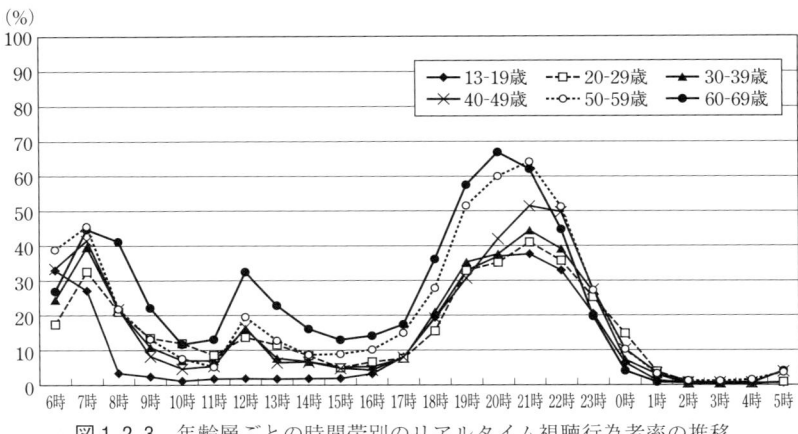

図1.2.3　年齢層ごとの時間帯別のリアルタイム視聴行為者率の推移

表1.2.3　年齢層ごとの時間帯別のリアルタイム視聴行為者率（％）

時刻	テレビ放送を見る（全体）					
	13-19歳	20-29歳	30-39歳	40-49歳	50-59歳	60-69歳
6：00	33.07	17.71	24.44	33.52	39.07	26.85
7：00	26.77	32.64	39.81	41.30	45.63	44.91
8：00	3.54	20.14	21.48	21.85	29.15	41.36
9：00	2.36	13.54	10.93	8.33	13.27	22.07
10：00	1.18	12.15	7.22	4.63	7.58	11.73
11：00	1.57	8.68	7.04	5.37	5.39	12.96
12：00	1.97	13.54	16.11	16.67	19.53	32.41
13：00	1.57	11.46	7.78	6.48	12.68	22.69
14：00	1.57	8.33	6.67	6.67	8.75	16.05
15：00	1.97	4.86	5.37	4.81	9.04	12.96
16：00	3.15	6.94	5.56	4.44	10.20	14.20
17：00	7.87	7.64	7.96	7.78	15.01	17.44
18：00	16.14	15.63	21.30	19.26	27.84	36.11
19：00	32.68	32.64	35.56	30.56	51.46	57.25
20：00	37.01	35.42	37.59	41.85	59.77	66.82
21：00	37.40	40.97	44.44	51.30	64.14	62.35
22：00	33.86	35.76	39.26	49.26	51.02	44.60
23：00	20.87	25.35	26.30	27.41	24.78	19.75
0：00	5.91	14.93	8.52	10.19	7.29	4.17
1：00	1.57	4.51	3.15	3.52	1.46	1.08
2：00	0.79	1.39	1.30	1.30	0.87	0.77
3：00	0.00	0.69	0.74	0.93	0.58	0.62
4：00	0.00	0.69	0.19	1.85	0.87	0.62
5：00	1.97	1.04	0.93	3.52	3.06	4.17

1 情報行動の全般的傾向

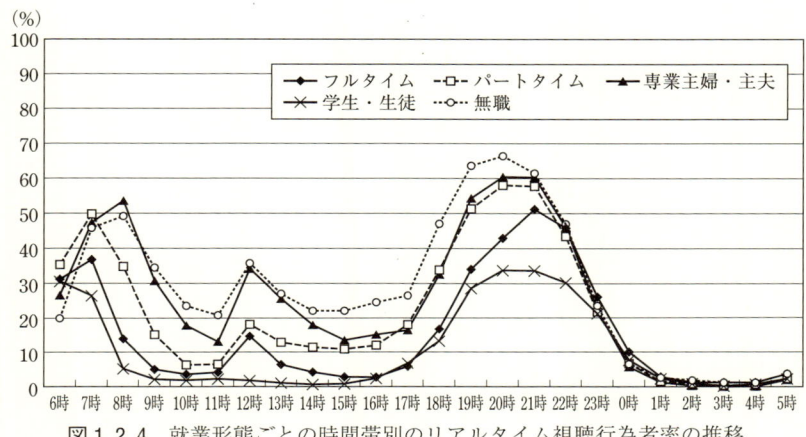

図 1.2.4 就業形態ごとの時間帯別のリアルタイム視聴行為者率の推移

表 1.2.4 就業形態ごとの時間帯別のリアルタイム視聴行為者率（％）

時刻	テレビ放送を見る（全体）				
	フルタイム	パートタイム	専業主婦・主夫	学生・生徒	無職
6:00	31.05	35.69	26.81	30.29	19.73
7:00	36.92	50.00	47.58	26.64	45.92
8:00	13.78	34.94	53.86	5.11	49.32
9:00	4.76	15.24	30.43	2.19	34.35
10:00	3.36	6.32	17.87	1.82	23.47
11:00	4.13	6.69	13.29	2.19	20.75
12:00	14.76	17.84	34.78	1.82	36.05
13:00	6.15	12.64	25.60	1.09	27.21
14:00	3.99	11.34	18.36	0.36	22.79
15:00	2.94	10.59	13.29	0.73	21.77
16:00	2.59	11.90	15.22	2.19	24.49
17:00	5.80	17.66	16.18	6.57	26.53
18:00	16.43	33.83	32.85	13.14	47.28
19:00	34.20	51.30	54.11	28.83	63.61
20:00	42.87	58.18	60.63	33.94	66.33
21:00	51.19	57.81	60.63	33.94	61.90
22:00	45.73	43.49	46.14	30.66	46.94
23:00	26.22	21.56	22.71	20.80	23.47
0:00	9.58	6.51	5.80	7.66	6.46
1:00	3.08	0.93	1.45	2.55	2.72
2:00	1.19	0.93	0.24	1.09	1.70
3:00	0.91	0.56	0.00	0.00	1.02
4:00	1.05	0.74	0.24	0.00	1.02
5:00	3.08	2.42	1.69	1.82	3.74

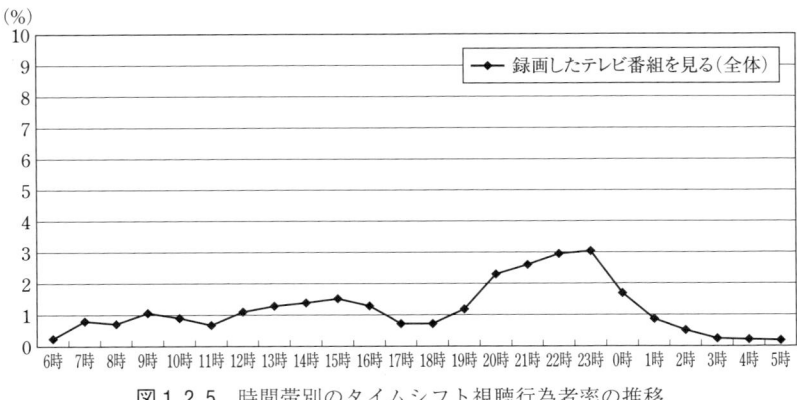

図 1.2.5 時間帯別のタイムシフト視聴行為者率の推移

表 1.2.5 時間帯別のタイムシフト視聴行為者率（%）

時刻	録画したテレビ番組を見る（全体）
6：00	0.24
7：00	0.81
8：00	0.71
9：00	1.05
10：00	0.91
11：00	0.68
12：00	1.08
13：00	1.29
14：00	1.39
15：00	1.52
16：00	1.29
17：00	0.71
18：00	0.71
19：00	1.18
20：00	2.33
21：00	2.60
22：00	2.94
23：00	3.04
0：00	1.69
1：00	0.85
2：00	0.51
3：00	0.24
4：00	0.20
5：00	0.17

1 情報行動の全般的傾向

図1.2.6 性別ごとの時間帯別のタイムシフト視聴行為者率の推移

表1.2.6 性別ごとの時間帯別のタイムシフト視聴行為者率（%）

時刻	録画したテレビ番組を見る（全体）	
	男性	女性
6：00	0.07	0.38
7：00	0.58	1.02
8：00	0.36	1.02
9：00	0.65	1.40
10：00	0.58	1.21
11：00	0.58	0.76
12：00	0.80	1.33
13：00	0.58	1.90
14：00	0.58	2.09
15：00	0.80	2.16
16：00	0.58	1.90
17：00	0.29	1.08
18：00	0.58	0.82
19：00	0.72	1.59
20：00	1.67	2.92
21：00	2.32	2.86
22：00	**2.97**	2.92
23：00	2.83	**3.24**
0：00	2.03	1.40
1：00	1.09	0.63
2：00	0.58	0.44
3：00	0.43	0.06
4：00	0.29	0.13
5：00	0.22	0.13

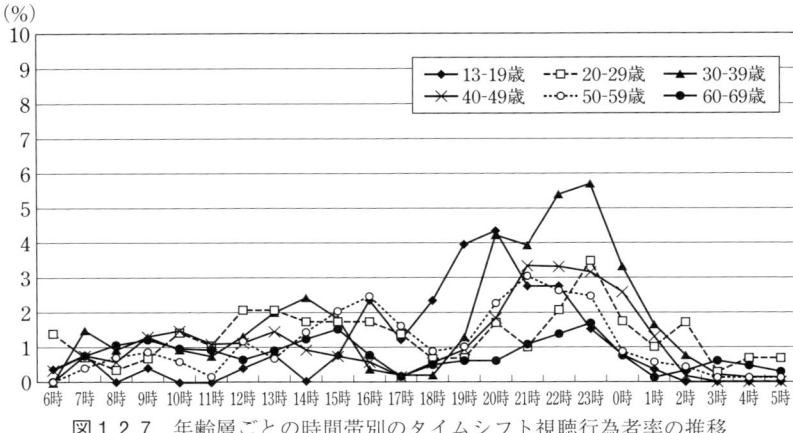

図1.2.7　年齢層ごとの時間帯別のタイムシフト視聴行為者率の推移

表1.2.7　年齢層ごとの時間帯別のタイムシフト視聴行為者率（%）

時刻	録画したテレビ番組を見る（全体）					
	13-19歳	20-29歳	30-39歳	40-49歳	50-59歳	60-69歳
6:00	0.39	1.39	0.00	0.37	0.00	0.00
7:00	0.79	0.69	1.48	0.74	0.44	0.77
8:00	0.00	0.35	0.93	0.56	0.73	1.08
9:00	0.39	0.69	1.30	1.30	0.87	1.23
10:00	0.00	1.39	0.93	1.48	0.58	0.93
11:00	0.00	1.04	0.74	1.11	0.15	0.93
12:00	0.39	2.08	1.30	1.11	1.17	0.62
13:00	0.79	2.08	2.04	1.48	0.73	0.93
14:00	0.00	1.74	2.41	0.93	1.46	1.23
15:00	0.79	1.74	1.85	0.74	2.04	1.54
16:00	2.36	1.74	0.37	0.56	2.48	0.77
17:00	1.18	1.39	0.19	0.19	1.60	0.15
18:00	2.36	0.69	0.19	0.56	0.87	0.46
19:00	3.94	0.69	1.30	0.93	1.02	0.62
20:00	4.33	1.74	4.26	1.85	2.33	0.62
21:00	2.76	1.04	3.89	3.33	3.06	1.08
22:00	2.76	2.08	5.37	3.33	2.62	1.39
23:00	1.57	3.47	5.74	3.15	2.48	1.70
0:00	0.79	1.74	3.33	2.59	0.87	0.77
1:00	0.39	1.04	1.67	1.30	0.58	0.15
2:00	0.00	1.74	0.74	0.19	0.44	0.31
3:00	0.00	0.35	0.19	0.00	0.15	0.62
4:00	0.00	0.69	0.00	0.00	0.15	0.46
5:00	0.00	0.69	0.00	0.00	0.15	0.31

（2） タイムシフト視聴

　回答者全体のタイムシフト視聴行為者率の時間帯推移についてまとめたのが図1.2.5および表1.2.5である（図1.2.5の縦軸は％であるが，全体の行為者率が低いため，上限を10％にして図示した）．タイムシフト視聴の行為者率はピークである23時台でも3.04％とわずかであった．全体としての行為者率が低いため，時間帯推移のパターンはリアルタイム視聴行為ほど明確ではない．

　次に回答者を男性と女性に分けてタイムシフト視聴行為者率の時間帯推移についてまとめたのが図1.2.6および表1.2.6である．リアルタイム視聴行為と同様にタイムシフト視聴行為でもおおむね女性のほうが高い行為者率を示したといえる．

　年齢層ごとにタイムシフト視聴行為者率の時間帯推移をまとめたのが図1.2.7および表1.2.7である．全体として低い行為者率のなかでの変動であるため，年齢層ごとのパターンは明確ではない．60代未満の年齢層では，時間帯は異なるが，ピーク時で3％を超えることがあったが，60代は一貫して2％未満の行為者率で推移していた．

1.2.2　インターネット利用の時刻変化

　今回の調査ではインターネット利用をパソコンからのインターネット利用（以下，PCインターネット利用）と携帯電話からのインターネット利用（以下，携帯インターネット利用）に分けて，インターネット利用に関する行為の記録を求めた．PCインターネット利用は「メールを読む・書く」「サイトを見る」「サイトに書き込む」「インターネット経由の動画を見る」「チャット機能やメッセンジャーを使う」の5項目に分けて行為の記録を求めた．携帯インターネット利用は「メールを読む・書く」「サイトを見る」「サイトに書き込む」「インターネット経由の動画を見る」の4項目に分けて行為の記録を求めた．ここでは，インターネット利用（9項目のうち，いずれかのインターネット利用を行っていた場合には，その時間帯にインターネット利用を行ったとみなす計算），PCインターネット利用（5項目のうち，いずれかのPCインターネット利用を行っていた場合には，その時間帯にPCインターネット利用を行ったとみなす計算），携帯インターネット利用（4項目のうち，いずれかの携

帯インターネット利用を行っていた場合には，その時間帯に携帯インターネット利用を行ったとみなす計算）に分けて時間帯別の行為者率の推移について検討していく．

（1）インターネット利用

回答者全体のインターネット利用行為者率の時間帯推移についてまとめたのが図1.2.8および表1.2.8である．図1.2.8および表1.2.8にはインターネット利用行為の時間帯推移の比較対象としてPCインターネット利用と携帯インターネット利用を併記した．

図1.2.8からわかるようにインターネット利用全体の行為者率の推移パターンはPCインターネット利用よりも携帯インターネット利用のそれと類似している．相関係数でいえば，PCインターネット利用との相関係数が0.924であったのに対し，携帯インターネット利用との相関係数は0.959であった．PCインターネット利用と携帯インターネット利用の行為者率推移の相関係数は0.779であり，類似の度合いは低かったといえよう．PCインターネット利用と携帯インターネット利用は社会的には別のものであるという指摘はしばしばなされるが（e.g., Ishii, 2004; 2006），時間帯別の行為者率推移のパターンからもそのことが推察される．

次に，インターネット利用のみについて男女別に時間帯ごとの行為者率の推

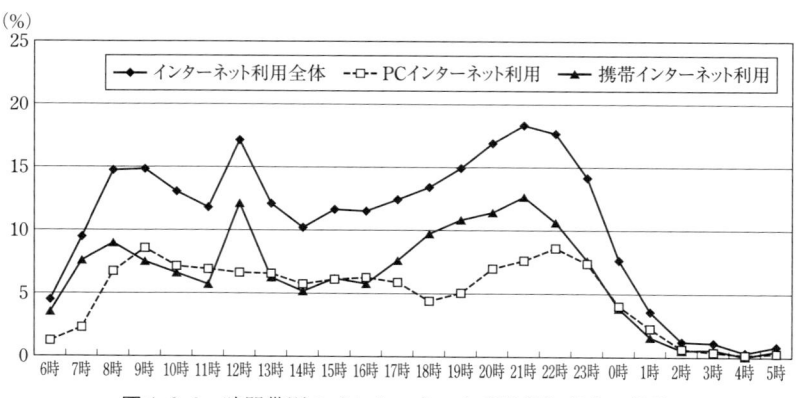

図1.2.8 時間帯別のインターネット利用行為者率の推移

表 1.2.8 時間帯別のインターネット利用行為者率（%）

時刻	インターネット利用全体	PCインターネット利用	携帯インターネット利用
6:00	4.50	1.25	3.52
7:00	9.44	2.33	7.68
8:00	14.75	6.73	9.00
9:00	14.85	8.63	7.51
10:00	13.06	7.17	6.66
11:00	11.77	6.90	5.75
12:00	17.32	6.66	12.18
13:00	12.14	6.56	6.33
14:00	10.25	5.75	5.18
15:00	11.67	6.16	6.26
16:00	11.54	6.26	5.82
17:00	12.48	5.95	7.65
18:00	13.43	4.43	9.74
19:00	14.88	5.04	10.86
20:00	16.98	6.97	11.40
21:00	**18.34**	7.65	**12.69**
22:00	17.73	8.59	10.69
23:00	14.14	7.44	7.71
0:00	7.61	4.16	3.92
1:00	3.52	2.17	1.52
2:00	1.25	0.74	0.58
3:00	1.05	0.44	0.61
4:00	0.44	0.27	0.17
5:00	0.78	0.27	0.51

移をまとめたのが図1.2.9および表1.2.9である．

男性と女性では行為者率のピークを迎える時間帯が異なっており，男性の場合は12時台の19.64%がピークであったのに対し，女性の場合は21時台の19.67%がピークであった．ただし，全体的なパターンとしては相関係数が0.954であり，おおむね類似していたといえよう．

年齢層ごとに時間帯別のインターネット利用行為者率の推移をまとめたのが図1.2.10および表1.2.10である．

50代および60代は深夜を除くと行為者率に大きな変動はなく，はっきりとしたピーク時間帯は存在していなかった．40代は12時台の行為者率がもっとも高く，夜の時間帯に行為者率が高くなることはなかった．10-30代に関しては，12時台にも行為者率が上昇していたが，夜の時間帯のピーク時に行為者率がもっとも高まっていた．年齢層によってインターネット利用行為者率推移

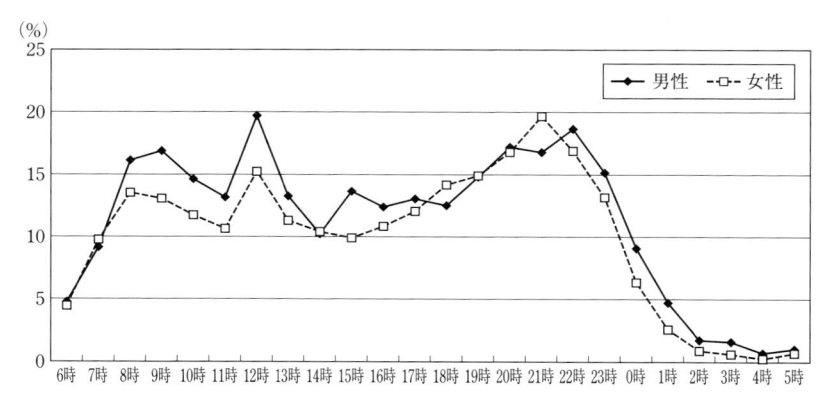

図1.2.9 性別ごとの時間帯別のインターネット利用行為者率の推移

表1.2.9 性別ごとの時間帯別のインターネット利用行為者率（％）

時刻	男性	女性
6：00	4.57	4.44
7：00	9.06	9.77
8：00	16.16	13.52
9：00	16.88	13.07
10：00	14.57	11.74
11：00	13.04	10.66
12：00	19.64	15.29
13：00	13.19	11.23
14：00	10.07	10.41
15：00	13.70	9.90
16：00	12.32	10.85
17：00	12.97	12.06
18：00	12.54	14.21
19：00	14.78	14.97
20：00	17.17	16.81
21：00	16.81	19.67
22：00	18.70	16.88
23：00	15.22	13.20
0：00	9.06	6.35
1：00	4.64	2.54
2：00	1.74	0.82
3：00	1.59	0.57
4：00	0.65	0.25
5：00	0.87	0.70

図 1.2.10　年齢層ごとの時間帯別のインターネット利用行為者率の推移

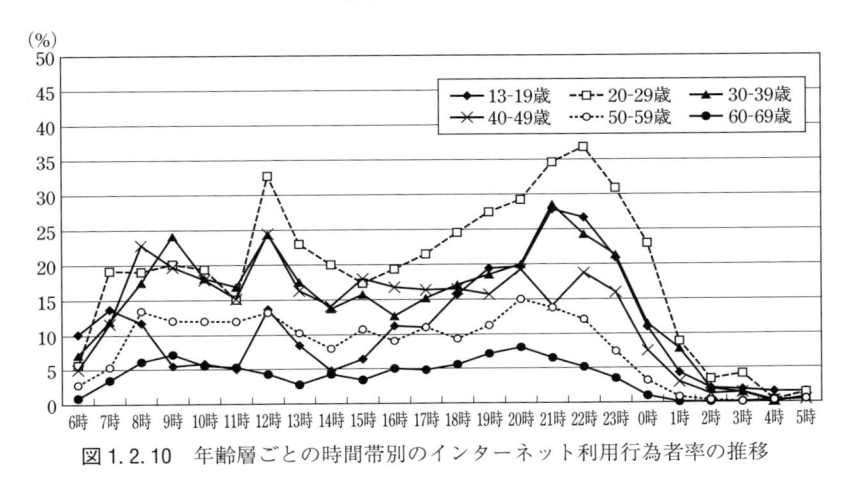

表 1.2.10　年齢層ごとの時間帯別のインターネット利用行為者率（％）

時刻	13-19歳	20-29歳	30-39歳	40-49歳	50-59歳	60-69歳
6：00	10.24	5.90	7.22	4.81	2.77	0.93
7：00	13.78	19.44	12.04	11.67	5.39	3.55
8：00	11.81	19.10	17.59	22.78	13.41	6.33
9：00	5.51	20.14	24.26	19.63	12.10	7.25
10：00	5.91	19.44	18.15	17.96	12.24	5.56
11：00	5.12	15.63	17.04	15.00	11.95	5.40
12：00	13.78	32.64	24.44	24.44	13.27	4.32
13：00	8.27	22.92	17.59	16.30	10.35	2.78
14：00	4.72	20.14	13.89	14.07	8.02	4.17
15：00	6.30	17.36	15.74	18.15	10.79	3.40
16：00	11.42	19.44	12.78	16.85	9.18	5.09
17：00	11.02	21.53	15.37	16.30	11.22	4.78
18：00	15.75	24.65	17.22	16.67	9.62	5.71
19：00	19.29	27.78	18.70	15.74	11.37	7.25
20：00	19.69	29.17	20.00	19.26	15.16	8.02
21：00	27.95	34.72	28.89	14.26	13.85	6.64
22：00	26.77	36.81	24.26	18.70	12.24	5.25
23：00	20.87	30.90	21.30	16.11	7.43	3.55
0：00	11.02	22.92	11.67	7.41	3.06	1.08
1：00	4.33	9.03	7.96	2.96	0.87	0.31
2：00	2.36	3.47	1.85	1.30	0.29	0.31
3：00	1.97	4.17	1.30	1.30	0.00	0.00
4：00	1.57	0.35	0.37	0.56	0.15	0.31
5：00	1.57	1.39	0.74	0.74	0.44	0.62

(2) PCインターネット利用

回答者全体のPCインターネット利用行為者率の時間帯推移についてまとめたのが図1.2.11および表1.2.11である．比較のために2005年調査における「パソコン系インターネット」の利用行為者率の時間帯推移を併記した．

PCインターネット利用に関しては，2005年調査の結果と比較すると全体として行為者率が上昇したということが最大の変化であるといえる．5年間でPCインターネット利用の普及が進んだことによる影響であるといえるだろう．2005年と2010年の行為者率変化の相関係数は0.977であった．このことは，PCインターネット利用に関して利用者は増えたために行為者率そのものは上昇したが，時間帯別の推移パターン自体は大きく変わっていないことを示している．

性別ごとにPCインターネット利用行為者率の時間帯推移についてまとめたのが図1.2.12および表1.2.12である．

インターネット利用全体では男女でもっとも行為者率に開きの出た時間帯でも4%強（12時台）の差であったのに対し，PCインターネット利用に限ってみると，もっとも行為者率に開きの出た時間帯では約8%（9時台）の差が示された．全時間帯において一貫して女性に比べて男性の行為者率が高かった．

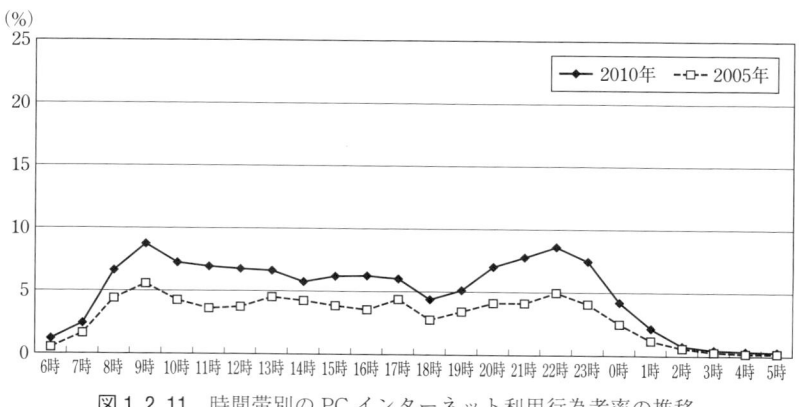

図1.2.11 時間帯別のPCインターネット利用行為者率の推移

表 1.2.11 時間帯別の PC インターネット利用行為者率（％）

時刻	2010 年	2005 年
6：00	1.25	0.5
7：00	2.33	1.6
8：00	6.73	4.4
9：00	8.63	5.6
10：00	7.17	4.2
11：00	6.90	3.6
12：00	6.66	3.7
13：00	6.56	4.5
14：00	5.75	4.2
15：00	6.16	3.9
16：00	6.26	3.6
17：00	5.95	4.3
18：00	4.43	2.7
19：00	5.04	3.4
20：00	6.97	4.1
21：00	7.65	4.1
22：00	8.59	4.9
23：00	7.44	4.0
0：00	4.16	2.4
1：00	2.17	1.2
2：00	0.74	0.6
3：00	0.44	0.3
4：00	0.27	0.1
5：00	0.27	0.2

　PCインターネット利用には全体として性差がみられ，PCインターネットは男性がより利用するという特徴が示されたといえよう．

　女性に関しては夜間にあたる22時前後に行為者率のピークがあるのに対し，男性の場合は9時に行為者率のピークがあり，女性と異なり夜間に行為者率が目立って上昇することはなかった．

　年齢層ごとにPCインターネット利用行為者率の時間帯推移についてまとめたのが図1.2.13および表1.2.13である．

　全体として10代，50代，60代は行為者率が低く，ピーク時であっても行為者率が10%に届くことがなかった．50代，60代は深夜を除く時間帯に関しては行為者率の変動が小さかったが，10代は夜間の利用が中心的であった．40代はインターネット利用全体と同様にPCインターネット利用行為者率が高く

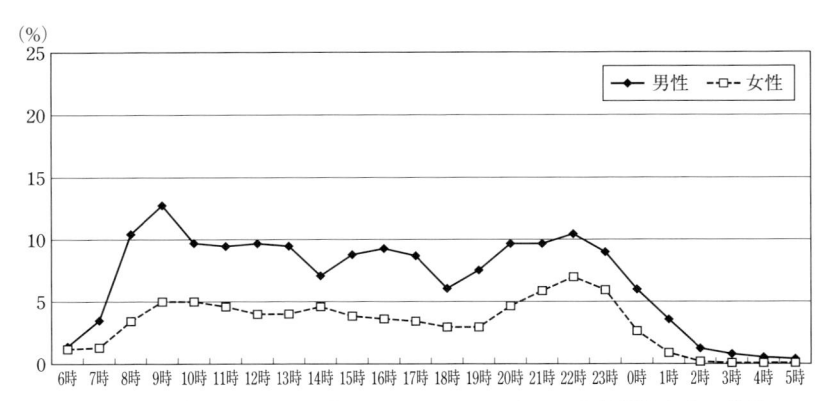

図1.2.12　性別ごとの時間帯別のPCインターネット利用行為者率の推移

表1.2.12　性別ごとの時間帯別のPCインターネット利用行為者率（％）

時刻	男性	女性
6:00	1.38	1.14
7:00	3.48	1.33
8:00	10.51	3.43
9:00	12.83	4.95
10:00	9.71	4.95
11:00	9.49	4.63
12:00	9.78	3.93
13:00	9.49	4.00
14:00	7.10	4.57
15:00	8.84	3.81
16:00	9.28	3.62
17:00	8.77	3.49
18:00	6.16	2.92
19:00	7.46	2.92
20:00	9.64	4.63
21:00	9.64	5.90
22:00	10.43	6.98
23:00	9.06	6.03
0:00	6.01	2.54
1:00	3.62	0.89
2:00	1.30	0.25
3:00	0.87	0.06
4:00	0.51	0.06
5:00	0.36	0.19

1 情報行動の全般的傾向

図 1.2.13　年齢層ごとの時間帯別の PC インターネット利用行為者率の推移

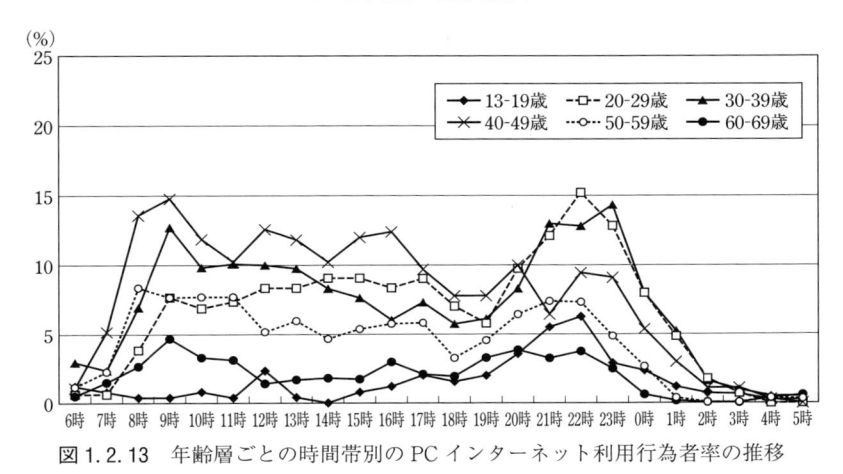

表 1.2.13　年齢層ごとの時間帯別の PC インターネット利用行為者率（％）

時刻	13-19歳	20-29歳	30-39歳	40-49歳	50-59歳	60-69歳
6：00	1.18	0.69	2.96	0.93	1.17	0.46
7：00	0.79	0.69	2.41	5.19	2.04	1.54
8：00	0.39	3.82	7.04	13.70	8.45	2.62
9：00	0.39	7.64	12.78	14.81	7.73	4.63
10：00	0.79	6.94	9.81	11.85	7.58	3.24
11：00	0.39	7.29	10.19	10.19	7.58	3.09
12：00	2.36	8.33	10.00	12.59	5.25	1.39
13：00	0.39	8.33	9.81	11.85	5.98	1.70
14：00	0.00	9.03	8.33	10.19	4.66	1.85
15：00	0.79	9.03	7.59	12.04	5.39	1.70
16：00	1.18	8.33	6.11	12.41	5.69	2.93
17：00	1.97	9.03	7.41	9.63	5.83	2.01
18：00	1.57	6.94	5.74	7.78	3.21	1.85
19：00	1.97	5.90	6.11	7.78	4.52	3.24
20：00	3.54	9.72	8.52	10.00	6.41	3.86
21：00	5.51	12.15	12.96	6.48	7.43	3.24
22：00	6.30	15.28	12.78	9.44	7.29	3.70
23：00	2.76	12.85	14.44	9.07	4.81	2.47
0：00	2.36	7.99	7.96	5.37	2.62	0.62
1：00	1.18	4.86	5.19	2.96	0.29	0.15
2：00	0.79	1.74	1.48	1.11	0.00	0.15
3：00	0.79	0.69	0.56	1.11	0.00	0.00
4：00	0.39	0.00	0.37	0.37	0.15	0.31
5：00	0.00	0.00	0.56	0.00	0.15	0.62

図 1.2.14 就業形態ごとの時間帯別の PC インターネット利用行為者率の推移

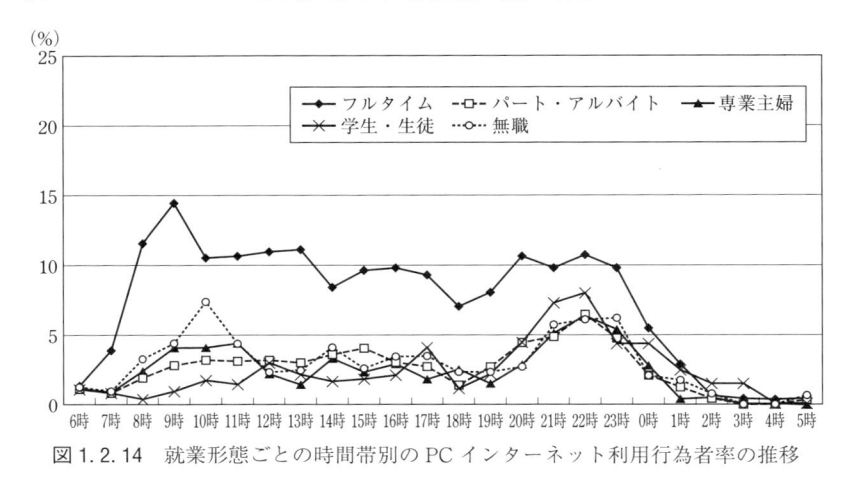

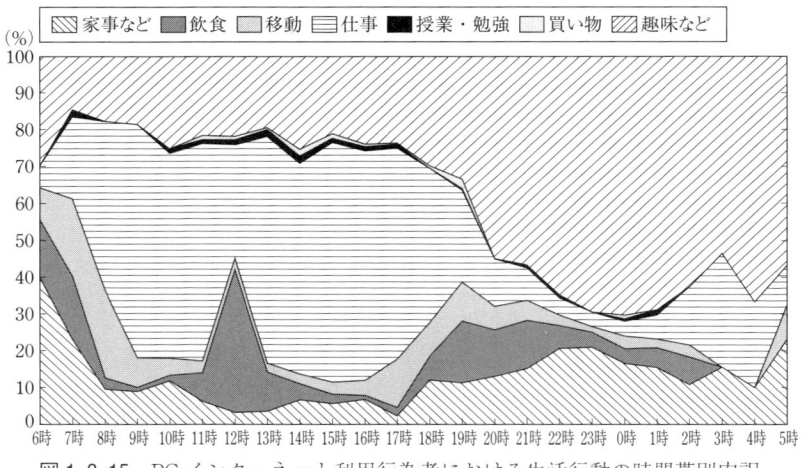

図 1.2.15 PC インターネット利用行為者における生活行動の時間帯別内訳

なる時間帯は昼間であり，20代，30代とは異なり，夜間に PC インターネット利用行為者率が目立って高くなることはなかった．20代および30代は昼間の PC インターネット利用も行為者率が他の年代に比べて高かったが，夜間である 21-23 時台に行為者率が高まっていた．

こうした行為者率の高まる時間帯が年代によって異なることは，年代によって PC インターネット利用の利用内容や利用目的が異なっていることを示唆す

1　情報行動の全般的傾向

表1.2.14　就業形態ごとの時間帯別のPCインターネット利用行為者率（％）

時刻	フルタイム	パート・アルバイト	専業主婦	学生・生徒	無職
6：00	1.40	1.12	0.97	1.09	1.36
7：00	3.85	0.93	0.97	0.73	1.02
8：00	11.68	2.04	2.42	0.36	3.40
9：00	14.48	2.79	4.11	1.09	4.42
10：00	10.49	3.35	4.11	1.82	7.48
11：00	10.63	3.16	4.35	1.46	4.42
12：00	10.91	3.16	2.17	2.92	2.38
13：00	11.12	2.97	1.45	2.19	2.38
14：00	8.39	3.53	3.38	1.82	4.08
15：00	9.58	4.09	2.42	1.82	2.72
16：00	9.86	2.97	2.90	2.19	3.40
17：00	9.30	2.79	1.69	4.01	3.40
18：00	6.99	1.67	2.66	1.09	2.38
19：00	7.97	2.60	1.69	2.19	2.38
20：00	10.49	4.46	2.90	4.38	2.72
21：00	9.79	5.02	5.31	7.30	5.78
22：00	10.70	6.32	6.52	8.03	6.12
23：00	9.79	4.83	5.80	4.38	6.12
0：00	5.59	2.23	3.14	4.38	2.04
1：00	2.94	1.49	0.48	2.55	1.70
2：00	0.84	0.37	0.48	1.46	0.68
3：00	0.63	0.00	0.00	1.46	0.00
4：00	0.42	0.00	0.24	0.36	0.00
5：00	0.21	0.19	0.48	0.00	0.68

るものだろう．

　就業形態ごとにPCインターネット利用行為者率の時間帯推移についてまとめたのが図1.2.14および表1.2.14である．

　全体としてフルタイムの行為者率が高いことが明瞭であった．またフルタイムと無職以外，パート・アルバイト，専業主婦，学生・生徒に関しては行為者率のピークが夜間である22時であったことも特徴的である．

　昼間の時間帯にフルタイムのみ行為者率が高かったことは，この時間帯は通常フルタイムの労働者の就業時間帯であることから，就業時に仕事の関係でPCインターネット利用が行われていることを示しているといえるだろう．これらのことからPCインターネット利用に関して，生活行動とあわせた詳細な分析を行う必要があるといえる．

　図1.2.15はPCインターネット利用行為者における生活行動の比率を時間

帯別にあらわしたものである．

　図 1.2.15 から昼間の時間帯において PC インターネット利用行為が生じる際の生活行動は仕事が主要なものであるといえるだろう．それに対して夜間の時間帯において PC インターネット利用行為が生じる際の生活行動は趣味・娯楽・休息・その他が中心的なものであるといえる．図 1.2.11 に示したように PC インターネット利用に関しては深夜の時間帯を除いて行為者率の変動がさほど大きくなく，時間帯による特徴がはっきりとしないが，生活行動の観点からみれば，PC インターネット利用には時間帯による特徴があるといえよう．

（3）　携帯インターネット利用

　回答者全体の携帯インターネット利用行為者率の時間帯推移についてまとめたのが図 1.2.16 および表 1.2.15 である．比較のために 2005 年調査における「携帯系インターネット」の利用行為者率の時間帯推移を併記した．

　PC インターネット利用と同様に，携帯インターネット利用に関しても 2005 年調査の結果と比較すると全体として行為者率が上昇したということが最大の変化であるといえる．5 年間で携帯インターネット利用の普及が進んだことによる影響であるといえるだろう．また，2005 年調査と比較して，2010 年調査では朝（8 時），昼（12 時），夜（21 時）の 3 つの時点での行為者率のピークが明確になったということも指摘できるだろう．

　性別ごとに携帯インターネット利用行為者率の時間帯推移についてまとめたのが図 1.2.17 および表 1.2.16 である．

　PC インターネット利用行為に関しては全時間帯において一貫して女性に比べて男性の行為者率が高かったが，携帯インターネット利用に関しては，深夜の時間帯を除けば，一貫して男性に比べて女性の行為者率が高かった．PC インターネット利用とは対照的な性差が携帯インターネット利用にあらわれているといえるだろう．

　また，時間帯推移のパターンに関しては，男性の場合，朝のピークは明確でないが，女性の場合，朝のピーク時間帯が明確であるといった特徴がみられた．

　年齢層ごとに携帯インターネット利用行為の時間帯推移についてまとめたのが図 1.2.18 および表 1.2.17 である．

1 情報行動の全般的傾向

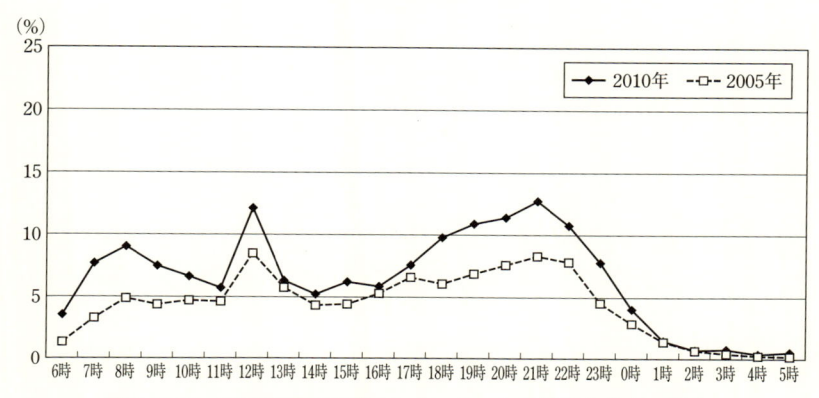

図 1.2.16 時間帯別の携帯インターネット利用行為者率の推移

表 1.2.15 時間帯別の携帯インターネット利用行為者率（%）

時刻	2010 年	2005 年
6：00	3.52	1.4
7：00	7.68	3.3
8：00	9.00	4.9
9：00	7.51	4.3
10：00	6.66	4.7
11：00	5.75	4.6
12：00	12.18	8.5
13：00	6.33	5.7
14：00	5.18	4.3
15：00	6.26	4.5
16：00	5.82	5.3
17：00	7.65	6.6
18：00	9.74	6.1
19：00	10.86	6.9
20：00	11.40	7.6
21：00	12.69	8.3
22：00	10.69	7.9
23：00	7.71	4.5
0：00	3.92	2.9
1：00	1.52	1.3
2：00	0.58	0.7
3：00	0.61	0.3
4：00	0.17	0.2
5：00	0.51	0.1

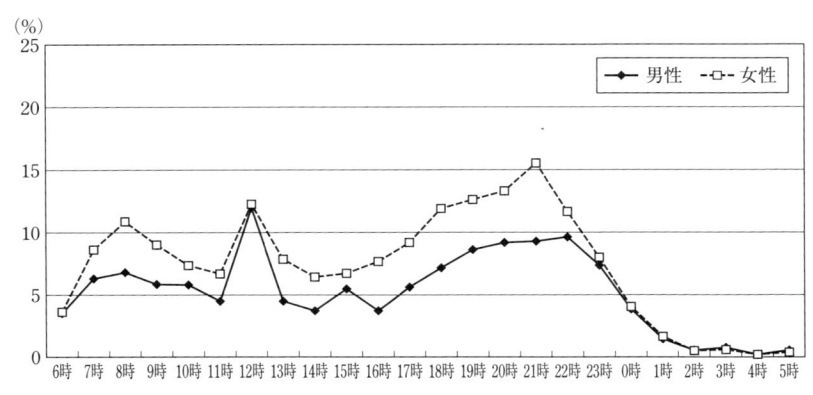

図1.2.17 性別ごとの時間帯別の携帯インターネット利用行為者率の推移

表1.2.16 性別ごとの時間帯別の携帯インターネット利用行為者率（％）

時刻	男性	女性
6：00	3.41	3.62
7：00	6.52	8.69
8：00	6.81	10.91
9：00	5.80	9.01
10：00	5.87	7.36
11：00	4.64	6.73
12：00	**11.88**	12.44
13：00	4.42	7.99
14：00	3.70	6.47
15：00	5.58	6.85
16：00	3.70	7.68
17：00	5.72	9.33
18：00	7.17	11.99
19：00	8.77	12.69
20：00	9.20	13.32
21：00	9.35	**15.61**
22：00	9.71	11.55
23：00	7.25	8.12
0：00	3.84	4.00
1：00	1.38	1.65
2：00	0.58	0.57
3：00	0.72	0.51
4：00	0.14	0.19
5：00	0.51	0.51

1 情報行動の全般的傾向　　　　　　　　　　　　　　39

図1.2.18　年齢層ごとの時間帯別の携帯インターネット利用行為者率の推移

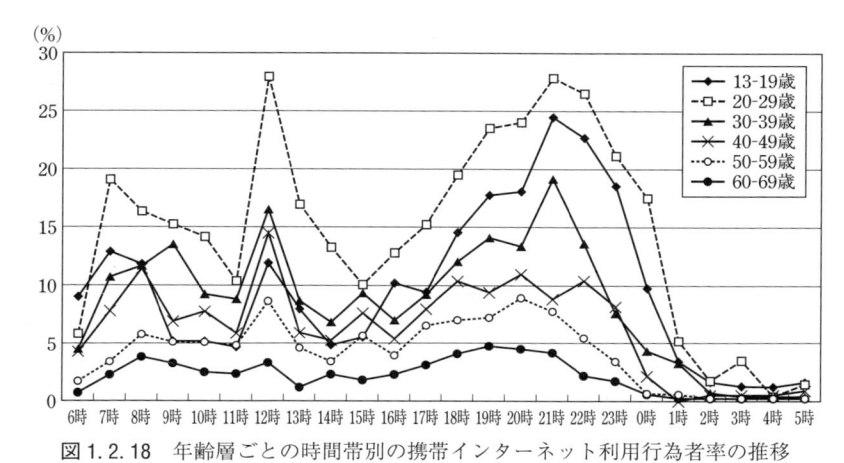

表1.2.17　年齢層ごとの時間帯別の携帯インターネット利用行為者率（%）

時刻	13-19歳	20-29歳	30-39歳	40-49歳	50-59歳	60-69歳
6:00	9.06	5.90	4.63	4.26	1.75	0.62
7:00	12.99	19.10	10.74	7.78	3.50	2.31
8:00	11.81	16.32	11.67	11.30	5.83	3.86
9:00	5.12	15.28	13.52	6.85	4.96	3.24
10:00	5.12	14.24	9.26	7.78	5.10	2.47
11:00	4.72	10.42	8.89	5.93	4.81	2.31
12:00	11.81	28.13	16.67	14.44	8.75	3.24
13:00	7.87	17.01	8.70	5.93	4.52	1.23
14:00	4.72	13.19	6.85	5.19	3.35	2.31
15:00	5.51	10.07	9.44	7.59	5.69	1.70
16:00	10.24	12.85	7.04	5.37	3.94	2.31
17:00	9.45	15.28	9.26	7.96	6.56	3.09
18:00	14.57	19.44	12.04	10.37	7.00	4.01
19:00	17.72	23.61	14.07	9.44	7.29	4.78
20:00	18.11	23.96	13.33	10.93	9.04	4.48
21:00	24.41	28.13	19.26	8.89	7.73	4.17
22:00	22.83	26.74	13.70	10.37	5.39	2.16
23:00	18.50	21.18	7.78	8.15	3.35	1.70
0:00	9.84	17.71	4.26	2.04	0.44	0.46
1:00	3.15	5.21	3.15	0.00	0.58	0.15
2:00	1.57	1.74	0.56	0.37	0.29	0.15
3:00	1.18	3.47	0.74	0.19	0.00	0.00
4:00	1.18	0.35	0.00	0.19	0.00	0.00
5:00	1.57	1.39	0.19	0.74	0.29	0.00

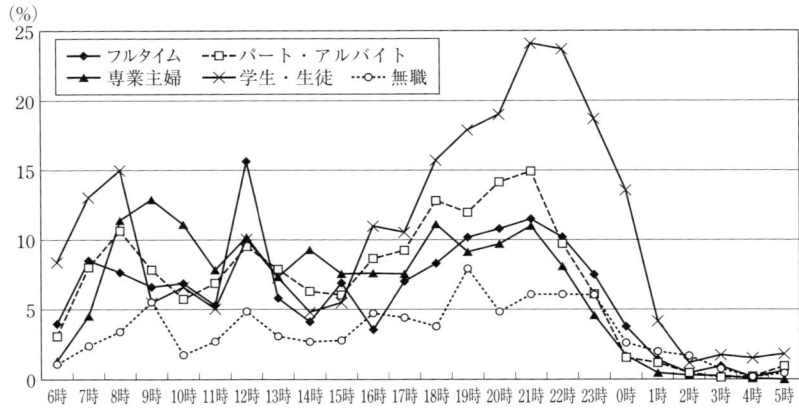

図1.2.19　就業形態ごとの時間帯別の携帯インターネット利用行為者率の推移

表1.2.18　就業形態ごとの時間帯別の携帯インターネット利用行為者率（％）

時刻	フルタイム	パート・アルバイト	専業主婦	学生・生徒	無職
6：00	3.85	3.16	1.45	8.39	1.02
7：00	8.53	7.99	4.59	13.14	2.38
8：00	7.76	10.59	11.35	14.96	3.40
9：00	6.57	7.99	13.04	5.47	5.44
10：00	6.85	5.58	11.11	6.57	1.70
11：00	5.45	6.88	7.97	5.11	2.72
12：00	15.66	9.67	10.39	9.85	4.76
13：00	5.87	7.99	7.49	7.30	3.06
14：00	4.13	6.32	9.42	4.74	2.72
15：00	6.85	6.13	7.49	5.47	2.72
16：00	3.43	8.74	7.73	10.95	4.76
17：00	7.20	9.29	7.49	10.58	4.42
18：00	8.32	12.83	11.11	15.69	3.74
19：00	10.14	12.08	9.18	17.88	7.82
20：00	10.84	14.13	9.66	18.98	4.76
21：00	11.54	14.87	11.11	24.09	6.12
22：00	10.21	9.85	8.21	23.72	6.12
23：00	7.55	6.13	4.59	18.61	5.78
0：00	3.78	1.86	1.69	13.50	2.72
1：00	1.40	1.12	0.48	4.01	2.04
2：00	0.42	0.37	0.24	1.09	1.70
3：00	0.49	0.56	0.24	1.82	0.68
4：00	0.07	0.00	0.00	1.46	0.00
5：00	0.35	0.74	0.00	1.82	0.34

1 情報行動の全般的傾向

凡例: 家事など, 飲食, 移動, 仕事, 授業・勉強, 買い物, 趣味など

図1.2.20 携帯インターネット利用行為者における生活行動の時間帯別内訳

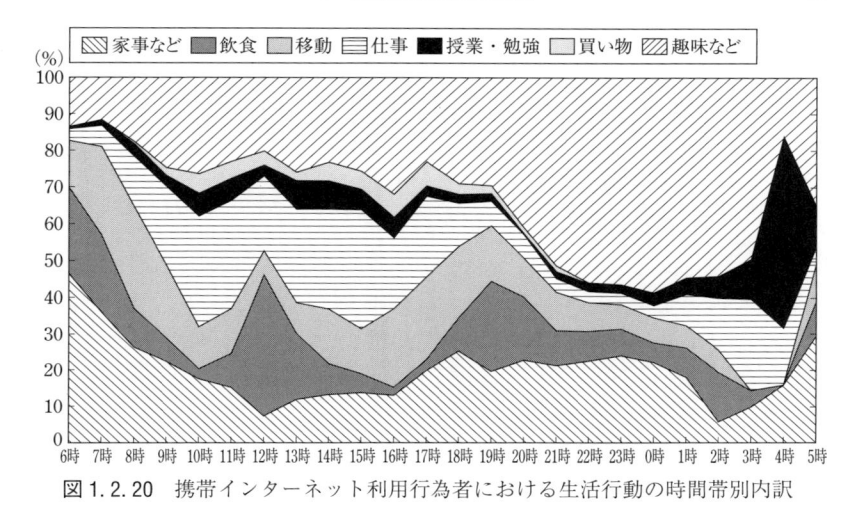

全時間帯を通じて20代の携帯インターネット利用が活発であり，50代，60代の携帯インターネット利用の行為者率は全時間帯を通じて低めであった．30代は40代と比べて，昼間の時間帯の行為者率は大きく変わらないが，夜間になっても行為者率が大きく上昇することのなかった40代と異なり，30代は夜間の行為者率の上昇がみられた．10代は他の年代に比べて昼間の時間帯の携帯インターネット利用は決して活発ではないが，夜間には20代に次いで高い行為者率を示した．

就業形態ごとに携帯インターネット利用行為者率の時間帯推移についてまとめたのが図1.2.19および表1.2.18である．

夜間における携帯インターネット利用行為者率の上昇は，学生・生徒に特徴的なものであることがわかる．

図1.2.20は携帯インターネット利用行為者における生活行動の比率を時間帯別にあらわしたものである．

PCインターネット利用と異なり，携帯インターネット利用の場合，昼間時間帯でも仕事の占める割合が相対的に大きくない．とくに全体的にみて「身じたく・家事・子供や家族の世話」や「飲食」，「移動」の占める割合が大きいのが特徴的である．

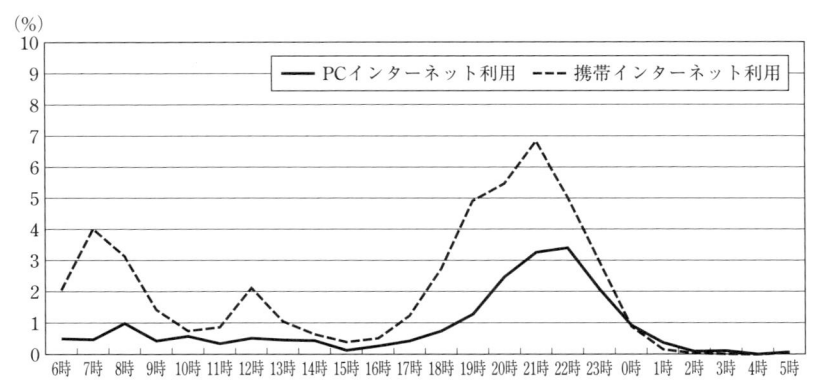

図 1.2.21　PC/携帯インターネット利用とテレビのリアルタイム視聴の並行行動行為者率の推移

（4）インターネット利用とテレビ視聴の並行行動

金（2006）はインターネット利用がテレビ視聴に与える影響を検討するうえで，インターネット利用とテレビ視聴の並行行動に着目した．金は新しいメディアが既存のメディアに与える影響に関するメディア代替仮説のうち，時間上のメディア代替仮説を検証するために，インターネット利用行動の行為時間のうちテレビ視聴を並行行動として行っている時間および割合を分析した．

本項でも金（2006）と同様にインターネット利用をPCインターネット利用と携帯インターネット利用に分けて，テレビ視聴との並行行動を検討していく．

まず，PCインターネット利用および携帯インターネット利用とテレビのリアルタイム視聴の並行行動行為者率を時間帯ごとに計算し，あらわしたのが図1.2.21である．この並行行動行為者率はインターネット利用行為またはテレビのリアルタイム視聴行為のうち行為者率が低いほうに引きずられる．PCインターネット利用のピーク時の行為者率が8.63%，携帯インターネット利用のピーク時の行為者率が12.69%であったため，そちらの制限を受けている．

では，インターネット利用行為者のうち，テレビのリアルタイム視聴の並行行動行為者はどのくらいの割合でいるのだろうか．それを時間帯別にあらわしたのが図1.2.22である．図1.2.22から，早朝や夜間では携帯インターネット利用行為者のうち半数近くがテレビのリアルタイム視聴を並行して行っていた

1 情報行動の全般的傾向　　　　　　　　　　　　　43

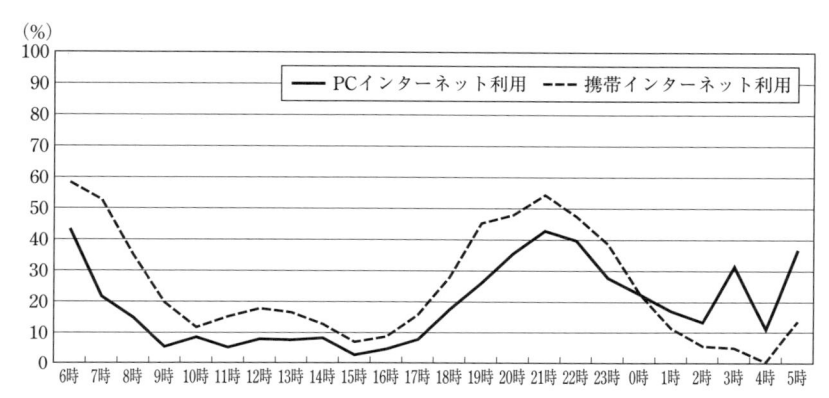

図 1.2.22　PC/携帯インターネット利用行為者におけるテレビのリアルタイム視聴の並行行動生起率の推移

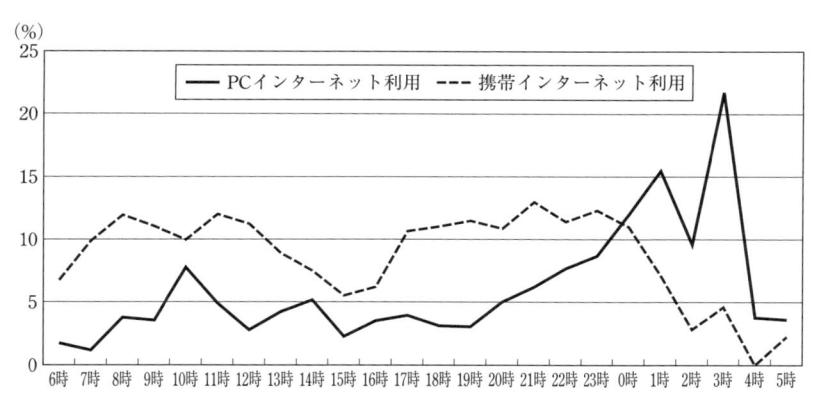

図 1.2.23　テレビのリアルタイム視聴行為者における PC/携帯インターネット利用の並行行動生起率の推移

ことがわかる．PC インターネット利用の場合は携帯インターネット利用の場合には及ばないが，早朝や夜間では 4 割前後の PC インターネット利用行為者がテレビのリアルタイム視聴を並行して行っていた．

　テレビのリアルタイム視聴行為者率は時間帯による変動がインターネット利用に比べて大きいため，図 1.2.22 では時間帯による変動が大きい．そこで，図 1.2.22 とは逆にテレビのリアルタイム視聴行為者のうち，インターネット利用の並行行動行為者がどのくらいの割合で存在するのかを時間帯別にあらわ

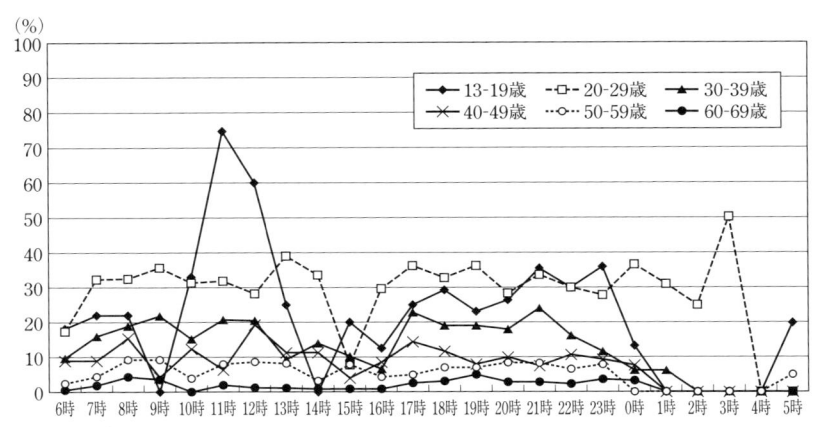

図 1.2.24 テレビのリアルタイム視聴行為者における携帯インターネット利用の並行行動生起率の年齢層別の推移

したのが図 1.2.23 である．

　深夜の時間帯は分母であるテレビのリアルタイム視聴行為者数が減少するため，極端な値が出ているので除いて，6時-0時に着目すると，PCインターネット利用で5%前後（平均4.82%），携帯インターネット利用で10%前後（平均10.20%）の並行行動行為者が安定して存在していることがわかる．

　テレビのリアルタイム視聴行為者のうち携帯インターネット利用の並行行動行為者が占める割合を年齢層ごとにまとめたのが図 1.2.24 である．

　図 1.2.24 からは，とくに20代については，リアルタイム視聴行為者のうち，安定して3割程度の人が携帯インターネット利用を並行して行っていることが読み取れる．また，夜間に関しては10代も同程度に携帯インターネット利用を並行して行っているようである（日中に関しては分母であるテレビのリアルタイム視聴行為者数が減少するため極端な値が出ている）．

　「1.2.1　テレビ視聴の時刻変化」では若年層のリアルタイム視聴行為者率がピーク時でも低いことを示したが，行為者率が低いだけでなく，視聴行為の内実もインターネットの普及によって変質していることが示唆される．

1.2.3 その他の主なメディアの時刻変化

（1） 携帯電話/固定電話による通話

　携帯電話および固定電話による通話の行為者率を時間帯ごとにまとめたのが図1.2.25である．携帯電話，固定電話ともに昼間時間帯の利用が中心であるが，17時以降，固定電話の通話行為者率が低下するのに対し，携帯電話の通話行為者率は上昇してから深夜に向けて低下していく点が特徴的である．昼の12時台に固定電話と携帯電話の通話行為者率に乖離がみられるが，これは昼

図1.2.25　時間帯別の電話による通話行為者率の推移

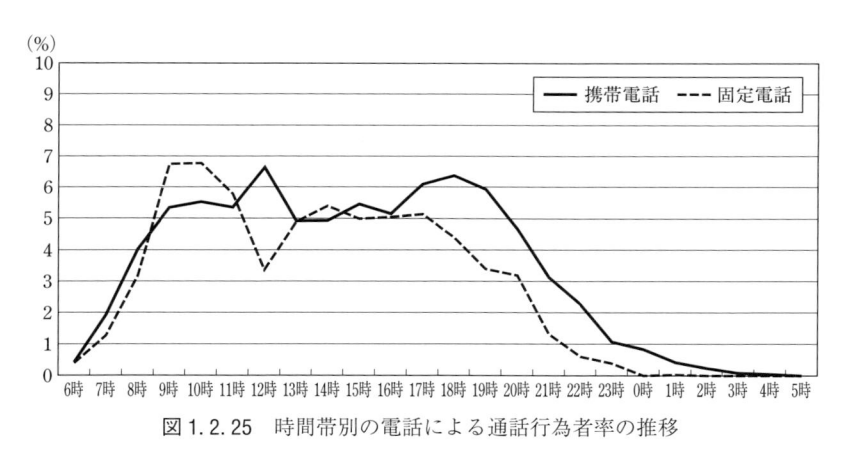

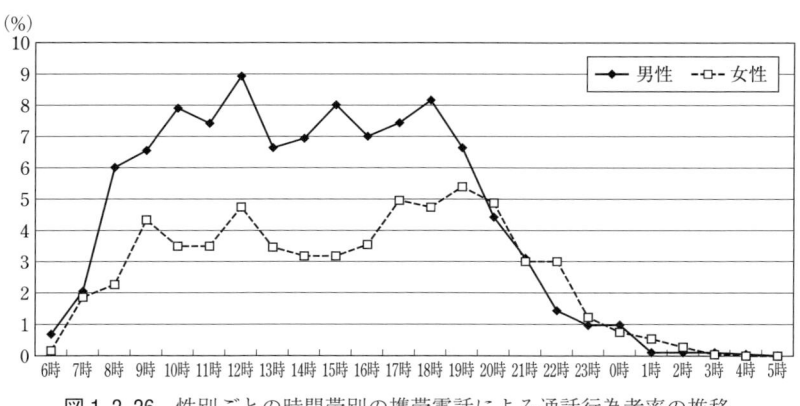

図1.2.26　性別ごとの時間帯別の携帯電話による通話行為者率の推移

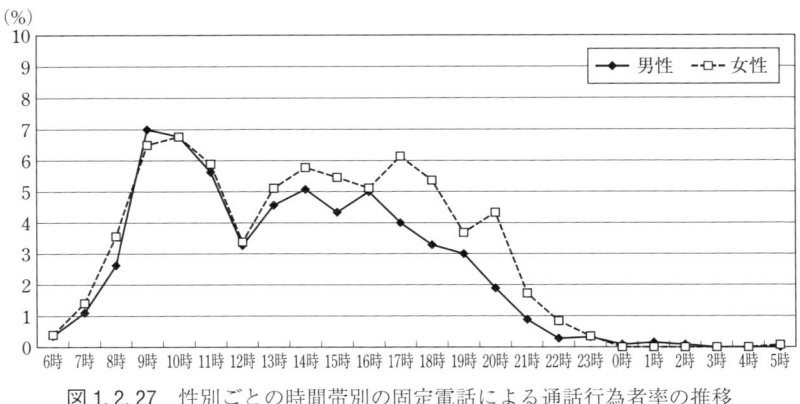

図1.2.27 性別ごとの時間帯別の固定電話による通話行為者率の推移

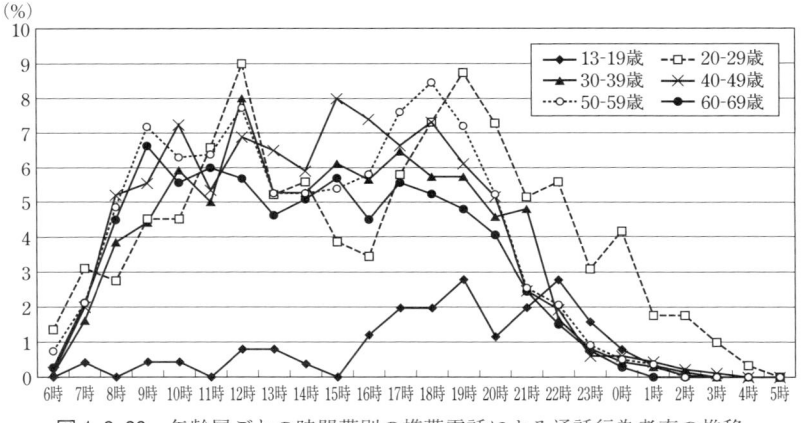

図1.2.28 年齢層ごとの時間帯別の携帯電話による通話行為者率の推移

食時間帯の離席のために起きる現象であろう．

性別ごとに携帯電話および固定電話による通話の行為者率の時間推移をまとめたのが図1.2.26および図1.2.27である．

携帯電話による通話行為者率は昼間の時間帯に関しては女性に比べて男性のほうが高い．携帯インターネット利用に関しては男性よりも女性のほうが高い行為者率を示していた（図1.2.17）こととは対照的である．一方で，固定電話による通話行為者率は昼間の時間帯に関しては男女による違いはあまりない．

1 情報行動の全般的傾向　　　　　　　　　　　　　　　47

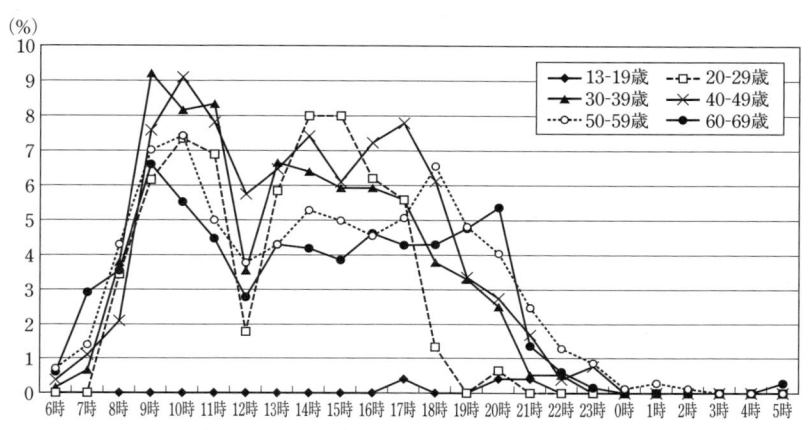

図 1.2.29　年齢層ごとの時間帯別の固定電話による通話行為者率の推移

表 1.2.19　個別の情報行動の時間帯別行為者率（テレビ）（%）

時刻	テレビ			
	テレビ視聴	録画視聴	DVD 視聴	テレビゲーム
6：00	29.87	0.24	0.07	0.10
7：00	40.36	0.78	0.17	0.14
8：00	25.78	0.68	0.24	0.07
9：00	12.75	1.01	0.20	0.14
10：00	7.61	0.85	0.07	0.17
11：00	7.17	0.64	0.07	0.20
12：00	18.61	1.05	0.20	0.20
13：00	11.54	1.25	0.30	0.20
14：00	8.76	1.32	0.44	0.24
15：00	7.24	1.45	0.24	0.37
16：00	8.05	1.18	0.24	0.30
17：00	11.40	0.68	0.24	0.34
18：00	24.49	0.64	0.14	0.27
19：00	42.29	1.08	0.30	0.44
20：00	49.29	2.23	0.44	**0.54**
21：00	**52.60**	2.50	0.85	0.47
22：00	43.57	2.88	**1.15**	0.51
23：00	23.55	**2.91**	0.71	0.37
0：00	7.75	1.62	0.61	0.44
1：00	2.17	0.81	0.27	0.30
2：00	0.95	0.44	0.10	0.14
3：00	0.61	0.20	0.07	0.10
4：00	0.78	0.17	0.03	0.10
5：00	2.67	0.14	0.03	0.10

表 1.2.20 個別の情報行動の時間帯別行為者率（携帯電話）(%)

時刻	メール	サイト閲覧	サイト書込	携帯電話 ネット動画	通話	テレビ視聴	録画視聴	ゲーム
6：00	2.74	1.52	0.20	0.00	0.47	0.20	0.00	0.14
7：00	6.26	2.50	0.27	0.00	1.96	0.37	0.03	0.34
8：00	7.98	2.33	0.41	0.10	4.03	0.14	0.03	0.27
9：00	6.60	1.59	0.24	0.14	5.41	0.17	0.03	0.44
10：00	5.92	1.52	0.14	0.14	5.55	0.10	0.03	0.34
11：00	4.84	1.35	0.17	0.20	5.35	0.10	0.03	0.30
12：00	10.79	3.08	0.10	0.24	**6.70**	**0.44**	0.00	0.51
13：00	5.35	1.52	0.07	**0.27**	4.94	0.20	0.03	0.24
14：00	4.43	1.18	0.10	0.14	4.94	0.17	**0.07**	0.27
15：00	5.51	1.15	0.07	0.14	5.45	0.17	0.03	0.27
16：00	5.07	1.18	0.14	0.24	5.18	0.17	0.03	0.17
17：00	6.87	1.56	0.17	0.20	6.12	0.20	0.03	0.27
18：00	8.96	1.56	0.34	0.20	6.36	0.10	**0.07**	0.41
19：00	9.81	2.10	0.34	0.17	5.95	0.10	0.03	0.58
20：00	10.45	2.17	0.24	0.14	4.70	0.24	0.03	0.41
21：00	**11.13**	2.91	**0.47**	0.14	3.11	0.27	**0.07**	0.54
22：00	8.66	**3.55**	**0.47**	0.17	2.27	0.37	0.03	**0.78**
23：00	5.95	3.48	0.27	0.07	1.08	0.41	0.03	0.54
0：00	2.88	1.89	0.20	0.07	0.88	0.14	0.03	0.30
1：00	0.91	0.78	0.10	0.03	0.37	0.07	0.03	0.20
2：00	0.34	0.27	0.00	0.10	0.24	0.07	0.00	0.14
3：00	0.37	0.37	0.03	0.00	0.10	0.03	0.00	0.07
4：00	0.07	0.17	0.00	0.00	0.03	0.00	0.00	0.00
5：00	0.37	0.30	0.00	0.00	0.00	0.00	0.00	0.03

年齢層ごとに携帯電話および固定電話による通話の行為者率の時間推移をまとめたのが図1.2.28および図1.2.29である．

まず，10代はいずれの時間帯においても携帯電話，固定電話ともに通話行為者率が低い．とくに固定電話での通話行為者率に関しては，ほとんどの時間帯で10代は0%であった．また，20代は夕刻以降の携帯電話通話行為者率が他の年代に比べて高いのに対し，固定電話通話行為者率は低くなっていたことが特徴的であった．

（2） 個別の情報行動の時間変動

個別の情報行動について，1時間ごとの行為者率を求めたものが表1.2.19から表1.2.24までの6つの表である．それぞれの情報行動のピーク時間帯（行為者率が最大の時刻）で分類すると以下のようになる（ただし，ピークが

1 情報行動の全般的傾向

表1.2.21 個別の情報行動の時間帯別行為者率（パソコン（1））（%）

時刻	メール	サイト閲覧	サイト書込	ネット動画	チャット
6：00	0.88	0.54	0.00	0.17	0.00
7：00	1.66	0.95	0.00	0.07	0.00
8：00	6.06	1.93	0.17	0.10	0.03
9：00	7.10	3.11	0.30	0.10	0.03
10：00	5.35	3.42	0.24	0.24	0.03
11：00	5.04	2.94	0.24	0.24	0.10
12：00	4.13	3.96	0.14	0.30	0.03
13：00	5.18	2.44	0.14	0.30	0.03
14：00	4.13	2.47	0.20	0.30	0.10
15：00	4.84	2.44	0.14	0.27	0.07
16：00	4.87	2.57	0.17	0.30	0.03
17：00	4.91	1.83	0.10	0.34	0.03
18：00	3.42	1.62	0.10	0.37	0.03
19：00	3.82	2.06	0.14	0.41	0.00
20：00	4.30	3.92	0.44	0.74	0.07
21：00	4.13	4.67	0.54	0.91	0.20
22：00	4.09	5.85	0.41	0.91	0.30
23：00	2.98	5.38	0.47	0.98	0.24
0：00	1.59	3.08	0.41	0.74	0.10
1：00	0.58	1.59	0.27	0.58	0.14
2：00	0.20	0.51	0.10	0.17	0.07
3：00	0.14	0.34	0.00	0.03	0.03
4：00	0.17	0.24	0.07	0.07	0.00
5：00	0.24	0.14	0.07	0.07	0.00

1％以下のものは省く）.

- 午前中にピークがあるもの：パソコンによるメール，パソコンによる作業，新聞閲読，MP3プレイヤーなどの利用，ラジオ聴取，固定電話による通話
- 12-17時にピークがあるもの：携帯電話による通話，人と話をする，集会・会議，文書を手で書く，授業など
- 18-21時にピークがあるもの：テレビによるテレビ視聴，携帯電話によるメール
- 22時以降にピークがあるもの：テレビによる録画視聴，DVD視聴，携帯電話によるサイト閲覧，パソコンによるサイト閲覧，雑誌閲読，書籍閲読
- 午前中および12-17時にピークがあるもの：授業など

表1.2.22 個別の情報行動の時間帯別行為者率(パソコン(2))(%)

時刻	テレビ視聴	録画視聴	パソコン(2) DVD視聴	ゲーム	作業
6:00	0.20	0.00	0.00	0.00	0.17
7:00	0.24	0.03	0.00	0.07	0.44
8:00	0.20	0.00	0.03	0.03	3.65
9:00	0.10	0.00	0.03	0.10	7.14
10:00	0.14	0.03	0.03	0.17	**8.53**
11:00	0.14	0.00	0.07	0.24	8.12
12:00	0.20	0.03	0.07	0.34	3.52
13:00	0.10	0.00	0.14	0.10	7.17
14:00	0.03	0.00	0.10	0.44	7.68
15:00	0.07	0.03	0.07	0.30	7.44
16:00	0.17	0.07	0.03	0.24	7.54
17:00	0.17	0.03	0.17	0.27	6.87
18:00	0.20	0.00	0.07	0.20	3.32
19:00	0.34	0.07	0.07	0.34	2.91
20:00	0.34	**0.10**	0.10	0.41	2.54
21:00	**0.61**	0.07	0.14	0.54	2.13
22:00	0.34	0.07	0.24	**0.81**	1.76
23:00	0.24	**0.10**	**0.27**	0.71	1.45
0:00	0.10	0.03	0.07	0.47	0.95
1:00	0.14	0.00	0.07	0.30	0.54
2:00	0.03	0.07	0.07	0.14	0.24
3:00	0.00	0.03	0.03	0.00	0.17
4:00	0.00	0.03	0.03	0.00	0.20
5:00	0.03	0.03	0.00	0.00	0.17

表 1.2.23　個別の情報行動の時間帯別行為者率（印刷物）（％）

時刻	新聞	マンガ	印刷物 雑誌	書籍	その他文章
6：00	11.27	0.14	0.07	0.37	0.14
7：00	**13.33**	0.17	0.24	1.05	0.27
8：00	7.85	0.07	0.27	1.12	0.54
9：00	4.33	0.17	0.30	0.88	0.71
10：00	2.33	0.17	0.24	1.08	**0.91**
11：00	1.49	0.07	0.30	0.98	0.74
12：00	2.74	0.20	0.20	1.12	0.74
13：00	1.45	0.07	0.37	1.08	0.78
14：00	0.95	0.07	0.34	1.22	0.71
15：00	1.22	0.14	0.34	1.18	0.81
16：00	1.22	0.10	0.24	1.32	0.71
17：00	1.83	0.07	0.24	1.01	0.78
18：00	4.19	0.27	0.27	0.61	0.30
19：00	5.28	0.30	0.37	0.51	0.41
20：00	5.41	0.30	0.34	1.25	0.68
21：00	4.30	**0.41**	0.68	1.83	0.61
22：00	2.88	0.34	**1.08**	**2.30**	0.58
23：00	1.83	0.30	0.51	2.13	0.44
0：00	0.64	0.14	0.30	1.35	0.03
1：00	0.20	0.10	0.14	0.44	0.03
2：00	0.10	0.03	0.03	0.20	0.07
3：00	0.07	0.10	0.00	0.07	0.03
4：00	0.20	0.00	0.03	0.03	0.03
5：00	1.62	0.00	0.03	0.10	0.07

表 1.2.24 個別の情報行動の時間帯別行為者率（オーディオ・人との会話・その他）(%)

時刻	オーディオ		人との会話			その他			
	MP3プレイヤーなど	ラジオ	人と話	集会・会議	固定電話で通話	文書を手で書く	授業など	動画撮影	携帯型ゲーム機
6:00	1.22	3.15	6.39	0.00	0.41	0.27	0.07	0.00	0.07
7:00	2.64	3.32	11.37	0.07	1.32	0.47	0.51	0.00	0.07
8:00	2.81	2.91	16.98	0.78	3.18	1.45	3.21	0.00	0.07
9:00	1.83	2.77	19.62	1.86	6.77	2.40	4.50	0.00	0.14
10:00	1.12	2.74	22.40	2.60	6.80	2.84	5.11	0.07	0.14
11:00	0.88	2.37	22.29	2.17	5.75	2.91	5.01	0.03	0.07
12:00	1.35	2.10	24.49	1.39	3.35	1.62	4.57	0.07	0.07
13:00	0.88	1.93	23.00	2.57	4.91	2.91	5.01	0.03	0.14
14:00	1.25	1.96	21.79	2.67	5.45	3.18	5.11	0.00	0.20
15:00	1.25	2.10	21.45	2.60	4.97	3.04	4.57	0.00	0.17
16:00	1.49	2.27	20.03	2.47	5.07	2.37	3.08	0.03	0.17
17:00	2.00	2.13	18.50	2.00	5.14	2.03	2.00	0.00	0.34
18:00	2.40	1.73	17.79	0.98	4.43	0.88	0.61	0.03	0.24
19:00	1.66	1.56	20.53	1.29	3.38	1.05	0.64	0.03	0.14
20:00	1.93	0.98	18.57	1.39	3.21	1.69	0.51	0.03	0.44
21:00	1.49	1.15	15.70	0.91	1.32	1.89	0.37	0.03	0.44
22:00	1.12	0.64	10.89	0.34	0.61	2.17	0.10	0.03	0.51
23:00	1.32	0.88	6.56	0.27	0.37	1.25	0.00	0.00	0.41
0:00	0.98	0.68	2.47	0.14	0.03	0.74	0.00	0.00	0.20
1:00	0.61	0.24	1.29	0.07	0.07	0.34	0.00	0.00	0.17
2:00	0.30	0.24	0.78	0.07	0.03	0.14	0.00	0.00	0.14
3:00	0.14	0.34	0.58	0.00	0.00	0.00	0.00	0.00	0.03
4:00	0.03	0.41	0.44	0.00	0.00	0.03	0.00	0.00	0.03
5:00	0.17	0.98	0.98	0.00	0.07	0.14	0.00	0.00	0.10

1.3 情報機器の所有と情報支出

1.3.1 情報機器の所有，利用状況

 本項では，12種類の情報機器について，家庭で保有しているか（世帯所有），回答者本人が利用しているか（個人利用）の状況を概観したうえで，属性別の分析を行う．テレビ受像器については，普及率が100%に近かったためにこれまでの調査ではたずねていなかったが，ワンセグ携帯電話やパソコン（での動画サイト視聴）による代替が指摘されていることもあり，今回はあらためて項目を設けた（なお，デジタル対応のテレビなどについては別途2.4.2で分析している）．また，携帯電話については，今回の調査から，ワンセグ対応機/スマートフォン/それ以外に分けて設問している．

 表1.3.1はその単純集計結果をまとめたものである．世帯所有率がもっとも高いのは「固定電話」で，「テレビ」がこれに次ぐ．これらは個人利用率も高く，従来からのマスメディア・通信メディアが今なお強く根を張っているといえよう．ただし，「ワンセグ対応の携帯電話」「スマートフォン」「（それ以外の）携帯電話」のいずれかを所有する世帯は91.3%，個人利用率も84.5%にのぼり，固定電話とほぼ肩を並べるに至っている（2005年の調査では，固定電話のほうが携帯電話を世帯所有・個人利用ともに5ポイント以上上回っていた）．

 「VHSビデオデッキ」の世帯所有率は72.8%であり，2005年調査の79.1%からあまり変わっていないが，個人利用率は63.6%から46.2%に減っており，死蔵機器となりつつある様子がうかがえる．一方，「パソコン」の世帯所有率は2005年の67.0%から82.4%へ，個人利用率も47.5%から65.2%へと大きく上昇している．ゲーム機（「携帯型ゲーム機」「テレビゲーム機」のいずれか）を所有する世帯も58.5%から66.2%へ，個人利用率は25.3%から35.7%へ増加している．

 以下では，これらの情報機器の利用状況について，属性別に分析していく．なお，「電子書籍リーダー」については個人利用者の実数が少なく（25ケー

表 1.3.1 情報機器の所有，利用状況（%）

	家にある			家にない		無回答
	自分も利用している (A)	自分は利用していない (B)	世帯所有率 (A+B)	将来ほしい	わからない／いらない	
テレビ受像機（パソコン，ワンセグは除く）	88.0	3.4	91.4	1.0	5.5	2.1
DVD・ブルーレイなどの録画機	58.8	14.4	73.2	17.6	8.7	0.5
VHSビデオデッキ	46.2	26.6	72.8	2.1	23.4	1.7
パソコン	65.2	17.2	82.4	7.4	9.7	0.4
携帯型ゲーム機（ニンテンドーDS, PSPなど）	26.7	30.8	57.5	4.2	37.7	0.6
テレビゲーム機（Wii, Play Stationシリーズなど）	28.2	27.3	55.5	7.4	36.3	0.8
固定電話	83.9	8.7	92.6	1.8	5.5	0.1
ワンセグ対応の携帯電話	46.6	17.7	64.3	5.5	28.8	1.3
スマートフォン（iPhoneやアンドロイド端末など）	4.0	7.4	11.4	22.1	64.7	1.7
携帯電話（ワンセグ対応携帯・スマートフォンは除く）	59.3	11.6	70.9	2.4	25.2	1.5
携帯型デジタル音楽プレイヤー（iPodなど）	23.7	21.4	45.2	13.3	40.8	0.7
電子書籍リーダー（Amazonのキンドルなど）	1.7	7.0	8.7	19.7	70.6	0.9

表 1.3.2 性別にみた情報機器の個人利用率（%）

	男性	女性	χ^2
テレビ受像機（パソコン，ワンセグは除く）	91.7	88.4	4.34*
DVD・ブルーレイなどの録画機	59.4	58.9	0.40 n.s.
VHSビデオデッキ	48.6	45.6	1.33 n.s.
パソコン	71.7	60.1	21.74***
携帯型ゲーム機（ニンテンドーDS, PSPなど）	28.3	25.7	1.27 n.s.
テレビゲーム機（Wii, Play Stationシリーズなど）	35.4	22.3	30.84***
固定電話	80.4	87.2	12.34***
ワンセグ対応の携帯電話	51.4	43.5	9.01**
スマートフォン（iPhoneやアンドロイド端末など）	5.6	2.7	7.54**
携帯電話（ワンセグ対応携帯・スマートフォンは除く）	58.9	61.3	0.88 n.s.
携帯型デジタル音楽プレイヤー（iPodなど）	26.8	21.4	5.94*

χ^2 検定の結果　***$p<0.001$, **$p<0.01$, *$p<0.05$, n.s. 有意差なし

ス），属性別に細分するには無理があるため，分析を割愛する．

(1) 性別にみた情報機器の利用状況

表1.3.2は，性別に情報機器の個人利用率を比較したものである．「パソコ

1 情報行動の全般的傾向   55

表1.3.3 年齢層別にみた情報機器の個人利用率（％）

	13-19歳	20-29歳	30-39歳	40-49歳	50-59歳	60-69歳	χ^2	
テレビ受像器（パソコン，ワンセグは除く）	90.2	92.3	92.5	93.3	89.9	83.5	20.05	**
DVD・ブルーレイなどの録画機	78.0	55.6	73.0	62.8	58.1	39.5	93.30	***
VHSビデオデッキ	42.4	35.4	43.9	56.3	51.3	44.2	22.77	***
パソコン	78.6	84.0	77.8	77.7	57.7	39.7	170.62	***
携帯型ゲーム機（ニンテンドーDS，PSPなど）	74.8	44.4	44.8	23.8	9.1	6.3	339.94	***
テレビゲーム機（Wii，Play Stationシリーズなど）	64.3	50.0	51.3	26.8	11.5	4.7	317.90	***
固定電話	82.7	47.2	73.3	90.4	93.0	95.0	226.06	***
ワンセグ対応の携帯電話	63.0	67.4	64.3	59.3	35.0	19.7	198.66	***
スマートフォン（iPhoneやアンドロイド端末など）	3.9	2.8	5.9	6.3	3.0	2.2	10.20	n.s.
携帯電話（ワンセグ対応携帯・スマートフォンは除く）	45.5	60.1	54.6	63.8	66.2	61.1	21.08	***
携帯型デジタル音楽プレイヤー（iPodなど）	61.9	50.0	30.0	21.6	13.6	5.0	242.58	***

χ^2検定の結果　***p<0.001，**p<0.01，*p<0.05，n.s.有意差なし

ン」の利用率は，女性が男性より10ポイント以上低い．2005年調査の結果（男性52.7%，女性43.0%）と比べても，その差は縮まっておらず，性差によるデジタルディバイドは依然として残り続けている．「テレビゲーム機」についても10ポイント以上の開きがあるが，一方で「携帯型ゲーム機」には差がみられない．これは近年，携帯型ゲーム機のマーケティングが女性も楽しめるコンテンツ開発に向けられたことによるものだろう．「固定電話」の利用率は女性のほうが有意に高いが，「ワンセグ対応の携帯電話」「スマートフォン」の利用率は男性が高い．ただし，「（それ以外の）携帯電話」を含めて，携帯電話メディアいずれかを利用している率は，男性85.1%，女性84.0%で差はない．

（2）年齢層別にみた情報機器の利用状況

年齢層別に情報機器の利用率をみると，表1.3.3のように，ほとんどの項目で有意な差が認められる．「テレビ受像器」「DVD・ブルーレイなどの録画機」という映像メディア機器は，いずれも60代でもっとも利用率が低い．「パソコン」は，50代以上になると顕著に利用率が下がる．調整済み残差を用いた下位検定でも，40代以下の各層は有意に利用率が高く，50代以上は低い

表 1.3.4　学歴別にみた情報機器の個人利用率（％）

	中学卒	高校卒	短大・高専卒	大学・大学院卒	χ^2	
テレビ受像器（パソコン，ワンセグは除く）	74.5	88.2	92.8	94.6	37.61	***
DVD・ブルーレイなどの録画機	34.4	52.6	66.7	62.8	41.02	***
VHS ビデオデッキ	40.0	46.4	47.7	51.6	4.70	n. s.
パソコン	18.8	54.2	71.5	87.5	198.32	***
携帯型ゲーム機（ニンテンドー DS, PSP など）	11.6	18.7	27.7	25.0	17.14	***
テレビゲーム機（Wii, Play Station シリーズなど）	10.4	20.4	30.6	32.5	32.71	***
固定電話	85.7	85.9	84.0	83.1	1.48	n. s.
ワンセグ対応の携帯電話	29.2	42.7	51.9	51.8	22.25	***
スマートフォン（iPhone やアンドロイド端末など）	3.2	4.6	2.3	6.3	6.41	n. s
携帯電話（ワンセグ対応携帯・スマートフォンは除く）	55.2	62.8	64.1	58.4	4.26	n. s
携帯型デジタル音楽プレイヤー（iPod など）	8.3	11.8	22.1	35.2	81.72	***

χ^2 検定の結果　***$p<0.001$,　**$p<0.01$,　*$p<0.05$,　n. s. 有意差なし

（いずれも $p<0.01$）．2005年調査でも，40代以下の利用率は55％を超えていたのに対して，50代36.4％，60代21.6％であったので，年齢層におけるデジタルディバイドも依然として残存している．「携帯型ゲーム機」は10代の利用率が突出しているが，「テレビゲーム機」はむしろ30代以下と40代以上のあいだに大きな差がみられる．「固定電話」の利用率は，20代で5割を切るに至っている．親元から離れて暮らすようになれば，もはや固定電話は必要としない世代であるということだろう．逆に，「ワンセグ対応の携帯電話」「スマートフォン」「（それ以外の）携帯電話」という携帯電話メディアいずれかを利用している率は，20代がもっとも高く95.1％にのぼる．30代，40代も90％を超えるが，50代では83.1％，60代では68.8％に下がる（10代は75.6％）．概して，デジタル情報機器の利用は60代でもっとも低調であり，20代・30代で活発といえるだろう．

（3）　学歴別にみた情報機器の利用状況

表 1.3.4 は，学歴別に各機器の利用率をみたものである（在学中の学生は分析から除外した：N＝1322）．有意差が認められる7項目についてはいずれも概して，高学歴であるほど利用率が高い傾向にある．とりわけ学歴による違い

1 情報行動の全般的傾向

表1.3.5 就業形態別にみた情報機器の個人利用率（％）

	フルタイム	パート	専業主婦	学生・生徒	無職	χ^2	
テレビ受像器（パソコン、ワンセグは除く）	92.2	87.0	89.9	91.0	84.0	12.43	*
DVD・ブルーレイなどの録画機	61.6	57.4	54.6	77.4	40.0	44.70	***
VHSビデオデッキ	49.9	46.8	39.1	42.2	49.0	8.83	n.s.
パソコン	75.1	54.3	52.9	81.6	43.2	106.26	***
携帯型ゲーム機（ニンテンドーDS, PSPなど）	24.8	19.9	24.5	75.9	8.2	202.40	***
テレビゲーム機（Wii, Play Stationシリーズなど）	30.9	20.6	21.5	62.5	9.5	118.34	***
固定電話	81.0	87.3	92.3	80.3	84.4	19.05	***
ワンセグ対応の携帯電話	55.1	42.1	35.5	59.9	22.9	74.69	***
スマートフォン（iPhoneやアンドロイド端末など）	6.2	1.1	2.5	1.5	3.4	17.91	**
携帯電話（ワンセグ対応携帯・スマートフォンは除く）	61.2	64.9	59.1	47.4	60.0	12.02	*
携帯型デジタル音楽プレイヤー（iPodなど）	26.0	16.1	12.3	62.5	8.8	155.05	***

χ^2検定の結果 ***p<0.001, **p<0.01, *p<0.05, n.s.有意差なし

が顕著なのは「パソコン」であり，大学・大学院卒と中学卒では70ポイント近い差がある．残差分析により，利用率が有意に高いのは短大・高専卒と大学・大学院卒，低いのは中学卒，高校卒である（いずれも p<0.01）．「固定電話」については有意な差は認められないが，「ワンセグ対応の携帯電話」はやはり高学歴であるほど，利用率も高い．また，「スマートフォン」「（それ以外の）携帯電話」を含めた携帯電話メディア全体の利用率も，中学卒で58.7%，高校卒82.9%，短大・高専卒91.0%，大学・大学院卒91.8%と，学歴が上がるほど高くなっている（p<0.001の有意差）．性別や年齢にも増して，学歴によるデジタルディバイドは強く残っているといえよう．

(4) 就業形態別にみた情報機器の利用状況

就業形態別に情報機器の利用率をみたものが，表1.3.5である．「DVD・ブルーレイなどの録画機」「携帯型ゲーム機」「テレビゲーム機」「携帯型デジタル音楽プレイヤー」などのエンターテインメント系の利用率は，学生・生徒においてもっとも高い．また，「パソコン」「ワンセグ対応の携帯電話」などの利

表1.3.6 都市規模別にみた情報機器の個人利用率(%)

	100万人以上	30-100万未満	10-30万未満	10万未満	町村	χ^2	
テレビ受像器(パソコン,ワンセグは除く)	92.2	91.0	89.8	88.6	86.7	4.64	n.s.
DVD・ブルーレイなどの録画機	60.1	62.4	59.4	59.7	50.0	7.21	n.s.
VHSビデオデッキ	47.3	48.9	49.0	46.2	40.2	4.14	n.s.
パソコン	79.9	68.1	61.5	59.0	57.5	41.67	***
携帯型ゲーム機(ニンテンドーDS, PSPなど)	27.5	26.4	29.5	25.5	23.4	2.77	n.s.
テレビゲーム機(Wii, Play Stationシリーズなど)	32.6	32.8	29.3	24.3	19.9	13.95	**
固定電話	86.2	83.0	86.9	80.1	82.7	7.73	n.s.
ワンセグ対応の携帯電話	49.3	54.9	46.0	43.8	40.0	12.56	*
スマートフォン(iPhoneやアンドロイド端末など)	3.7	5.2	4.2	3.7	3.1	1.64	n.s.
携帯電話(ワンセグ対応携帯・スマートフォンは除く)	62.9	57.4	58.4	58.4	67.7	6.64	n.s.
携帯型デジタル音楽プレイヤー(iPodなど)	33.7	25.8	25.2	17.4	13.2	34.57	***

χ^2検定の結果 ***$p<0.001$, **$p<0.01$, *$p<0.05$, n.s. 有意差なし

用率も高く,概して学生・生徒はデジタル機器を活発に利用している.逆に,不活発な傾向にあるのは無職だが,無職は60代が6割を占めるため,その年齢効果によるところも大きい.なお,「パソコン」について残差分析を行うと,フルタイムと学生・生徒で有意に高く,パート,専業主婦,無職で低い傾向が確認された(いずれも $p<0.01$).

(5) 都市規模別にみた情報機器の利用状況

都市規模別に情報機器の利用率を比較すると(表1.3.6),有意差が認められるのは「パソコン」「テレビゲーム機」「ワンセグ対応の携帯電話」「携帯型デジタル音楽プレイヤー」で,いずれも概して大都市ほど利用率が高い傾向にある.なかでも顕著な差がみられるのは「パソコン」であり,100万人以上の市と町村部では20ポイント以上の開きがある.その利用率について残差分析を行ったところ,有意に高いのは100万人以上の市($p<0.01$),低いのは小都市($p<0.01$)と町村部($p<0.05$)であった.

1 情報行動の全般的傾向

表1.3.7 世帯年収別にみた情報機器の世帯所有率(％)

	200万未満	200-400万	400-600万	600-800万	800-1000万	1000万以上	χ^2	
テレビ受像器（パソコン，ワンセグは除く）	86.5	90.8	94.1	97.7	97.1	95.5	26.82	***
DVD・ブルーレイなどの録画機	54.7	68.8	73.2	82.1	85.0	85.3	61.50	***
VHSビデオデッキ	64.2	74.7	74.1	80.6	76.8	75.8	13.91	*
パソコン	60.9	75.1	85.5	92.9	96.4	94.9	120.99	***
携帯型ゲーム機（ニンテンドーDS，PSPなど）	44.1	49.3	60.4	63.7	67.1	68.4	38.63	***
テレビゲーム機（Wii，Play Stationシリーズなど）	37.3	48.4	57.0	62.9	67.6	73.3	60.33	***
固定電話	86.4	90.3	92.6	93.7	97.9	98.5	24.91	***
ワンセグ対応の携帯電話	50.3	57.2	69.8	71.3	72.7	76.3	43.66	***
スマートフォン（iPhoneやアンドロイド端末など）	11.4	9.9	11.1	14.7	10.1	17.0	7.14	n.s.
携帯電話（ワンセグ対応携帯・スマートフォンは除く）	69.6	70.9	69.9	72.4	83.3	76.7	11.62	*
携帯型デジタル音楽プレイヤー（iPodなど）	28.6	33.1	44.2	57.1	58.3	67.4	89.77	***

χ^2検定の結果 ***$p<0.001$，**$p<0.01$，*$p<0.05$，n.s.有意差なし

（6） 世帯年収別にみた情報機器の世帯所有状況

表1.3.7は，各情報機器の世帯所有率を世帯年収別にみたものである（世帯属性であるので世帯所有率での分析を行ったが，個人利用率で分析しても基本傾向はほとんど変わらない）．「スマートフォン」を除くすべての情報機器について有意差が認められ，いずれも概して年収が高いほど所有率も高い傾向にある．多くの項目で，年収400-600万円の層を境にして比較的大きなポイントの開きがみられる（ちなみに，年収400-600万円の層について残差分析により有意差がみられた項目は「VHSビデオデッキ」「ワンセグ対応の携帯電話」のみであり，機器所有についてはもっとも平均的な層だといえる）．ここでのデジタルディバイドは，年収500万円前後のラインに走っているといえるだろう．

（7） パソコン利用に関連する属性

以上でみてきたように，パソコンについてはすべての属性で有意な差が認められた．そこで，パソコンを利用するか否かを従属変数としてロジスティック回帰分析を行い，それぞれの属性の関連度の大小をみたものが表1.3.8である

表 1.3.8 パソコン利用に関するロジスティック回帰分析の結果（数値は標準化偏回帰係数 β）

	β
性別ダミー（男＝1，女＝2）	−0.12
年齢	−0.69***
学歴	0.68***
フルタイムダミー	0.20
パート・アルバイトダミー	0.00
専業主婦ダミー	−0.05
学生・生徒ダミー	−0.04
世帯年収	0.39***
都市規模	0.28***
−2loglikelihood	1391.8
χ^2	359.0
Nagelkerke R^2	0.32

***$p<0.001$

（係数値は標準化後．モデルは $p<0.001$ 水準で有意）．

　関連が大きいのは年齢と学歴で，世帯年収，都市規模がそれに次ぐ．学生・生徒であることは関連をもっておらず，クロス集計レベルでみられた利用率の高さは，年齢を介した擬似的な関連であろう．また，性別も有意な関連を示しておらず，クロス集計での利用率の差は，男性に大学・大学院卒が多いこと，フルタイム就業者が多いことによるものと思われる．

1.3.2　情報支出

　この項では，メディアや情報コンテンツの利用にかかわる支出状況について分析する．対象となるのは，世帯単位での支出2項目（固定電話料金／NHK受信料を除いた有料テレビ放送），および個人単位での支出7項目（携帯電話等の料金／音楽ソフト／映像ソフト／パソコンソフト／ゲームソフト／本・雑誌・マンガ，それぞれの購入・ダウンロード費）である．調査票では月あたりの支出額を「支払いはない」-「2万円以上」の8段階の選択肢でたずねているが，平均値の集計にあたっては「支払いはない」を0円，「2万円以上」を3万円とし，その他の選択肢は金額帯の中間値をとって換算した（選択肢および回答の分布は第3部を参照）．

表 1.3.9 情報支出の状況

	支出のあった者の比率 (%)		支出のあった者の平均額 (円)		全体平均額 (円)	
固定電話	89.5	(98.9)	3,476	(7,216)	3,111	(7,137)
有料テレビ放送	35.9	(—)	4,587	(—)	1,649	(—)
有料ネット動画サービス	16.9	(—)	3,419	(—)	577	(—)
携帯電話・スマートフォン・PHS	89.3	(54.0)	6,434	(7,029)	5,746	(3,793)
音楽ソフト	35.6	(48.3)	1,973	(2,659)	702	(1,284)
映像ソフト	37.8	(40.6)	1,969	(1,868)	745	(753)
パソコンソフトウェア	13.2	(13.0)	2,093	(3,710)	277	(484)
ゲームソフト	16.0	(22.5)	2,957	(3,458)	472	(778)
本・雑誌・マンガ	65.6	(82.2)	2,336	(2,543)	1,531	(2,090)

(括弧内は2000年調査の数値)

　表1.3.9は，それぞれの情報支出項目について，支出のあった者の比率とその平均支出額，そして「支払いはない」と答えた者も含めた全体での平均支出額をまとめたものである．なお，「有料テレビ放送」「有料ネット動画サービス」以外の項目については，2000年調査に同様の設問があるので，その数値を括弧付きで付記している．

　全体平均の支出額でみると，やはり「携帯電話」が突出している．2000年に比べても約2,000円増加しているが，これは支出のあった者（つまり携帯電話利用者）が約35ポイント増えたことによる．支出のあった者の平均支払い額は減少しており，この間に定額制の導入などによって携帯電話料金が低廉化したことを反映したものだろう．「携帯電話」とは対照的に，「固定電話」への支出は全体平均額で約4,000円の大幅な減少をみせている．また，本や雑誌，CDが売れなくなったという声を裏付けるように，「音楽ソフト」「本・雑誌・マンガ」への支出の全体平均額もそれぞれ2000年に比べて500円以上減少している．「パソコンソフト」「ゲームソフト」についても減少傾向にある．

(1) 性別にみた情報支出の状況

　続いて，今回の2010年調査での情報支出状況を，属性別にみていこう．表1.3.10は個人支出7項目について男女で比較したものである．「有料ネット動画サービス」を除いて，いずれの情報支出額も男性のほうが有意に多い．ただし，ここにみられる差は，就業形態の男女差（後述するように，男性の多いフ

表 1.3.10　性別にみた情報支出額（全体平均額）（円）

	男性	女性	t	
有料ネット動画サービス	559	593	−0.34	n.s.
携帯電話・スマートフォン・PHS	6,100	5,433	2.65	**
音楽ソフト	807	609	2.00	*
映像ソフト	878	626	2.39	*
パソコンソフトウェア	393	173	3.04	**
ゲームソフト	658	308	3.75	***
本・雑誌・マンガ	1,830	1,267	3.48	***

t 検定の結果　***$p<0.001$, **$p<0.01$, *$p<0.05$, n.s. 有意差なし

表 1.3.11　年齢層別にみた情報支出額（全体平均額）（円）

	13-19歳	20-29歳	30-39歳	40-49歳	50-59歳	60-69歳	F	
有料ネット動画サービス	912^a	345^a	687^a	618^a	500^a	503^a	1.71	n.s.
携帯電話・スマートフォン・PHS	$5,720^a$	$9,125^b$	$7,474^c$	$6,537^{ac}$	$4,450^a$	$3,472^d$	49.30	***
音楽ソフト	$1,128^{ab}$	$1,431^a$	822^{ab}	922^{ab}	431^b	203^c	13.75	***
映像ソフト	669^{abc}	$1,208^b$	$1,096^b$	941^{bc}	506^{ac}	355^a	7.20	***
パソコンソフトウェア	266^a	257^a	459^a	239^a	228^a	218^a	1.28	n.s.
ゲームソフト	$1,144^a$	979^{ab}	833^{ab}	466^{bc}	100^{bc}	75^{bc}	15.14	***
本・雑誌・マンガ	$1,808^{ab}$	$1,903^{ab}$	$1,526^{ab}$	$1,959^a$	$1,307^{ab}$	$1,140^b$	3.20	**

分散分析の結果　***$p<0.001$, **$p<0.01$, *$p<0.05$, n.s. 有意差なし
　　数値右肩の a, b, c…は同記号間では Tukey 法（等分散を仮定できる場合）または Games-Howell 法（等分散を仮定できない場合）により $p<0.05$ の有意差がないことを示す

ルタイム就業者で情報支出が多い）によるところも大きいと考えられる．

　なお，性別は個人属性であるので，世帯単位での情報支出項目「固定電話」「有料テレビ放送」については分析を割愛している（以下，年齢・学歴・就業形態についても同様）．

（2）　年齢層別にみた情報支出の状況

　年齢層別では，「有料ネット動画サービス」「パソコンソフトウェア」以外の項目で有意な差が認められる（表 1.3.11）．「ゲームソフト」は 10 代で，「本・雑誌・マンガ」は 40 代でもっとも支出額が多いが，その他は 20 代の情報支出がもっとも多く，年齢が上がるほど支出額が減っていき，60 代でもっとも低くなる傾向にある．

表 1.3.12 学歴別にみた情報支出額（全体平均額）（円）

	中学卒	高校卒	短大・高専卒	大学・大学院卒	F	
有料ネット動画サービス	253[a]	550[a]	586[a]	581[a]	0.93	n.s.
携帯電話・スマートフォン・PHS	4,726[a]	5,404[a]	6,503[b]	6,024[ab]	5.29	**
音楽ソフト	379[a]	554[a]	723[ab]	913[b]	4.20	**
映像ソフト	326[a]	670[ab]	913[b]	914[b]	2.89	*
パソコンソフトウェア	84[a]	225[ab]	299[ab]	429[b]	2.30	n.s.
ゲームソフト	84[a]	447[b]	426[b]	440[b]	1.22	n.s.
本・雑誌・マンガ	708[a]	1,176[b]	1,522[bc]	2,250[c]	11.88	***

分散分析の結果　***$p<0.001$, **$p<0.01$, *$p<0.05$, n.s. 有意差なし
数値右肩の a, b, c …は同記号間では Tukey 法（等分散を仮定できる場合）または Games-Howell 法（等分散を仮定できない場合）により $p<0.05$ の有意差がないことを示す

表 1.3.13 就業形態別にみた情報支出額（全体平均額）（円）

	フルタイム	パート	専業主婦	学生・生徒	無職	F	
有料ネット動画サービス	526[a]	719[a]	517[a]	881[a]	342[a]	2.01	n.s.
携帯電話・スマートフォン・PHS	6,717[a]	5,264[b]	4,510[bc]	5,637[ab]	3,816[c]	18.22	***
音楽ソフト	803[a]	582[ab]	490[b]	1,044[ab]	421[b]	3.57	**
映像ソフト	947[a]	590[ab]	527[b]	619[ab]	479[b]	3.56	**
パソコンソフトウェア	289[a]	277[a]	228[a]	239[a]	322[a]	0.15	n.s.
ゲームソフト	469[a]	451[a]	261[a]	1,104[b]	247[a]	5.69	***
本・雑誌・マンガ	1,654[a]	1,639[ab]	956[c]	2,015[ab]	1,129[bc]	3.76	**

分散分析の結果　***$p<0.001$, **$p<0.01$, *$p<0.05$, n.s. 有意差なし
数値右肩の a, b, c …は同記号間では Tukey 法（等分散を仮定できる場合）または Games-Howell 法（等分散を仮定できない場合）により $p<0.05$ の有意差がないことを示す

(3) 学歴別にみた情報支出の状況

学歴別では，表 1.3.12 のように「携帯電話など」「音楽ソフト」「映像ソフト」「本・雑誌・マンガ」に有意差がみられ，いずれも学歴が高くなるほど支出額も多くなるという単調増加傾向を示している（在学中の学生は分析から除外した：N＝1322）．

(4) 就業形態別にみた情報支出の状況

就業形態別では，「有料ネット動画サービス」「パソコンソフトウェア」以外の項目で有意差が認められた（表 1.3.13）．概して，フルタイム職と学生・生徒は支出額が多く，専業主婦と無職は少ない傾向にある．無職は世帯年収が低いこともあるが，それ以上に情報支出の不活発な高齢者が多いことによるところが大きい．専業主婦の場合もやはり高齢者が多く，その影響が多分にあらわ

表1.3.14 世帯年収別にみた情報支出額(全体平均額)(円)

	200万未満	200-400万	400-600万	600-800万	800-1000万	1000万以上	F	
固定電話	3,019^a	2,939^a	2,985^a	3,090^a	3,353^a	3,560^a	1.44	n.s.
有料テレビ放送	1,285^a	1,382^a	1,577^a	1,636^a	2,014^{ab}	2,807^b	5.56	***
有料ネット動画サービス	823^a	507^a	537^a	563^a	597^a	444^a	0.89	n.s.
携帯電話・スマートフォン・PHS	5,075^a	5,718^a	5,773^a	6,274^a	5,928^a	5,904^a	1.20	n.s.
音楽ソフト	723^a	602^a	596^a	570^a	957^a	1,118^a	2.67	*
映像ソフト	786^a	712^a	761^a	543^a	856^a	860^a	0.74	n.s.
パソコンソフトウェア	371^a	232^a	254^a	167^a	388^a	373^a	0.91	n.s.
ゲームソフト	862^a	393^a	491^a	323^a	331^a	574^a	2.24	*
本・雑誌・マンガ	1,281^{ab}	1,063^a	1,574^b	1,489^{ab}	1,493^{ab}	3,221^c	10.44	***

分散分析の結果 ***$p<0.001$, **$p<0.01$, *$p<0.05$, n.s. 有意差なし
数値右肩のa, b, c…は同記号間ではTukey法(等分散を仮定できる場合)またはGames-Howell法(等分散を仮定できない場合)により$p<0.05$の有意差がないことを示す

表1.3.15 都市規模別にみた情報支出額(全体平均額)(円)

	100万人以上	30-100万未満	10-30万未満	10万未満	町村	F	
固定電話	3,020^a	3,007^a	3,065^a	3,049^a	3,669^a	2.09	n.s.
有料テレビ放送	1,747^{ab}	1,931^a	1,813^{ab}	1,353^{ab}	1,181^b	2.80	*
有料ネット動画サービス	599^a	587^a	530^a	606^a	572^a	0.10	n.s.
携帯電話・スマートフォン・PHS	5,686^a	5,841^a	5,261^a	5,869^a	6,533^a	2.24	n.s.
音楽ソフト	997^a	566^a	654^a	648^a	633^a	2.53	*
映像ソフト	855^a	628^a	725^a	732^a	820^a	0.53	n.s.
パソコンソフトウェア	275^a	302^a	301^a	291^a	151^a	0.44	n.s.
ゲームソフト	318^a	507^a	693^a	407^a	305^a	2.59	*
本・雑誌・マンガ	1,912^a	1,319^a	1,412^a	1,497^a	1,563^a	1.70	n.s.

分散分析の結果 ***$p<0.001$, **$p<0.01$, *$p<0.05$, n.s. 有意差なし
数値右肩のa, b, c…は同記号間ではTukey法(等分散を仮定できる場合)またはGames-Howell法(等分散を仮定できない場合)により$p<0.05$の有意差がないことを示す

れている.

(5) 世帯年収別にみた情報支出の状況

表1.3.14は,世帯年収別に情報支出額をみたものである.やや意外にも思えるが,世帯年収によって有意な差がみられるのは4項目にとどまる.「有料テレビ放送」への支出は,年収が高くなるほど単調増加する傾向にある.「本・雑誌・マンガ」への支出は,年収1,000万円以上の層において顕著に高い.

(6) 都市規模別にみた情報支出の状況

都市規模別で有意差がみられるのは,「有料テレビ放送」「音楽ソフト」「ゲームソフト」の3項目のみである(表1.3.15).ただし,いずれについても,都市規模が大きくなるほど単調増加あるいは単調減少するような一貫した傾向は読み取れない.

1.4 情報領域と情報源

本節では,情報領域によりどのような情報源メディアが使用されているかに関する分析結果を概観する.質問では,情報領域を「ニュース」領域と「趣味・関心事」の2つに大別し,それぞれの領域を4つと5つに分類し,「情報を得たことのあるメディア(複数回答)」と「最もよく利用するメディア(単数回答)」についてたずねた.

1.4.1 「ニュース」領域の情報源(複数回答)——テレビ・新聞が優勢

「ニュース」領域においては,「国内ニュース」「海外ニュース」「地域(ローカル)ニュース」「天気予報」の4つに分け,それぞれの情報源について複数および単数回答してもらった.

ニュース領域においては,2005年に続き2010年現在においても依然としてテレビと新聞といったマスメディア系統のメディアがもっともよく利用される情報源であることが判明した.2005年度と比べた結果,ラジオがニュース情報源としての依存度が著しく下がっている一方,PCウェブサイトや携帯サイトの躍進が示された.

それでは,より詳細な結果を紹介する.

図1.4.1に示されているように,4つの「ニュース」領域すべてにおいて,テレビがもっとも有力な情報源であることが示された.「国内ニュース」については96.3%,「海外ニュース」は90.0%,「地域ニュース」は74.7%,「天気予報」は92.8%の人がテレビを通じて情報を入手していると回答していた.「地域ニュース」を除けば,9割以上の人がニュースの情報源としてテレビを

図1.4.1 「ニュース」情報源（複数回答）

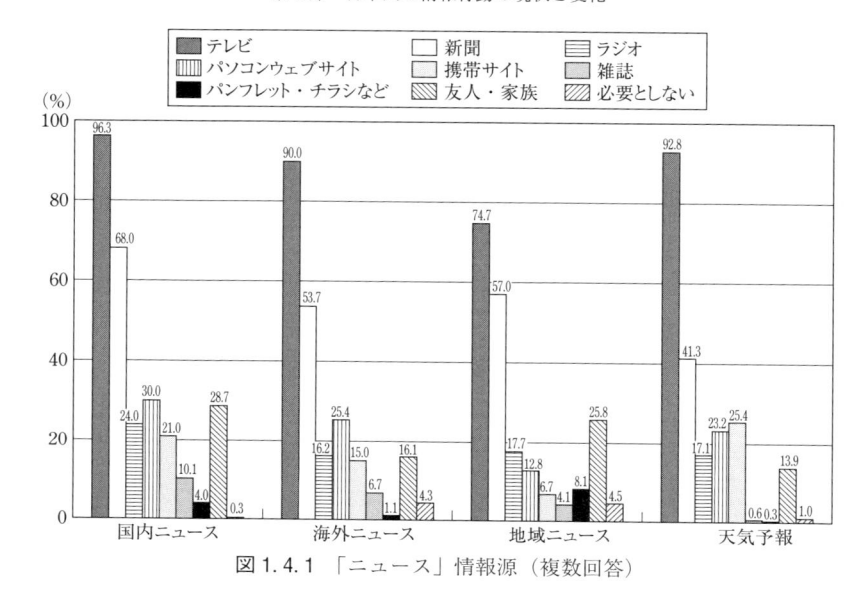

表1.4.1 もっともよく使う情報源（単数回答）(%)

		テレビ	新聞	ラジオ	PCウェブ・サイト	携帯サイト	雑誌	パンフレット・チラシ	友人・家族	必要ない
領域ニュース	国内ニュース	75.4	12.3	1.2	5.4	4.4	0.2	0.0	0.5	0.4
	海外ニュース	70.0	11.2	1.0	8.0	3.7	0.3	0.1	7.0	5.0
	地域ニュース	49.3	27.4	2.6	4.0	2.1	0.2	2.3	7.0	5.2
	天気予報	74.9	4.5	2.0	7.0	9.9	0.0	0.0	0.8	1.1

用いることが明らかになった．テレビの次によく利用するニュース情報源は新聞であり，「国内ニュース」(68.0%)，「海外ニュース」(53.7%)，「地域ニュース」(57.0%) については5割以上の人が利用していた．ニュース領域におけるテレビと新聞の役割はいまだ巨大であることが分かる．

テレビ，新聞に続く有力な情報メディアはPCウェブサイトで，「国内ニュース」30.0%,「海外ニュース」25.4% を示していた．「地域ニュース」においては12.8%と，友人・家族と回答した25.8%，およびラジオの17.7%に続き，第5番目の情報源であった．地域情報におけるラジオや地域の人びととのコミュニケーションの重要性がうかがえた一方，PCウェブサイトの情報はまだ定着前であることが分かる．「天気予報」については，携帯サイト (25.4%) が

第3番目に利用される情報源であり，PCウェブサイト（23.2%）の利用率より高い比率で利用されている結果が示された．

1.4.2 「ニュース」領域でもっともよく利用される情報源（単数回答）

次は，人びとが「ニュース」領域においてもっともよく利用する情報源（単数回答）について分析し，表1.4.1にその結果を示す．国内ニュース，海外ニュース，天気予報において，約7割以上の人がテレビをもっともよく利用する情報源として取り上げていた．テレビはニュース情報源としてもっとも強力なメディアであることが示された．次は新聞で，国内ニュースと海外ニュースそれぞれ12.3%，11.2%，地域ニュースにおいては，27.4%の人が新聞をもっともよく使う情報源として取り上げた．

ニュース領域別にみてみよう．国内ニュースと海外ニュースにおいては，似たパターンが示され，テレビ，新聞，PCウェブサイト，携帯サイトの順でよく利用されていることが分かった．地域ニュースにおいては，テレビへの依存度が国内・海外ニュースの7割に比べ，5割程度と低かった．新聞への依存度は相対的に高く3割弱を示しており，地域版新聞の重要性が示された．天気予報については，テレビの74.9%に続き，携帯サイトが9.9%と2番目に重要な情報源であることが判明した．次はPCウェブサイトで7.0%，新聞は4.5%と低い数値を示していた．

1.4.3 「趣味・関心事」領域の情報源（複数回答）
　　　——内容による使い分け

次は，「趣味・関心事」領域に関する情報源について概観する．本調査では，「趣味・関心事」の領域として，「旅行・観光情報」「ショッピング」「健康・医療関連」「テレビ番組情報」「グルメ情報」の5領域について質問した．

1.4.1で示した「ニュース」情報源がその内容にかかわらず，テレビや新聞等の従来メディアへの依存度が高かったのに対し，「趣味・関心事」領域はその内容による情報源の使い分けが示された（図1.4.2）．

まず，「旅行・観光情報」に関しては，PCウェブサイトが30.6%ともっとも高く，雑誌が30.5%，テレビ29.8%，パンフレット・チラシ27.0%，新聞

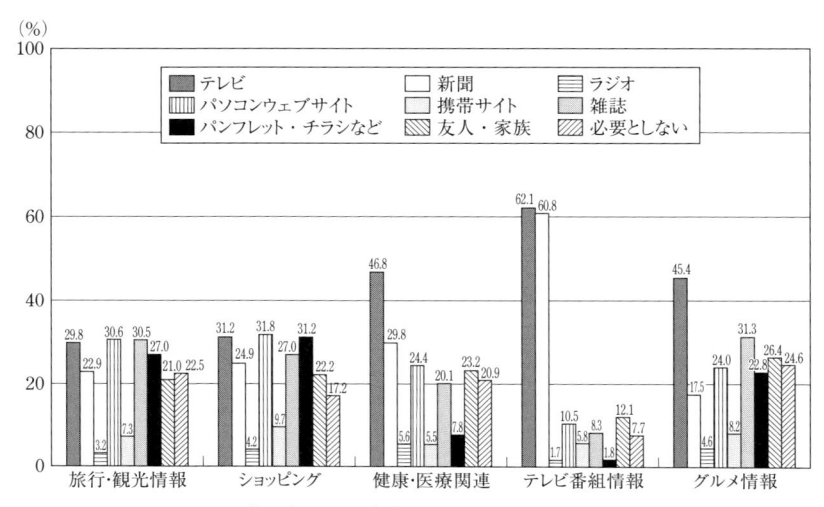

図 1.4.2 「趣味・関心事」に関する情報源（複数回答）

22.9%の順であった．2005年当時，「旅行・観光情報」におけるPCウェブサイト利用率（18.4%）は，雑誌（36.5%）テレビ（35.0%），パンフレット・チラシ，新聞に続く5番目であったのと比べ，5年後の2010年度の依存度が非常に高くなったことが分かる．

　次に，「ショッピング」情報の場合も同様，PCウェブサイトが31.8%でもっとも利用率が高く，次がテレビとパンフレット・チラシが同率で31.2%，携帯サイトが9.7%，新聞が24.9%の順であった．「健康・医療関連」情報に関しては，テレビが46.8%ともっとも高く，次が新聞29.8%，PCウェブサイトが次で24.4%，友人・家族で23.2%，雑誌が20.1%を占めていた．「テレビ番組情報」において，テレビが62.1%，新聞が60.8%と断然有力な情報源であることが示され，次の友人・家族12.1%と大差があることが示された．最後に「グルメ情報」においても「テレビ番組情報」同様，テレビが45.4%ともっとも高い比率を示しており，2番が雑誌31.3%，友人・家族26.4%，PCウェブサイト24.0%，パンフレット・チラシ22.8%の順であった．

表1.4.2 もっともよく使う情報源（単数回答）(%)

		テレビ	新聞	ラジオ	PCウェブサイト	携帯サイト	雑誌	パンフレット・チラシ	友人・家族	必要ない
事趣 領味 域域 ・ 関 心	旅行・観光情報	12.9	5.6	0.5	22.6	3.4	11.0	13.4	5.2	25.5
	ショッピング	11.5	8.5	0.6	21.7	4.4	7.8	20.4	5.4	19.7
	健康・医療関連	27.0	10.8	0.5	17.1	2.9	7.0	2.5	8.7	23.5
	テレビ番組情報	37.7	44.0	0.3	3.2	2.3	2.4	0.4	1.1	8.6
	グルメ情報	22.7	2.8	0.2	13.9	2.4	13.2	7.9	8.6	28.0

1.4.4 「趣味・関心事」領域でもっともよく利用される情報源（単数回答）

次は，「趣味・関心事」関連情報源としてもっともよく用いるメディアを単数回答してもらった結果を表1.4.2に示す．

「旅行・観光情報」獲得のためにもっともよく使う情報源は，PCウェブサイトで22.6%を示していた．これは，パンフレット・チラシの13.4%および，テレビ12.9%を抜いていた．「ショッピング」関連情報源でもっともよく利用されているメディアは，PCウェブサイトで21.7%と，パンフレット・チラシの20.4%を若干上回る数字が示されていた．

「健康・医療関連」情報に関しては，テレビ27.0%，PCウェブサイト17.1%，新聞10.8%という順で，3大メディアが重要情報源として評価されていた．「テレビ番組情報」にもっともよく利用する情報源は，新聞44.0%，テレビ37.7%の順であり，いわゆる新聞の「ラテ欄」，テレビの「番宣」が重要な情報源であることがうかがえた．最後に「グルメ情報」についてはテレビが22.7%，PCウェブサイト13.9%，雑誌13.2%の順を示していた．

1.4.5 利用者の属性からみた情報源
―― 「国内ニュース」「ショッピング」情報を中心に

この項では利用者の属性による情報源の差について概観する．ここでは，「ニュース」領域と「趣味・関心事」領域においてもっとも代表的情報である「国内ニュース」と「ショッピング」関連情報における分析結果を紹介する．

表 1.4.3　属性からみた「国内ニュース」の情報源（複数回答）（%）

国内ニュース（複数回答）	カテゴリ	N	テレビ	新聞	雑誌	PCウェブサイト	携帯サイト
性別	男性	689	94.8	68.2	11.3	39.0	21.9
	女性	788	97.7	67.9	9.0	22.1	20.2
	$Pr>|t|$		**	n.s.	n.s.	***	n.s.
年齢層別	13-19歳	127	94.5	28.3	7.9	22.0	33.9
	20-29歳	144	92.3	46.9	7.7	43.4	50.3
	30-39歳	270	94.4	56.7	8.5	46.7	37.0
	40-49歳	270	96.7	78.9	11.9	37.8	24.1
	50-59歳	343	98.3	79.6	11.1	24.2	5.5
	60-69歳	324	98.1	81.2	10.8	13.0	3.4
	χ^2		***	***	n.s.	***	***
学歴	中学校卒	98	94.4	57.3	5.6	6.3	9.8
	高校卒	576	97.6	66.2	7.9	20.5	19.0
	高専・短大卒	312	97.8	67.8	9.6	32.5	23.5
	大学・大学院卒	337	93.7	76.4	16.2	54.4	26.9
	χ^2		n.s.	**	***	***	***
就業形態別	フルタイム	715	95.5	71.7	11.5	40.1	24.2
	パートタイム	269	97.8	68.0	10.4	17.8	15.6
	主婦	207	99.0	72.9	7.2	22.7	15.5
	学生	137	94.2	32.8	7.3	27.7	35.0
	無職	147	95.9	76.2	9.5	16.3	10.2

n.s.：有意差なし　*$p<0.05$　**$p<0.01$　***$p<0.001$

（1）属性からみた「国内ニュース」の情報源（複数回答）

「国内ニュース」における性別差をみると，テレビについては女性のほうが男性より，PCウェブサイトについては男性が女性より依存度が高く，逆の傾向が示された（表1.4.3）．次に，年齢層別で分析した結果，テレビおよび新聞は高齢者ほど，PCウェブサイトおよび携帯サイトにおいては20代と30代の依存度が高いことが示され，既存メディアとニューメディアの年齢層による差が明確に示される形となった．

学歴については，テレビを除いた新聞，雑誌，PCウェブサイト，携帯サイトの利用率において，学歴が高いほど「国内ニュース」の情報源としてよく用いられる傾向が示された．

就業形態別の結果では，テレビにおいては主婦，パートタイム，無職，フルタイム，学生の順で利用率が高かった．新聞は無職と主婦が，雑誌はフルタイムとパートタイムが，PCウェブサイトはフルタイムの利用率がそれぞれ高く，

1 情報行動の全般的傾向

表 1.4.4 属性からみたもっともよく利用する「国内ニュース」情報源（単数回答）（%）

国内ニュース(単数回答)	カテゴリ	N	テレビ	新聞	雑誌	PCウェブサイト	携帯サイト
性別	男性	587	68.3	15.7	0.5	8.5	4.6
	女性	649	81.8	9.4	0.0	2.6	4.2
年齢層別	13-19歳	114	82.5	0.9	0.0	1.6	9.7
	20-29歳	131	67.2	3.1	0.0	11.5	14.5
	30-39歳	237	69.2	8.4	0.8	11.8	8.4
	40-49歳	227	75.8	15.4	0.0	5.7	1.8
	50-59歳	276	78.5	17.0	0.0	2.5	0.0
	60-69歳	251	78.5	18.3	0.4	0.8	0.0
学歴	中学校卒	70	84.3	7.1	0.0	0.0	1.4
	高校卒	468	77.8	13.9	0.4	3.4	3.4
	高専・短大卒	269	77.0	10.4	0.4	6.7	4.1
	大学・大学院卒	290	65.9	18.6	0.0	8.6	5.2
就業形態別	フルタイム	606	68.3	15.7	0.3	8.4	4.5
	パートタイム	222	79.3	13.1	0.0	1.8	5.0
	主婦	169	87.0	5.9	0.0	1.2	3.0
	学生	126	80.2	1.6	0.0	5.6	8.7
	無職	110	78.2	14.6	0.9	2.7	0.0

メディアによって属性別の利用状況が異なることが示された．一方，携帯サイトの場合，学生が35.0%ともっともよく用いる層であることが判明した．

(2) 属性からみた「国内ニュース」の情報源（単数回答）

利用者の属性別における情報源の相違についてより詳細に検討するために，表1.4.4のもっともよく利用する情報源（単数回答）の結果をみてほしい．
まず，性別からみた国内ニュース情報取得のためにもっともよく用いる情報源を概観する．男性の場合，テレビが68.3%，新聞15.7%，PCウェブサイト8.5%，携帯サイトが4.6%の順であったのに対し，女性の場合は，テレビで81.8%，次いで新聞9.4%，携帯サイト4.2%，PCウェブサイトが2.6%と，PCウェブサイトと携帯サイトが順番を入れ替えている結果が示された．
年齢層別の結果のひとつ目の特徴として，20代の「国内ニュース」のメイン情報源における携帯サイトの重視傾向と新聞の重要度の低下が取り上げられる．20代において，もっとも利用する情報源はテレビで67.2%，次は携帯サイトで14.5%，次いでPCウェブサイトが11.5%であった．一方，新聞はわずか3.1%の数字を示しており，20代の新聞離れが著しく進んでいることを支

持する形となった．2つ目の特徴としては，10代における PC ウェブサイト利用の低迷現象である．20代と30代において PC ウェブサイトをメインツールとする比率はそれぞれ 11.5% と 11.8% であったが，10代の場合 1.6% と驚くほど低い数字が示されていた．これは，現在日本における 10代青少年における PC 教育の脆弱さが垣間見える結果となった．

次に学歴による結果をみると，学歴が高くなるほど，テレビへの依存度が低下し，新聞および PC ウェブサイト，携帯サイトへの依存度が増加する傾向が示された（ただし高専・短大卒をのぞく）．

最後に，就業形態による結果を概観する．いずれのグループにおいてもテレビの依存度がもっとも高い傾向が示された．フルタイムはテレビの次が新聞，PC ウェブサイト，携帯サイトの順で，無職は新聞，PC ウェブサイト，雑誌の順であった．学生の場合，テレビの次にもっともよく用いるメディアは新聞ではなく携帯サイト 8.7%，PC ウェブサイト 5.6%，次が新聞 1.6% の結果が示された．とくに，「国内ニュース」情報源として携帯サイトを利用する人は，学生でもっとも多く，学生層の携帯サイトへの依存度の高さが示された．

(3)「ショッピング」関連の情報源（複数回答）

それでは，「ショッピング」関連の情報源においてはいかなる属性別相違が示されているだろうか．

まず，性別差を概観すると，テレビ・雑誌については女性のほうが男性より，PC ウェブサイトにおいては男性が女性より有意に利用率が高い傾向が示され，メディアによる性差が明らかになった（表 1.4.5）．

次に，年齢層別「ショッピング」の情報源を分析した結果，「国内ニュース」の傾向同様，新聞は高齢者ほど，PC ウェブサイトは 30代が，携帯サイトは 20代ほどよく利用する傾向が示された．

学歴では「国内ニュース」で示された傾向とは異なっていた．PC ウェブサイトの利用率だけが学歴が高いほど「国内ニュース」の情報源としてよく用いられる傾向が示された．

就業形態別の結果では，テレビにおいては，主婦層において利用率がもっとも高く 40.0%，次が無職 34.3%，パートタイム 32.7%，フルタイム 28.2%，学

表 1.4.5　カテゴリー別でみたショッピング関連の情報源（複数回答）（%）

ショッピング・商品情報（複数回答）	カテゴリ	N	テレビ	新聞	雑誌	PCウェブサイト	携帯サイト
性別	男性	682	26.7	23.0	23.5	37.5	8.9
	女性	773	35.2	26.5	31.0	26.8	10.3
	Pr>|t|		***	n.s.	**	***	n.s.
年齢層別	13-19歳	127	29.4	4.8	18.3	15.9	15.9
	20-29歳	144	21.1	5.6	33.1	45.1	29.6
	30-39歳	270	22.9	11.7	32.7	50.0	16.2
	40-49歳	270	29.9	23.1	33.2	44.8	9.0
	50-59歳	343	42.0	34.6	26.0	26.9	3.3
	60-69歳	324	33.0	43.8	21.0	11.1	0.3
			***	***	*	***	***
学歴	中学校卒	98	30.9	33.0	20.2	5.3	4.3
	高校卒	577	32.0	31.3	23.6	21.0	7.9
	高専・短大卒	312	34.9	24.4	35.2	39.7	13.0
	大学・大学院卒	337	29.4	20.1	33.3	56.8	9.9
			n.s.	***	***	***	*
就業形態別	フルタイム	715	28.2	23.1	28.8	43.1	10.6
	パートタイム	269	32.7	30.0	31.2	23.2	7.2
	主婦	207	40.0	31.2	29.3	25.4	9.3
	学生	137	27.2	5.1	19.1	19.1	13.2
	無職	147	34.3	32.9	19.6	14.0	7.0

n.s.：有意差なし　*$p<0.05$　**$p<0.01$　***$p<0.001$

生 27.2% の結果となった．新聞においては，無職が 32.9%，雑誌はパートタイムが他の就業形態の人より利用率が高かった．PC ウェブサイトにおいては，フルタイムがもっとも利用率が高かった．一方，携帯サイトの場合，「国内ニュース」と同様に学生がよく使うメディアという傾向がそのまま支持される形となった．

(4)　「ショッピング」関連の情報源（単数回答）

表 1.4.6 は属性別にみたもっともよく利用する「ショッピング」関連情報源（単数回答）の結果を示したものであるが，とくに，PC ウェブサイトに対する全般的に高い依存度について注目してほしい．

性別でみた場合，男女ともにテレビ，新聞，雑誌という 3 大メディアを抜き，PC ウェブサイトがもっともよく利用するメディアであることが判明した．「国内ニュース」の情報源の場合，とくに女性において PC ウェブサイトをあ

表 1.4.6 属性別にみたもっともよく利用する「ショッピング」関連の情報源（単数回答）(%)

ショッピング・商品情報（複数回答）	カテゴリ	N	テレビ	新聞	雑誌	PC ウェブサイト	携帯サイト
性別	男性	613	8.5	6.5	6.5	28.2	3.9
	女性	655	14.4	10.4	9.0	15.6	4.9
年齢層別	13-19歳	116	15.5	4.3	6.0	10.3	10.3
	20-29歳	133	3.8	3.8	15.0	29.3	13.5
	30-39歳	237	9.3	3.4	9.3	37.1	5.9
	40-49歳	236	9.3	8.5	10.2	30.1	3.4
	50-59歳	288	15.6	8.7	6.3	16.0	1.4
	60-69歳	258	13.2	17.4	3.1	7.4	0.0
学歴	中学校卒	83	18.1	14.5	8.4	3.6	2.4
	高校卒	481	12.5	11.2	6.4	14.8	4.2
	高専・短大卒	267	13.9	7.1	11.6	23.6	4.9
	大学・大学院卒	295	5.8	5.1	6.4	40.7	3.1
就業形態別	フルタイム	619	8.9	6.6	8.7	31.0	4.2
	パートタイム	222	13.5	11.3	6.8	12.6	3.6
	主婦	174	16.7	13.8	9.2	12.6	3.5
	学生	127	13.4	3.9	8.7	13.4	8.7
	無職	123	11.4	9.8	1.6	13.0	4.1

まり用いない傾向が示されたが，「ショッピング」関連情報においてはテレビや新聞，雑誌以上によく利用する傾向が示された．

年齢層別でみた場合，PC ウェブサイトは10代と60代を除いた20-50代においてもっともよく利用される情報源であることが示された．60代の場合，新聞が17.4%ともっとも高く，次がテレビ13.2%という比率を示していた．一方，10代の場合，テレビが15.5%，次がPCウェブサイトと携帯サイトが10.3%と同率を示していて，携帯サイトはPCウェブサイト同様の重要な情報源であることがわかる．

学歴別にみた場合，中学卒の人がテレビ，新聞，雑誌という3大メディアに依存していることを除けば，他の層のすべてにおいてPCウェブサイトがもっともよく利用される情報源であることが示された．

就業形態でみた場合，パートタイム・主婦層の人が最もよく利用する情報源として取り上げたのは，ともにテレビであった．次に取り上げたメディアはパートタイムの場合はPCウェブサイト，主婦は新聞であった．一方，学生の場

合，テレビと PC ウェブサイトの重要度はほぼ同じ度合いで評価していることが示された．

1.4.6　PC インターネット利用者の情報源

次は，PC インターネット利用者に分析対象を限定した場合，それぞれの情報領域における情報源の選択はいかに異なるかについて分析する．ここでは，テレビと PC ウェブサイトの 2 大メディアの利用率を中心に比較・分析する．なお，ここでいう PC インターネット利用者とは，パソコンを通じてインターネットを利用している人のことを示す．

まず，「国内ニュース」「海外ニュース」「地域ニュース」「天気予報」の「ニュース」領域においては，PC インターネット利用者においてもテレビが PC ウェブサイトより多く利用されていることが示された．

一方，「旅行・観光情報」「ショッピング」など「趣味・関心事」領域においてはテレビよりも PC ウェブサイトがよく用いられる結果が示された（図 1.4.3）．

とくに，「趣味・関心事」領域における依存度は，5 年前の 2005 年度に比べより高い水準であったことが明らかになった（図 1.4.4）．「旅行・観光情報」

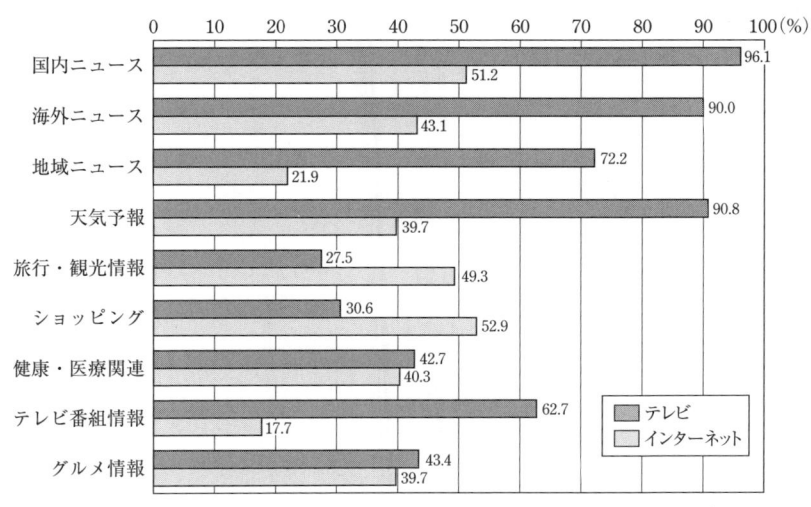

項目	テレビ	インターネット
国内ニュース	96.1	51.2
海外ニュース	90.0	43.1
地域ニュース	72.2	21.9
天気予報	90.8	39.7
旅行・観光情報	27.5	49.3
ショッピング	30.6	52.9
健康・医療関連	42.7	40.3
テレビ番組情報	62.7	17.7
グルメ情報	43.4	39.7

図 1.4.3　PC ネット利用者のテレビと PC ウェブサイトの利用度

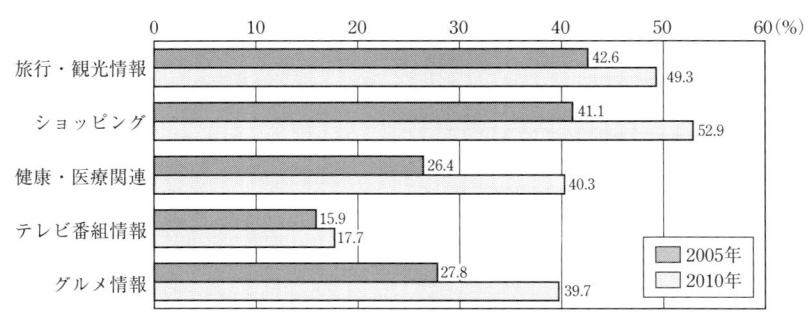

図 1.4.4 PC ネット利用者の PC ウェブサイトの利用度の 2005 年度と 2010 年度との比較（趣味・関心事領域）

に関しては 2005 年の 42.6% から 49.3%,「ショッピング」は 41.1% から 52.9%,「健康・医療関連」情報は 26.4% から 40.3%,「テレビ番組情報」は 15.9% から 17.7%,「グルメ情報」は 27.8% から 39.7% へと増加していた．「趣味・関心事」領域の全項目において PC ウェブサイトへの依存度の増加傾向が示された．

1.5 状況別メディアの利用と情報行動規範意識

1.5.1 状況別メディアの利用

インターネットや携帯電話といった新しいメディアの普及により，情報取得行動や対人コミュニケーション行動の様相は変化していると考えられる．ここでは，(1) 情報の内容ごとに情報取得行動のためにどのようなメディアがもっともよく使われる傾向にあるのか，(2) 状況ごとにどのような対人コミュニケーション手段が選択される傾向にあるのかという問題について検討する．

（1） 情報取得行動のためのメディアの有用性認識

本調査では「いち早く世の中のできごとや動きを知る」,「世の中のできごとや動きについて信頼できる情報を得る」,「趣味・娯楽に関する情報を得る」,

図1.5.1 迅速性評価の経年比較

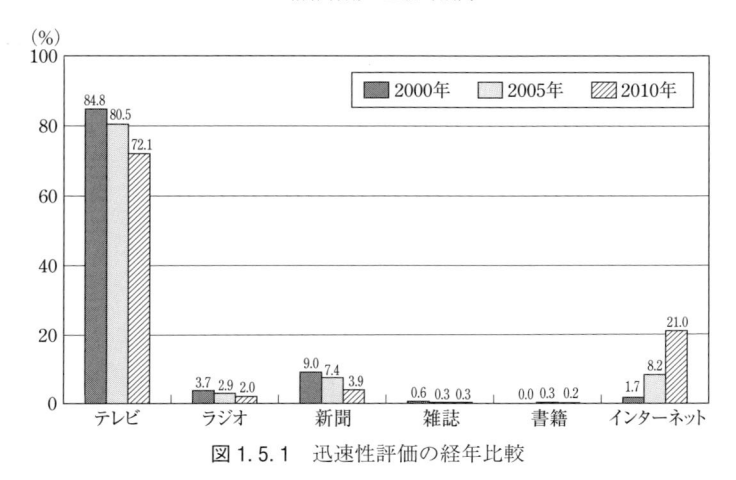

「仕事や研究に役立つ情報を得る」のそれぞれの目的のために,「テレビ」「ラジオ」「新聞」「雑誌」「書籍」「インターネット」「その他」のうち,どれをもっとも利用しているかについて回答を求めた.

2000年調査,2005年調査においても同一の質問項目を設けており,ここでは2000年調査,2005年調査の結果と対比させて,2010年調査の結果を示す.

(1)-1 経年比較
(i) 迅速性

「いち早く世の中のできごとや動きを知る」ためのメディアの選択結果を図1.5.1に示した.図1.5.1に示されるとおり,迅速性の評価はテレビが一貫してもっとも高い.しかし,テレビの選択率は一貫して低下していることも事実であり(2000年調査:84.8%,2005年調査:80.5%,2010年調査:72.1%),反対にインターネットの選択率は一貫して上昇している(2000年調査:1.7%,2005年調査:8.2%,2010年調査:21.0%).また,テレビ同様,新聞の選択率も一貫して低下している(2000年調査:9.0%,2005年調査:7.4%,2010年調査:3.9%).

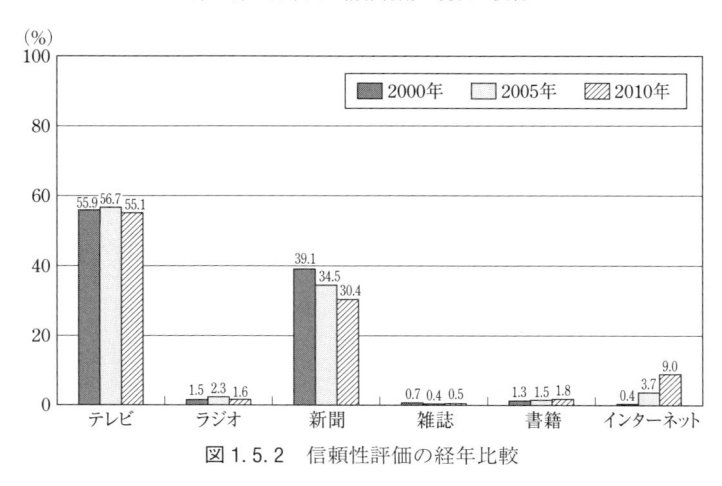

図 1.5.2　信頼性評価の経年比較

(ii) 信頼性

「世の中のできごとや動きについて信頼できる情報を得る」ためのメディアの選択結果を図 1.5.2 に示した．図 1.5.2 に示されているとおり，迅速性同様，テレビの選択率が一貫してもっとも高い．また，新聞の選択率はテレビに次いで高い状況が一貫している．

しかしながら，テレビの選択率は迅速性の場合とは異なり安定している一方で，新聞の選択率は経年的に一貫して低下している（2000 年調査：39.1%，2005 年調査：34.5%，2010 年調査：30.4%）．その一方で一貫して上昇しているのがインターネットの選択率である（2000 年調査：0.4%，2005 年調査：3.7%，2010 年調査：9.0%）．

(iii) 趣味・娯楽性

「趣味・娯楽に関する情報を得る」ためのメディアの選択結果を図 1.5.3 に示した．図 1.5.3 に示されるとおり，2000 年調査では選択率の高かったテレビ（2000 年調査：40.0%，2005 年調査：34.8%，2010 年調査：29.8%），雑誌（2000 年調査：33.6%，2005 年調査：24.6%，2010 年調査：17.5%）は一貫して選択率が低下しており，インターネットの選択率が一貫して上昇し，2010 年調査ではもっとも高い選択率を示した（2000 年調査：4.4%，2005 年調査：

1 情報行動の全般的傾向　　　　　　　　　　79

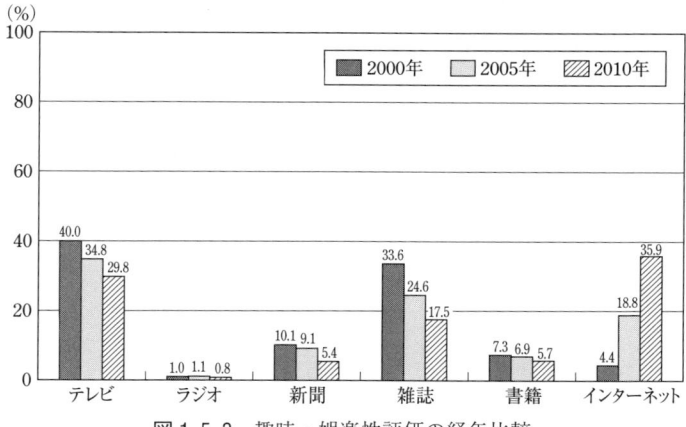

図 1.5.3　趣味・娯楽性評価の経年比較

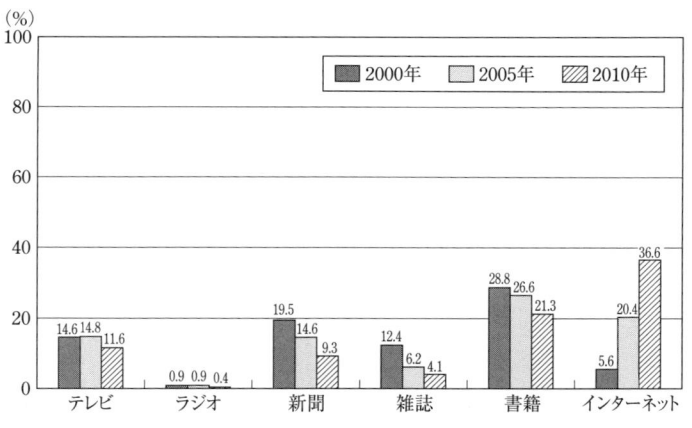

図 1.5.4　仕事上の有用性評価の経年比較

18.8%，2010年調査：35.9%）．

(iv)　仕事上の有用性

「仕事や研究に役立つ情報を得る」ためのメディアの選択結果を図 1.5.4 に示した．2005 年調査までは書籍がもっとも高い選択率を示していたが（2000年調査：28.8%，2005 年調査：26.6%，2010 年調査：21.3%），2010 年調査ではインターネットがもっとも高い選択率を示した（2000 年調査：5.6%，2005

表 1.5.1 性別にみた迅速性評価(上段は度数,下段は相対度数)

	テレビ	ラジオ	新聞	雑誌	書籍	インターネット
男性	447	12	28	2	1	196
	65.2%	1.7%	4.1%	0.3%	0.1%	28.6%
女性	618	18	29	3	2	115
	78.7%	2.3%	3.7%	0.4%	0.3%	14.6%

表 1.5.2 年齢層別にみた迅速性評価(上段は度数,下段は相対度数)

	テレビ	ラジオ	新聞	雑誌	書籍	インターネット
10代	87	1	3	1	1	34
	68.5%	0.8%	2.4%	0.8%	0.8%	26.8%
20代	74	0	5	0	0	64
	51.7%	0.0%	3.5%	0.0%	0.0%	44.8%
30代	153	3	5	1	2	104
	57.1%	1.1%	1.9%	0.4%	0.7%	38.8%
40代	203	5	10	0	0	51
	75.5%	1.9%	3.7%	0.0%	0.0%	19.0%
50代	273	13	14	1	0	40
	80.1%	3.8%	4.1%	0.3%	0.0%	11.7%
60代	275	8	20	2	0	18
	85.1%	2.5%	6.2%	0.6%	0.0%	5.6%

年調査:20.4%,2010年調査:36.6%).

(1)-2 2010年調査における性別・年齢層による比較
(i) 迅速性

「いち早く世の中のできごとや動きを知る」ためのメディアの選択結果を性別ごとにまとめたのが表 1.5.1,年齢層ごとにまとめたのが表 1.5.2 である(「その他」を選択した回答者および無回答は除いた).

性別の影響に関しては,男性に比べて女性のほうがテレビを選択している比率が 13.5% 高かった一方で,女性に比べて男性のほうがインターネットを選択している比率が 14.0% 高かった.2005 年調査では新聞の選択率にも差がみられたが(男性 9.2%,女性 5.9%),新聞の選択率が低下したため 2010 年調査における性差はほとんどなくなった.

年齢層の影響に関しては,テレビとインターネットの選択率にあらわれてい

表1.5.3 性別にみた信頼性評価(上段は度数,下段は相対度数)

	テレビ	ラジオ	新聞	雑誌	書籍	インターネット
男性	345	13	217	4	14	84
	51.0%	1.9%	32.1%	0.6%	2.1%	12.4%
女性	469	10	232	3	12	49
	60.5%	1.3%	29.9%	0.4%	1.5%	6.3%

表1.5.4 年齢層別にみた信頼性評価(上段は度数,下段は相対度数)

	テレビ	ラジオ	新聞	雑誌	書籍	インターネット
10代	79	3	27	2	2	11
	63.7%	2.4%	21.8%	1.6%	1.6%	8.9%
20代	65	1	35	2	2	33
	47.1%	0.7%	25.4%	1.4%	1.4%	23.9%
30代	141	2	70	1	8	43
	53.2%	0.8%	26.4%	0.4%	3.0%	16.2%
40代	127	4	102	2	5	28
	47.4%	1.5%	38.1%	0.7%	1.9%	10.4%
50代	207	6	106	0	5	13
	61.4%	1.8%	31.5%	0.0%	1.5%	3.9%
60代	195	7	109	0	4	5
	60.9%	2.2%	34.1%	0.0%	1.3%	1.6%

る.いずれの年齢層においてもテレビの選択率がもっとも高いことには変わりないが,全体での選択率に比べて10-30代ではテレビの選択率が低く,インターネットの選択率が高かった.40-60代では全体での選択率に比べてテレビの選択率が高く,インターネットの選択率が低かった.

(ii) 信頼性

「世の中のできごとや動きについて信頼できる情報を得る」ためのメディアの選択結果を性別ごとにまとめたのが表1.5.3,年齢層ごとにまとめたのが表1.5.4である(「その他」を選択した回答者および無回答は除いた).

性別の影響に関しては,テレビの選択率にあらわれている.男性に比べて女性のほうがテレビの選択率が高かった.その他のメディアの選択率に関しては,すべてにおいて女性に比べて男性のほうが高い選択率であり,とくにインターネットの選択率は男性が女性に比べて6.1%高かった.

表1.5.5 性別にみた趣味・娯楽性評価（上段は度数，下段は相対度数）

	テレビ	ラジオ	新聞	雑誌	書籍	インターネット
男性	194	5	31	109	31	289
	29.4%	0.8%	4.7%	16.5%	4.7%	43.9%
女性	246	7	49	150	53	241
	33.0%	0.9%	6.6%	20.1%	7.1%	32.3%

表1.5.6 年齢層別にみた趣味・娯楽性評価（上段は度数，下段は相対度数）

	テレビ	ラジオ	新聞	雑誌	書籍	インターネット
10代	42	1	2	18	7	52
	34.4%	0.8%	1.6%	14.8%	5.7%	42.6%
20代	20	0	1	25	4	88
	14.5%	0.0%	0.7%	18.1%	2.9%	63.8%
30代	51	1	3	50	9	148
	19.5%	0.4%	1.1%	19.1%	3.4%	56.5%
40代	67	2	5	47	16	123
	25.8%	0.8%	1.9%	18.1%	6.2%	47.3%
50代	119	4	18	60	29	89
	37.3%	1.3%	5.6%	18.8%	9.1%	27.9%
60代	141	4	51	59	19	30
	46.4%	1.3%	16.8%	19.4%	6.3%	9.9%

年齢層の影響に関しては，迅速性の場合に比べて信頼性の結果は複雑であった．テレビの選択率に関しては10代がもっとも高く，20-40代は全体のテレビの選択率（56.1%）に比べて低い選択率であり，50-60代は全体に比べて高い選択率だった．新聞の選択率に関しては，テレビとは異なり，10-30代が全体の新聞の選択率（30.9%）に比べて低い選択率であり，40-60代が高い選択率であった．インターネットの選択率は全体では9.2%であり，これに比べて20-40代のインターネット選択率が高かった．

(iii) 趣味・娯楽性

「趣味・娯楽に関する情報を得る」ためのメディアの選択結果を性別ごとにまとめたのが表1.5.5，年齢層ごとにまとめたのが表1.5.6である（「その他」「その種の情報はとくに必要ない」を選択した回答者および無回答は除いた）．

性別の影響に関しては，インターネットの選択率にあらわれている．迅速性，

1 情報行動の全般的傾向

表 1.5.7　性別にみた仕事上の有用性評価（上段は度数，下段は相対度数）

	テレビ	ラジオ	新聞	雑誌	書籍	インターネット
男性	83	3	64	34	146	284
	13.5%	0.5%	10.4%	5.5%	23.8%	46.3%
女性	89	3	74	27	169	257
	14.4%	0.5%	12.0%	4.4%	27.3%	41.5%

表 1.5.8　年齢層別にみた仕事上の有用性評価（上段は度数，下段は相対度数）

	テレビ	ラジオ	新聞	雑誌	書籍	インターネット
10代	20	0	3	4	20	57
	19.2%	0.0%	2.9%	3.8%	19.2%	54.8%
20代	4	0	4	2	43	76
	3.1%	0.0%	3.1%	1.6%	33.3%	58.9%
30代	20	1	8	14	61	128
	8.6%	0.4%	3.4%	6.0%	26.3%	55.2%
40代	17	2	19	13	60	129
	7.1%	0.8%	7.9%	5.4%	25.0%	53.8%
50代	53	3	35	12	67	113
	18.7%	1.1%	12.4%	4.2%	23.7%	39.9%
60代	58	0	69	16	64	38
	23.7%	0.0%	28.2%	6.5%	26.1%	15.5%

信頼性の場合と同様に，趣味・娯楽性においてもインターネットの選択率が女性に比べて男性で高かった．他のメディアに関しては，すべてにおいて男性に比べて女性のほうがわずかに高い選択率であった．

年齢層に関しては，10-40代はテレビの選択率が低く，インターネットの選択率が高いという特徴を示した．反対に50-60代はテレビの選択率が高く，インターネットの選択率は低かった．また，50-60代，とくに60代は新聞の選択率が高いという特徴を示した．

(iv) 仕事上の有用性

「仕事や研究に役立つ情報を得る」ためのメディアの選択結果を性別ごとにまとめたのが表1.5.7，年齢層ごとにまとめたのが表1.5.8である（「その他」「その種の情報はとくに必要ない」を選択した回答者および無回答は除いた）．

性別の影響はあまりみられなかった．インターネットの選択率は，迅速性，

信頼性，趣味・娯楽性の場合と同様に女性に比べて男性で高かったが，差は4.8%と小さかった．

年齢層に関しては，テレビの選択率が20-40代で低く，10代および50-60代で高かった．インターネットの選択率は10-40代で同程度に高かったが，50代，60代となると選択率は低下していた．60代は新聞の選択率が高いことも特徴的であった．

(1)-3　多項ロジット分析に基づく事後推定

クロス表の分析では，他の要因の影響を十分に統制することができないが，年齢層という要因と就業形態という要因のあいだには強い関係があることが想定されるため，それぞれの要因の正味の効果をみるためには，それぞれ他の要因の影響を統制する必要がある．そこで，ここでは多項ロジット分析を行い，他の要因の影響を統制したうえで，個別の要因の効果を検証する．

多項ロジット分析を行うために従属変数となる項目の回答分布をみたうえで，選択率の低いものについては「その他」に再分類した．したがって，各項目について，分析に用いた選択肢は次のとおりである．

- 迅速性：テレビ（72.1%），新聞（3.9%），インターネット（21.2%），その他（2.8%）
- 信頼性：テレビ（55.0%），新聞（30.8%），インターネット（9.1%），その他（5.2%）
- 娯楽性：テレビ（30.6%），新聞（5.7%），雑誌（18.1%），書籍（6.0%），インターネット（37.3%），その他（2.3%）
- 仕事への有用性：テレビ（13.5%），新聞（10.8%），雑誌（4.9%），書籍（24.8%），インターネット（42.8%），その他（3.3%）

多項ロジット分析を行うにあたって，独立変数には性別（男性を比較カテゴリーとしたダミー変数），年齢層（10代を比較カテゴリーとしたダミー変数），学歴（中学を比較カテゴリーとしたダミー変数），婚姻関係の有無，就業形態（無職を比較カテゴリーとしたダミー変数），またインターネット利用の有無の影響を統制するためにPCインターネット利用の有無，携帯インターネット利用の有無を用いた．多項ロジット分析の結果の一部として，各要因の効果に関

表1.5.9 多項ロジット分析における各要因の効果（尤度比検定）

従属変数	迅速性		信頼性		娯楽性		仕事への有用性	
	尤度比統計量							
性別	21.03	***	16.63	***	9.54		2.55	
年代	69.81	***	56.22	***	120.46	***	77.38	***
学歴	9.11		37.11	***	24.09		60.25	***
婚姻関係	6.46		5.26		2.70		3.24	
就業形態	15.07		11.15		37.14	*	21.88	
PCインターネット利用	96.59	***	43.60	***	158.28	***	176.52	***
携帯インターネット利用	18.54	***	7.29		25.10	***	4.94	
N	1455		1454		1407		1256	
尤度比統計量	414.93	***	251.40	***	626.80	***	558.23	***
疑似決定係数	0.18		0.08		0.15		0.15	

***$p<0.001$, **$p<0.01$, *$p<0.05$

する尤度比検定の結果を表1.5.9に示す．

分析の結果，いずれのモデルも有意であった．各独立変数の効果としては，いずれのモデルでも有意な効果を示したデモグラフィック変数は年齢層のみであった．性別は迅速性，信頼性に関するメディア選択に有意な効果を示した．学歴は信頼性，仕事への有用性に関するメディア選択に有意な効果を示した．就業形態は娯楽性に関するメディア選択に対してのみ有意な効果を示した．また，婚姻関係はいずれのメディア選択に対しても有意な効果をもたなかった．

(i) 迅速性

迅速性に関するメディア選択についての多項ロジット分析の結果，デモグラフィック変数では性別と年齢層が有意な効果を示した．図1.5.5に，他の要因には平均値を代入したうえで，問題となる独立変数のみを操作した場合の予測値を算出する事後推定シミュレーションの結果を示した．

性別の効果に関しては，テレビとインターネットの選択率にあらわれた．この分析ではインターネット利用の有無に関しては統制されているため，インターネット利用の有無の影響を除いてもなお「いち早く世の中のできごとや動きを知る」ためのメディアとして男性のほうが女性に比べてインターネットを選択する確率が高いということがわかる．

年齢層の効果に関しても，インターネットの選択率が中心である．多項ロジ

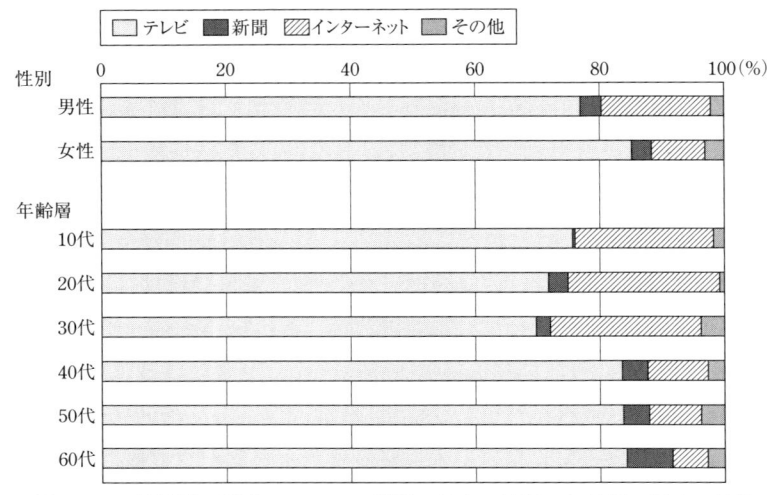

図1.5.5 迅速性に関するメディア選択に対する性別・年齢層の正味の効果

ット分析での事後推定シミュレーションでは前述のとおり，インターネット利用の有無の影響を除いた結果を示すことができるため，クロス表の分析よりもさらに明瞭に，「いち早く世の中のできごとや動きを知る」ためのメディアとしてインターネットを選択する確率が30代以下と40代以上で差異があるということが示された．

(ii) 信頼性

信頼性に関するメディア選択についての多項ロジット分析の結果，デモグラフィック変数では性別，年齢層，学歴が有意な効果を示した．着目する変数以外には平均値を代入した事後推定シミュレーションの結果を図1.5.6に示した．

性別の効果はテレビとインターネットの選択率にあらわれた点はクロス表の分析と同様であり，男性のほうが女性に比べて「世の中のできごとや動きについて信頼できる情報を得る」ためのメディアとしてインターネットを選択する人が多く，テレビを選択する人が少ないという結果であった．新聞の選択率は他の要因を統制しても性別によって変わることはなかった．

年齢層の効果に関しては，まず10代は他の年齢層と異なり，テレビの選択

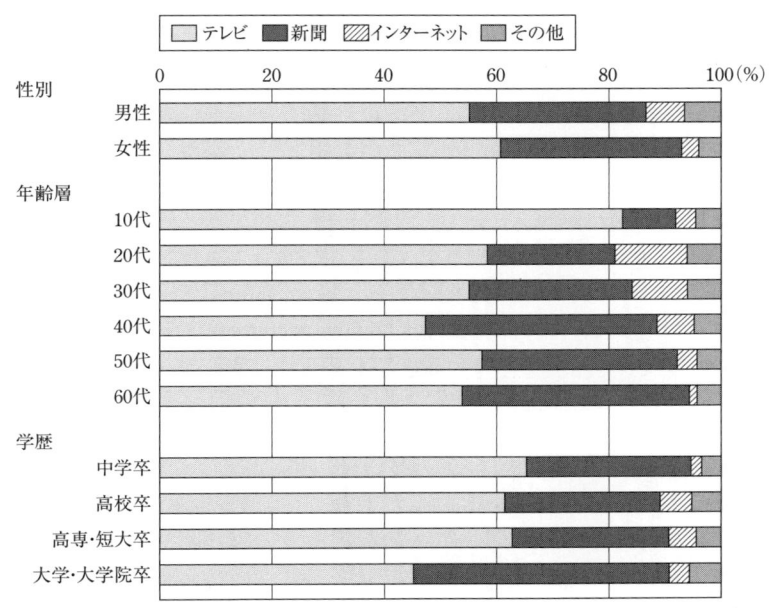

図 1.5.6 信頼性に関するメディア選択に対する性別・年齢層・学歴の正味の効果

率が非常に高い．20代以上に関しては，年齢層が上になるにつれて新聞の選択率が高まり，インターネットの選択率が低下する傾向にある．インターネット利用の有無の影響を統計学的に取り除いてもなお，この傾向はみられるということである．

　学歴の効果に関してはテレビと新聞の選択率にあらわれている．大学・大学院卒の場合は他の学歴に比べてテレビの選択率が低く，新聞の選択率が高い．大学以上ではマスメディアからの情報の信頼性に対して意識が異なることが示唆される．

(iii) 趣味・娯楽性

　趣味・娯楽性に関するメディア選択についての多項ロジット分析の結果，デモグラフィック変数では年齢層，就業形態が有意な効果を示した．着目する変数以外には平均値を代入した事後推定シミュレーションの結果を図1.5.7に示

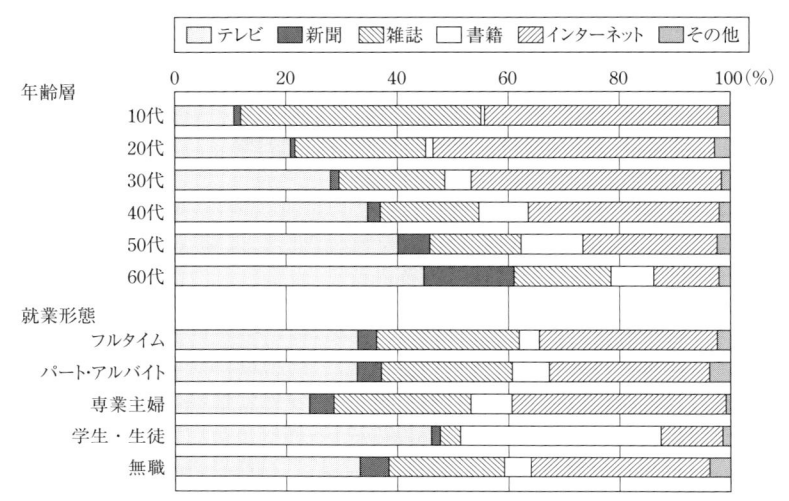

図1.5.7 趣味・娯楽性に関するメディア選択に対する年齢層・就業形態の正味の効果

した．

　年齢層の効果はまずテレビの選択率にあらわれており，年齢層が上になるにつれてテレビの選択率が上昇していた．またとくに60代は新聞の選択率が他の年齢層に比べて高く，10代は雑誌の選択率が高かった．インターネットの選択率は20代をピークとして，年齢層が上になるほど選択率が低下していた．

　就業形態の効果としては，学生・生徒は他の就業形態に比べてテレビと書籍の選択率が高いという特徴がみられた．年齢層と就業形態には連関があるが，事後推定シミュレーションでは他方の影響を統計学的に統制した結果であり，10代そのものの特徴と学生・生徒の特徴は異なることがこの分析から示されたといえよう．

(iv)　仕事への有用性

　仕事への有用性に関するメディア選択についての多項ロジット分析の結果，デモグラフィック変数では年齢層，学歴が有意な効果を示した．着目する変数以外には平均値を代入した事後推定シミュレーションの結果を図1.5.8に示した．

1　情報行動の全般的傾向

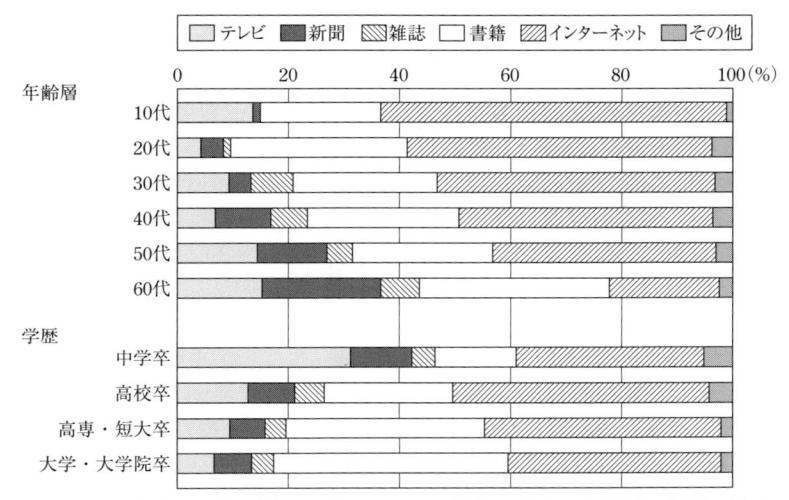

図1.5.8　仕事への有用性に関するメディア選択に対する年齢層・学歴の正味の効果

　年齢層の効果は新聞とインターネットの選択率によくあらわれており，年齢層が上になるほど新聞の選択率が高くなり，インターネットの選択率が低くなるという結果が示された．仕事に有用な情報を集めるためのメディアとして新聞が担っていた役割はインターネットに移っていく可能性が示唆される．

　学歴の効果としては，学歴が高くなるほどテレビの選択率が下がり，書籍の選択率が高まるという結果が示された．

（2）　状況ごとの対人コミュニケーション手段の選択

　本調査では「会合の連絡など友人との日常的な情報交換」（情報交換），「友人と，とくに目的なく，おしゃべりしたり，世間話を楽しむ」（おしゃべり），「目上の人に改まった頼み事をする」（目上へ頼み事）のそれぞれの対人コミュニケーション状況において，「手紙・はがき」「ファクシミリ」「携帯電話・固定電話の通話」「携帯電話のメール」「パソコンのメール」「メッセンジャー・チャット・掲示板」「会って話す」「その他」のうち，どの手段をもっともよく利用しているかについて回答を求めた．

（2）-1　経年比較

　経年比較のため，2000 年調査での「電話」，2005 年調査での「携帯電話・PHS・固定電話の通話」，2010 年調査での「携帯電話・固定電話の通話」というそれぞれの選択肢は文言が異なるが，いずれも「電話」を指すものとした．また，2000 年調査では「インターネット」という選択肢を設けていたが，2005 年調査・2010 年調査では「携帯電話のメール」「パソコンのメール」「メッセンジャー・チャット・掲示板」とインターネットを用いる対人コミュニケーション手段を細分化している．経年比較のため，2005 年調査・2010 年調査の「携帯電話のメール」「パソコンのメール」「メッセンジャー・チャット・掲示板」を「インターネット」としてまとめた．

(i)　情報交換

　「会合の連絡など友人との日常的な情報交換」のための対人コミュニケーション手段の選択結果を図 1.5.9 に示した．図 1.5.9 に示されるとおり，情報交換のための対人コミュニケーション手段として 2000 年調査では電話の選択率がもっとも高かったが，年を経るごとに選択率が低下していた．一方，選択率が上昇したのがインターネットである．2005 年調査，2010 年調査での内訳を確認すると，携帯メールが 2005 年調査で 28.8％，2010 年調査で 43.7％ とその大半を占めていた．情報交換のための対人コミュニケーション手段として，電話が担っていた部分を携帯メールが担うようになってきている様相が示されたといえよう．

(ii)　おしゃべり

　「友人と，とくに目的なく，おしゃべりしたり，世間話を楽しむ」ための対人コミュニケーション手段の選択結果を図 1.5.10 に示した．図 1.5.10 に示されるとおり，おしゃべりのための対人コミュニケーション手段としては，「会って話す」の選択率が一貫してもっとも高く，その選択率も調査年によって大きく変わることはなかった．2000 年調査から 2005 年調査にかけて電話の選択率が下がり，インターネットの選択率が上昇したが，2005 年調査から 2010 年調査にかけては大きな変化はみられなかった．2005 年調査，2010 年調査にお

1 情報行動の全般的傾向

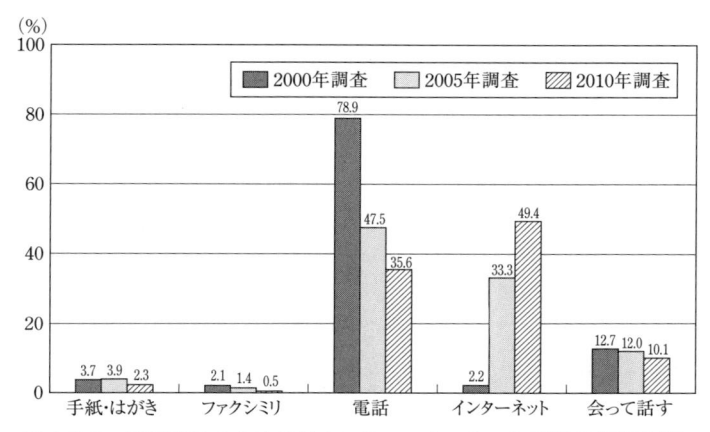

図 1.5.9 情報交換のための対人コミュニケーション手段の経年比較

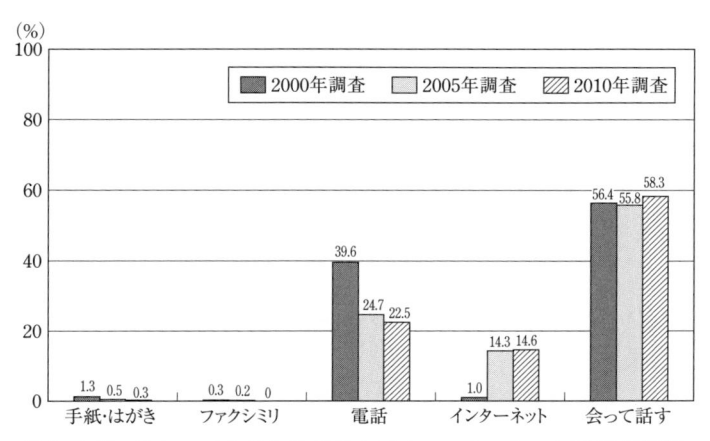

図 1.5.10 おしゃべりのための対人コミュニケーション手段の経年比較

けるインターネットの選択内容の内訳も，携帯メールが大多数である（2005年調査：12.2%，2010年調査：13.3%）．

(iii) 目上へ頼み事

「目上の人に改まった頼み事をする」ための対人コミュニケーション手段の

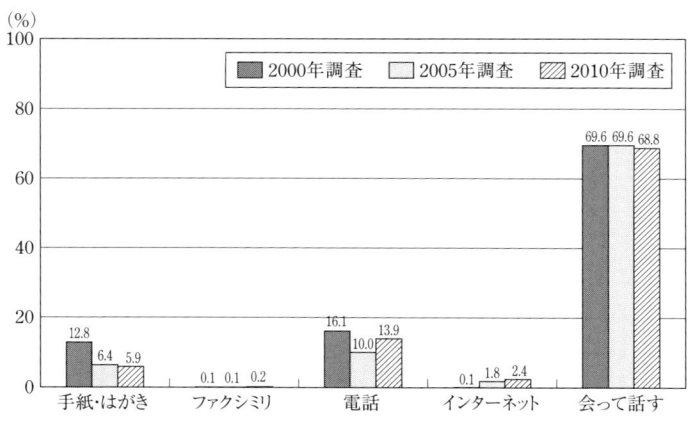

図1.5.11 目上への頼み事のための対人コミュニケーション手段の経年比較

選択結果を図1.5.11に示した．図1.5.11に示されるとおり，目上への頼み事のための対人コミュニケーション手段としては，「会って話す」の選択率が一貫してもっとも高く，その選択率も調査年によって大きく変わることはなかった．このコミュニケーション目的に対しては，経年的に目立った変化はなかったといえよう．

(2)-2 2010年調査における性別・年齢層による比較
(i) 情報交換

「会合の連絡など友人との日常的な情報交換」のための対人コミュニケーション手段の選択結果を性別ごとにまとめたのが表1.5.10，年齢層ごとにまとめたのが表1.5.11である（「その他」「まったくしたことがない」「ファクシミリ」「メッセンジャー・チャット・掲示板」を選択した回答者および無回答は除いた）．

性別の影響に関しては，男性よりも女性のほうが電話とPCメールを選択した率が低く，携帯メールを選択した率が高かった．

年齢層の影響に関しては，40代以下と50代以上のあいだで携帯メールの選択率に差がみられた．また，電話の選択率は50代以上で高かった．その他に

1 情報行動の全般的傾向

表 1.5.10 性別ごとの情報交換のための対人コミュニケーション手段（上段は度数，下段は相対度数）

	手紙	電話	携帯メール	PCメール	会って話す
男性	19 2.9%	274 41.3%	230 34.6%	63 9.5%	78 11.7%
女性	15 1.9%	252 32.7%	416 54.0%	17 2.2%	71 9.2%

表 1.5.11 年齢層ごとの情報交換のための対人コミュニケーション手段（上段は度数，下段は相対度数）

	手紙	電話	携帯メール	PCメール	会って話す
10代	1 0.8%	10 8.1%	70 56.5%	5 4.0%	38 30.6%
20代	1 0.7%	20 14.1%	109 76.8%	4 2.8%	8 5.6%
30代	0 0.0%	53 20.0%	173 65.3%	15 5.7%	24 9.1%
40代	5 1.9%	78 29.2%	144 53.9%	22 8.2%	18 6.7%
50代	12 3.7%	158 48.3%	108 33.0%	19 5.8%	30 9.2%
60代	15 4.8%	207 66.8%	42 13.5%	15 4.8%	31 10.0%

10代では会って話すの選択率が他の年齢層に比べて突出して高かったことが特徴的であった．

(ii) おしゃべり

「友人と，とくに目的なく，おしゃべりしたり，世間話を楽しむ」ための対人コミュニケーション手段の選択結果を性別ごとにまとめたのが表1.5.12，年齢層ごとにまとめたのが表1.5.13である（「その他」「まったくしたことがない」「ファクシミリ」「メッセンジャー・チャット・掲示板」を選択した回答者および無回答は除いた）．

おしゃべりのための対人コミュニケーション手段の選択には，明確な性差がみられなかった．やや携帯メールの選択率で，男性よりも女性のほうが高い傾向がみられた程度であった．

表1.5.12　性別ごとのおしゃべりのための対人コミュニケーション手段（上段は度数，下段は相対度数）

	手紙	電話	携帯メール	PCメール	会って話す
男性	3	161	76	9	387
	0.5%	25.3%	11.9%	1.4%	60.8%
女性	1	171	121	0	474
	0.1%	22.3%	15.8%	0.0%	61.8%

表1.5.13　年齢層ごとのおしゃべりのための対人コミュニケーション手段（上段は度数，下段は相対度数）

	手紙	電話	携帯メール	PCメール	会って話す
10代	1	5	23	0	94
	0.8%	4.1%	18.7%	0.0%	76.4%
20代	0	27	29	1	82
	0.0%	19.4%	20.9%	0.7%	59.0%
30代	1	52	53	2	154
	0.4%	19.8%	20.2%	0.8%	58.8%
40代	0	62	44	3	154
	0.0%	23.6%	16.7%	1.1%	58.6%
50代	0	99	33	1	184
	0.0%	31.2%	10.4%	0.3%	58.0%
60代	2	87	15	2	193
	0.7%	29.1%	5.0%	0.7%	64.5%

　年齢層の影響は電話の選択率にみられ，とくに10代の電話選択率が低く，50代，60代の電話選択率が相対的に高かった．また，20代，30代では携帯メールの選択率が高く，50代，60代は携帯メールの選択率は低かった．10代は情報交換同様に会って話すの選択率が他の年齢層に比べて高かった．

(iii)　目上へ頼み事

　「目上の人に改まった頼み事をする」のための対人コミュニケーション手段の選択結果を性別ごとにまとめたのが表1.5.14，年齢層ごとにまとめたのが表1.5.15である（「その他」「まったくしたことがない」「ファクシミリ」「メッセンジャー・チャット・掲示板」を選択した回答者および無回答は除いた）．
　男性は女性に比べて手紙と電話の選択率が低く，会って話すの選択率が高か

表 1.5.14 性別ごとの目上への頼み事のための対人コミュニケーション手段
（上段は度数，下段は相対度数）

	手紙	電話	携帯メール	PC メール	会って話す
男性	24 3.8%	72 11.3%	11 1.7%	7 1.1%	521 82.0%
女性	63 8.9%	134 18.8%	17 2.4%	1 0.1%	496 69.8%

表 1.5.15 年齢層ごとの目上への頼み事のための対人コミュニケーション手段
（上段は度数，下段は相対度数）

	手紙	電話	携帯メール	PC メール	会って話す
10代	4 3.8%	10 9.6%	11 10.6%	0 0.0%	79 76.0%
20代	5 3.6%	21 15.1%	7 5.0%	2 1.4%	104 74.8%
30代	14 5.5%	36 14.2%	4 1.6%	3 1.2%	197 77.6%
40代	19 7.3%	40 15.4%	2 0.8%	1 0.4%	198 76.2%
50代	17 5.5%	53 17.0%	3 1.0%	0 0.0%	238 76.5%
60代	28 10.1%	46 16.5%	1 0.4%	2 0.7%	201 72.3%

った．手紙も電話も非対面メディアであり，会って頼むか会わずに話すかという違いが大きいといえる．男性と女性では目上の人に改まった頼み事をするような状況が異なる可能性がある．

　年齢層の影響に関しては，10代で携帯メールの選択率が高く，60代で手紙の選択率が高かった．手紙も携帯メールも文字による非対面コミュニケーション手段であるが，もっとも若い10代ともっとも高齢な60代とで対照的な結果がみられた．

(2)-3　多項ロジット分析に基づく事後推定

　情報取得行動のためのメディアの有用性認識の場合と同様に，状況ごとの対人コミュニケーション手段の選択に関しても多項ロジット分析を用いて，他の要因を統制したうえでの正味の効果を検討した．多項ロジット分析を行うため

表 1.5.16 多項ロジット分析における各要因の効果（尤度比検定）

従属変数	情報交換	おしゃべり	目上へ頼み事
	尤度比統計量		
性別	51.64***	16.73***	15.12**
年代	110.41***	31.42**	23.02
学歴	44.38***	10.70	19.82*
婚姻関係	2.56	0.83	0.67
就業形態	15.92	7.59	44.76***
PCインターネット利用	62.15***	5.73	7.16
携帯インターネット利用	100.13***	13.53**	15.45**
N	1436	1408	1342
尤度比統計量	798.30***	150.75***	166.49***
疑似決定係数	0.22	0.05	0.07

***$p<0.001$, **$p<0.01$, *$p<0.05$

に従属変数となる項目の回答分布をみたうえで，選択率の低いものについては「その他」に再分類した．したがって，各項目について，分析に用いた選択肢は次のとおりである．

- 情報交換：電話（36.1%），携帯メール（44.7%），PCメール（5.5%），会って話す（10.2%），その他（3.6%）
- おしゃべり：電話（23.0%），携帯メール（14.0%），会って話す（60.3%），その他（2.7%）
- 目上へ頼み事：手紙（6.4%），電話（14.9%），会って話す（75.1%），その他（3.6%）

多項ロジット分析を行うにあたって，独立変数には性別（男性を比較カテゴリーとしたダミー変数），年齢層（10代を比較カテゴリーとしたダミー変数），学歴（中学を比較カテゴリーとしたダミー変数），婚姻関係の有無，就業形態（無職を比較カテゴリーとしたダミー変数），またインターネット利用の有無の影響を統制するためにPCインターネット利用の有無，携帯インターネット利用の有無を用いた．多項ロジット分析の結果の一部として，各要因の効果に関する尤度比検定の結果を表1.5.16に示す．

多項ロジット分析の結果，情報交換のための対人コミュニケーション手段の選択に対しては，デモグラフィック変数では性別，年齢層，学歴に有意な効果がみられた．おしゃべりのための対人コミュニケーション手段の選択に対して

1 情報行動の全般的傾向　　　　　　　　　　　　　　　　97

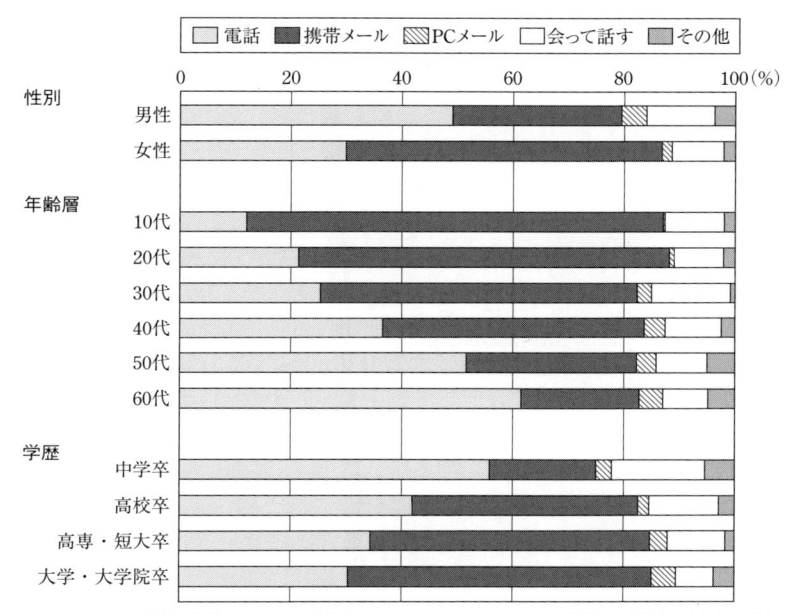

図1.5.12 情報交換のための対人コミュニケーション手段の選択に対する性別・年齢層・学歴の効果

は，性別と年齢層に有意な効果が，目上への頼み事のための対人コミュニケーション手段の選択に対しては，性別，学歴，就業形態に有意な効果がみられた．

(i) 情報交換

情報交換のための対人コミュニケーション手段の選択についての多項ロジット分析の結果，デモグラフィック変数では性別，年齢層，学歴が有意な効果を示した．図1.5.12に，他の要因には平均値を代入したうえで，焦点となる独立変数のみを操作した場合の予測値を算出する事後推定シミュレーションの結果を示した．

性別の効果に関しては，他の要因を統制してもなお，クロス表による分析結果と類似した結果がえられた．すなわち女性は男性に比べて電話と会って話すを選択した比率が低く，携帯メールを選択した比率が高かった．

年齢層の効果については電話と携帯メールの選択率に大きくあらわれた．年

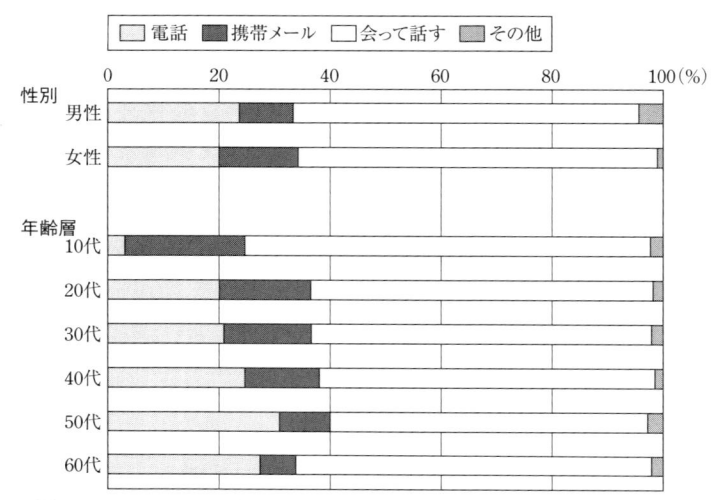

図 1.5.13 おしゃべりのための対人コミュニケーション手段の選択に対する性別・年齢層の効果

齢層が上になるほど電話の選択率が上昇し，携帯メールの選択率が低下するという結果であった．クロス表の分析では10代は会って話すの選択率が高かったが，他の要因の影響を統計学的に除いた結果，その傾向はみられなくなった．

学歴の効果に関しては，学歴が高くなるほど電話と会って話すの選択率が低下し，携帯メールの選択率が上昇する傾向がみられた．多項ロジット分析では携帯インターネット利用の有無の影響を統制しているため，個人的な情報化の程度によらず，高学歴な人ほど情報交換のために携帯メールを活用する傾向があることが示唆された．

(ii) おしゃべり

おしゃべりのための対人コミュニケーション手段の選択についての多項ロジット分析の結果，デモグラフィック変数では性別，年齢層が有意な効果を示した．着目する変数以外には平均値を代入した事後推定シミュレーションの結果を図1.5.13に示した．

性別の効果に関しては電話と携帯メールの選択率にあらわれた．男性は女性に比べておしゃべりに電話を選択しており，女性は男性に比べておしゃべりに

1 情報行動の全般的傾向　　　　　　　　　　　　　　99

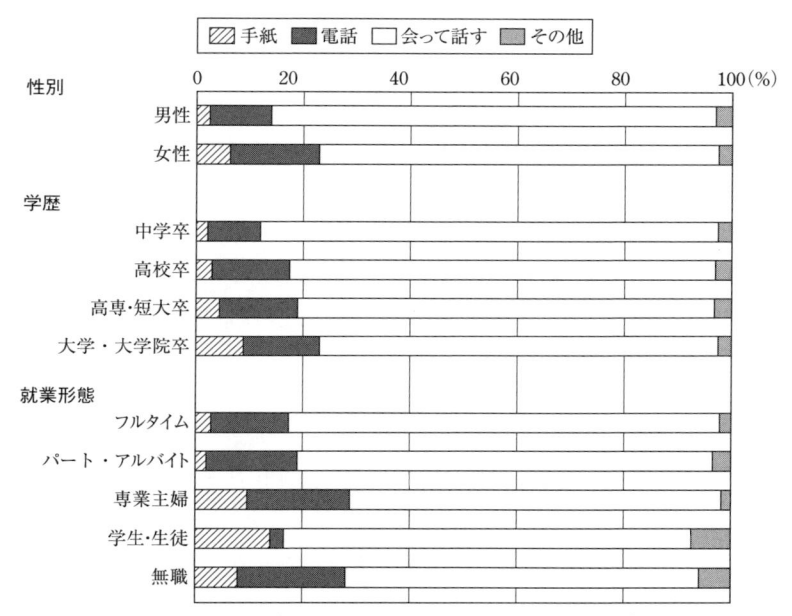

図 1.5.14　目上への頼み事のための対人コミュニケーション手段の選択に対する性別・学歴・就業形態の効果

携帯メールを選択しているという結果であった．

　年齢層の効果に関してはまず，10代は他の年齢層に比べて極端に電話の選択率が低かった．その代わりに10代で選択率が高かったのが携帯メールと会って話すである．また，年齢層が上の層では電話の選択率が比較的高く，携帯メールの選択率が比較的低かった．

(iii)　目上へ頼み事

　目上への頼み事のための対人コミュニケーション手段の選択についての多項ロジット分析の結果，デモグラフィック変数では性別，学歴，就業形態が有意な効果を示した．着目する変数以外には平均値を代入した事後推定シミュレーションの結果を図 1.5.14 に示した．

　まず，性別の効果に関しては，女性は男性に比べて手紙と電話の選択率が高く，男性は女性に比べて会って話すの選択率が高かった．この結果はクロス表

の分析結果と同様であり，他の要因を統制してもなお，この結果がえられたということである．

学歴に関しては，学歴が高くなるほど手紙の選択率が上昇し，会って話すの選択率が低下していた．就業形態の効果に関しては，まず学生・生徒では電話の選択率が非常に低く，手紙と会って話すの選択率が高かった．会って話すの選択率の高さは学生・生徒とフルタイム，パート・アルバイトで同程度であり，専業主婦，無職では会って話すの選択率が比較的低かった．非対面メディアを用いて頼み事をするか，対面で頼み事をするかという差異があり，就業形態によって目上の人へ頼み事をする状況が異なる可能性も示唆される．

1.5.2 情報行動規範意識

情報行動規範意識とは「情報機器やメディアを用いた情報行動やコミュニケーション行動を行う場合に人びとが念頭に置いている，「……すべきである」，「……した方がいい」というような規範意識」である（森, 1997）．2010年調査では以下の4つの項目を設けた．

- 個人的な手紙を（手書きではなく），パソコン（ワープロ）で書くのはなるべくやめた方がよい（ワープロ私信抵抗感）
- 目上の人からの贈り物のお礼を携帯メールで済ませるのはなるべくやめた方がよい（携帯メールでのお礼抵抗感）
- 電車やバスの中では携帯電話の電源は切るべきだ（車内携帯電源オフ規範）
- たとえ自分に必要な情報や知識であっても，それにお金を払うのには抵抗がある（情報への出費抵抗感）

情報行動規範意識の全体での回答結果を示したのが図1.5.15である．「携帯メールでのお礼抵抗感」の支持率は87.6%ともっとも高く，支持する回答が大多数を占めた．「ワープロ私信抵抗感」「車内携帯電源オフ規範」の支持率はそれぞれ52.6%，56.2%と支持・不支持に意見が分かれた．「情報への出費抵抗感」の支持率は37.4%と不支持の意見が多数派となった．

（1）経年比較

情報行動規範意識の質問項目については，調査時点において適切であろう項

1 情報行動の全般的傾向

| | そう思う | そう思わない | 無回答 |

ワープロ私信抵抗感　52.6 ／ 47.0 ／ 0.4
携帯メールでのお礼抵抗感　87.6 ／ 12.2 ／ 0.2
車内携帯電源オフ規範　56.2 ／ 43.3 ／ 0.5
情報への出費抵抗感　37.4 ／ 62.0 ／ 0.5

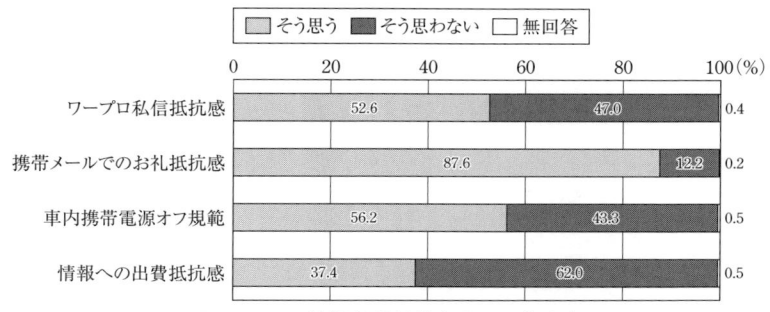

図1.5.15　情報行動規範意識の回答分布

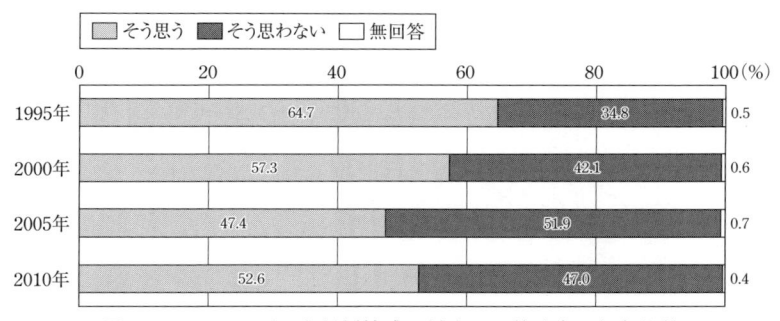

1995年　64.7 ／ 34.8 ／ 0.5
2000年　57.3 ／ 42.1 ／ 0.6
2005年　47.4 ／ 51.9 ／ 0.7
2010年　52.6 ／ 47.0 ／ 0.4

図1.5.16　ワープロ私信抵抗感に対する回答分布の経年比較

目・文言に変更を加えているため，比較可能な部分に関して経年比較を行う．

ワープロ私信抵抗感に関しては，1995年調査，2000年調査では「個人的な手紙をワープロで書くのはなるべくやめた方がいい」，2005年調査では「個人的な手紙をパソコン（ワープロ）で書くのはなるべくやめた方がよい」という文言でたずねた．文言に差異があるために適切な経年比較とはならないが，内容的に重複の大きい項目であるため，それぞれの調査での支持率を図1.5.16にまとめた．

「（手書きではなく）」という注釈の文言が加わっていなかった2005年調査までは一貫して支持率が低下していたが，「（手書きではなく）」という注釈の文言が加わった2010年調査では支持率の低下が止まった．このことは文言の変更によるところが大きいかもしれないが，それでも2000年調査よりも支持率が低い結果であった．

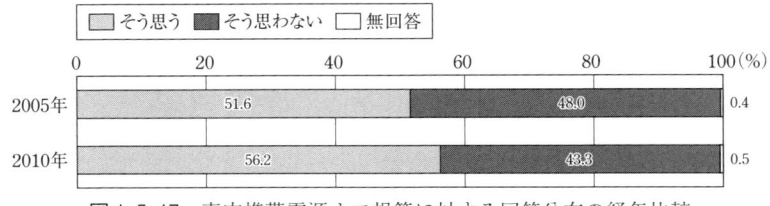

図1.5.17 車内携帯電源オフ規範に対する回答分布の経年比較

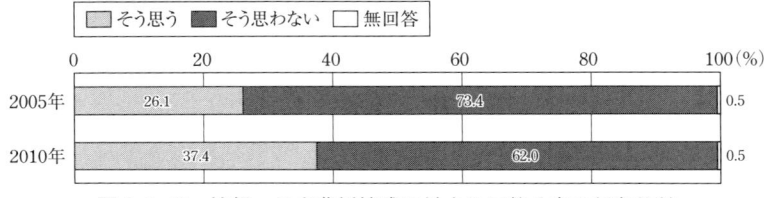

2005年: そう思う 51.6、そう思わない 48.0、無回答 0.4
2010年: そう思う 56.2、そう思わない 43.3、無回答 0.5

図1.5.18 情報への出費抵抗感に対する回答分布の経年比較

2005年: そう思う 26.1、そう思わない 73.4、無回答 0.5
2010年: そう思う 37.4、そう思わない 62.0、無回答 0.5

　車内携帯電源オフ規範に関しては，2005年調査から新たに設けた項目である．2005年調査では「電車やバスの中では携帯電話やPHSの電源は切るべきだ」という文言でたずねた．2005年調査の結果と2010年調査の結果をまとめたのが図1.5.17である．

　車内携帯電源オフ規範は2005年調査に比べて2010年調査のほうが高い支持率であった．2005年調査では「携帯電話やPHS」，2010年調査では「携帯電話」と文言が異なるが，この結果を文言の差異で説明するのは難しいだろう．2005年から2010年にかけて，携帯電話はより一般的な機器となったが，それとともに公共交通機関における携帯電話の電源オフについては社会的に望ましい行為であるという知識として普及した可能性も考えられる．

　情報への出費抵抗感に関しては2000年調査において同様の文言で調査を行った．2000年調査と2010年調査の結果をまとめたのが図1.5.18である．

　この10年で情報への出費抵抗感に対する支持率が約1割増加した結果が示された．このことは10年間のインターネットの普及によって，さまざまな情報やコンテンツに無料でアクセスすることができるサービスが増加したことの反映である可能性が考えられる（c. f., Anderson, 2009）．

表 1.5.17 情報行動規範意識の内部相関（Kendall の順位相関係数）

	1)	2)	3)	4)
1) ワープロ私信抵抗感	—			
2) 携帯メールでのお礼抵抗感	0.245 ***	—		
3) 車内携帯電源オフ規範	0.121 ***	0.097 ***	—	
4) 情報への出費抵抗感	0.033	0.010	0.029	—

***$p<0.001$

（2） 情報行動規範意識の相互関係

　情報行動規範意識は社会の情報化の進展を反映したものであると考えれば，先進的-保守的という軸によって説明できる可能性がある．つまり，情報行動規範意識に関する回答結果は相互に連関している可能性があるといえよう．本調査における情報行動規範意識について，各項目間の Kendall の順位相関係数を算出した結果が表 1.5.17 である．

　情報への出費抵抗感以外に関しては，それぞれが有意な正の相関を示した．情報への出費抵抗感が他の情報行動規範意識の項目と相関しないことは，2000年調査においても示された結果である（李，2001）．本調査の結果からはワープロ私信抵抗感，携帯メールでのお礼抵抗感，車内携帯電源オフ規範の間に正の相関関係が示され，情報行動規範意識に通底する先進的-保守的の次元が示唆されたといえよう．

（3） 2010 年調査における性別・年齢層による比較

　情報行動規範意識の各項目に関して「そう思う」と支持を示した割合を性別に分けてまとめたのが図 1.5.19 である．

　ワープロ私信抵抗感の支持率に関しては有意な性差が認められ（$\chi^2(1)=24.79, p<0.001$），男性に比べて女性の支持率が高いという結果が示された．この結果は 1995 年調査から一貫して変わらないものであり，常に女性のほうが，ワープロ私信抵抗感が有意に高いという結果がえられている．

　携帯メールでのお礼抵抗感に関しても有意な性差が認められ（$\chi^2(1)=6.95, p<0.01$），男性に比べて女性の支持率が高いという結果が示された．2005 年調査まで用いていた「目上の人からの贈り物のお礼を電話で済ませるのはなるべくやめた方がよい」という項目に対しては，2000 年調査，2005 年調査にお

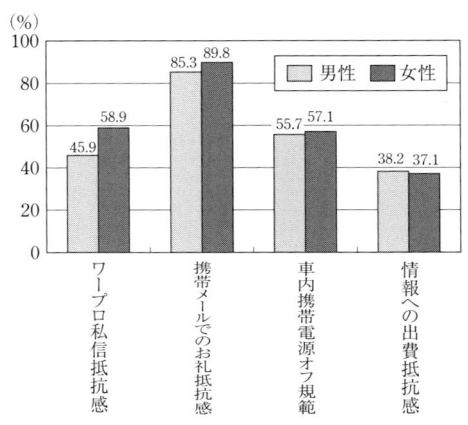

図 1.5.19　性別ごとにみた情報行動規範意識

いて女性よりも男性の支持率が有意に高かった．男性と女性では「目上の人から贈り物をもらう」という状況として想定されるものが異なる可能性があり，それによって「適切」と考えられるお礼の伝達方法が異なっている可能性が考えられる．

車内携帯電源オフ規範に関しては有意な性差が認められなかった（$\chi^2(1)=0.31$, n.s.）．

情報への出費抵抗感に関しても有意な性差は認められなかった（$\chi^2(1)=0.21$, n.s.）．

情報行動規範意識の各項目に関して「そう思う」と支持を示した割合を年齢層で分けてまとめたのが図1.5.20である．

ワープロ私信抵抗感の支持率は年齢層では変わらなかった（$\chi^2(5)=6.20$, n.s.）．

携帯メールでのお礼抵抗感は年齢層による支持率の差があり（$\chi^2(5)=13.63$, $p<.05$），他の年齢層に比べて10代の支持率が低かった．10代は他の年齢層と比べて日常的な交際範囲が狭い可能性があり，「目上の人」として自身と比較的近い年齢層の人を想定して回答している可能性があるだろう．

車内携帯電源オフ規範に関しては年齢層による支持率の差があり（$\chi^2(5)=151.99$, $p<.001$），10代を除けば20代から順に年齢層が上がるごとに支持率が

1 情報行動の全般的傾向　　　　　　　　　　　　　　　　　105

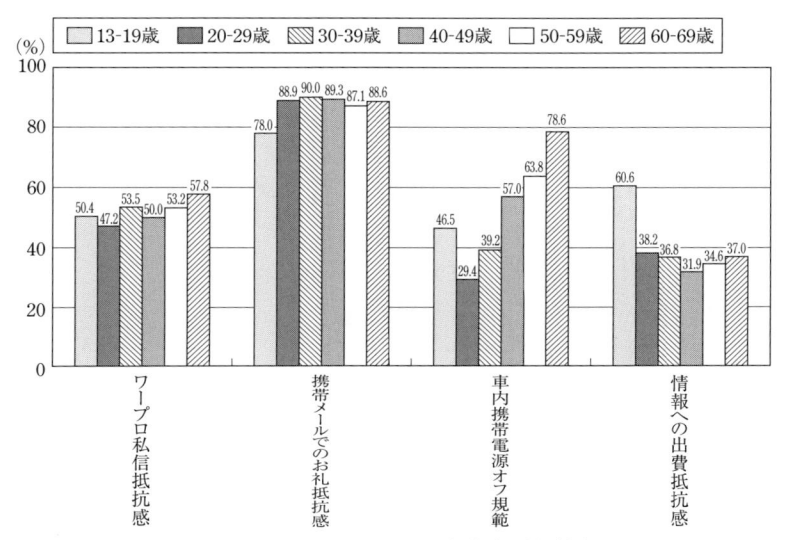

(%) □13-19歳 ■20-29歳 ▨30-39歳 ▨40-49歳 ■50-59歳 □60-69歳 ▨

図 1.5.20　年齢層ごとにみた情報行動規範意識

高まっていた．携帯電話利用の有無に関しては 20 代 95.1%，30 代 93.7%，40 代 94.4% と 20 代-40 代で差はないため，この車内携帯電源オフ規範の年齢層による差異については，単なる個人的な携帯電話利用の有無の反映ではないといえる．

　情報への出費抵抗感に関しては年齢層による支持率の差があり（$\chi^2(5) = 33.93, p < .001$），10 代のみが突出して高かった．未成年である 10 代に関しては情報や知識に対する個人的な支出の経験がほとんどないと考えられ，そのことが要因として働いた可能性がある．しかしながら，2000 年調査における情報への出費抵抗感に対する支持率は 10 代 34.4%，20 代 29.6%，30 代 21.8%，40 代 16.9%，50 代 26.8%，60 代 33.0% という結果であり，前述の説明はあてはまらない．規範意識に関しては社会的な状況変化が大きく影響するものであるため，今後の継続した調査による経年的な比較を踏まえた詳細な検討が必要な項目であるだろう．

1.6 メディアの信頼性・重要性評価

インターネットの普及にともない，人びとにとって既存マスメディアの重要性が相対的に低下したと指摘される一方で，既存マスメディアの側からはインターネット上の情報は信頼性を欠くという主張もしばしばなされる．本節では，テレビ，新聞，雑誌という既存マスメディアおよびインターネットに対する信頼性・重要性を人びとがどう評価しているかについて，質問紙調査の結果から分析していくことにしたい．

1.6.1 情報源としてのメディアの信頼性評価

今回の調査では，テレビ，新聞，雑誌，インターネットの情報について，信頼できる情報はどのくらいあると思うかを，「全部信頼できる」から「まったく信頼できない」の5件法でたずねている．その回答の分布を示したものが，図1.6.1である．信頼性の評価がもっとも高いのは，新聞であり，7割以上が「全部」または「大部分」信頼できるとしている．テレビも6割以上が「全部」「大部分」信頼できると答えている．それに対して，インターネットの情報が信頼できるという回答は3割を下まわり，「一部しか」または「まったく」信頼できないとする者も2割以上に達する．雑誌はインターネットとほぼ同等あるいはそれ以下の信頼性評価であるが，テレビ，新聞に比べれば，インターネットはいまだ信頼性を欠くメディアといっていいだろう．

2005年調査でも，テレビ，新聞，インターネットについては同じ設問を行っており，「全部信頼できる」-「まったく信頼できない」に4-0点を割りあてて信頼性評価スコアとし，その平均値を今回調査の結果と比較したものが，図1.6.2である．インターネットはこの5年間で信頼性評価が上昇しており，その度合いはテレビ，新聞よりも大きい．これは，この間にインターネット利用者が増えたことによるところが大きいと思われる．というのは，概して，インターネットを利用する者は，利用しない者よりも，信頼性を高く評価する傾向にあるからだ（たとえば「パソコンを使って，インターネットのウェブサイトを見る」者の36%がインターネットの情報は「全部」または「大部分」信頼

1 情報行動の全般的傾向

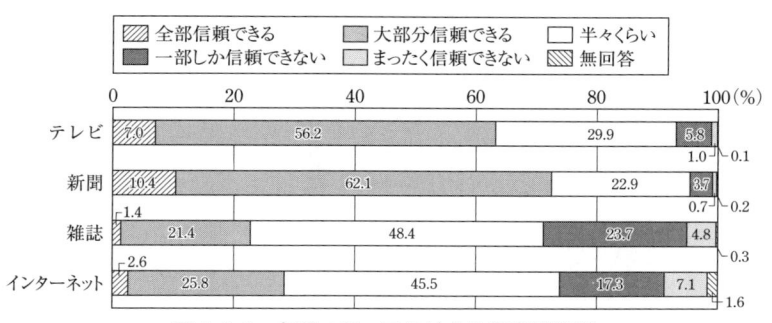

図 1.6.1 主要メディアに対する信頼性評価

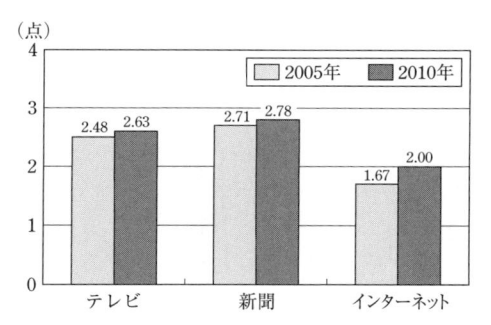

凡例: 全部信頼できる／大部分信頼できる／半々くらい／一部しか信頼できない／まったく信頼できない／無回答

- テレビ: 7.0, 56.2, 29.9, 5.8, 1.0, 0.1
- 新聞: 10.4, 62.1, 22.9, 3.7, 0.7, 0.2
- 雑誌: 1.4, 21.4, 48.4, 23.7, 4.8, 0.3
- インターネット: 2.6, 25.8, 45.5, 17.3, 7.1, 1.6

図 1.6.2 メディアの信頼性評価の経年比較（点）

	2005年	2010年
テレビ	2.48	2.63
新聞	2.71	2.78
インターネット	1.67	2.00

できるとしているのに対し，そうでない者の場合は21%にとどまる）．

続いて，属性別にみた各メディアに対する信頼性評価スコアの平均値をまとめたものが，表1.6.1である．

性別では，テレビの信頼性評価が女性でやや高い傾向にあるが，その他は有意な差はない．

他方，年齢層別ではすべてのメディアについて有意差が認められた．テレビへの信頼は20代でもっとも低く，年齢が上がるほど高くなっていく．新聞についてもおおむね似た傾向にあるといってよいだろう．雑誌への信頼は，相対的に10代，30代で高く，50代，60代で低い．インターネットへの信頼は，60代で顕著に低いことが特徴的である．

学歴別（在学中の者は分析から除外）では，テレビ，雑誌，インターネットに有意な差がみられる．テレビに対する信頼は，学歴が高くなるほど下がり，

表1.6.1 属性別にみたメディアの信頼性評価

		テレビ	新聞	雑誌	インターネット
性別	男性	2.58	2.74	1.87	1.99
	女性	2.67	2.81	1.94	2.00
	t	2.29*	1.99n.s.	1.50n.s.	0.04n.s.
年齢層	13-19歳	2.78^a	2.82^{ab}	2.22^a	2.17^a
	20-29歳	2.38^b	2.58^a	1.96^{abc}	2.02^a
	30-39歳	2.51^{bc}	2.75^{ab}	2.07^{ab}	2.11^a
	40-49歳	2.62^{abc}	2.84^b	1.94^{bc}	2.13^a
	50-59歳	2.67^{ac}	2.81^b	1.81^{cd}	2.03^a
	60-69歳	2.73^a	2.80^{ab}	1.69^{cd}	1.65^b
	F	7.36***	3.24**	11.47***	12.14***
学歴	中学卒	2.73^a	2.87^a	1.64^a	1.44^a
	高校卒	2.68^a	2.79^{ab}	1.85^a	1.93^b
	短大・高専卒	2.63^a	2.82^b	1.96^a	2.08^{bc}
	大学・大学院卒	2.44^b	2.70^b	1.92^a	2.12^c
	F	8.85***	2.60n.s.	4.21**	15.61***
就業形態	フルタイム	2.59^a	2.76^a	1.88^a	2.07^a
	パート	2.63^a	2.85^a	1.96^{ab}	2.00^a
	専業主婦	2.65^a	2.79^a	1.96^{ab}	1.93^a
	学生・生徒	2.73^a	2.82^a	2.17^b	2.15^a
	無職	2.64^a	2.71^a	1.64^c	1.59^b
	F	1.11n.s.	1.28n.s.	7.90***	9.53***
世帯年収	200万未満	2.56^a	2.65^a	1.76^{ab}	1.64^a
	200-400万	2.64^a	2.77^a	1.81^a	1.83^a
	400-600万	2.69^a	2.81^a	1.98^b	2.07^b
	600-800万	2.59^a	2.82^a	1.91^{ab}	2.17^b
	800-1000万	2.64^a	2.84^a	2.03^b	2.25^b
	1000万以上	2.52^a	2.76^a	1.94^{ab}	2.13^b
	F	1.40n.s.	1.75n.s.	3.43**	12.52***
都市規模	100万人以上	2.53^a	2.85^a	1.92^a	2.08^a
	30-100万未満	2.68^a	2.73^a	1.92^a	1.98^a
	10-30万未満	2.61^a	2.81^a	1.88^a	1.99^a
	10万未満	2.67^a	2.86^a	1.91^a	1.98^a
	町村	2.65^a	2.84^a	1.92^a	1.93^a
	F	2.07n.s.	2.48*	0.16n.s.	0.88n.s.

分散分析の結果 ***$p<0.001$, **$p<0.01$, *$p<0.05$, n.s.有意差なし
数値右肩のa, b, c…は同記号間では Tukey 法（等分散を仮定できる場合）または Games-Howell 法（等分散を仮定できない場合）により $p<0.05$ の有意差がないことを示す

表1.6.2 各メディアの信頼性評価に関する重回帰分析の結果（数値は標準化偏回帰係数 β）

	テレビ	新聞	雑誌	インターネット
性別ダミー（男=1，女=2）	0.06	0.04	0.00	0.02
年齢	0.14***	0.09**	−0.18***	−0.14***
学歴	−0.11***	−0.05	0.05	0.06*
フルタイムダミー	0.07	0.07	0.06	0.13**
パート・アルバイトダミー	0.02	0.07	0.10*	0.12**
専業主婦ダミー	0.03	0.04	0.10*	0.06
学生・生徒ダミー	0.12**	0.05	0.02	0.01
世帯年収	0.00	0.05	0.05	0.13***
都市規模	−0.02	−0.04	0.00	0.02
adj. R^2	0.03***	0.01**	0.04***	0.05***
N	1366	1366	1365	1350

***$p<0.001$，**$p<0.01$，*$p<0.05$

とりわけ大学・大学院卒で低い．対照的に，インターネットについては，学歴が高くなるほど，信頼性評価も上昇する．

　就業形態別では，雑誌とインターネットに有意差が確認された．インターネットについては，無職で顕著に信頼性評価が低いが，これは無職層に（インターネットへの信頼性評価の低い）高齢者が多いことも大きく影響している．

　世帯年収別では，雑誌とインターネットに有意差がみられる．インターネットへの信頼度は，年収400万円未満とそれ以上のあいだに開きがあり，ここに断層線が走っているといえそうだ．

　都市規模別では，新聞のみに有意差が認められるが，都市規模の大小に応じた一定の傾向性は読み取りにくい．

　これらの諸属性が各メディアの信頼性評価にどの程度関連しているかを比較するために，重回帰分析を行った結果が，表1.6.2である．テレビについては，年齢が上がるほど，学歴が下がるほど，また，就業形態が学生・生徒である場合に，信頼性評価が高くなる傾向にある．新聞について，有意な関連がみられるのは年齢のみで，テレビ同様，年齢が上がるほど信頼性評価が高くなる．雑誌は逆に，若年ほど評価が高くなり，就業形態がパート・アルバイトであること，専業主婦であることも，評価を高くする関連傾向をもつ．インターネットは，年齢が下がるほど，学歴，世帯年収が上がるほど，また，就業形態がフルタイムもしくはパート・アルバイトである場合に，信頼性評価が高くなる．テ

レビとインターネットは，年齢と学歴に関して逆向きの関連傾向をもっており，テレビは高年・低学歴ほど，インターネットは若年・高学歴ほど信頼するメディアと特徴づけることができるだろう．

1.6.2 情報入手手段としてのメディアの重要性評価

次に，各メディアが「情報を得るための手段（情報源）」としてどのくらい重要かをたずねた結果についてみていこう．図1.6.3が，その回答分布を示したものである．情報入手手段としての評価はテレビがもっとも高く，「非常に重要」「ある程度重要」をあわせて9割を超える．新聞が8割弱でそれに続き，インターネットも6割に達している．

この設問についても，テレビ，新聞，インターネットに関しては，2005年調査との比較が可能であり，図1.6.4に示したのは，「非常に重要」-「まったく重要ではない」に4-0点を割りあてて重要度スコアの平均値を計算した結果である．ここでもインターネットが大きく評価を上げている一方，新聞はやや評価を下げている．相対的にみれば，2010年時点でもまだ新聞のほうが評価は高いが，このままインターネットの評価が伸び続ければ，5年後には逆転することになるだろう．

続いて，各メディアに対する情報入手手段としての重要性評価スコアの平均値を，属性別に集計したものが，表1.6.3である．

性別でみると，テレビ，雑誌の評価は女性のほうが高く，インターネットの評価は男性のほうが高い．

年齢層別では，テレビの評価は20代，30代で低く，50代で高い傾向にある．新聞の評価は年齢が上がるほど高く，逆に，インターネットは若年層ほど高くなっている．

学歴別（在学中の者は分析から除外）では，テレビの評価は大学・大学院卒で低く，雑誌の評価は中学卒で低い．インターネットについては学歴による差がかなり明確にあらわれており，高学歴になるほど評価が上がる．

就業形態別では，新聞とインターネットに有意差が認められた．新聞に対する評価は，とりわけ学生・生徒で低いことが特徴的である．インターネットについては，フルタイム就業者と学生・生徒で評価が高く，無職者で低い．

1 情報行動の全般的傾向

凡例: 非常に重要 / ある程度重要 / どちらともいえない / あまり重要ではない / まったく重要ではない / 無回答

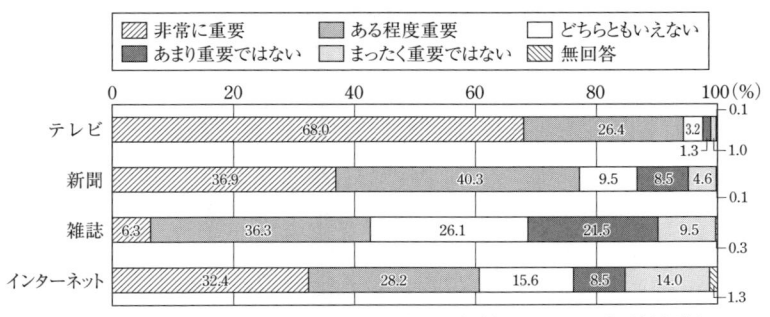

メディア	非常に重要	ある程度重要	どちらともいえない	あまり重要ではない	まったく重要ではない	無回答
テレビ	68.0	26.4	3.2	1.3	1.0	0.1
新聞	36.9	40.3	9.5	8.5	4.6	0.1
雑誌	6.3	36.3	26.1	21.5	9.5	0.3
インターネット	32.4	28.2	15.6	8.5	14.0	1.3

図1.6.3　主要メディアに対する情報入手手段としての重要性評価

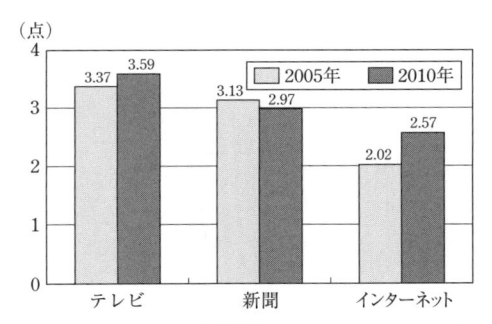

メディア	2005年	2010年
テレビ	3.37	3.59
新聞	3.13	2.97
インターネット	2.02	2.57

図1.6.4　情報入手手段としてのメディアの重要性評価の経年比較

　世帯年収別および都市規模別で有意差がみられたのは，インターネットのみである．おおむね，世帯年収が高いほど，都市規模が大きいほど，評価が高くなる傾向にある．

　表1.6.4は，これらの諸属性が各メディアの情報入手手段としての評価にどの程度関連しているかをみるために，重回帰分析を行った結果である．テレビについては，年齢が上がるほど，学歴が下がるほど，また，学生・生徒である場合，女性である場合に，情報入手手段としての評価が高くなる．新聞は，年齢および学歴が上がるほど，居住地の都市規模が小さいほど，評価が高くなる傾向にある．また，学生・生徒であることも，評価が高くなる効果をもつ．就業形態別の単純比較では，学生・生徒の新聞に対する評価はむしろ低かったが，それは学生・生徒の年齢が若いことによる効果であり（年齢が若いほど新聞の

表 1.6.3 属性別にみた情報入手手段としてのメディアの重要性評価

		テレビ	新聞	雑誌	インターネット
性別	男性	3.53	2.96	2.02	2.72
	女性	3.64	2.97	2.14	2.44
	t	2.88**	0.29n.s.	1.99*	−3.84***
年齢層	13-19歳	3.62^{ab}	2.29^a	1.96^a	2.94^a
	20-29歳	3.39^a	2.18^a	2.02^a	3.24^b
	30-39歳	3.47^a	2.53^a	2.13^a	3.10^{ab}
	40-49歳	3.61^{ab}	3.14^b	2.22^a	2.83^a
	50-59歳	3.70^b	3.32^{bc}	2.11^a	2.38^c
	60-69歳	3.64^{ab}	3.42^c	1.98^a	1.64^d
	F	5.68***	62.68***	1.92n.s.	57.03***
学歴	中学卒	3.59^{ab}	2.94^a	1.69^a	1.15^a
	高校卒	3.65^a	3.06^a	2.06^b	2.23^b
	短大・高専卒	3.63^a	3.00^a	2.20^b	2.76^c
	大学・大学院卒	3.46^b	3.03^a	2.16^b	3.24^d
	F	5.32**	0.47n.s.	6.00***	84.83***
就業形態	フルタイム	3.56^a	2.98^a	2.11^a	2.82^a
	パート	3.65^a	3.04^a	2.14^a	2.36^b
	専業主婦	3.63^a	3.09^a	2.12^a	2.30^b
	学生・生徒	3.60^a	2.34^b	1.96^a	3.00^a
	無職	3.58^a	3.16^a	1.90^a	1.76^c
	F	1.16n.s.	13.35***	1.70n.s.	26.48***
世帯年収	200万未満	3.53^a	2.97^a	1.98^a	2.07^a
	200-400万	3.66^a	2.95^a	2.05^a	2.21^a
	400-600万	3.58^a	2.97^a	2.18^a	2.66^b
	600-800万	3.58^a	2.92^a	2.03^a	2.86^{bc}
	800-1000万	3.63^a	2.95^a	2.05^a	3.06^c
	1000万以上	3.53^a	3.19^a	2.21^a	3.01^{bc}
	F	1.22n.s.	1.19n.s.	1.47n.s.	18.42***
都市規模	100万人以上	3.56^a	2.85^a	2.06^a	2.88^a
	30-100万未満	3.60^a	2.94^a	2.10^a	2.66^{ab}
	10-30万未満	3.58^a	2.96^a	2.02^a	2.49^b
	10万未満	3.65^a	3.05^a	2.13^a	2.41^b
	町村	3.55^a	3.05^a	2.16^a	2.38^b
	F	0.95n.s.	1.51n.s.	0.77n.s.	6.29***

分散分析の結果　***$p<0.001$，**$p<0.01$，*$p<0.05$，n.s.有意差なし
数値右肩の a, b, c…は同記号間では Tukey 法（等分散を仮定できる場合）または Games-Howell 法（等分散を仮定できない場合）により $p<0.05$ の有意差がないことを示す

1 情報行動の全般的傾向

表 1.6.4 各メディアの情報入手手段としての重要性評価に関する重回帰分析の結果（数値は標準化偏回帰係数 β）

	テレビ	新聞	雑誌	インターネット
性別ダミー（男=1, 女=2）	0.07^*	0.01	0.05	-0.06^*
年齢	0.14^{***}	0.48^{***}	-0.01	-0.37^{***}
学歴	-0.09^{**}	0.08^{**}	0.10^{***}	0.26^{***}
フルタイムダミー	0.05	0.07	0.05	0.12^{**}
パート・アルバイトダミー	0.04	0.05	0.04	0.07
専業主婦ダミー	0.02	0.04	0.03	0.06
学生・生徒ダミー	0.10^*	0.12^{**}	-0.01	-0.05
世帯年収	0.01	0.05	0.01	0.10^{***}
都市規模	-0.01	-0.07^{**}	-0.04	0.06^{**}
adj. R^2	0.02^{***}	0.18^{***}	0.01^{**}	0.27^{***}
N	1367	1366	1364	1350

$^{***}p<0.001, ^{**}p<0.01, ^{*}p<0.05$

評価は低い），見かけ上のものと考えられる．雑誌について有意な関連をもつ属性は学歴のみであり，学歴が上がるほど評価が高くなる．インターネットについては，男性，若年層，高学歴，高年収，大都市居住，フルタイム就業という属性が，評価を高くする方向に結びついている．ここでもテレビとインターネットは対照的な関連傾向を示しており，情報入手手段としてテレビが重要とされるのは，女性，高年，低学歴の場合，インターネットが重要とされるのは，男性，若年，高学歴の場合と特徴づけられるだろう．

1.6.3 娯楽手段としてのメディアの重要性評価

この項では，「楽しみを得るための手段」として各メディアがどのくらい重要かをたずねた結果について分析していく．図1.6.5に示したように，娯楽手段としての評価も，もっとも高いのはテレビであり，「非常に重要」「ある程度重要」をあわせて9割を超える．それに続くのがインターネットで，重要とする回答は6割に達している．先にみたとおり，信頼性の評価および情報入手手段としての評価はいまだ新聞のほうが高かったが，娯楽のメディアとしては，インターネットは新聞と同等以上の評価をえるに至っている．

図1.6.6は，娯楽手段としての重要性評価スコアを，2005年調査と今回の2010年調査で比較したものである（「非常に重要」-「まったく重要ではない」に4-0点を割りあてて平均値を算出）．この5年間にインターネットは大きく

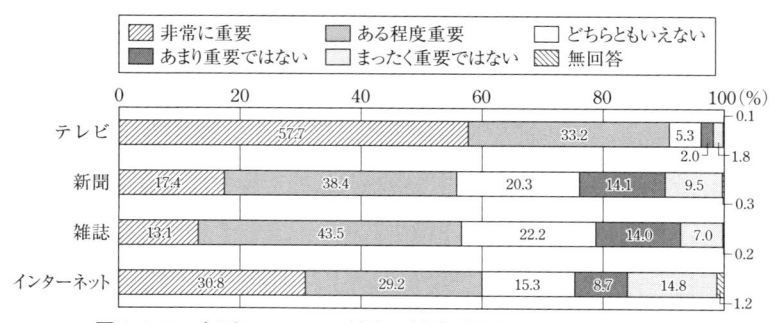

図1.6.5 主要メディアに対する娯楽手段としての重要性評価

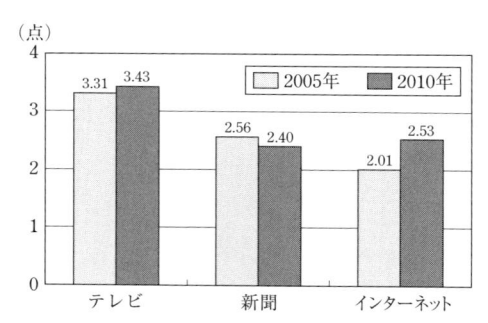

図1.6.6 娯楽手段としてのメディアの重要性評価の経年比較

評価を伸ばし，新聞を上まわるスコアに達している（対応のある t 検定の結果，t＝2.68，$p<0.01$ の有意差）．

続いて表1.6.5は，今回の調査における，各メディアの娯楽手段としての重要性評価スコアを属性別にみたものである．

性別では，テレビの評価が女性でやや高く，インターネットの評価は男性で高い．

年齢層別にみると，テレビの評価は20代で低く，10代および50代以上で高い．新聞は20代を境に年齢が上がるほど評価が高くなる．雑誌はとくに60代で評価が低い．インターネットについては，30代までの評価が高く，40代以上は年齢が上がるにつれて評価が下がっていく．

学歴別（在学中の者は分析から除外）では，雑誌とインターネットでよく似

表1.6.5 属性別にみた娯楽手段としてのメディアの重要性評価

		テレビ	新聞	雑誌	インターネット
性別	男性	3.39	2.39	2.36	2.70
	女性	3.47	2.41	2.47	2.38
	t	2.01*	0.36n.s.	1.85n.s.	−4.38***
年齢層	13-19歳	3.54[a]	1.56[a]	2.52[a]	3.18[a]
	20-29歳	3.15[b]	1.53[a]	2.57[a]	3.33[a]
	30-39歳	3.44[ab]	1.89[a]	2.55[a]	3.06[a]
	40-49歳	3.41[ab]	2.49[b]	2.47[a]	2.75[b]
	50-59歳	3.51[a]	2.82[c]	2.45[a]	2.27[c]
	60-69歳	3.45[a]	3.02[c]	2.12[b]	1.54[d]
	F	4.42***	78.92***	6.55***	72.20***
学歴	中学卒	3.34[a]	2.59[ab]	1.88[a]	1.16[a]
	高校卒	3.48[a]	2.58[a]	2.34[b]	2.18[b]
	短大・高専卒	3.47[a]	2.41[ab]	2.54[c]	2.68[c]
	大学・大学院卒	3.32[a]	2.33[b]	2.55[c]	3.13[d]
	F	3.35*	4.01**	12.34***	72.20***
就業形態	フルタイム	3.40[a]	2.38[a]	2.45[a]	2.79[a]
	パート	3.50[a]	2.48[ab]	2.39[a]	2.18[b]
	専業主婦	3.47[a]	2.60[ab]	2.45[a]	2.25[b]
	学生・生徒	3.50[a]	1.63[c]	2.52[a]	3.22[c]
	無職	3.34[a]	2.77[b]	2.17[a]	1.65[d]
	F	1.56n.s.	20.14***	2.43*	38.55***
世帯年収	200万未満	3.35[a]	2.43[a]	2.30[ab]	1.95[a]
	200-400万	3.48[a]	2.48[a]	2.27[a]	2.12[a]
	400-600万	3.47[a]	2.50[a]	2.55[b]	2.69[b]
	600-800万	3.37[a]	2.35[a]	2.41[ab]	2.87[bc]
	800-1000万	3.49[a]	2.27[a]	2.52[ab]	2.89[bc]
	1000万以上	3.44[a]	2.41[a]	2.59[b]	3.05[c]
	F	1.17n.s.	1.03n.s.	3.95**	22.30***
都市規模	100万人以上	3.44[a]	2.28[a]	2.44[a]	2.83[a]
	30-100万未満	3.42[a]	2.34[a]	2.37[a]	2.58[ab]
	10-30万未満	3.47[a]	2.46[a]	2.36[a]	2.47[b]
	10万未満	3.39[a]	2.44[a]	2.50[a]	2.39[b]
	町村	3.43[a]	2.49[a]	2.45[a]	2.34[b]
	F	0.48n.s.	1.55n.s.	0.99n.s.	5.40***

分散分析の結果 ***$p<0.001$, **$p<0.01$, *$p<0.05$, n.s.有意差なし
数値右肩のa, b, c…は同記号間ではTukey法(等分散を仮定できる場合)またはGames-Howell法(等分散を仮定できない場合)により$p<0.05$の有意差がないことを示す

表1.6.6 各メディアの娯楽手段としての重要性評価に関する重回帰分析の結果（数値は標準化偏回帰係数 β）

	テレビ	新聞	雑誌	インターネット
性別ダミー（男＝1，女＝2）	0.04	−0.01	0.06	−0.06*
年齢	0.09**	0.51***	−0.11***	−0.42***
学歴	−0.07*	0.01	0.13***	0.20***
フルタイムダミー	0.08	0.04	0.04	0.13**
パート・アルバイトダミー	0.07	0.02	0.02	0.04
専業主婦ダミー	0.05	0.04	0.03	0.06
学生・生徒ダミー	0.10*	0.12**	−0.01	−0.03
世帯年収	0.02	0.00	0.04	0.12***
都市規模	0.02	−0.06*	−0.04	0.06*
adj. R^2	0.01**	0.21***	0.03***	0.30***
N	1367	1364	1365	1351

***$p<0.001$，**$p<0.01$，*$p<0.05$

た傾向が認められ，いずれも学歴が高くなるほど評価が上がる．インターネットでは，この傾向はかなり顕著にあらわれている．

就業形態別でみると，新聞はとりわけ学生・生徒で評価が低いことが特徴的である．インターネットに対する評価は，学生・生徒でもっとも高く，フルタイム就業者がそれに次ぎ，無職で顕著に低くなっている．

世帯年収別では，インターネットにはっきりした差があらわれており，年収が上がるほど評価も高くなっている．

都市規模別でも，インターネットについて差が認められ，居住地の都市規模が大きくなるほど評価が上がる傾向にある．

これらの諸属性が各メディアの娯楽手段としての重要性評価にどの程度関連しているかを比較するため，重回帰分析を行った結果が，表1.6.6である．テレビについては，年齢が上がるほど，学歴が下がるほど，また，学生・生徒である場合に，娯楽手段としての評価が高くなる傾向にある．新聞は，年齢が上がるほど，居住地の都市規模が小さいほど，評価が高くなる．雑誌は，年齢が若いほど，学歴が上がるほど，評価が高くなる．インターネットについては，若年，高学歴，高年収，大都市居住，フルタイム就業という属性が，評価を高くする傾向をもつ．ここでもまた，信頼性評価および情報入手手段としての重要性評価の場合と同様に，テレビとインターネットは対照的な関連傾向を示している．概して，テレビはより高年，低学歴層のメディアであり，インターネ

ットは若年，高学歴層のメディアと性格づけられるだろう．

1.6.4 情報機器の重要性評価

今回の調査では，テレビ，ゲーム機，携帯電話，パソコンという4種類の情報機器をあげ，回答者にとって大切なものの順に1-4の番号をふるように求めている．本項では，この設問に関する分析結果を記述していく．

それぞれの機器に対する回答の分布は，図1.6.7のとおりである．1番大切とされるのは，テレビが5割を占め，もっとも多い．次いで，携帯電話が3割強，パソコンが1割強の順であり，ゲーム機を一番大切とする者は1%程度にすぎない．

これらの情報機器に対して回答者の与えた番号（順位スコア）の平均値を，属性別にまとめたものが，表1.6.7である．なお，ここでの数値は小さいほど，重要性が高く評価されていることになる．

性別では，女性はテレビ，携帯電話の評価が高く，男性はパソコン，ゲーム機の評価が高い．

年齢層別にみると，テレビはおおむね年齢が上がるほど高く評価される傾向にある．ゲーム機は10代の評価が比較的高い．携帯電話は20代，30代で評価が高く，50代，60代で低い．パソコンは30代，40代で評価が高く，10代および60代で低い．いずれの情報機器の評価についても，各年齢層の利用頻度に応じた傾向といえるだろう．

学歴別（在学中の者は分析から除外）では，テレビは高学歴になるほど評価

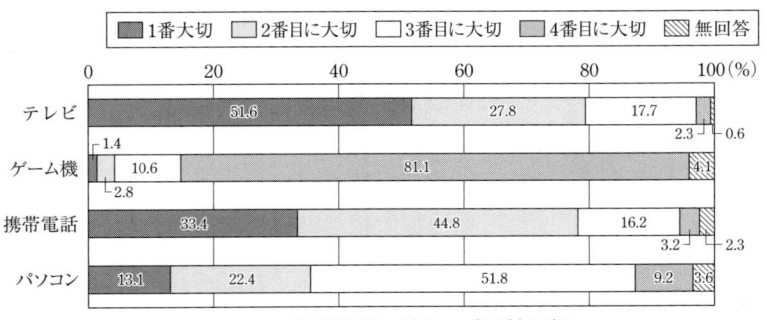

図1.6.7 情報機器に対する重要性評価

表 1.6.7 属性別にみた情報機器の重要性評価

		テレビ	ゲーム機	携帯電話	パソコン
性別	男性	1.81	3.71	2.01	2.44
	女性	1.61	3.85	1.79	2.72
	t	4.44***	−4.77***	5.17***	−6.23***
年齢層	13-19歳	2.11^{ab}	3.09^a	2.02^{ac}	2.79^{ac}
	20-29歳	2.28^a	3.65^b	1.52^b	2.54^{abc}
	30-39歳	1.96^{bc}	3.81^{bc}	1.79^a	2.44^b
	40-49歳	1.77^c	3.90^{cd}	1.86^{ac}	2.47^b
	50-59歳	1.46^d	3.91^d	2.01^c	2.60^{ab}
	60-69歳	1.28^e	3.90^{cd}	2.01^c	2.79^c
	F	56.37***	58.30***	11.03***	7.59***
学歴	中学卒	1.34^a	3.84^{ab}	1.77^a	3.02^a
	高校卒	1.51^a	3.82^a	1.85^{ab}	2.80^b
	短大・高専卒	1.71^b	3.86^{ab}	1.86^{ab}	2.55^c
	大学・大学院卒	1.99^c	3.91^b	1.96^b	2.14^d
	F	33.21***	2.93*	2.18n.s.	59.73***
就業形態	フルタイム	1.80^a	3.84^a	1.90^{ac}	2.44^a
	パート	1.52^{bc}	3.85^a	1.83^{ab}	2.79^b
	専業主婦	1.59^b	3.91^a	1.73^b	2.74^b
	学生・生徒	2.13^d	3.18^b	2.02^{abc}	2.67^{ab}
	無職	1.36^c	3.83^a	2.05^c	2.70^{ab}
	F	22.81***	51.43***	4.91***	11.84***
世帯年収	200万未満	1.59^a	3.74^{ab}	1.86^a	2.77^a
	200-400万	1.59^a	3.74^a	1.89^a	2.74^a
	400-600万	1.69^a	3.82^{abc}	1.88^a	2.59^{ab}
	600-800万	1.74^{ab}	3.81^{abc}	1.98^a	2.46^{bc}
	800-1000万	1.83^{ab}	3.90^c	1.80^a	2.47^{bc}
	1000万以上	1.97^b	3.89^{bc}	1.84^a	2.30^c
	F	5.37***	3.13**	1.13n.s.	8.88***
都市規模	100万人以上	1.85^a	3.86^a	1.95^a	2.33^a
	30-100万未満	1.69^{ab}	3.83^{ab}	1.84^a	2.61^b
	10-30万未満	1.71^{ab}	3.70^b	1.93^a	2.62^b
	10万未満	1.60^b	3.79^{ab}	1.83^a	2.75^b
	町村	1.67^{ab}	3.77^{ab}	1.88^a	2.66^b
	F	3.66**	3.73**	1.48n.s.	11.05***

分散分析の結果 ***$p<0.001$, **$p<0.01$, *$p<0.05$, n.s. 有意差なし
数値右肩のa, b, c…は同記号間では Tukey法（等分散を仮定できる場合）または Games-Howell法（等分散を仮定できない場合）により $p<.05$ の有意差がないことを示す

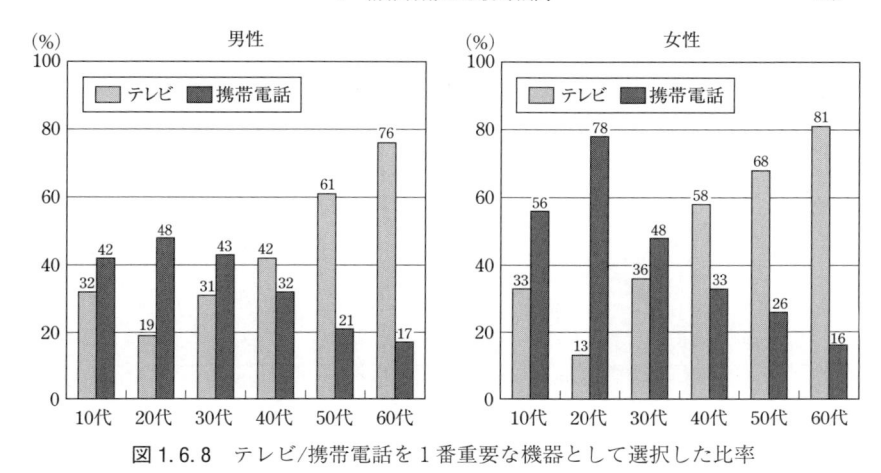

図1.6.8 テレビ/携帯電話を1番重要な機器として選択した比率

が下がる．逆に，パソコンの評価は高学歴になるほど上がり，その傾向はかなり明確にあらわれている．

就業形態別では，テレビの評価は，無職者でもっとも高く，学生・生徒でもっとも低い．ゲーム機の評価は，やはり学生・生徒でとりわけ高くなっている．携帯電話については，専業主婦でもっとも評価が高く，無職者でもっとも低い．パソコンは，フルタイム就業者で評価が高く，パート，専業主婦で低い傾向にある．

世帯年収別では，テレビは年収が低いほど評価が高く，ゲーム機もおおよそ同様の傾向にある．パソコンは逆に，年収が高いほど評価が高い．

都市規模別にみると，テレビ，ゲーム機については，全体として有意な差はみられるものの，都市規模の大小と評価の高低が連動するような一貫した傾向は読み取りにくい．パソコンについては，100万人以上の市区に居住する者において，とくに評価が高くなっている．

テレビと携帯電話に関しては，どちらがより重要かが若年層と高年層で逆転している．この傾向をわかりやすく示すため，男女各年齢層ごとに，重要な情報機器の1位としてテレビがあげられた比率と携帯電話があげられた比率をプロットしたものが，図1.6.8である．男女ともに30代までは携帯電話を1位に選ぶ割合のほうが高いが，40代以上はテレビを選ぶ割合のほうが高くなる．

表 1.6.8 情報機器の重要性評価に関する重回帰分析の結果（数値は標準化偏回帰係数 β）

	テレビ	ゲーム機	携帯電話	パソコン
性別ダミー（男=1，女=2）	0.09**	−0.15***	0.10**	−0.16**
年齢	0.39***	−0.24***	−0.22***	−0.03
学歴	−0.17***	−0.14***	−0.05	0.30***
フルタイムダミー	−0.06	−0.05	0.06	0.03
パート・アルバイトダミー	−0.02	0.00	0.05	−0.02
専業主婦ダミー	−0.07	0.01	0.08*	−0.01
学生・生徒ダミー	0.01	0.16***	−0.11**	0.00
世帯年収	−0.03	−0.10***	0.02	0.07*
都市規模	−0.04	−0.04	−0.03	0.09***
adj. R^2	0.22***	0.17***	0.05***	0.15***
N	1361	1317	1341	1325

***$p<0.001$，**$p<0.01$，*$p<0.05$

このような年齢による差は女性のほうが顕著にみられ，20代の女性では携帯電話を1位に選んだ者が78%にのぼるのに対して，テレビを選んだのは13%にすぎない．

表1.6.8は，以上でみた諸属性が各情報機器の重要性評価にどの程度関連しているかを比較するため，重回帰分析を行った結果である．テレビは，年齢が上がるほど，学歴が低いほど，また女性のほうが，評価が高くなる傾向にある．ゲーム機については，男性，若年，低学歴，低年収，学生・生徒という属性が，評価を高くする効果をもつ．携帯電話については，女性，若年，専業主婦である場合に評価が高くなり，学生・生徒である場合は（意外にも思えるが）評価が低くなる．パソコンは，男性，高学歴，高年収であるほど，そして居住地の都市規模が大きいほど，評価が高くなる傾向にある．

文　献

Anderson, C. (2009) *FREE : The future of a radical price*, Hyperion.（高橋則明訳（2009）『フリー――〈無料〉からお金を生み出す新戦略』，日本放送出版協会）．

Ishii, K. (2004) Internet use via mobile phone in Japan, *Telecommunications Policy*, 28(1), 43-58.

Ishii, K. (2006) Implications of mobility : The uses of personal communication media in everyday life, *Journal of Communication*, 56(2), 346-365.

金相美（2006）「メディア利用行動におけるテレビとインターネットの同時的並行行動に関する研究――日記式調査（Time Use Survey）による分析結果を元に」，『マ

ス・コミュニケーション研究』，68, 97-114.
森康俊（1997）「情報規範意識の概況」，東京大学社会情報研究所編『日本人の情報行動 1995』，東京大学出版会，50-55.
李潤馥（2001）「情報行動倫理」，東京大学社会情報研究所編『日本人の情報行動 2000』，東京大学出版会，69-84.

2

メディア別にみた情報行動

橋元良明・森　康俊・久保隅　綾・金　相　美
北村　智・辻　大介・是永　論・小笠原盛浩

2.1 PCインターネット利用

2.1.1 インターネット利用者の概観

今回の調査でも2005年調査同様，質問票と日記式の両方式でインターネット利用について質問している．

質問票では，インターネット利用に関する次の4項目について，ふだん利用しているかどうかをたずねた．

（1）　パソコンを使って，インターネットのメールを見たり，送ったりする
（2）　パソコンを使って，インターネットのウェブサイトを見る
（3）　携帯電話（スマートフォン・PHSを含む）を使って，メールを見たり，送ったりする
（4）　携帯電話（スマートフォン・PHSを含む）を使って，情報サイトを見る

2.1.1, 2.1.2, 2.1.5, 2.1.7, 2.4.2は橋元良明が執筆．
2.1.3, 2.2.2, 2.4.4は森康俊が執筆．
2.1.4, 2.4.5, 2.6は久保隅綾が執筆．
2.1.6, 2.4.3は金相美が執筆．
2.2.1は北村智が執筆．
2.3は辻大介が執筆．
2.4.1は是永論が執筆．
2.5は小笠原盛浩が執筆．

ここでは，(1) から (4) までのうち少なくともひとつを利用していると答えた人を，「インターネット利用者」とよぶ．また，(1)(2) のうち，少なくともひとつを利用していると答えた人を「PCインターネット利用者」，(3)(4) のうち，少なくともひとつを利用していると答えた人を「携帯インターネット利用者」とよぶ．

表 2.1.1 は 2000 年調査から 2010 年調査までの 3 回の調査におけるインターネット利用率の推移を年齢層別にみたものである．

調査対象者全体では，2010 年 6 月時点におけるインターネット利用者は 79.4％であった．年齢層別にみれば，20 代が 97.9％ともっとも高く，20 代を頂点として，年齢が高くなるにつれ利用率は低くなっている．60 代の利用率は約半数の 48.8％であるが，2000 年と比べれば，他の年代と比較して伸び率はもっとも大きい．

表 2.1.2 は諸属性別にインターネット利用率，PCインターネット利用率，携帯インターネット利用率を示したものである．χ^2 検定の結果，インターネット利用の性別を除けば，年齢層別，学歴別，世帯年収別，社会階層（自己評価）別，職業別，都市規模別，地域別のどれについても有意な差が示されている．各属性別の特徴を列挙すれば以下のとおりである（いずれも利用率の高い属性の記述）．

（1） 男女別

PCインターネットでは女性より男性．携帯インターネット男性より女性．

（2） 年齢層別

インターネット（全体），PCインターネット，携帯インターネットのいずれも 20 代が最大．以降，高年齢ほど利用率はほぼ低下．

（3） 学歴別（在学中は除く）

インターネット（全体），PCインターネットは「大学・大学院卒」が最大．学歴が低くなるにつれ利用率は低下．携帯インターネットは「短大・高専卒」が最大．

（4） 世帯年収別

インターネット（全体），PCインターネットは世帯年収が高いほど利用率が高い．携帯インターネットは「800-1000 万未満」の層が最大であるが，他

表 2.1.1 この10年のインターネット利用率（質問票）の年齢層別推移

	10代	20代	30代	40代	50代	60代	全体
2000年	27.7	49.7	30.0	23.9	15.6	4.5	24.4
2005年	83.3	84.3	83.7	66.6	42.3	25.0	61.3
2010年	89.8	97.9	95.2	91.9	74.3	48.8	79.4

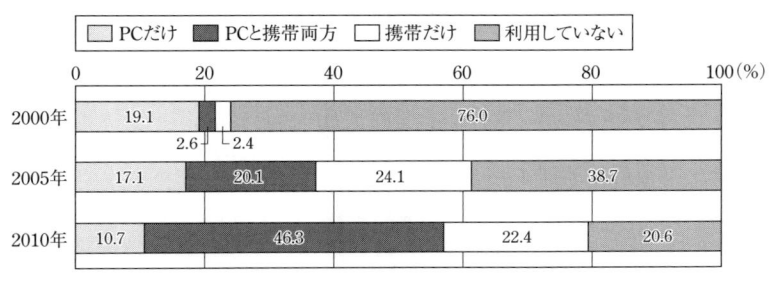

図 2.1.1 メディア別インターネット利用率の推移

は年収が高いほど利用率が高い．

（5） 社会階層（自己評価）別

インターネット（全体），PCインターネット，携帯インターネットのいずれも自己評価による社会階層が高いほど利用率が高い．

（6） 就業形態別

インターネット（全体），PCインターネット，携帯インターネットのいずれも「学生」の利用率が高く，「無職」の利用率が低い．

（7） 都市規模別

インターネット（全体），PCインターネット，携帯インターネットのいずれも都市規模が大きいほど利用率が高い．ただし，「10万未満」よりはむしろ「町村」の方がやや利用率が高い．

（8） 地域別

インターネット（全体），PCインターネット，携帯インターネットのいずれも「関東」の利用率が最大．「中部」「近畿」がこれに次ぐ．「北海道」「東北」「九州・沖縄」の利用率が低い．とくにPCインターネットに関しては，「北海道」が他地域に比べ極めて低い．

図 2.1.1 はメディア別（PCか携帯か）にインターネット利用の有無の推移

表 2.1.2 属性別のインターネット利用率（質問票調査）

		N	インターネット利用率（%）	PCインターネット利用率（%）	携帯インターネット利用率（%）
全体		1478	79.4	57.0	68.7
性別	男性	690	78.8	64.2	64.9
	女性	788	79.8	50.6	72.0
			0.22 n.s.	27.6***	8.4**
年齢	10代	127	89.8	65.4	74.8
	20代	144	97.9	79.9	92.4
	30代	270	95.2	67.8	89.3
	40代	270	91.9	70.7	81.9
	50代	343	74.3	51.9	58.3
	60代	324	48.8	28.4	38.6
			296.1***	179.7***	268.3***
学歴	中学校卒	98	39.8	15.3	38.8
	高校卒	577	70.9	41.4	60.7
	短大・高専卒	312	87.5	63.5	80.1
	大学・大学院卒	337	93.8	85.2	78.3
	（在学者は除く）		167.3***	238.8***	90.6***
世帯年収	200万未満	162	59.9	34.6	53.7
	200-400万未満	381	70.6	42.0	63.5
	400-600万未満	340	82.1	60.3	70.9
	600-800万未満	224	89.7	72.8	72.8
	800-1000万未満	140	92.1	73.6	83.6
	1000万以上	136	94.1	77.9	79.4
			105.0***	132.7***	46.1***
社会階層（自己評価）	上，中の上	134	90.3	74.6	82.1
	中の中	619	85.0	64.0	73.7
	中の下	349	78.2	53.3	67.9
	下	114	69.3	45.6	58.8
			26.0***	32.4***	20.1***
就業形態	フルタイム	715	85.3	69.1	72.7
	パート，アルバイト	269	75.5	42.8	68.8
	専業主婦（夫）	207	75.4	42.5	69.6
	学生	137	91.2	70.8	75.9
	無職	147	52.4	32.0	41.5
			97.2***	130.9***	59.4***
都市規模	100万人以上	298	88.3	72.2	77.5
	30-100万未満	288	80.6	60.8	71.5
	10-30万未満	390	79.7	55.1	68.0
	10万未満	333	72.1	46.3	61.3
	町村	169	75.2	49.1	64.5
			27.3***	50.1***	21.9***

		N	インターネット 利用率 (%)	PCインターネット 利用率 (%)	携帯インターネット 利用率 (%)
地 域	北海道	75	65.3	36.0	58.7
	東北	127	66.9	45.7	56.7
	関東	451	85.8	65.4	75.4
	中部（含：北陸）	103	82.6	61.4	70.0
	近畿	201	81.6	59.7	70.7
	中国	103	79.6	55.3	66.0
	四国	50	76.0	52.0	66.0
	九州・沖縄	178	70.8	44.4	62.4
			43.3***	48.3***	25.8***

各属性最下段の数値は χ^2 値と検定結果．***$p<0.001$, **$p<0.01$, *$p<0.05$, n.s.有意差なし

をみたものである．2000年時点ではほとんどPCによる利用が多かったが，2010年には，PC，携帯の両方を利用する率がもっとも高く，PC単独と携帯単独では携帯単独のほうが利用率が高くなっている．

2.1.2 日記式調査からみたインターネット利用の概況

本調査では，質問票調査とは別に日記式でも2日間にわたって実際にインターネットを使っている時間を詳細に調べている．調査シートでは，PCインターネットに関し，「メールを読む・書く」「サイトを見る」「サイトに書き込む」「インターネット経由の動画を見る」「チャット機能やメッセンジャーを使う」の5項目を設けているが，ここでは個別の項目ではなく，おもにそれらを総合した「PCインターネット」について分析する．なお，記入は15分のセルごとであり，10分未満の利用は5分として計算した．また，同じ時間セルで同時に複数の項目にまたがるPCインターネット利用をした場合，単純加算ではなく，その時間セルにおける各個別インターネット利用項目の最大値で計算している．

まず，汎PCインターネット，汎PCネット（自宅利用），汎携帯ネット，汎ネットの利用時間，行為者率，行為者平均時間について，2005年からの推移を示したのが表2.1.3である．ここではPCインターネットの詳細な項目別でなく，それらの合計（複数の項目を，同じ時間帯で同時並行利用した場合は，そのセルでの最大値で計算）の時間を提示している．

PCインターネット利用に関し，2005年から2010年にかけ，「場所不問」で

表 2.1.3　日記式によるネット利用時間の推移

		2005 年	2010 年
汎 PC ネット	平均時間（分）	22.2	35.7
	行為者率（%）	24.5	35.9
	行為者平均（分）	90.4	99.7
汎 PC ネット（自宅）	平均時間（分）	12.1	19.4
	行為者率（%）	16.3	26.8
	行為者平均（分）	74.1	72.6
汎携帯ネット	平均時間（分）	17.8	27.2
	行為者率（%）	35.1	50.7
	行為者平均（分）	50.7	53.6
汎ネット	平均時間（分）	38.1	60.2
	行為者率（%）	47.3	64.1
	行為者平均（分）	80.4	93.8

「汎 PC ネット」とは，場所を問わず PC によるインターネット利用全体
「汎 PC ネット（自宅）」とは，自宅における PC によるインターネット利用全体
「汎携帯ネット」とは，場所を問わず携帯によるインターネット利用全体
「汎ネット」とは，場所を問わず，PC または携帯によるインターネット利用全体
同じ時間セル内で複数項目のネット利用が同時に発生している場合，単純合計ではなく，それらの最大値で計算

表 2.1.4　PC インターネット利用各項目の利用時間等

	N	全体平均時（分）	標準偏差	行為者率（%）	行為者数	行為者平均時間（分）	標準偏差
メールを読む・書く	2956	19.7	72.9	27.0	799	73.0	125.7
サイトを見る	2956	18.6	62.3	22.1	653	84.4	109.7
サイトに書き込む	2956	1.4	17.7	2.1	63	67.3	101.8
インターネット経由の動画を見る	2956	3.1	25.7	4.0	118	78.5	103.4
チャット機能やメッセンジャーを使う	2956	0.7	9.9	0.8	23	90.4	68.4

N は日（サンプル数×調査日数の 2 日間）

も「自宅」でもともに 1.6 倍増加している．「行為者率」も場所不問が 24.5%から 35.9% へ，「自宅」が 16.3% から 26.8% に上昇している．また，利用した人の利用時間，すなわち行為者平均自体は 5 年で，「場所不問」で 9.3 分の増加，「自宅」では 1.5 分の減少であった．

この日記式調査から，PC ネットの各利用内容項目ごとに平均利用時間，行為者数，行為者平均時間を示したのが表 2.1.4 である．ちなみに 2005 年調査では，メールの平均利用時間は 12.3 分，行為者率 18.9%，「サイトを見る」の平均利用時間は 10.7 分，行為者率 12.9% であった．

表2.1.5 日記式調査によるPCインターネットの利用時間と行為者率
(サンプル単位は日数で調査対象者の倍)

		PCインターネット利用時間 (分)	PCインターネット行為者率 (%)
全 体	N=2956日	35.7	35.9
性 別	男性	50.1^a	43.5
	女性	23.2^b	29.2
		65.4***	65.3***
年齢層	10代	14.2^b	16.5
	20代	50.4^a	43.1
	30代	52.6^a	48.5
	40代	53.9^a	49.4
	50代	30.7^b	34.8
	60代	13.8^b	19.4
		20.9***	204.9***
学 歴	中学校卒	4.6^c	9.2
	高校卒	20.3^c	27.1
	短大・高専卒	45.1^b	40.1
	大学・大学院卒	68.3^a	60.8
	(在学者は除く)	48.9***	278.6***
世帯年収	200万未満	21.8^d	21.0
	200-400万未満	24.9^{cd}	26.8
	400-600万未満	33.2^{bcd}	39.3
	600-800万未満	42.5^{bc}	43.8
	800-1000万未満	46.1^b	50.4
	1000万以上	68.3^a	50.0
		12.3***	121.6***
社会階層 (自己評価)	上, 中の上	71.2^a	53.0
	中の中	32.6^b	39.1
	中の下	35.5^b	36.4
	下	45.8^b	28.1
		12.8***	35.5***
就業形態	フルタイム	52.0^a	47.1
	パート, アルバイト	18.3^b	25.7
	専業主婦(夫)	15.9^b	28.0
	学生	22.4^b	21.9
	無職	29.1^b	24.2
		23.7***	155.1***
都市規模	100万人以上	66.0^a	50.5
	30-100万未満	33.7^b	37.0
	10-30万未満	32.8^b	36.3
	10万未満	17.2^c	22.7

表 2.1.5 （続き）

		PCインターネット利用時間 (分)	PCインターネット行為者率 (％)
都市規模	町村	29.3^{bc}	33.1
		24.8***	107.4***
地　域	北海道	20.1^{b}	24.7
	東北	33.8^{ab}	29.1^{b}
	関東	54.2^{a}	44.0
	中部（含：北陸）	31.2^{ab}	35.8
	近畿	33.8^{ab}	39.8
	中国	24.7^{b}	34.5
	四国	25.2^{b}	24.0
	九州・沖縄	16.0^{b}	24.4
		9.3***	68.4***

「利用時間」について各属性最下段の数値はF値と検定結果．各属性の要素の数値右肩のa, b, c…は，縦に見て同記号間ではTukeyの多重範囲検定で$p<0.05$の有意差がないことを示す
「行為者率」について各属性最下段の数値はχ^2値と検定結果．***$p<0.001$, **$p<0.01$, *$p<0.05$

　さらにこの日記式調査から属性別にPCインターネットの利用時間と行為者率を示したものが表2.1.5である．

　この表で「行為者率」は，調査対象日（2日間）において1日のうち，少しでもPCインターネットを利用した人（5項目中のいずれか，あるいは複数）の比率である．質問票調査の「利用率」は「ふだん」の利用を質問しているので，両者の数値は一致しない．

　表に示されるとおり，PCインターネット利用時間，PCインターネット行為者率のいずれも，分散分析の結果，性別，年齢層別，学歴別，世帯年収別，社会階層（自己評価）別，職業別，都市規模別，地域別のすべてで有意な差が示されている．それぞれの各属性ごとの特徴は，表2.1.2の質問票調査による「インターネット利用率」の結果とほぼ同傾向である．ただし，年齢層別にみた場合，PCインターネット利用時間，行為者率ともにもっとも高い数値を示したのが40代であり，「ふだんの利用率」において20代が最高値であったのと結果が異なった．これは，40代において，PCインターネットの利用場所が「職場」が30.0分，「自宅」が15.8分であり，職場での利用時間が長いためである．

　性別，年齢，学歴，職業，世帯年収，都市規模のいずれもPCインターネッ

表2.1.6 PCインターネット利用率，PCインターネット利用時間の回帰分析

	PCインターネット利用の有無 (質問票)			PCインターネット利用時間 (日記式)			
	ロジスティック回帰分析			重回帰分析			
	標準化偏 回帰係数	Wald χ^2	係数順位	標準化偏 回帰係数	t値	係数順位	利用者 の特性
性 別 (1)	−0.074	7.1**	⑥	−0.072	−3.58***	④	男性
年 齢	−0.349	182.6***	②	−0.063	−3.42***	⑤	若年層
学 歴	0.439	220.4***	①	0.194	9.97***	①	高学歴
フルタイム (2)	0.169	36.8***	④	0.084	4.09***	③	フルタイム
世帯年収	0.226	63.4***	③	0.056	2.90**	⑥	高年収
都市規模 (3)	0.153	36.7***	⑤	0.086	4.68***	②	大都市
						R^2 0.098	

***$p<0.001$, **$p<0.01$, *$p<0.05$
(1) 男性=1，女性=2　(2) フルタイム=1，その他=0　(3) 人口30万以上=1，それ以下=0

ト利用率，PCインターネット利用時間と有意な関連をもつことをこれまでみてきた．では，上記のうち，それぞれ他の属性変数をコントロールすると有意な関連が消失するものがないか，またどの属性変数がもっとも影響力が強いかをみるために，目的変数が2値のPCインターネット利用率についてはロジスティック回帰分析，目的変数が実数のPCインターネット利用時間については重回帰分析を試みた結果が表2.1.6である．

分析の結果，取り上げた説明変数のいずれも有意水準にあったが，PCインターネット利用率については，学歴，年齢，世帯年収の順に影響力が大きく，PCインターネット利用時間については，学歴，都市規模，職業（フルタイムか否か）の影響が大きいことが示された．利用率，利用時間の大きい属性特性は両項目とも同様である．

PCインターネット利用（日記式調査）を各項目ごとに場所別，生活基本行動別に示したのが表2.1.7である．数値は，各利用内容項目の時間量合計に対する各カテゴリーごとの時間量分布の比率である．

場所別にみると，「メールの読み書き」「サイトを見る」「サイトに書き込む」「ネット動画を見る」「チャット・メッセンジャー」のいずれも自宅での利用比率がもっとも大きい．ただし，メールに関しては職場も40%近くを占める．

なお，メールに関して，2000年は自宅46.4%，職場44.8%，2005年は自宅

表 2.1.7 PCインターネット各項目の利用場所，利用時の生活基本行動
（％：母数は各項目の合計時間）

		メールの読み書き	サイトを見る	サイトに書き込む	ネット動画を見る	チャット・メッセンジャー
場所別	自宅	50.2	69.8	77.8	80.0	82.6
	親戚・知人の家	1.1	1.5	0.0	2.5	0.0
	職場	39.5	21.9	15.9	11.9	13.0
	自宅兼職場	3.7	4.0	3.2	2.4	4.3
	学校	1.0	0.8	0.0	1.1	0.0
	移動中	1.7	0.8	0.0	0.4	0.0
	その他	2.7	1.2	3.2	1.7	0.0
		100.0	100.0	100.0	100.0	100.0
生活基本行動別	睡眠	0.7	0.2	0.0	0.4	0.0
	身じたく・家事	10.4	8.9	4.3	5.5	2.7
	飲食	5.6	6.4	3.7	5.6	0.0
	移動	1.8	0.9	0.0	1.0	0.0
	仕事	37.9	19.5	19.0	9.1	13.0
	学校・塾・勉強	1.0	1.3	0.0	2.8	0.0
	買物	0.1	0.1	0.0	0.0	0.0
	趣味・娯楽・休息	42.5	62.7	73.0	75.5	84.2
		100.0	100.0	100.0	100.0	100.0

33.6％，職場58.8％であり，一時職場での利用比率が高くなったが，2010年調査では再び自宅がもっとも大きくなっている．

生活基本行動別にみれば，いずれも「趣味・娯楽・休息」がもっとも比率が高い．このうち，「メール」に関しては，「仕事」の比率も37.9％と高くなっている．これも年次別推移をみれば，「メール」における「仕事」の比率は2000年47.5％，2005年59.6％と2005年に「仕事」の比率が高くなったが，2010年にはその率が37.9％と低下した．このことは場所別の傾向と符合するが，「メール」の平均利用時間が前述のとおり，2005年の12.3分から2010年には19.7分（表2.1.4参照）に伸びており，そのうちの増加分のほとんどが自宅での趣味・娯楽目的の利用である．

2.1.3 質問紙調査からみた利用内容

質問紙調査では，PCインターネットのサービスや機能について，それぞれ利用頻度をたずねている（問10）．もっとも多く利用されているのは，「検索（サーチエンジン）の利用」で，PCインターネット利用者の83％が利用している．次いで，「ネットショッピング」（PCインターネット利用者の61％），

2 メディア別にみた情報行動

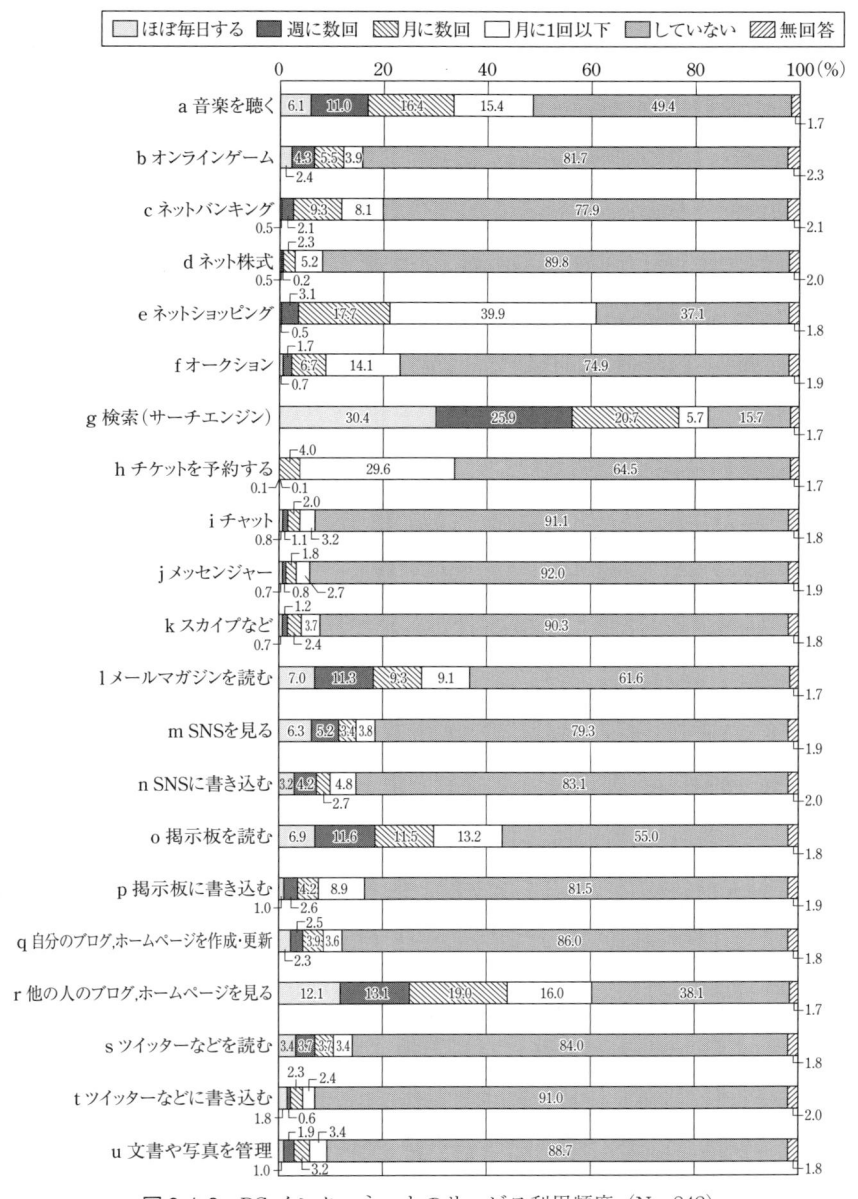

凡例: □ほぼ毎日する ■週に数回 ▨月に数回 □月に1回以下 ▨していない ▨無回答

図2.1.2 PCインターネットのサービス利用頻度（N＝842）

項目	ほぼ毎日	週に数回	月に数回	月に1回以下	していない	無回答
a 音楽を聴く	6.1	11.0	16.4	15.4	49.4	1.7
b オンラインゲーム	4.3	3.5	3.9	2.4	81.7	2.3
c ネットバンキング	0.5	2.1	9.3	8.1	77.9	2.1
d ネット株式	0.5	0.2	2.3	3.1	89.8	2.0
e ネットショッピング	0.5	1.7	17.2	39.9	37.1	1.8
f オークション	0.7	1.7	6.7	14.1	74.9	1.9
g 検索（サーチエンジン）	30.4	25.9	20.7	5.7	15.7	1.7
h チケットを予約する	0.1	0.1	4.0	29.6	64.5	1.7
i チャット	0.8	1.1	2.0	3.2	91.1	1.8
j メッセンジャー	0.7	0.8	1.8	2.7	92.0	1.9
k スカイプなど	0.7	1.2	3.7	2.4	90.3	1.8
l メールマガジンを読む	7.0	11.3	9.3	9.1	61.6	1.7
m SNSを見る	6.3	5.2	3.4	3.8	79.3	1.9
n SNSに書き込む	3.2	4.2	2.7	4.8	83.1	2.0
o 掲示板を読む	6.9	11.6	11.5	13.2	55.0	1.8
p 掲示板に書き込む	1.0	2.6	4.2	8.9	81.5	1.9
q 自分のブログ,ホームページを作成・更新	2.5	3.9	3.6	2.3	86.0	1.8
r 他の人のブログ,ホームページを見る	12.1	13.1	19.0	16.0	38.1	1.7
s ツイッターなどを読む	3.4	3.7	3.7	3.4	84.0	1.8
t ツイッターなどに書き込む	1.8	2.3	2.4	0.6	91.0	2.0
u 文書や写真を管理	1.0	1.9	3.4	3.2	88.7	1.8

表 2.1.8 性別・年齢層別にみた PC インターネットの利用内容

		性別		年齢層別	
		χ^2 値	利用頻度	χ^2 値	利用頻度
a	音楽を聴く（ダウンロードを含む）	31.9***	男性が高い	210.8***	若年層ほど高い
b	オンラインゲームをする	7.9**	男性が高い	37.6***	若年層ほど高い
c	ネットバンキングを利用する	19.9***	男性が高い	62.1***	30代, 40代が高い
d	ネット上で株式を売買する	29.4***	男性が高い	6.3 n.s.	
e	ネットショッピングで商品・サービスを購入	7.7*	男性が高い	148.7***	20代, 30代が高い
f	オークションに参加する	18.1***	男性が高い	77.5***	20代, 30代が高い
g	検索（サーチエンジン）を利用する	60.3***	男性が高い	253.8***	30代, 40代が高い
h	チケットを予約する	1.4 n.s.		79.7***	20代-40代が高い
i	チャットをする	5.9*	男性が高い	48.1***	20代が高い
j	インスタントメッセンジャーを利用する	3.3 n.s.		31.8***	20代, 30代が高い
k	スカイプなどの音声通信を利用する	3.9*	男性が高い	22.2***	20代, 30代が高い
l	メールマガジンを読む	13.0**	男性が高い	79.7***	30代, 40代が高い
m	SNS（mixi, GREEなど）を見る	1.7 n.s.		162.9***	30代, 20代が高い
n	SNS（mixi, GREEなど）に書き込む	0.9 n.s.		148.9***	20代が高い
o	掲示板の内容を読む	27.3***	男性が高い	85.5***	20代, 30代が高い
p	掲示板に書き込みをする	15.3***	男性が高い	70.3***	20代, 30代が高い
q	自分のブログ, ホームページを作成・更新	0.0 n.s.		50.7***	20代が高い
r	他の人（個人）のブログ, ホームページを見る	2.9 n.s.		131.6***	20代, 30代が高い
s	ツイッターなどを読む	8.6**	男性が高い	63.3***	20代が高い
t	ツイッターなどに書き込む	5.3*	男性が高い	41.9***	20代が高い
u	文書や写真を管理	2.5 n.s.		5.6 n.s.	

χ^2 検定結果の有意水準：***$p<0.001$, **$p<0.01$, *$p<0.05$, n.s. 有意差なし

「他の人（個人）のブログ，ホームページを見る」（同60%），「音楽を聴く（ダウンロードを含む）」（同49%），「掲示板を読む」（同43%），「メールマガジンを読む」（同37%）が続く．「チケット予約」の利用率は34%であるが，利用頻度は「月1回以下」が30%である．これら7項目が3割以上のユーザーが利用しているサービスや機能である（図2.1.2）．

これらに対して，「チャット」，「メッセンジャー」，「スカイプ」，「SNSを見

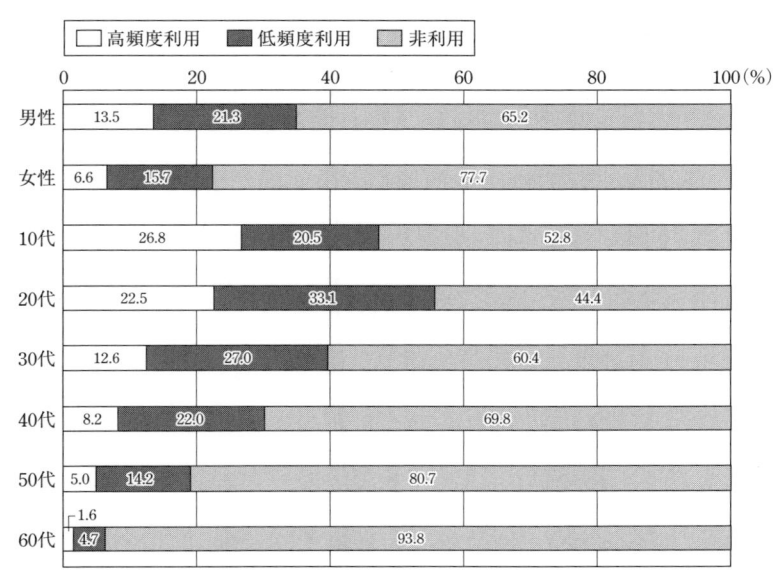

図 2.1.3 「音楽を聴く」(PC) の利用頻度（性別 N＝1461・年齢層別 N＝1464）

る/書き込む」,「ツイッターなどを読む/書き込む」などコミュニケーション系サービスの利用頻度は，利用していない層が8割以上である．また，「オンラインゲーム」,「ネットバンキング」,「ネット株式」,「オークション」などトランザクション系サービスの利用頻度も，利用していない層が7割以上となっている．このように，一定のスキルや知識が求められるサービスや登場まもない先進的なサービスの利用は，一部のユーザー層の利用にとどまっている．また，コミュニケーションの能動性の観点からみると，「掲示板」でも，書き込みとなると8割は利用しておらず，情報発信と情報受容のあいだに差があることがうかがえる．

次に，各サービス・機能の利用頻度について，性別・年齢層別にみていく（表2.1.8）．

ほとんどの項目で男性の利用頻度が高い．ただし，「SNSを見る/書き込む」，「ブログ，ホームページを見る/作る（更新する）」には性差はみられない．

年齢層別では，「音楽を聴く（ダウンロードを含む）」と「オンラインゲーム」で若年層ほど利用頻度が高くなっている．「ネットバンキング」のように

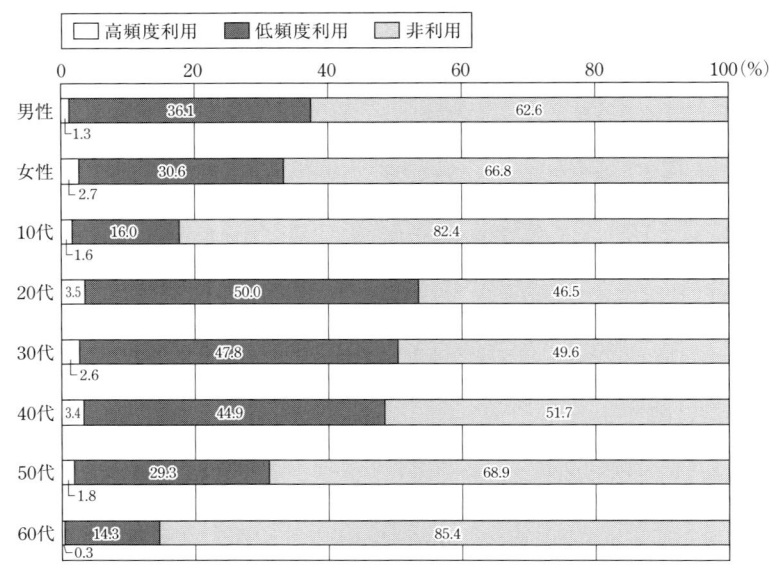

図 2.1.4 「ネットショッピング」(PC) の利用頻度
(性別 N=1463・年齢層別 N=1463)

30代の利用頻度が高い項目があるのを除けば,ほぼ全ての項目で20代の利用頻度が高くなっている.

全体として利用率が高くない項目が多いので,「ほぼ毎日する」と「週に数回」をあわせて「高頻度利用」,「月に数回」と「月に1回以下」をあわせて「低頻度利用」,「(利用)していない」を「非利用」として,性別,年齢層別の利用頻度の違いをみてみよう.たとえば,「音楽を聴く(ダウンロードを含む)」では10代,20代の利用頻度の高さが見て取れる(図2.1.3).また,「ネットショッピング」では,20代-40代の約半数が利用している(図2.1.4).

2.1.4 電子メール

本項では,パソコンでの電子メールの1日平均受発信数について概説する.日記式調査では調査日における電子メールの受発信数を質問している.パソコンによる電子メールの平均受信数(2日間の平均値)は1日あたり3.7通,平均発信数(2日間の平均値)は1.1通であった.行為者率は電子メール受信

表2.1.9 属性別パソコンによるメール送受信平均回数

		電子メール受信			電子メール発信		
		N	回数 (F値)	行為者率 (χ^2値)	N	回数 (F値)	行為者率 (χ^2値)
全体		2810	3.7	29.3	2848	1.1	16.3
性別	男性	1314	5.1^a	37.0	1343	1.7^a	23.1
	女性	1496	2.5^b	22.6	1505	0.7^b	10.4
			45.7^{***}	74.0^{***}		43.5^{***}	86.9^{***}
年齢層	13-19歳	252	0.3^c	6.7	250	0.2^d	3.5
	20-29歳	285	3.7^b	36.1	287	1.2^{bc}	19.4
	30-39歳	515	5.5^{ab}	40.6	535	1.5^{ab}	23.1
	40-49歳	513	6.1^a	40.7	527	2.1^a	22.2
	50-59歳	652	4.0^b	30.0	657	1.1^{bc}	16.9
	60-69歳	593	1.3^c	15.6	592	0.4^{cd}	8.8
			22.3^{***}	195.1^{***}		13.1^{***}	91.6^{***}
学歴	中学卒	68	0.6^b	11.8	68	0.0^c	0.0
	高校卒	526	3.4^b	28.7	542	1.1^{bc}	16.3
	高専・短大卒	296	6.7^a	40.6	301	2.2^{ab}	21.8
	大学・大学院卒	473	8.8^a	59.3	486	3.3^a	42.7
			21.2^{***}	127.5^{***}		17.0^{***}	126.7^{***}
就業形態	フルタイム	1363	5.9^a	41.0	1397	2.1^a	25.9
	パート・アルバイト	513	1.5^b	19.3	512	0.2^b	6.7
	専業主婦	382	2.7^b	21.5	386	0.2^b	7.7
	学生・生徒	272	0.8^b	13.1	270	0.2^b	6.6
	無職	274	1.7^b	17.3	277	0.4^b	9.2
			32.3^{***}	187.7^{***}		35.7^{***}	184.0^{***}
世帯年収	200万未満	309	1.3^c	16.4	310	0.1^d	4.0
	200-400万未満	710	2.3^{bc}	21.0	721	0.7^c	10.4
	400-600万未満	652	3.7^{ab}	30.6	655	1.1^{bc}	15.6
	600-800万未満	434	5.1^a	39.7	444	1.6^b	23.7
	800-1000万未満	269	5.4^a	42.5	268	1.4^b	26.1
	1000万以上	436	5.6^a	32.3	450	2.1^a	22.9
			12.6^{***}	101.1^{***}		12.3^{***}	117.9^{***}
都市規模	100万人以上	563	6.9^a	44.8	581	2.0^a	27.2
	30-100万未満	553	3.8^b	29.5	557	1.1^b	15.3
	10-30万未満	744	3.3^{bc}	27.9	753	1.0^b	15.3
	10万未満	638	1.9^{bc}	18.0	643	0.6^b	9.2
	町村	312	2.6^c	27.2	314	0.9^b	15.7
			21.2^{***}	111.4^{***}		10.2^{***}	77.6^{***}

各属性最下段の数値はF値(回数)およびχ^2値(行為者率)と分散分析およびχ^2検定の検定結果.$^{***}p<0.001$
数値右肩のa, b, c, dは,同記号間ではTukeyの多重比較検定により,$p<0.05$の有意差がないことを示す.

29.3%,電子メール発信が16.3%であり,いずれも電子メール受信数および電子メール受信行為者率が電子メール発信数および電子メール発信行為者率を上まわっている.

パソコンによるメール送受信回数の平均値を属性別に比較したものが表

2.1.9 である．属性別にみると，電子メール受信数および発信数ともに女性より男性で，年代では 40 代で，高学歴かつフルタイムの勤め人で多く，世帯年収は高いほど，都市規模は大きいほど多く，いずれも有意差が認められた．おもに職場や仕事の場面においてパソコンの電子メールが利用されている様子がうかがえる．

2.1.5　インターネット利用の同時並行行動

ここでは日記式調査に基づき，PC インターネットの利用に焦点をあてて分析した結果に基づいて報告する．

前述の 2.1.2 では PC インターネット利用について，各項目ごとに場所別，基本生活行動別の分布比率を示したが，PC インターネット総合（場所不問）について，それぞれの場所別，基本生活行動別の分布を示したのが表 2.1.10 である．

表に示されるとおり場所別では約半分が自宅での利用であり，基本生活行動別でも約半分が「趣味・娯楽・休息・その他」である．場所別で「職場」，生活行動別で「仕事」の比率はともに約 40% である．

自宅での PC インターネット利用を「単独情報行動」か「同時並行情報行動」かでみた場合，73.9% が単独情報行動であった（図 2.1.5 参照）．なお，この場合，PC インターネットに属する各項目間（「メールの読み書き」「サイトを見る」等）の重複は並行行動とはみなしていない．

2005 年との比較では「単独行動」の比率が増している．これは 2006 年以降，ネットで動画（YouTube など）を視聴するという形の利用形態が登場し，その視聴に専念することが多くなったことも一因と推察される．

表 2.1.11 は自宅 PC ネット利用のうち，他の情報行動と同時並行行動をした時間の比率を示したものである．そもそも他の情報行動との並行は自宅 PC ネット利用時間（平均 19.4 分）の 26.2% しかなく，それぞれの並行時間も絶対時間量では微々たるものであるが，そのなかではテレビとの同時並行利用がもっとも多く，自宅 PC ネット利用の 21.5% を占め，2005 年の数値とほとんど変化がない．インターネット利用がテレビ視聴時間減少にストレートに結びつかない理由のひとつはこの「ながら」にある．

表2.1.10 PCインターネット（場所不問）の場所別，おもな基本生活行動別分布（単位：%．母数はPCインターネット（場所不問）の合計時間）

場所別分布（%）		主な基本生活行動別分布（%）	
自宅	49.4	身仕度・家事	4.6
親戚・知人宅	1.8	飲食	4.4
職場	40.2	移動	1.0
自宅兼職場	4.9	仕事	38.9
学校	0.9	学校・塾	1.0
移動中	0.7	買物	0.1
その他	2.0	趣味・娯楽・休息・その他	49.6

表2.1.11 自宅PCネットとの主な同時並行行動（単位は%で自宅PCネット利用時間合計に対する各情報行動の同時並行時間の比率）

	2005年	2010年
テレビ	21.6	21.5
パソコンで他の作業	10.8	6.3
MP3, CD等音楽	3.1	2.3
人と話	2.9	5.6

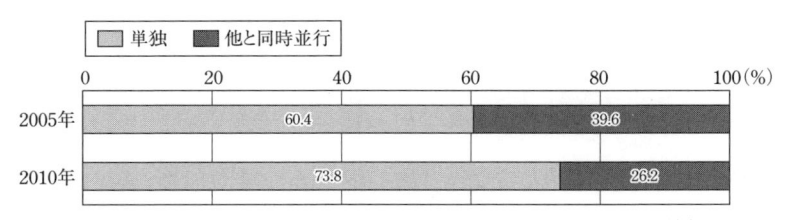

□単独　■他と同時並行

	0	20	40	60	80	100(%)
2005年			60.4		39.6	
2010年			73.8		26.2	

図2.1.5 自宅PCネット利用の単独/他の情報行動との同時並行

次に多いのが「パソコンで他の作業」で2005年と同様，自宅PCネットの同時並行行動の相方としては2番目である．ちなみに同時並行行動は3つ以上の場合もあるため，表2.1.11で，比率の合計（縦に足したもの）は自宅PCネットの「同時並行行動」の比率を超える場合がある．

2.1.6 動画サイトの視聴

（1） 動画サイトの視聴頻度

調査では，「YouTube」，「ニコニコ動画」などインターネットの動画投稿・

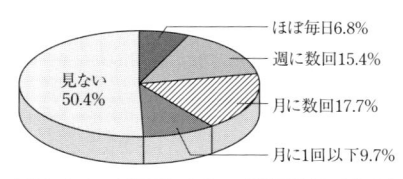

図 2.1.6 動画サイトの視聴頻度（全体）

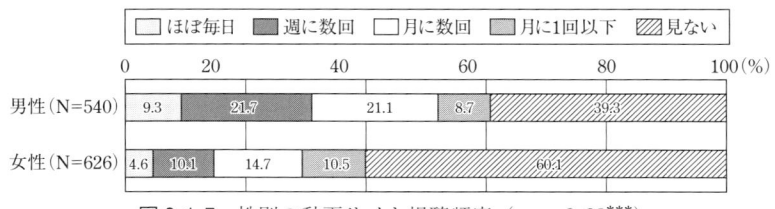

図 2.1.7 性別の動画サイト視聴頻度（t＝－8.22***）

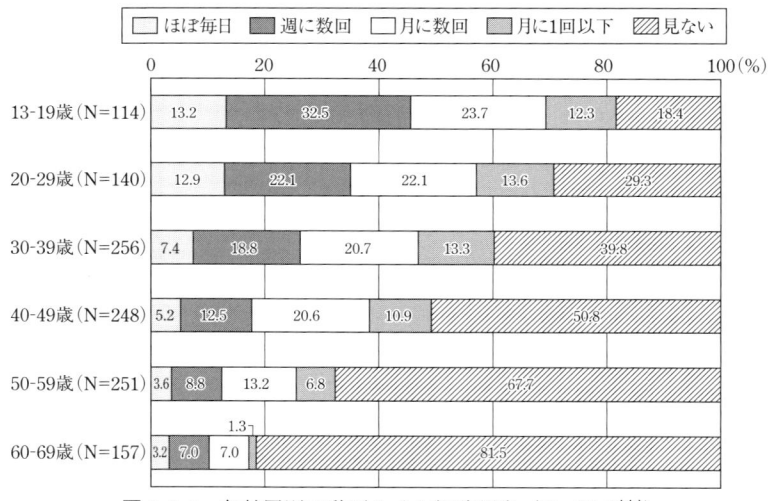

図 2.1.8 年齢層別の動画サイト視聴頻度（F＝34.2***）

共有サイト（以下，動画サイト）の利用行動についてたずねた．まず，動画サイトの視聴頻度は，「ほぼ毎日」視聴する人は6.8%，「週に数回」が15.4%，「月に数回」が17.7%であった．「月に1回以下」とほとんど視聴しない人が9.7%，「見ない」人が50.4%と，約6割の人がネット上の動画サイトに接していないことが示された（図2.1.6）．

2 メディア別にみた情報行動　　　　　　　　　　　141

```
                    0      20      40      60      80     100(%)
パソコン                                                89.8
携帯電話・PHS        21.0
スマートフォン         3.5
携帯型ゲーム機        1.0
携帯音楽プレイヤー     1.7
テレビゲーム機を通してテレビで  1.7
その他               0.2
```

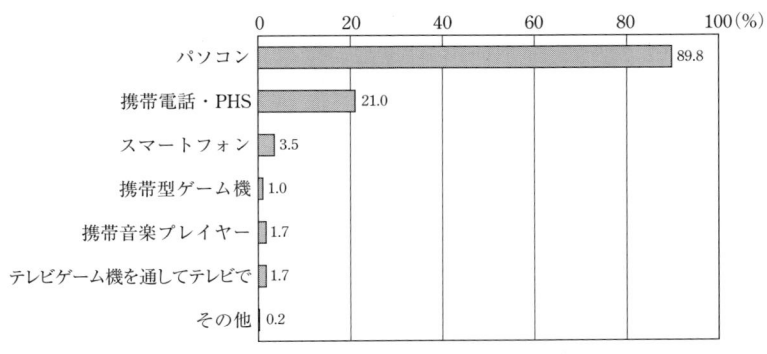

図 2.1.9　動画視聴のための機器利用率

　図 2.1.7 は性別による動画サイトの視聴頻度を比較した結果を示したものである．「ほぼ毎日」と答えた男性は 9.3% であったのに対し，女性のほうは 4.6%，「週に数回」はそれぞれ 21.7%，10.1% であった．「見ない」と答えた人も男性で 39.3%，女性が 60.1% の比率となっていた．全体的に男性のほうが女性より利用率も高く，利用頻度も高い結果が示された．

　次に，年齢層別でみた動画視聴頻度を図 2.1.8 に示す．まず，「ほぼ毎日」見ると答えた人の比率において，10 代が 13.2% ともっとも多く，次が 20 代 12.9%，30 代 7.4%，40 代 5.2%，50 代 3.6%，60 代 3.2% であり，若いほど視聴頻度が高いことが示された．次に，「週に数回」と答えた人の比率も年配になるほど低く，若年齢層ほど動画サイトの視聴頻度が高いことが示された．一方，「見ない」と答えた人は，60 代 81.5%，50 代 67.7%，40 代 50.8%，30 代 39.8%，20 代 29.3%，10 代 18.4% と，年齢層とほぼ比例する結果となっていた．動画視聴は若年齢層を中心によく利用されていることが示された．

（2）　動画サイトの視聴機器と視聴場所
　次に，動画サイトに接する機器に関する結果を概観する（図 2.1.9）．動画サイトへの接触メディアは，パソコンが 89.8% ともっとも多くの人がアクセスに用いるメディアであることが示された．次が，携帯電話・PHS で 21.0%，スマートフォン 3.5%，携帯音楽プレイヤー 1.7%，携帯型ゲーム機 1.0% の順であることが示された．

表 2.1.12　属性別にみた動画視聴端末（複数回答）（%）

	カテゴリ	N	パソコン	携帯電話・PHS
性別	男性	328	91.5	17.7
	女性	249	87.6	25.3
			**	*
年齢層別	13-19歳	93	83.9	33.3
	20-29歳	99	86.9	38.4
	30-39歳	154	90.3	16.9
	40-49歳	122	94.3	13.1
	50-59歳	81	92.6	9.9
	60-69歳	28	89.3	7.1
			*	***
学歴別	中学校卒	12	83.3	41.7
	高校卒	155	81.3	29.0
	高専・短大卒	117	93.2	17.1
	大学・大学院卒	187	96.8	10.2
			***	***
就業形態別	フルタイム	328	91.1	18.0
	パートタイム	71	90.1	23.9
	主婦	45	91.1	11.1
	学生	101	88.1	30.7
	無職	31	80.6	29.0

*$p<0.05$, **$p<0.01$, ***$p<0.001$

　次に，属性別に動画視聴機器の相違について分析した結果を表 2.1.12 に示す．概して，動画視聴メディアとしてのパソコンと携帯・PHS においては，属性別との関係において，ほとんど逆の傾向が示されていた．詳細は以下のとおりである．

　まず，パソコンの場合，男性が女性より，携帯電話・PHS は女性が男性より利用率が高い傾向が示されていた．年齢層別でみた結果は，30 代から 50 代の 9 割がパソコンを用いることが示された．一方，携帯電話・PHS で動画を見る人は，10 代と 20 代でそれぞれ 33.3%，38.4% の結果が示され，他年齢層より 2 倍以上多くの人が利用しているポピュラーな利用法であることが示された．

　学歴においては，パソコンは高専・短大卒と大学・大学院卒で 9 割を超えた．携帯電話・PHS は学歴が低いほど動画メディアとしてよく用いられる傾向が示された．最後に就業形態からみた場合，パソコンにおいては無職以外の就業

2 メディア別にみた情報行動

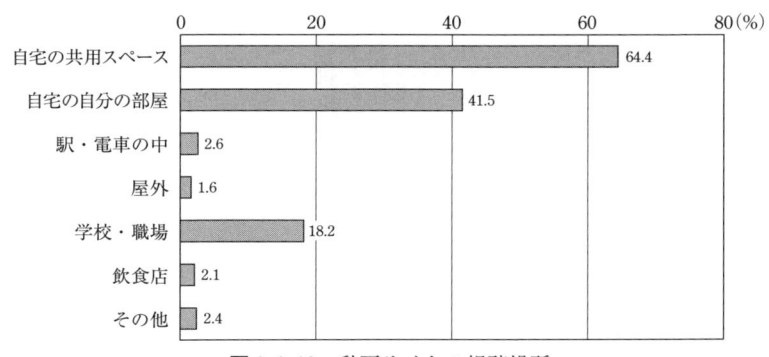

```
自宅の共用スペース  64.4
自宅の自分の部屋    41.5
駅・電車の中        2.6
屋外                1.6
学校・職場           18.2
飲食店              2.1
その他              2.4
```

図 2.1.10　動画サイトの視聴場所

形態ではそれほど大きな差は示されず，携帯電話・PHS の場合，学生と無職によってよく利用されている傾向が示された．

　動画サイトを見る場所は，「自宅の共用スペース」が 64.4% でもっとも多く，続いて「自宅の自分の部屋」が 41.5%，「学校・職場」が 18.2%，「駅・電車の中」が 2.6%，「飲食店」が 2.1%，「屋外」が 1.6% の順であった．「自宅の共用スペース」は通常テレビ受像機が設置されている場所でもあるが，動画サイトの視聴場所としてももっともよく用いられることが明らかになった（図 2.1.10）．

（3）　動画サイトにおけるテレビ番組の映像視聴

　動画サイト利用者が視聴する動画コンテンツのうち，テレビ番組の映像の視聴の割合は約 44.5% であることが判明した．

　動画サイトを頻繁に見る人は，テレビ番組をよく見る傾向にあるだろうか．
次の図 2.1.11 は，動画サイト視聴頻度別にみた，動画コンテンツのうちテレビ番組の映像割合を比較し示したものだが，有意な差は認められなかった．

　動画サイトの映像のうち，テレビ番組の映像の割合をデモグラフィック属性によって比較した結果を表 2.1.13 に示す．

　性別で比較した結果，男性 42.2%，女性 48.0% と女性のほうが若干高いことが示されたが，有意な差ではなかった．次に，年齢層別に分析したところ，10 代が 52.7% ともっとも高く，次が 60 代で 50.7%，30 代 44.2%，20 代で

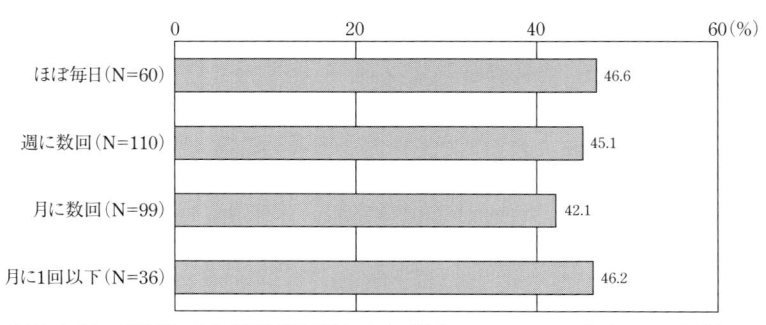

```
                                                           (%)
  0            20              40              60
ほぼ毎日(N=60)                                   46.6
週に数回(N=110)                                  45.1
月に数回(N=99)                                42.1
月に1回以下(N=36)                                46.2
```

図 2.1.11　動画サイト視聴頻度別にみた動画コンテンツのうちテレビ番組の映像の割合の比較

表 2.1.13　性別・年齢層別・学歴別のテレビ番組の映像割合

	カテゴリー	N	平均（%）	有意差
性別	男性	184	42.2	n.s.
	女性	121	48.0	
年齢層別	13-19 歳	60	52.7[a]	n.s.
	20-29 歳	62	43.9[a]	
	30-39 歳	86	44.2[a]	
	40-49 歳	50	41.8[a]	
	50-59 歳	33	33.3[a]	
	60-69 歳	14	50.7[a]	
学歴別	中学在学中	45	46.7[a]	n.s.
	高校在学中	54	53.2[a]	
	高専・短大在学中	11	45.7[a]	
	大学・大学院在学中	27	55.6[a]	
	中学校卒	7	50.7[a]	
	高校卒	76	43.4[a]	
	高専・短大卒	64	42.8[a]	
	大学・大学院卒	88	40.8[a]	

n.s. 有意差なし

43.9%，40代41.8%，50代33.3%を示していた．60代と10代においてテレビ番組の映像コンテンツ視聴率が高かった．

最後に，学歴別で比較をした結果，「大学・大学院在学中」の人が55.6%とテレビ番組が映像コンテンツに占める比率がもっとも高く，次が「高校在学中」が53.2%，次が「中学校卒」の人で50.7%，「中学在学中」が46.7%の順であった（性別・年齢層および学歴とテレビ番組の映像の割合とのあいだにお

(4) 動画サイトでよく視聴するテレビ番組のジャンル

それでは，ネット上の動画サイトでよく視聴されているテレビ番組はどのようなジャンルであるのか（図2.1.12）．本調査では，テレビ番組のジャンルを10種類に分けて視聴しているジャンルについてたずねた．その結果，もっともよく視聴されているジャンルは「音楽」であり，テレビ番組を動画サイトで視聴している人の55.1%が視聴していることが判明した．次が，「バラエティ」で49.2%，アニメが36.4%，ドラマとニュースが同率で30.5%，スポーツ25.6%，趣味・教養関連が19.0%，映画16.7%，情報番組12.1%，旅行・グルメ関連が5.6%の順であった．

次に，テレビ番組のうち，ネット動画サイトでもっともよく視聴されているジャンルについて分析した（単数回答）．一番は音楽で23.8%，次いでバラエティ19.4%，アニメ16.5%，ニュース11.2%，ドラマ8.3%，スポーツ6.8%，趣味・教養が5.3%などであった（表2.1.14）．

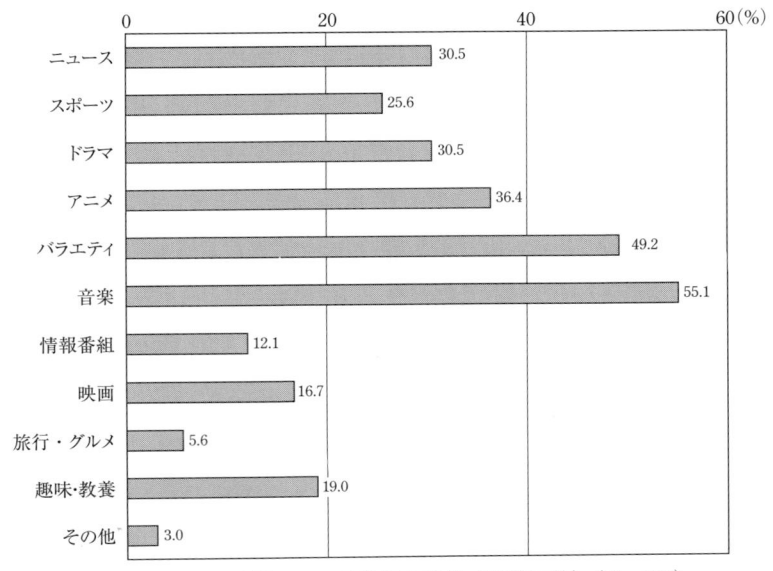

図 2.1.12 よく見るテレビ番組の映像（複数回答）（N＝305）

ジャンル	%
ニュース	30.5
スポーツ	25.6
ドラマ	30.5
アニメ	36.4
バラエティ	49.2
音楽	55.1
情報番組	12.1
映画	16.7
旅行・グルメ	5.6
趣味・教養	19.0
その他	3.0

表 2.1.14 動画共有サイトでもっともよく視聴されているテレビ番組のジャンル（単数回答）

順位	ジャンル（N=206）	もっともよく視聴していると答えた人数（人）	%
1	音楽	49	23.8
2	バラエティ	40	19.4
3	アニメ	34	16.5
4	ニュース	23	11.2
5	ドラマ	17	8.3
6	スポーツ	14	6.8
7	趣味・教養	11	5.3
8	情報番組	7	3.4
9	映画	4	1.9
10	その他	4	1.9
11	旅行・グルメ	3	1.5

（5）動画ファイルの持ち出し行動

次は，iPod や携帯型ゲーム機などに動画ファイルを保存し持ち歩くといった行動について分析する．こういった行動をここでは，「動画ファイル持ち出し行動」とよび，「ほぼ毎日」「週に数回」「月に数回」「月に1回以下」のいずれかの頻度で利用した経験のある人を「動画ファイル持ち出し行動者」と命名する．

本調査によれば，「動画ファイル持ち出し行動者」は回答者の8.9%であることが判明した．動画ファイル持ち出し行動において，「全く行わない」と答えた人が91.1%と9割に達する人は，動画ファイルを持ち出したりしないことが示された．

それでは，「動画ファイル持ち出し行動者」131名はいかなるデモグラフィック属性の人びとなのだろうか．結果を表2.1.15に示す．表に示したとおり，131人のうち，男女はそれぞれ12.9%（89名），5.4%（42名）と男性のほうが女性より動画ファイルを持ち歩いていることが示された．

次に，年齢層別で分析した結果，10代の28.3%（36名），20代の22.2%（32名），30代の10.7%（29名），40代の7.0%（19名），50代の3.5%（12名），60代の0.9%（3名）が動画を持ち出しており，若年層ほど行動者率が高い傾向が示された．

学歴別でみた場合，概して現役学生層において行動者率が高い結果が示され

表 2.1.15 性別・年齢層別・学歴別でみた「動画ファイル持ち出し行動者」

N=131	カテゴリ	動画持ち出し行動者の人数（人）	動画持ち出し行動者率（%）
性別	男性	89	12.9
	女性	42	5.4
年齢層別	13-19歳	36	28.3
	20-29歳	32	22.2
	30-39歳	29	10.7
	40-49歳	19	7.0
	50-59歳	12	3.5
	60-69歳	3	0.9
学歴別	中学在学中	10	22.2
	高校在学中	14	25.9
	高専・短大在学中	3	27.3
	大学・大学院在学中	9	33.3
	中学校卒	7	7.3
	高校卒	31	5.4
	高専・短大卒	20	6.4
	大学・大学院卒	37	11.0

た．もっとも行動者率が高いのは，大学・大学院在学中の学生で33.1%が，以下は順に高専・短大在学中の27.3%，高校生の25.9%，中学生の22.2%が動画を持ち歩いている．

(6) 動画サイトへの動画投稿

ここでは，どのような人びとがインターネットの動画投稿・共有サイトに動画を投稿する行動を行っているのかについて分析する．

本調査の結果によれば，回答者のわずか2.2%のみ（32名）がネット上の動画投稿経験を有していることが明らかになった．ここでは，ネットの動画投稿・共有サイトに動画の投稿を「ほぼ毎日する」「週に数回」「月に数回」「月に1回以下」のいずれかの頻度において行ったことのある人を「動画投稿経験者」とし，分析を行う．

表2.1.16は，「動画投稿経験者」のデモグラフィック属性について分析した結果である．

性別でみた場合，男女それぞれ2.9%（20名），1.5%（12名）と男性のほう

表 2.1.16　性別・年齢層・学歴別でみた「動画投稿経験者」

N=32	カテゴリ	動画投稿経験者数（人）	動画投稿経験者率（%）
性別	男性	20	2.9
	女性	12	1.5
年齢層別	13-19歳	6	4.7
	20-29歳	5	3.5
	30-39歳	13	4.8
	40-49歳	4	1.5
	50-59歳	4	1.2
	60-69歳	0	0.0
学歴別	中学在学中	2	4.4
	高校在学中	2	3.7
	高専・短大在学中	0	0.0
	大学・大学院在学中	0	0.0
	中学校卒	1	1.0
	高校卒	12	2.1
	高専・短大卒	4	1.3
	大学・大学院卒	11	3.3

が女性より約2倍ほど多くの人が動画投稿を行っていることが示された．

　年齢層別でみると，30代がもっとも多く4.8%（13名）の人が，10代が4.7%（6名），続いて20代が3.5%（5名），40代・50代はそれぞれ1.5%（4名），1.2%（4名）を示していた．「動画投稿行動」に関しても「動画持ち出し行動」同様，10代から30代の若年層において盛んであることが示された．

　学歴別で分析した結果，中学在学中がもっとも多く4.4%（2名），高校在学中で3.7%（2名），大学・大学院卒が3.3%（11名），高卒が2.1%（12名）等の比率を占めていた．なお，高専・短大や大学・大学院生のカテゴリにおいては0名という結果が示された．

2.1.7　インターネットがテレビ視聴等，他メディア利用に及ぼす影響

　この項では，自宅PCネットの利用がテレビの視聴時間を侵食しているか否かを中心に分析した結果を報告する．

　今回の日記式調査によれば，テレビ視聴時間と自宅PCネットの利用時間の相関係数は−0.074で危険率1%未満の水準で有意な負の相関関係にある.

表 2.1.17 自宅ネット利用時間別（2カテゴリー）にみた視聴時間

	基準	N	テレビ視聴時間（分）
自宅ネット利用大	19.4分（平均値）以上	322	151.9
自宅ネット利用小	19.4分未満	1156	193.6

図 2.1.13 年齢層別にみたテレビ視聴時間

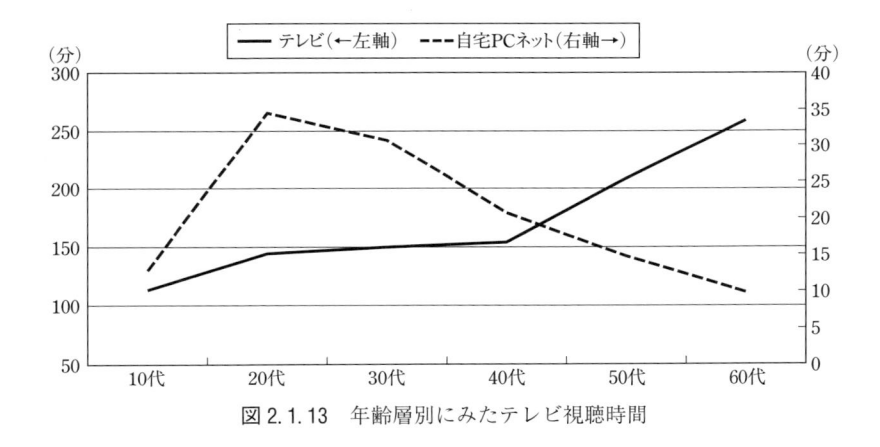

表 2.1.17 は自宅 PC ネット利用時間の全体平均 19.4 分以上の利用者とそれ未満の利用者に分け，テレビ視聴時間を比較したものであるが，相関分析の結果と同様，自宅ネット利用時間が長い人ほどテレビ視聴時間が短い．

しかし，この分析結果をもって「自宅 PC ネット」がテレビ視聴時間を侵蝕しているとはいえない．なぜなら，自宅 PC ネット高頻度利用者と長時間テレビ視聴者とはデモグラフィック属性が異なり，それぞれの時間についても単に属性の影響を引きずっているにすぎず，擬似相関の疑いがあるからである．

図 2.1.13 は，年齢層別にテレビ視聴時間と自宅 PC ネット利用時間の平均をみたものである．図に示されるとおり，20 代を頂点として年齢が高いほど自宅 PC ネットの利用時間が短く，年齢が低いほどテレビ視聴時間が短い．したがって，さきほどの負の相関は，年齢が若いとテレビ視聴時間が短く，自宅 PC ネットの利用時間が長い，逆に年齢が高いとテレビ視聴時間が長く，自宅 PC ネット利用時間が短い，という関係を反映したにすぎず，「年齢」を媒介とした負の擬似相関の疑いがある．

表 2.1.18 自宅 PC ネット利用者のタイプ分け

自宅 PC ネット利用のタイプ分け		全体		15歳以上29歳以下	
		N	%	N	%
1	両日利用	289	19.6	38	16.2
2	1日目だけ利用	109	7.4	24	10.3
3	2日目だけ利用	104	7.0	25	10.7
4	両日非利用	976	66.0	147	62.8
		1478	100.0	234	100.0

『日本人の情報行動 2005』においてこの節の筆者橋元は，属性の影響を排除するために，時差マッチング法により，同じ人において PC 自宅ネットを利用した日と利用しない日を比較し，PC 自宅ネットを利用した日ほどむしろテレビ視聴時間が長く，PC 自宅ネットがテレビ視聴時間を直接侵食するものではないことを明らかにした．また，人は，在宅時間に応じて主要なメディア利用時間を分配するという「在宅時間相応配分仮説」を提示し，それが正しいことを検証した．今回，2010 年のデータでも同じことが検証できるか否かを分析する．

われわれの日記式調査は2日間を対象日としている．これらの2日のうち，自宅 PC ネット利用に焦点をあてると，両日とも利用した人，1日目だけ利用した人，2日目だけ利用した人，両日とも非利用の4タイプに分けることができる（表 2.1.18）．

このうち，1日だけ利用したタイプ2とタイプ3だけを取り上げ，それぞれの日のテレビ視聴時間をみたのが図 2.1.14 である．

図に示されるとおり PC を1日目だけ利用した人は，2日目より（PC ネットを利用した）1日目のほうが視聴時間が長い．同様に，PC ネットを2日目だけ利用した人は，その2日目のほうがテレビ視聴時間が長い．

さらに図 2.1.15 は，自宅 PC ネットを利用した日と利用しなかった日のテレビ視聴時間を比較したものであるが，PC ネット利用日においてテレビ視聴時間が長いことが明瞭に示されている（危険率 0.01% 未満の水準で有意）．

この分析の長所は，自宅 PC ネットを1日だけ利用したタイプ3とタイプ4の人を取り上げ，その人のテレビ視聴時間を比較しているため，属性の影響を

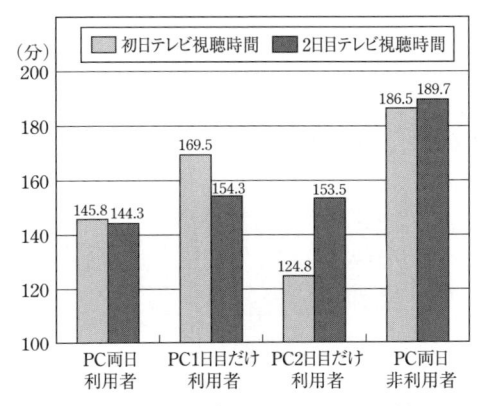

図 2.1.14 自宅 PC ネットの利用タイプとテレビ視聴時間

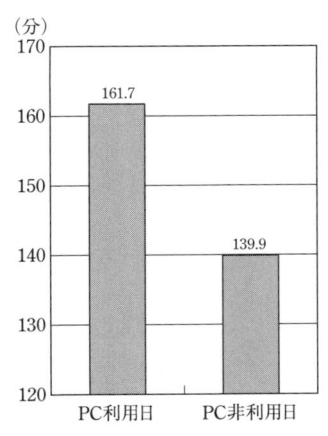

図 2.1.15 自宅 PC ネット利用日と非利用日のテレビ視聴時間平均

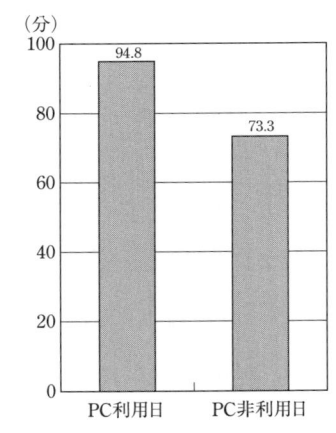

図 2.1.16 自宅 PC ネット利用日と非利用日のテレビ視聴時間平均 (15-29 歳限定)

まったく排除できる点にある.

図 2.1.15 で行った分析を 15 歳から 29 歳の若年層限定で実施した結果が図 2.1.16 である. 年齢を限定してもやはり PC を利用した日のほうがテレビ視聴時間が長い (危険率 1% 未満の水準で有意).

自宅 PC ネットと同様, 自宅に限定した携帯ネットとテレビ視聴時間の関係

表 2.1.19　自宅携帯ネットの利用タイプとテレビ視聴時間（分）

	携帯ネット両日利用	携帯ネット1日目だけ利用	携帯ネット2日目だけ利用	携帯ネット両日非利用
初日テレビ視聴時間	165.6	177.6	135.4	182.2
2日目テレビ視聴時間	172.3	160.0	165.9	182.0

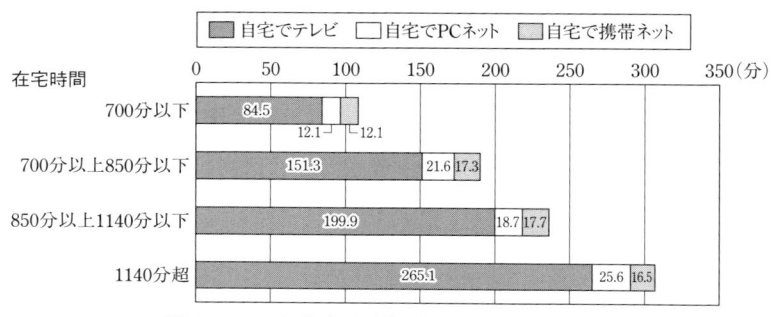

図 2.1.17　在宅時間別主要メディア利用時間量

在宅時間別のグラフ（自宅でテレビ／自宅でPCネット／自宅で携帯ネット）：
- 700分以下：84.5／12.1／12.1
- 700分以上850分以下：151.3／21.6／17.3
- 850分以上1140分以下：199.9／18.7／17.7
- 1140分超：265.1／25.6／16.5

をみたのが表2.1.19である．やはり，1日だけ利用した人において，携帯ネットを利用した日のほうが，テレビ視聴時間が長くなっている．

これらのことは何を意味するのだろうか．

実は，自宅でのテレビ視聴時間，自宅PCネット利用時間，自宅携帯ネット利用時間はいずれも在宅時間と有意な相関関係にある（テレビ視聴時間とは0.476***，自宅PCネット0.091***，自宅携帯ネット0.052*）．

図2.1.17は「自宅テレビ」「自宅PCネット」「自宅携帯ネット」の利用時間量（分）を在宅時間別に示したものである（在宅時間によるカテゴリーは，各カテゴリーに属する人数がほぼ4等分されるように区切った）．

さらに図2.1.18は同じデータを，在宅時間に対する比率で示したものである．

在宅時間の非常に短い人（700分以下）は，その時間内で睡眠や食事等の生活必需行動を取るため，どうしてもメディアに割く時間の比率が小さくなる．しかし，それ以上であれば，いずれのカテゴリーも，たとえばテレビの視聴時間は約20%とほぼ同じである．人は，在宅時間に応じて，ふだん利用しているメディアを使い分ける．テレビ視聴や，パソコン利用等，メディア利用に関していえば，現状では，限られた在宅自由時間内で一方的に時間を奪うという

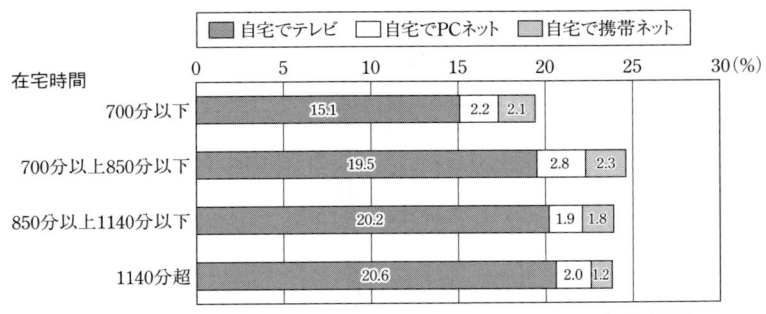

2 メディア別にみた情報行動　　　　　　　　　153

図 2.1.18　在宅時間別主要メディア時間比率（母数＝在宅時間）

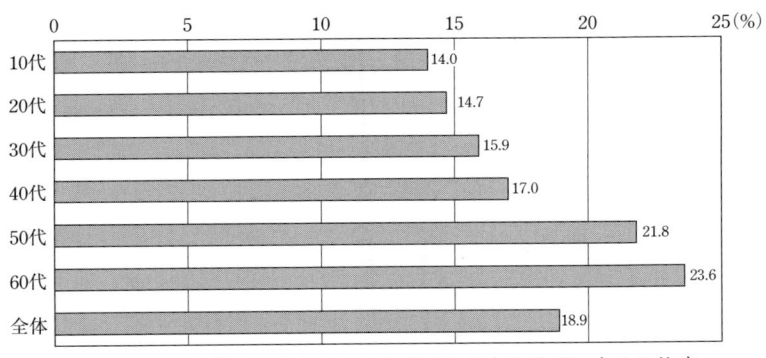

図 2.1.19　年代別にみたテレビ視聴時間が在宅時間に占める比率

構図は妥当せず，在宅自由時間に応じた配分でそれぞれの時間を伸縮させている．このことを筆者は「在宅時間相応配分仮説」とよび，2005年調査のデータで妥当することを明らかにしたが，2010年調査においても同様に妥当した．

なお，テレビの視聴時間が在宅時間の約20%というのは2005年調査でも同じであったが，すべての年齢層で同じではない．

図 2.1.19 は年代別にその比率を比較したものであるが，年齢層が低くなるにつれその比率が下がっている．在宅時間相応配分仮説に従って理由を推測すれば，若年層になるほど，分配対象となる情報メディアが多様化しているせいだとも考えられる．パソコン，携帯電話の他，DVD，テレビゲーム，携帯ゲーム，マンガ，音楽など，時間を分配すべき情報行動の種類が多様化しており，テレビはそのうちのひとつのメディアでしかないからだろう．とはいえ，いま

だに時間量，配分比率ともに，他メディアと比較すれば群を抜いてテレビが多いのも確かであろう．

2.2 モバイル・インターネット利用

2.2.1 日記式調査からみた携帯インターネット利用の実態

『平成22年版情報通信白書』（総務省，2010）によれば，携帯インターネット利用者は平成21年（2009年）末で約8010万人と推計されている．

ここでは，日記式調査の結果をもとに，携帯インターネット利用の実態について検討を行うが，まず諸属性別に携帯インターネット利用率，携帯メール利用率，携帯ウェブ利用率を確認する（表2.2.1）．

各属性別の特徴を列挙すれば以下のとおりである．
1) 性別
   男性の携帯メール利用率が低い．
2) 年齢層
   20-40代の携帯インターネット利用率・携帯メール利用率が高く，50-60代は低い．携帯ウェブ利用率では，10-30代が高く，50-60代は低い．
3) 学歴（在学中含む）
   中学校，高校の携帯インターネット利用率・携帯メール利用率が低く，高専・短大，大学・大学院は高い．中学校，高校の携帯ウェブ利用率が低く，大学・大学院は高い．
4) 世帯年収
   400万未満の携帯インターネット利用率が低く，200万未満では携帯メール利用率・携帯ウェブ利用率も低い．800万以上では携帯インターネット利用率・携帯メール利用率が高い．
5) 社会階層（自己評価）
   自分の属する社会階層が上または中の上だと認識している層では携帯インターネット利用率・携帯メール利用率が高い．一方，下だと認識している

2 メディア別にみた情報行動

表 2.2.1 属性別の携帯インターネット利用率（質問票調査）

		N	携帯インターネット利用率（%）	携帯メール利用率（%）	携帯ウェブ利用率（%）
全体		1476	68.8	67.8	33.7
性別	男性	690	64.9	63.3*	35.7
	女性	786	72.1	71.8	31.9
			8.89**	11.94**	2.28
年齢層	10代	127	74.8	74.8	51.2*
	20代	144	92.4*	91.0*	74.3*
	30代	270	89.3*	88.1*	53.3*
	40代	270	81.9*	80.7*	37.8
	50代	342	58.5*	57.6*	17.3*
	60代	323	38.7*	37.8*	6.2*
			266.60**	259.97**	323.16**
学歴	中学校卒	142	40.1*	39.4*	15.5*
	高校卒	630	63.3*	62.2*	29.2*
	高専・短大卒	323	80.5*	79.3*	38.1
	大学・大学院卒	364	79.7*	79.1*	45.1*
			103.99**	102.39**	50.47**
世帯年収	200万未満	161	54.0*	52.8*	23.0*
	200-400万未満	380	63.7*	62.9	29.7
	400-600万未満	340	70.9	69.4	33.5
	600-800万未満	224	72.8	71.9	37.9
	800-1000万未満	140	83.6*	82.9*	42.9
	1000万以上	136	79.4*	78.7*	41.2
			44.92**	45.03**	21.43**
社会階層	上，中の上	134	82.1*	81.3*	40.3
	中の中	619	73.7	73.2	37.2
	中の下	348	68.1	67.0	32.8
	下	114	58.8*	56.1*	32.5
			19.87**	23.19**	3.63
就業形態	フルタイム	715	72.7	71.3	40.6*
	パート・アルバイト	269	68.8	67.7	24.9*
	専業主婦（夫）	205	70.2	70.2	23.4*
	学生	137	75.9	75.2	53.3*
	無職	147	41.5*	41.5*	12.9*
			59.66**	54.72**	85.93**
都市規模	100万人以上	298	77.5*	76.2*	36.6
	30-100万未満	288	71.5	70.1	36.8
	10-30万未満	389	68.1	67.6	31.1
	10万未満	333	61.3*	60.7*	33.9
	町村	168	64.9	63.7	28.6
			21.64**	19.38**	5.51

表 2.2.1 （続き）

		N	携帯インターネット利用率 (%)	携帯メール利用率 (%)	携帯ウェブ利用率 (%)
地域	北海道	75	58.7	57.3	18.7*
	東北	127	56.7*	56.7*	33.1
	関東	451	75.4*	74.5*	38.4
	中部	293	70.0	69.3	35.8
	近畿	201	70.6	68.7	30.8
	中国	101	67.3	67.3	32.7
	四国	50	66.0	64.0	32.0
	九州・沖縄	178	62.4	61.2	29.2
			25.59**	24.44**	15.04*

各属性最下段の数値は x^2 値と検定結果．各属性の要素の右のアスタリスクは残差分析の結果を示す

層では携帯インターネット利用率・携帯メール利用率が低い．

6) 就業形態

無職は携帯インターネット利用率・携帯メール利用率が低い．携帯ウェブ利用率に関しては，フルタイムおよび学生の利用率が高く，パート・アルバイト，専業主婦，無職の利用率は低い．

7) 都市規模

100万以上の市（政令指定都市含む）に居住する人の携帯インターネット利用率・携帯メール利用率は高く，10万未満の市に居住する人の携帯インターネット利用率・携帯メール利用率は低い．

8) 地域

北海道・東北地域の携帯インターネット利用率・携帯メール利用率は低く，関東地域の携帯インターネット利用率・携帯メール利用率は高い．北海道地域の携帯ウェブ利用率は低い．

続いて，2010年6月時点における日本人の平均的な携帯インターネット利用の実態についてみていく．今回の日記式調査において，携帯インターネットの利用行動として，「メールを読む・書く」「サイトを見る」「サイトに書き込む」「インターネット経由の動画を見る」の4項目について記入を求めた．この4項目の総計を汎携帯インターネット利用行動とよぶ（重複利用時間についてはまとめて計算するため，4項目の単純な総和とは異なる）．

この汎携帯インターネット利用行動について，利用時間・行為者率を諸属性

表2.2.2 日記式調査による汎携帯インターネット利用時間・行為者率

		N	平均時間（分）	行為者率（%）
全体		2956	27.2	50.7
性別	男性	1380	24.9^a	43.6*
	女性	1576	29.1^a	57.0*
			2.73	52.51***
年齢層	10代	254	66.0^a	59.4*
	20代	288	70.1^a	81.9*
	30代	540	30.3^b	66.3*
	40代	540	23.6^{bc}	60.2*
	50代	686	14.4^{cd}	41.8*
	60代	648	6.8^d	22.1*
			61.20***	426.35***
学歴	中学校卒	286	14.9^a	24.5*
	高校卒	1262	25.2^{ab}	46.9*
	高専・短大卒	646	27.3^b	61.1*
	大学・大学院卒	728	35.2^b	59.2*
			6.77***	135.17***
世帯年収	200万未満	324	32.2^a	37.3*
	200-400万未満	762	23.3^a	44.1*
	400-600万未満	680	23.0^a	51.6
	600-800万未満	448	29.3^a	55.6
	800-1000万未満	280	26.3^a	65.4*
	1000万以上	272	31.2^a	65.8*
			1.77	89.47***
社会階層	上，中の上	268	27.9^a	63.1*
	中の中	1238	25.3^a	55.2
	中の下	698	28.4^a	48.1
	下	228	22.7^a	37.3*
			0.73	41.99***
就業形態	フルタイム	1430	24.9^a	51.3*
	パート・アルバイト	538	25.8^a	57.2*
	専業主婦（夫）	414	17.2^a	50.5
	学生	274	66.4^b	60.9*
	無職	294	18.7^a	27.6*
			27.07***	84.00***
都市規模	100万人以上	596	33.5^a	60.7*
	30-100万未満	576	27.9^{ab}	53.1
	10-30万未満	780	24.6^{ab}	46.9
	10万未満	666	26.8^{ab}	45.8
	町村	338	21.4^b	47.6
			2.15	37.51***

表 2.2.2 （続き）

		N	平均時間（分）	行為者率（%）
地域	北海道	150	30.8^a	47.3
	東北	254	15.4^a	38.2*
	関東	902	26.7^a	56.9*
	中部	586	32.2^a	51.5
	近畿	402	33.4^a	53.2
	中国	206	23.2^a	47.6
	四国	100	15.1^a	40.0
	九州・沖縄	356	25.6^a	46.3
			2.64*	39.62***

各属性最下段の数値は平均時間の場合は F 値，行為者率の場合は x^2 値
F 値および x^2 値の隣のアスタリスクは検定結果（*$p<0.05$, **$p<0.01$, ***$p<0.001$）
平均時間における各属性の要素の数値に付した a, b, c…は縦に見て同記号間では Tukey の多重範囲検定で $p<0.05$ の有意差がないことを示す
行為者率における各属性の要素の数値に付したアスタリスクは残差分析の結果

別にまとめたのが表 2.2.2 である．

1) 性別

  利用平均時間に大きな性差はないが，行為者率は女性のほうが高い．

2) 年齢層

  若年層ほど利用平均時間が長い．20 代を頂点として 10-40 代の行為者率が高く，50-60 代の行為者率が低い．

3) 学歴（在学中含む）

  高学歴になるほど利用平均時間が長くなる．高専・短大，大学・大学院の行為者率が高く，中学校，高校の行為者率が低い．

4) 世帯年収

  世帯年収で利用平均時間に有意差はないが，400 万未満で行為者率が低く，800 万以上で行為者率が高い．

5) 社会階層（自己評価）

  自分の属する社会階層の認識で利用平均時間に有意差はないが，上または中の上と認識している人の行為者率が高く，下と認識している人の行為者率は低い．

6) 就業形態

  学生の利用平均時間は他に比べて有意に長い．無職の行為者率は低く，フルタイム，パート・アルバイト，学生の行為者率は高い．

7) 都市規模

100万以上の市（政令指定都市を含む）に居住する人は町村に居住する人に比べて利用平均時間が長い．また，100万以上の市に居住する人は行為者率が高い．

8) 地域

東北地域の行為者率が低く，関東地域の行為者率が高い．

(1) 全体的にみた携帯インターネット利用

前述のとおり，今回の日記式調査では，携帯インターネットの利用行動として，「メールを読む・書く」「サイトを見る」「サイトに書き込む」「インターネット経由の動画を見る」の4項目について記入を求めた．これに加えて，メールに関しては受信数（迷惑メールを除く），送信数を1日ごとに記録を求めた．

これらのデータに関して，全体の平均利用時間・平均回数，行為者平均利用時間・行為者平均回数および行為者率について，表2.2.3にまとめた．なお，メール受信数，メール送信数に関してはハジ（Hadi, 1992; 1994）の方法による外れ値の特定を行い，受信数については1日30通以上，送信数に関しては28通以上を外れ値として除いた（したがって，Nが異なる）．また，「携帯電話を使って，メールを見たり，送ったりする」「携帯電話を使って，情報サイトを見る」のいずれかをしているとした人を携帯インターネット利用者とし，携帯インターネット利用者に限定した平均利用時間・平均回数，行為者平均利用時間・行為者平均回数および行為者率については表2.2.4にまとめた．

平均利用時間および行為者率をみると，携帯インターネット利用行動としてはメールの送受信が大半を占める．このことは2005年調査の結果と大きく変わらない．しかしながら，2005年調査において「サイトを見る」の行為者率は携帯インターネット利用者の場合でも5.3%であったのに対し，本調査では21.0%であった．この5年で携帯インターネットによるサイト閲覧行為がより一般的なものになってきたといえる．また，「サイトを見る」の全体平均利用時間，行為者平均利用時間は2005年調査ではそれぞれ1.6分，31.1分であり，時間的にみても大幅に増加したといえるだろう．さらにメールの送受信に関しては2005年調査での行為者率が「メールを読む・書く」58.5%，メール受信

表 2.2.3 携帯インターネット利用行動（全体）

	N	平均時間(分)	平均回数	行為者率(%)	行為者平均時間(分)	行為者平均回数
汎携帯インターネット利用行動	2956	27.2		50.7	53.6	
メールを読む・書く	2956	20.6		47.8	43.0	
メール受信数	2825		3.1	59.6		5.2
メール送信数	2837		2.5	54.7		4.6
サイトを見る	2956	9.5		15.3	61.8	
サイトに書き込む	2956	1.6		1.8	85.1	
インターネット経由の動画を見る	2956	1.0		1.3	79.9	

表 2.2.4 携帯インターネット利用行動（携帯インターネット利用者限定）

	N	平均時間(分)	平均回数	行為者率(%)	行為者平均時間(分)	行為者平均回数
汎携帯インターネット利用行動	2030	35.9		66.3	54.2	
メールを読む・書く	2030	27.6		62.7	44.0	
メール受信数	1949		4.2	76.7		5.4
メール送信数	1969		3.3	70.5		4.8
サイトを見る	2030	12.9		21.0	61.6	
サイトに書き込む	2030	2.3		2.7	85.1	
インターネット経由の動画を見る	2030	0.9		1.6	57.3	

73.2%，メール送信 66.9% であり，いずれも本調査のほうが高い行為者率を示した．

この5年で携帯インターネット利用は全体としてより一般的で活発なものになってきたことがうかがえる．

(2) 携帯インターネット利用にみられる性差

以下，(2)-(4) では質問票における携帯インターネット利用者に限定して分析を行う．

携帯インターネット利用時間・回数の平均値を性別ごとにまとめたのが表 2.2.5 である．それぞれの項目について，性別を独立変数とした1要因2水準の分散分析を行った．その結果も表 2.2.5 にまとめてある．

分散分析の結果，性別によって有意差が認められたのはメール受信数および

表 2.2.5　携帯インターネット利用時間・回数の性差

		男 性	女 性	F 値	
汎携帯インターネット利用行動	1)	34.1	37.4	0.97	n.s.
メールを読む・書く	1)	25.8	29.1	1.16	n.s.
メール受信数	2)	3.8	4.4	6.28	*
メール送信数	3)	2.8	3.8	20.91	***
サイトを見る	1)	12.0	13.7	0.64	n.s.
サイトに書き込む	1)	2.3	2.3	0	n.s.
インターネット経由の動画を見る	1)	0.8	1.1	0.19	n.s.

1) 男性 N=896, 女性 N=1134
2) 男性 N=859, 女性 N=1090
3) 男性 N=869, 女性 N=1100
メール受信数, メール送信数のみ単位は通, その他は分

表 2.2.6　携帯インターネット利用行為者率の性差（％）

	男 性	女 性
汎携帯インターネット利用行動	60.2	71.2
メールを読む・書く	55.2	68.6
メール受信数	71.8	80.5
メール送信数	62.4	76.9
サイトを見る	22.5	19.8
サイトに書き込む	2.1	3.1
インターネット経由の動画を見る	1.8	1.5

メール送信数であった．「メールを読む・書く」の時間の記録には短時間で行われたメール受信，メール送信が直接反映されているわけではないためにこのような結果の差異が生じたと考えられる．メール受信数，メール送信数にみられた性差は女性のほうが送信・受信ともに数が多いというものであった．このことは，2005年調査での携帯メール利用日数を従属変数とした順序ロジット分析から導かれた結果とも整合的なものであり，2010年時点でも男性に比べて女性のほうがより活発に携帯メールを利用する傾向にあることが示唆される．

次に，行為者率の観点から性差を検討する．携帯インターネット利用行為者率を性別ごとにまとめたのが表 2.2.6 である．それぞれについて χ^2 検定を行った．

携帯インターネット利用行動の行為者率については，男女の間に有意差が認められた（$\chi^2(1)=27.14, p<0.001$）．「メールを読む・書く」の行為者率に関しても，男女のあいだに有意差が認められた（$\chi^2(1)=38.21, p<0.001$）．同様に，

メール受信（$\chi^2(1)=19.99, p<0.001$），メール送信（$\chi^2(1)=49.33, p<0.001$）についても行為者率に男女間で有意差が認められた．「サイトを見る」，「サイトに書き込む」，「インターネット経由の動画を見る」の行為者率に関しては，男女のあいだに有意な差は認められなかった．

有意差が認められた項目はいずれも携帯メールの送受信が関わる項目であり，いずれも男性よりも女性のほうの行為者率が高かった．携帯メールの送受信行為の有無のレベルで性差があることがわかる．

携帯インターネット利用にみられる性差は，対人コミュニケーション手段としての携帯インターネット利用であった．一方で，ウェブサイトにアクセスするような情報取得手段としての携帯インターネット利用には性差がみられなかったということである．

(3) 携帯インターネット利用行動にみられる年齢層による差

携帯インターネット利用時間・回数の平均値を年齢層ごとにまとめたのが表2.2.7である．それぞれの項目について，年齢層を独立変数とした1要因6水準の分散分析を行った．その結果も表2.2.7にまとめてある．

分散分析の結果，携帯インターネット利用行動全体，「メールを読む・書く」「サイトを見る」の利用時間，メールの送受信数に年齢層による有意差が認められた．「サイトに書き込む」「インターネット経由の動画を見る」の利用時間に関しては年齢層による差が認められなかった．

Tukey法による多重比較検定の結果から示唆されるのは，携帯インターネット利用行動に関しては，いずれも若くなるほど活発であるということである．有意差が認められた項目に関していえば，いずれの項目においても10代ないし10-20代がもっとも高い平均値を示した群であった．メールの送受信に関しては10代が20代よりもさらに活発に行っており，若年層としてくくられがちな10代，20代のあいだにも差異があることが示された．

次に，行為者率の観点から年齢層による差を検討する．携帯インターネット利用行為者率を年齢層ごとにまとめたのが表2.2.8である．それぞれについてχ^2検定を行った．

携帯インターネット利用行動の行為者率は，年齢層による有意差が認められ

2 メディア別にみた情報行動

表 2.2.7 携帯インターネット利用時間・回数の年齢層による差

		10代	20代	30代	40代	50代	60代	F値
汎携帯インターネット利用行動	1)	85.9^a	69.8^a	31.9^b	25.3^b	19.3^b	15.1^b	39.22***
メールを読む・書く	1)	65.0^a	48.9^b	22.7^c	22.1^c	17.9^c	11.5^c	23.04***
メール受信数	2)	7.9^a	5.7^b	4.3^c	4.5^c	2.5^d	1.6^d	54.04***
メール送信数	3)	7.5^a	4.6^b	3.3^c	3.2^c	2.1^d	1.4^d	55.91***
サイトを見る	1)	41.2^a	34.6^a	12.1^b	4.9^{bc}	1.4^c	2.6^{bc}	37.58***
サイトに書き込む	1)	5.7	4.2	1.5	0.5	3.4	0.3	1.74 n.s.
インターネット経由の動画を見る	1)	1.4	0.7	0.9	1.7	0.0	1.0	0.59 n.s.

1) 10代 N=190, 20代 N=266, 30代 N=482, 40代 N=442, 50代 N=400, 60代 N=250
2) 10代 N=163, 20代 N=248, 30代 N=471, 40代 N=437, 50代 N=391, 60代 N=239
3) 10代 N=171, 20代 N=258, 30代 N=475, 40代 N=437, 50代 N=389, 60代 N=239
数値右肩の a, b, c, …は同記号間では Tukey 法により $p<0.05$ の有意差がないことを示す
メール受信数,メール送信数のみ単位は通,その他は分

表 2.2.8 携帯インターネット利用行為者率の年齢層による差(%)

	10代	20代	30代	40代	50代	60代
汎携帯インターネット利用行動	75.8	85.3	68.9	67.0	58.8	44.8
メールを読む・書く	68.4	78.6	64.3	64.7	57.0	44.0
メール受信数	87.7	88.7	80.7	81.2	67.8	54.8
メール送信数	80.1	83.7	73.5	72.3	64.3	50.2
サイトを見る	31.6	48.9	26.8	14.9	7.0	5.2
サイトに書き込む	4.7	5.3	3.3	1.8	1.3	0.8
インターネット経由の動画を見る	2.6	1.9	2.5	1.1	0.5	1.6

た ($\chi^2(5)=114.26, p<0.001$).とくに10代,20代の行為者率が高く,50代,60代の行為者率が低かった.「メールを読む・書く」の行為者率についても,年齢層による有意差が認められた ($\chi^2(5)=75.55, p<0.001$).同様に,メール受信 ($\chi^2(5)=121.65, p<0.001$),メール送信 ($\chi^2(5)=86.56, p<0.001$) についても年齢層による有意差が認められた.「メールを読む・書く」の行為者率についてはとくに20代の行為者率が高く,50代,60代の行為者率が低かった.メール受信に関しては10-40代と50-60代のあいだに差異がみられ,高齢者層ほど行為者率が低かった.メール送信に関してはとくに10代,20代の行為者率が高く,50代,60代の行為者率が低かった.「サイトを見る」の行為者率についても,年齢層による有意差が認められた ($\chi^2(5)=241.83, p<0.001$).とくに10代,20代の行為者率が高く,50代,60代の行為者率が低かった.

「サイトに書き込む」の行為者率についても,年齢層による有意差が認めら

表 2.2.9 携帯インターネット利用時間・回数（行為者平均）の年齢層による差

		10代	20代	30代	40代	50代	60代	F値	
汎携帯インターネット利用行動	1)	113.4^a	81.8^b	46.3^c	37.8^c	32.8^c	33.8^c	25.74	***
メールを読む・書く	2)	95.0^a	62.2^b	35.2^c	34.1^c	31.3^c	26.1^c	16.61	***
メール受信数	3)	9.0^a	6.5^b	5.4^b	5.5^b	3.7^c	3.0^c	34.30	***
メール送信数	4)	9.4^a	5.5^b	4.4^{bc}	4.5^{bc}	3.2^{cd}	2.8^d	43.96	***
サイトを見る	5)	130.3^a	70.8^b	45.3^b	32.8^b	20.2^b	50.0^b	12.91	***

1) 10代 N＝144, 20代 N＝227, 30代 N＝332, 40代 N＝296, 50代 N＝235, 60代 N＝112
2) 10代 N＝130, 20代 N＝209, 30代 N＝310, 40代 N＝286, 50代 N＝228, 60代 N＝110
3) 10代 N＝143, 20代 N＝220, 30代 N＝380, 40代 N＝355, 50代 N＝265, 60代 N＝131
4) 10代 N＝137, 20代 N＝216, 30代 N＝349, 40代 N＝316, 50代 N＝250, 60代 N＝120
5) 10代 N＝60, 20代 N＝130, 30代 N＝129, 40代 N＝66, 50代 N＝28, 60代 N＝13
数値右肩の a, b, c, … は同記号間では Tukey 法により $p<0.05$ の有意差がないことを示す
メール受信数，メール送信数のみ単位は通，その他は分

れ（$\chi^2(5)=18.58, p<0.01$），とくに 20 代の行為者率が高く，50-60 代の行為者率が低かった．「インターネット経由の動画を見る」に関しては行為者率に年齢層による有意な差は認められなかった．

行為者率に関しては 10 代よりも 20 代が高い水準を示す項目もあったことがわかる．携帯インターネット利用時間・回数についての分析結果とあわせると，10 代は必ずしも行為者率は高くないが，行為者の利用量は非常に多いということが示唆される．そのことを明瞭に示すのが行為者平均利用時間・回数についてまとめた表 2.2.9 である．行為者率が全体として低かった「サイトに書き込む」「インターネット経由の動画を見る」は分析対象から除いた．

行為者平均利用時間・回数の観点からみると，いずれの項目についても 10 代の利用量が非常に多く，次いで 20 代の利用量が多いことがわかる．

(4) 場所・生活行動からみた携帯インターネット利用行動

携帯インターネットの特徴は，その携帯性にあり，電波の届くところであればどこでもインターネットにアクセスすることができる．そのような特徴は携帯インターネットが利用される場所や携帯インターネットを利用する際の生活行動にあらわれる可能性がある．

今回の日記式調査では，場所については「自宅」「親戚や知人の家」「職場」「自宅兼職場」「学校」「移動中」「その他」の 7 項目，生活行動に関しては「睡眠」「身じたく・家事」「飲食」「移動」「仕事」「授業・勉強」「買い物」「趣

2 メディア別にみた情報行動

表 2.2.10 場所からみた汎携帯インターネット利用行動

N=2030	平均時間（分）	行為者率（%）	行為者平均時間（分）	行為時間に占める割合（%）
自宅	20.3	50.2	40.4	56.4
親戚や知人の家	0.5	2.3	19.6	1.3
職場	6.4	19.0	33.5	17.7
自宅兼職場	0.4	1.1	36.1	1.1
学校	1.9	3.1	62.4	5.4
移動中	4.2	16.9	24.9	11.7
その他	2.3	9.6	23.8	6.4

表 2.2.11 生活行動からみた汎携帯インターネット利用行動

N=2030	平均時間（分）	行為者率（%）	行為者平均時間（分）	行為時間に占める割合（%）
身じたく・家事	4.9	25.7	19.0	13.8
飲食	3.9	21.7	18.0	11.0
移動	4.2	16.9	24.6	11.8
仕事	5.2	14.0	37.1	14.7
授業・勉強	2.0	2.4	82.3	5.6
買い物	0.3	2.9	9.7	0.8
趣味・娯楽・息抜き・その他	14.9	40.3	37.1	42.3

味・娯楽・息抜き・その他」の8項目を設けている．ここでは汎携帯インターネット利用行動に関して，その行動が行われたときの場所および生活行動に分けて平均時間および行為者率を計算した（「睡眠」は除く）．場所についてまとめたのが表2.2.10であり，生活行動についてまとめたのが表2.2.11である．

汎携帯インターネット利用行動が行われる場所に関しては，自宅での行為者率がもっとも高い．また，全体平均利用時間も自宅がもっとも長い．この結果はこれまでのさまざまな研究によって示されてきたものと整合的なものである（e.g., Ishii, 2004）．次いで職場，移動中の行為者率が高く，全体平均利用時間も長い．携帯インターネットの携帯性がもっともよく発揮されるのは移動中の利用であると考えられるが，自宅での携帯インターネット利用行為者率が50.2%であるのに対し，移動中の行為者率は16.9%にとどまっているのが携帯インターネット利用の実態である．

さらに全体の汎携帯インターネット利用時間を100%としたときの各場所での利用時間が占める割合の平均をみると，自宅が56.4%と半分以上を占めた．次いで高かったのが職場で17.7%，移動中が11.7%と続いた．

次に生活行動の観点からみると，携帯インターネットが使われる際にもっともよくある生活行動は趣味・娯楽・息抜き・その他であった．その他に，身じたく・家事を行っている際や飲食している際の汎携帯インターネット利用行為者率も比較的高かった．このような何かをしている際の隙間時間にインターネットにアクセスできることも携帯インターネットの特性をよくあらわしているといえよう．

（5） スマートフォン利用者の携帯インターネット利用行動

　スマートフォンとは「汎用OSを採用し，かつ第三者がアプリケーションを開発する環境が整っている携帯電話」のことを指し（川濱・大橋・玉田，2010），日本では2008年にソフトバンクモバイルから米Apple社のiPhone 3Gが発売され，普及が進み始めている．また，米Google社が中心となって開発しているAndroid（アンドロイド）OSを搭載した端末は2010年にはNTTドコモ，ソフトバンクモバイル，auの各キャリアから発売されている．

　このようなスマートフォンを利用している人はその他の携帯インターネット利用者と比べて携帯インターネット利用行動に特徴がみられるのだろうか．スマートフォン利用者に限定した平均利用時間・平均回数，行為者率・行為者平均回数および行為者平均利用時間をまとめたのが表2.2.12である．

　平均利用時間・平均回数に着目すると，汎携帯インターネット利用行動の平均利用時間および「サイトを見る」の平均利用時間が非スマートフォン利用者に比べて有意に長かった．メール利用の平均利用時間・平均回数には有意差がみられなかった．行為者率に着目すると，非スマートフォン利用者に比べて有意に「サイトを見る」の行為者率が高かった．行為者平均利用時間・平均回数にはいずれも有意差はなかった．

　これらの結果から，2010年6月時点において，スマートフォン利用者は通常の携帯電話利用者に比べ，携帯インターネット経由でのサイト閲覧行為を行うことが多いといえる．このことは，スマートフォンを利用することによる影響である可能性もあるが，スマートフォンを採用する人の特徴である可能性もある．本調査におけるスマートフォン利用者は4.0％であり，普及過程でいえば「初期採用者」が採用している段階である（Rogers, 1983）．本調査でスマ

表 2.2.12 スマートフォン利用者の非スマートフォンとの比較による携帯インターネット利用行動

	N	平均利用時間（分）	平均回数	行為者率（％）	行為者平均利用時間（分）	行為者平均回数
汎携帯インターネット利用行動	102	50.9*		69.6	73.2	
メールを読む・書く	102	32.8		62.7	52.3	
メール受信数	93		4.9	81.7		6.0
メール送信数	99		3.8	72.7		5.2
サイトを見る	102	24.3*		31.4*	77.5	

行為者率以外は t 検定．行為者率は x^2 検定で非スマートフォン利用者と比較した

ートフォンを「将来ほしい」と回答した人は22.1％にのぼっており，普及はさらに進むと考えられる（この層が仮に全員採用すれば26.1％となり，前期多数採用者が採用する段階に入ることになる）．スマートフォン利用者の携帯インターネット利用行動の特徴は，今後も継続して検討されるべき点となるだろう．

2.2.2　質問紙調査からみた携帯インターネットの利用内容

　質問紙調査では，携帯インターネットのサービスや機能について，それぞれ利用頻度をたずねている（問11）．もっとも多く利用されているのは，「検索（サーチエンジン）の利用」で，携帯インターネット利用者の44％が利用している．次いで，「音楽を聴く（ダウンロードを含む）」（携帯インターネット利用者の36％），「メールマガジンを読む」（同25％），「他の人（個人）のブログ，ホームページを見る」（同23％），「掲示板を読む」（同21％），「SNSを見る」（同20％），「オンラインゲームをする」（同19％）が続く．これら7項目が2割以上のユーザーが利用しているサービスや機能である（図2.2.1）．このように，多くの項目で非利用者の割合が大きいなか，PCインターネットの同項目（問10）と比べて「オンラインゲーム」の利用率ならびに利用頻度は高くなっている．逆に，「ネットショッピング」や「チケット予約」といったPCインターネットでは利用率の高いトランザクション系サービスでも，画面サイズ（視認性）とメニュー・機能の制約からか，携帯インターネットでは低い利用率・利用頻度にとどまっているものがある．インターネットを利用する目的

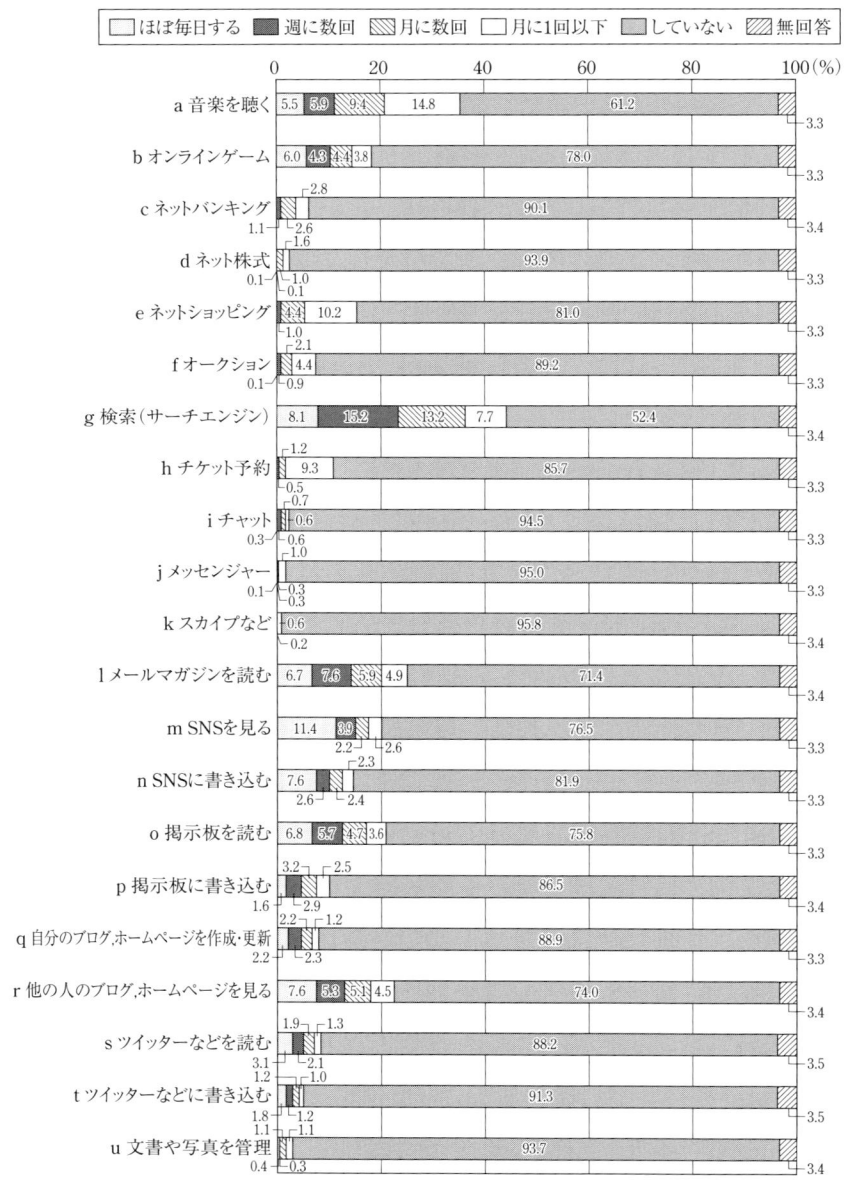

図 2.2.1 携帯インターネットのサービス利用頻度（N＝1015）

2 メディア別にみた情報行動

表 2.2.13 携帯インターネットの利用内容（問 11・問 19a）（性別・年齢層別）

		性別		年齢層別	
		χ^2 値	利用頻度	χ^2 値	利用頻度
a	音楽を聴く（ダウンロードを含む）	3.2 n.s.		376.3***	20代が高い
b	オンラインゲームをする	4.6*	男性が高い	148.7***	20代, 10代が高い
c	ネットバンキングを利用する	8.8**	男性が高い	31.5***	30代, 20代が高い
d	ネット上で株式を売買する	9.2**	男性が高い	16.3**	30代が高い
e	ネットショッピングで商品・サービスを購入	2.5 n.s.		115.9***	20代が高い
f	オークションに参加する	0.7 n.s.		110.3***	20代が高い
g	検索（サーチエンジン）を利用する	29.2***	男性が高い	459.8***	若年層ほど高い
h	チケットを予約する	0.4 n.s.		—	
i	チャットをする	0.5 n.s.		—	
j	インスタントメッセンジャーを利用する	3.9*	男性が高い		
k	スカイプなどの音声通信を利用する	—		—	
l	メールマガジンを読む	1.0 n.s.		119.5***	20代が高い
m	SNS (mixi, GREEなど) を見る	0.4 n.s.		267.8***	20代, 10代が高い
n	SNS (mixi, GREEなど) に書き込む	0.0 n.s.		250.2***	20代が高い
o	掲示板の内容を読む	9.7**	男性が高い	160.7***	20代, 10代が高い
p	掲示板に書き込みをする	0.8 n.s.		147.2***	20代, 10代が高い
q	自分のブログ, ホームページを作成・更新	17.3**	女性が高い	130.2***	20代, 10代が高い
r	他の人（個人）のブログ, ホームページを見る	2.1 n.s.		209.1***	20代, 10代が高い
s	ツイッターなどを読む	1.4 n.s.		101.5***	20代が高い
t	ツイッターなどに書き込む	0.0 n.s.		75.1***	20代が高い
u	文書や写真を管理	0.0 n.s.		17.8**	20代, 10代が高い
問19a	携帯電話で小説やコミックを読む	4.8 n.s.		216.6***	20代, 10代が高い

χ^2 検定結果の有意水準：***$p<0.001$, **$p<0.01$, *$p<0.05$, n.s. 有意差なし
—はセルの期待度数が少ないため検定結果を割愛

や機能は同じであっても，デバイスがもつ特性によって，利用率・利用頻度が異なっている例といえよう．「チャット」，「メッセンジャー」，「スカイプ」，「SNS」，「ツイッター」などコミュニケーション系サービスの利用は，利用していない層が8割以上となっている．

次に，各サービス・機能の利用頻度について，性別・年齢層別にみていく

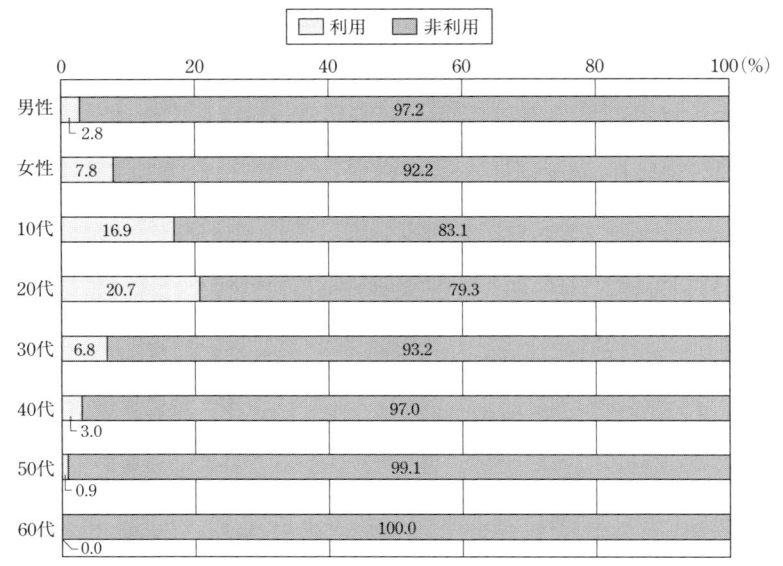

図 2.2.2 「自分のブログ，ホームページを作成・更新」（携帯）の利用頻度（性別・年齢層別）（N＝1444）

	利用	非利用
男性	2.8	97.2
女性	7.8	92.2
10代	16.9	83.1
20代	20.7	79.3
30代	6.8	93.2
40代	3.0	97.0
50代	0.9	99.1
60代	0.0	100.0

（表 2.2.13）．

PC インターネット（表 2.1.8）に比べると，男性の利用頻度が有意に高い項目は少なくなっているが，「オンラインゲーム」，「ネットバンキング」，「ネット株式」，「検索（サーチエンジン）」，「メッセンジャー」，「掲示板を読む」は，携帯インターネットでも男性の利用頻度が高い．逆に，女性の利用頻度が有意に高いのは，「自分のブログ，ホームページを作る（更新する）」である．このことは若い女性が携帯インターネットを利用した簡易的なブログ（プロフ）などをよく利用しているという報道などにも整合的である（図 2.2.2）．

年齢層別では，「検索（サーチエンジン）」で若年層ほど利用頻度が高くなっている．ライフステージからみて 10 代，20 代では利用が少ないことが予測される「ネットバンキング」や「ネット株式」を別にすれば，20 代がほとんどの項目で利用頻度がもっとも高い．PC インターネットとの違いで特徴的なのは，20 代に次いで 10 代の利用頻度が高い項目が多いことである．10 代の携帯インターネット利用の活発さをあらわしているといえよう．たとえば，「オン

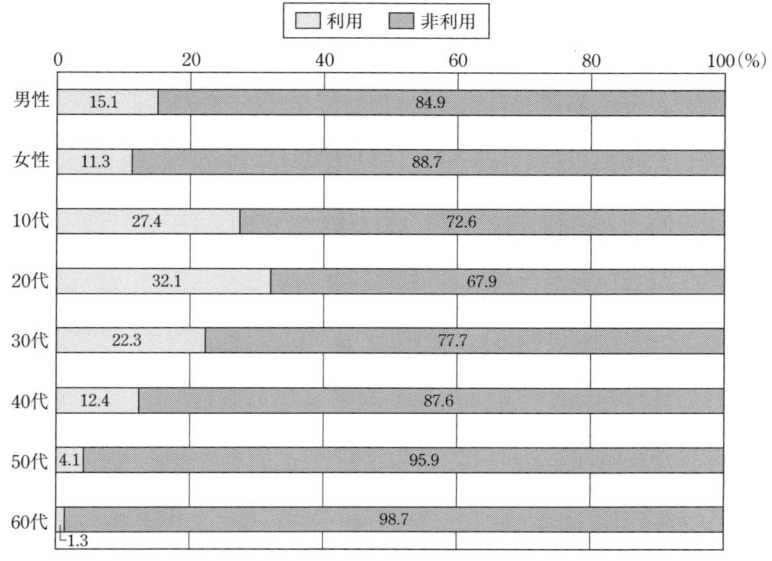

2 メディア別にみた情報行動　　　171

図2.2.3 「オンラインゲーム」（携帯）の利用頻度（性別・年齢層別）（N＝1444）

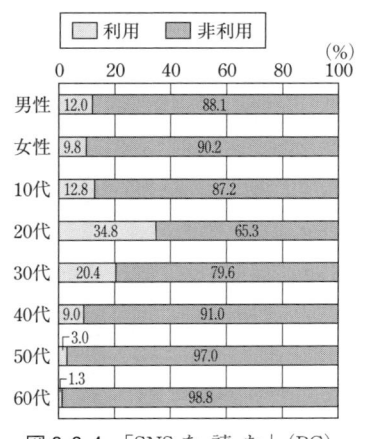

	利用	非利用
男性	15.1	84.9
女性	11.3	88.7
10代	27.4	72.6
20代	32.1	67.9
30代	22.3	77.7
40代	12.4	87.6
50代	4.1	95.9
60代	1.3	98.7

図2.2.4 「SNSを読む」（PC）の利用頻度
（性別 N＝1462　年齢層別 N＝1462）

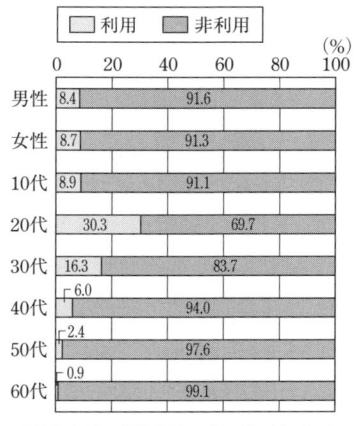

	利用	非利用
男性	12.0	88.1
女性	9.8	90.2
10代	12.8	87.2
20代	34.8	65.3
30代	20.4	79.6
40代	9.0	91.0
50代	3.0	97.0
60代	1.3	98.8

図2.2.5 「SNSに書き込む」（PC）の利用頻度
（性別 N＝1461　年齢層別 N＝1461）

	利用	非利用
男性	8.4	91.6
女性	8.7	91.3
10代	8.9	91.1
20代	30.3	69.7
30代	16.3	83.7
40代	6.0	94.0
50代	2.4	97.6
60代	0.9	99.1

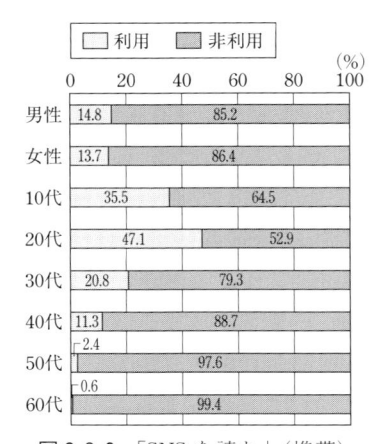

図2.2.6 「SNSを読む」(携帯)の利用頻度
$\begin{pmatrix} 性別 N = 1442 \\ 年齢層別 N = 1442 \end{pmatrix}$

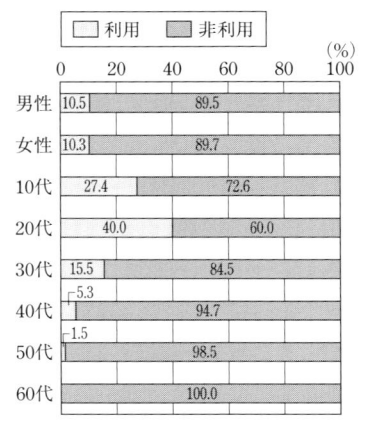

	利用	非利用
男性	14.8	85.2
女性	13.7	86.4
10代	35.5	64.5
20代	47.1	52.9
30代	20.8	79.3
40代	11.3	88.7
50代	2.4	97.6
60代	0.6	99.4

図2.2.7 「SNSに書き込む」(携帯)の利用頻度
$\begin{pmatrix} 性別 N = 1442 \\ 年齢層別 N = 1442 \end{pmatrix}$

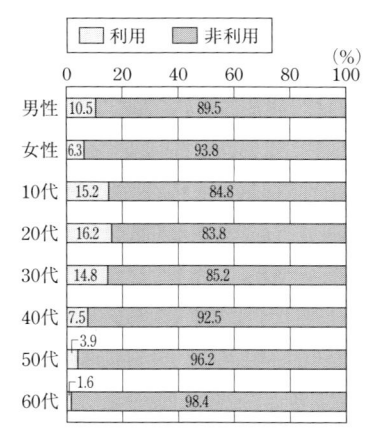

	利用	非利用
男性	10.5	89.5
女性	10.3	89.7
10代	27.4	72.6
20代	40.0	60.0
30代	15.5	84.5
40代	5.3	94.7
50代	1.5	98.5
60代		100.0

図2.2.8 「ツイッターなどを読む」(PC)の利用頻度
$\begin{pmatrix} 性別 N = 1463 \\ 年齢層別 N = 1463 \end{pmatrix}$

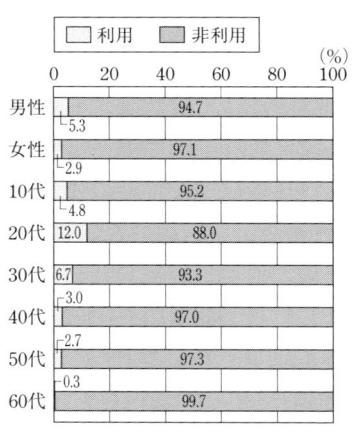

	利用	非利用
男性	10.5	89.5
女性	6.3	93.8
10代	15.2	84.8
20代	16.2	83.8
30代	14.8	85.2
40代	7.5	92.5
50代	3.9	96.2
60代	1.6	98.4

図2.2.9 「ツイッターなどに書き込む」(PC)の利用頻度
$\begin{pmatrix} 性別 N = 1461 \\ 年齢層別 N = 1461 \end{pmatrix}$

	利用	非利用
男性	5.3	94.7
女性	2.9	97.1
10代	4.8	95.2
20代	12.0	88.0
30代	6.7	93.3
40代	3.0	97.0
50代	2.7	97.3
60代	0.3	99.7

2 メディア別にみた情報行動

図 2.2.10 「ツイッターなどを読む」(携帯)の利用頻度
(性別 N＝1442
年齢層別 N＝1442)

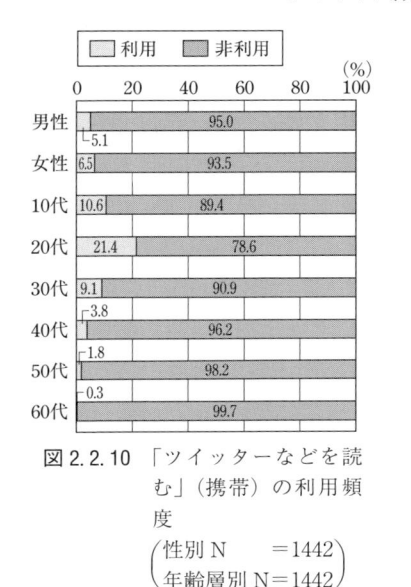

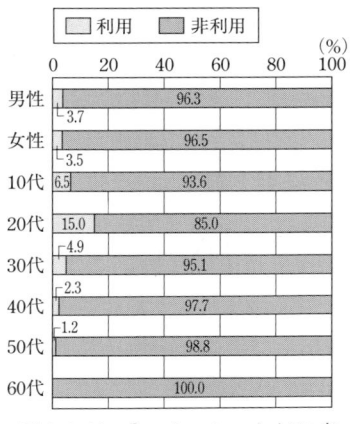

男性: 利用 5.1 / 非利用 95.0
女性: 6.5 / 93.5
10代: 10.6 / 89.4
20代: 21.4 / 78.6
30代: 9.1 / 90.9
40代: 3.8 / 96.2
50代: 1.8 / 98.2
60代: 0.3 / 99.7

図 2.2.11 「ツイッターなどに書き込む」(携帯)の利用頻度
(性別 N＝1442
年齢層別 N＝1442)

男性: 3.7 / 96.3
女性: 3.5 / 96.5
10代: 6.5 / 93.6
20代: 15.0 / 85.0
30代: 4.9 / 95.1
40代: 2.3 / 97.7
50代: 1.2 / 98.8
60代: 0.0 / 100.0

ラインゲーム」(携帯)では，男性の利用頻度が高く，20代，10代の利用頻度が高いことがわかる(図 2.2.3)．

「SNSを読む」/「SNSに書き込む」と「ツイッターを読む」/「ツイッターに書き込む」について，PCインターネットと携帯インターネットの性別・年齢層別の利用頻度をみておこう(図 2.2.4-図 2.2.11)．SNSもツイッターも若年層が利用の中核であることはみてのとおりである．特徴的なのは，10代の携帯インターネットを通じたSNSの利用頻度が高いこと，また，ツイッターは20代が中心であり，携帯インターネットで活発に利用していることである．

2.3 音声通話

携帯電話は，まず通話機能があって，メールやデジタルカメラなどのさまざまな機能がつけ加わる形で展開してきたが，現在ではスマートフォンに象徴されるように，むしろ実質的には携帯パソコンであり，通話は周辺的な付加機能

のひとつにすぎなくなっているといっていいだろう．固定電話に至っては，若い世代を中心にもはや使わない，もたないという人もめずらしくない．そのような状況にあって，携帯電話による通話，そして固定電話の利用は，どの程度行われているのだろうか．本節では，日記式調査のデータに基づき，通話の行動時間量および回数について分析する．

2.3.1 携帯電話による音声通話

日記式調査によって把握された携帯電話による音声通話の平均時間は1日あたり8.6分，行為者平均（音声通話をまったくしなかった者を除いた場合の平均）で26.9分であった．また，日記式の行動記録とは別途，通話の回数について記録を求めているが，この平均値は1日あたり2.0回であった．なお，通話回数については，2.2.1と同じハジの方式による外れ値の特定を行い，1日20回以上を外れ値として分析から除外している．

通話行動の行為者率は，日記式をもとにした場合は32.0%，回数記録をもとにした場合は59.0%であり，大きな差がみられる．このような違いは前回の2005年調査でも観察されており，日記式の場合には，短時間の通話は（10分未満の行動も「×」をつけて記録するよう求めているものの）記録されていない可能性が考えられる．そこで，行為者率については原則的に回数記録をもとに記述することにしたい．

表2.3.1は，携帯電話による通話時間・回数を，属性別にみたものである．

性別では，通話時間・回数・行為者率いずれも，男性のほうが活発に利用している．携帯電話によるメールの送受信は女性のほうが多く（表2.2.5参照），それとは逆の傾向にある．

年齢層別では，10代と60代の行為者率が低く，それを反映して全体平均の通話時間も少なくなっている．ただし，行為者平均時間でみると有意な群間差は認められない．

学歴別については，在学者を除外して分析しているが，とくに中学卒で行為者率が低い．ただし，中学卒は利用の不活発な60代が多くを占めるため，そのことが影響していると思われる．

就業形態別では，学生・生徒の行為者率がもっとも低く，フルタイム就業者

2 メディア別にみた情報行動

表 2.3.1 携帯電話による音声通話行動

		通話時間（分）(全体) N=2956	通話時間（分）(行為者) N=946	通話回数 (全体) N=2817	行為者率※ (%) N=2817
全体		8.6	26.9	2.0	59.0
性別	男性	10.5	32.5	2.5	62.7
	女性	7.0	21.9	1.6	55.8
	t, χ^2	3.48***	3.87***	8.26***	13.89***
年齢層	13-19歳	2.6^a	19.6^a	1.1^a	39.8
	20-29歳	12.3^b	31.1^a	2.5^b	68.2
	30-39歳	8.6^{bc}	24.7^a	2.2^{bc}	66.2
	40-49歳	11.1^{bc}	36.3^a	2.3^b	60.4
	50-59歳	9.0^{bc}	24.6^a	2.2^{bc}	61.2
	60-69歳	6.8^c	22.7^a	1.7^c	52.6
	F, χ^2	5.22***	2.73*	8.87***	70.83***
学歴	中学卒	4.6^a	21.7^a	1.3^a	44.7
	高校卒	9.5^b	26.9^a	2.1^{bc}	61.1
	短大・高専卒	8.9^b	25.9^a	2.0^b	61.4
	大学・大学院卒	10.8^b	30.3^a	2.5^c	65.6
	F, χ^2	2.47n.s.	0.71n.s.	7.70***	26.80***
就業形態	フルタイム	11.3^a	33.5^a	2.7^a	65.4
	パート	7.1^b	21.1^b	1.6^b	57.3
	専業主婦	6.1^b	18.2^b	1.5^b	56.7
	学生・生徒	2.4^c	16.5^b	1.1^b	39.4
	無職	7.3^{ab}	20.6^b	1.6^b	53.8
	F, χ^2	8.89***	6.57***	30.78***	70.36***
世帯年収	200万未満	6.3^a	24.7^a	1.5^a	51.7
	200-400万	7.5^a	24.3^a	2.1^b	59.4
	400-600万	8.0^a	22.5^a	2.1^b	62.4
	600-800万	11.5^a	38.4^a	2.1^{ab}	55.8
	800-1000万	10.8^a	28.2^a	2.5^b	67.2
	1000万以上	11.1^a	30.4^a	2.3^b	63.2
	F, χ^2	2.51*	2.83*	3.45**	20.46**

※行為者率は通話回数の記録をもとに算出した
数値右肩の a, b, c…は同記号間では Tukey 法（等分散を仮定できる場合）または Games-Howell 法（等分散を仮定できない場合）により $p<0.05$ の有意差がないことを示す
分散分析, χ^2 検定の結果　***$p<0.001$, **$p<0.01$, *$p<0.05$, n.s. 有意差なし

でもっとも高い．フルタイム就業者は，全体平均のみならず行為者平均でも通話時間が長く，携帯電話による通話は仕事目的でなされている性格が強いことをうかがわせる．

世帯年収別では，おおよそのところ年収が高いほど通話利用が活発といえるが，あまり明確な傾向ではない．

2.3.2 固定電話による音声通話

続いて，この項では，固定電話による音声通話について分析する．日記式調査によって把握された固定電話利用の平均時間は1日あたり10.3分，行為者平均（固定電話をまったく利用しなかった者を除いた場合の平均）で43.0分であった．いずれについても，携帯電話による音声通話と比べると，全体平均では2分弱，行為者平均では16分も長い．また，固定電話についても日記式の行動記録とは別に，通話回数について記録を求めているが，その平均値は1日あたり1.2回であり，こちらは携帯電話による通話回数2.0回よりも少ない．携帯電話に比べると，固定電話は頻繁には通話しないが，1回あたりは長電話ということだ．なお，固定電話の通話回数についても，2.2.1と同じ方式による外れ値の特定を行い，1日18回以上を外れ値として分析から除外している．

固定電話利用の行為者率は，日記式をもとにした場合は23.8%，回数記録をもとにした場合は39.5%であり，携帯電話による通話ほどではないが，やはり差がみられるため，ここでも携帯電話の場合と同様に，行為者率については原則的に回数記録をもとに記述することにしたい．

表2.3.2は，固定電話による通話時間・回数を，属性別に日記式調査によってまとめたものである．

性別でみると，携帯電話による通話の場合とは逆に，行為者率は女性のほうが高い．ただし，通話回数は男性のほうが多い．これは，後述のフルタイム就業者にみられる傾向とも関係するが，男性の場合，固定電話の利用がより仕事目的に限られ，仕事での通話はより頻繁になるために生じた性差である可能性が考えられる．

年齢層別では，年齢が上がるほど行為者率が高くなるが，通話時間の行為者平均は20代がもっとも長く，それよりも年齢が上がるにつれて短くなっていく（ただし，10代の通話時間は60代に次いで短い）．若年層で固定電話を使う者は少ないが，使うときにはかなり長電話している様子がうかがえる．

就業形態別では，行為者率は専業主婦でもっとも高い．これは固定電話の性格上，在宅時間と結びついているからだろう．学生・生徒は，1割程度の行為者率にすぎず，通話回数も少ないものの，行為者の通話時間はもっとも長く

表2.3.2 固定電話による音声通話行動

		通話時間（分）(全体) N=2956	通話時間（分）(行為者) N=705	通話回数（全体) N=2839	行為者率※ N=2839（％）
全体		10.3	43.0	1.2	39.5
性別	男性	8.0	41.8	1.3	34.6
	女性	12.2	43.7	1.1	43.9
	t, χ^2	-2.69^{**}	-0.30 n.s.	2.17^{*}	25.52^{***}
年齢層	13-19歳	0.3^a	23.3^{abc}	0.2^a	12.4
	20-29歳	12.9^{bc}	109.3^b	0.7^b	13.0
	30-39歳	14.2^b	68.4^b	1.3^{cd}	30.6
	40-49歳	15.3^{bc}	54.4^b	1.2^c	42.1
	50-59歳	9.2^{bc}	31.3^{ac}	1.7^d	49.2
	60-69歳	6.7^c	21.2^a	1.5^{cd}	57.6
	F, χ^2	5.96^{***}	11.35^{***}	18.38^{***}	289.76^{***}
学歴	中学卒	3.7^a	19.1^a	1.0^a	41.2
	高校卒	9.4^b	38.7^b	1.1^a	40.3
	短大・高専卒	12.2^{bc}	42.6^b	1.2^a	42.1
	大学・大学院卒	15.8^c	52.3^b	2.0^b	47.1
	F, χ^2	4.60^{**}	2.18 n.s.	22.35^{***}	7.94^{*}
就業形態	フルタイム	15.3^a	66.3^a	1.7^a	38.2
	パート	6.5^b	22.5^b	0.9^b	42.0
	専業主婦	6.7^b	20.3^b	1.2^c	54.4
	学生・生徒	2.2^b	100.8^{ab}	0.2^d	11.2
	無職	5.2^b	19.9^b	0.9^{bc}	46.5
	F, χ^2	9.56^{***}	14.61^{***}	28.3^{***}	136.41^{***}
世帯年収	200万未満	10.0^a	48.9^a	1.0^a	38.2
	200-400万	9.3^a	42.0^a	1.1^a	37.9
	400-600万	8.1^a	33.8^a	1.2^a	37.0
	600-800万	13.5^a	57.5^a	1.3^{ab}	35.5
	800-1000万	9.5^a	30.3^a	1.8^{bc}	51.3
	1000万以上	17.9^a	59.3^a	2.0^c	53.9
	F, χ^2	2.35^{*}	2.09 n.s.	9.56^{***}	42.63^{***}

※行為者率は通話回数の記録をもとに算出した
数値右肩のa, b, c…は同記号間ではTukey法（等分散を仮定できる場合）またはGames-Howell法（等分散を仮定できない場合）により$p<0.05$の有意差がないことを示す
分散分析，χ^2検定の結果　$^{***}p<0.001, ^{**}p<0.01, ^{*}p<0.05$，n.s.有意差なし

100分にのぼる．フルタイム就業者も，行為者率は学生・生徒に次いで低いが，通話回数はもっとも多く，通話時間も長い．仕事目的で固定電話を利用する場合は，頻繁かつ通話時間も長くなるということだろう．

　世帯年収別では，800万円以上の層で行為者率が高くなっているが，通話時間については一貫した傾向は読みとれない．

2.4 テレビとその他の映像メディア

2.4.1 日記式調査からみたテレビ視聴実態とその決定要因

(1) 視聴機器別によるテレビ視聴の実態

　今回の日記式調査においては，テレビ放送の視聴を，テレビ，携帯，パソコン（PC）それぞれの視聴機器についての行動として記入してもらっている．それぞれの行動についての性別と年齢層別の平均視聴時間と，テレビでの視聴の行為者率を示したのが表2.4.1である．

　近年の視聴手段の多様化を反映して，視聴時間もそれぞれの視聴機器について高まる可能性が考えられたが，結果としては，視聴時間平均と行為者率ともに通常のテレビでの視聴が高く，携帯電話およびPCでの視聴は極めて低かった．とくに携帯電話でのテレビ視聴については，携帯端末向けのデジタルテレビ放送いわゆる「ワンセグ放送」が2006年4月からサービスを開始しており，ワンセグ対応の携帯電話についても今回の調査で「自分で利用している」者が全体の46.6%を占める（「家にある」は64.3%）など，視聴手段としては定着

表2.4.1　日記式調査によるテレビ放送視聴とテレビでの視聴行為者率（サンプル単位は日数で調査対象者の倍）

		テレビでの視聴(分)	携帯での視聴(分)		PCでの視聴(分)		テレビでの視聴行為者率 (%)	
全体	N=2956日	184.6	1.7		1.8		91.4	
性別	男性	163.7^a	2.2		2.2		89.4	
	女性	202.8^b	1.3		1.5		93.2	
		47.0***	1.7	n.s.	0.8	n.s	13.5	***
年齢層	10代	112.9^a	1.3		0.2		85.8	
	20代	144.6^b	4.2		2.5		84.0	
	30代	149.6^b	1.0		2.2		85.0	
	40代	153.4^b	0.7		0.9		93.7	
	50代	208.6^c	2.1		1.5		95.3	
	60代	260.0^d	1.9		3.0		96.3	
		63.8***		n.s.		n.s.	95.4	***

「平均時間」について各属性最下段の数値はF値と検定結果．各属性の要素の右肩のa, b, c…は，縦に見て同記号間ではTukeyの多重範囲検定で$p<0.05$の有意差がないことを示す．「行為者率」について各属性最下段の数値はχ^2値と検定結果
$^{***}p<0.001, ^{**}p<0.01, ^{*}p<0.05$

している一方で，日常的な視聴実態としては，全体平均時間で1.7分，行為者率で2.2%と，ほとんど利用されていないというギャップを示している．携帯電話での視聴およびパソコンでのテレビ放送視聴については，サンプル数が少ないためか，属性について有意な差は認められなかった．

以上から，ここではテレビ受信機による視聴に限定して「テレビ視聴」をみていくことにする．

(2) テレビ視聴に関わる属性要因

テレビ放送の視聴は現在，どのような要因によって視聴行動の傾向が分かれるのであろうか．ここでは日記式調査から，属性別にテレビ放送の平均視聴時間と行為者率を表2.4.2のように示した．

表に示されるとおり，テレビによる平均視聴時間，行為者率のいずれも，性別，年齢層別，学歴別，世帯年収別，就業形態別，都市規模別のすべてで有意な差がみられた．地域別では平均視聴時間のみ有意な差がみられた．

性別では，女性の平均視聴時間が202.8分および行為者率が93.2%と，男性より大きく，また年齢層別では，平均視聴時間が50代以上で他よりも長く，同時に10代で他よりも短いという傾向がみられている．また，60代の視聴時間はさらに50代よりも長くなっている．テレビ視聴の行為者率については30代以下の年齢層で低くなっている．以上の点から，テレビ視聴時間の全体平均が比較的長時間であることが，とくに60代以上における視聴時間の長さによってもたらされていることが確認できる．

他の属性について，はっきりとした差がみられたのが，学歴と就業形態であった．

学歴では，大学・大学院卒業の者が，平均視聴時間で139.7分，行為者率で87.7%であるのに対して，中学卒業の者では，それぞれで270.4分と93.4%であるなど明確な差がみられた．

就業形態では，とくに無職と専業主婦の視聴時間がそれぞれ全体平均で325分，243.4分と長いのに対して，逆に学生・生徒では99.5分ともっとも視聴時間が短く，傾向として在宅時間の長さを反映しているものと考えられる．ここで在宅時間とテレビ視聴時間の関係についてみてみると，在宅時間とテレビ

表 2.4.2 日記式調査によるテレビ放送の視聴時間と行為者率（サンプル単位は日数で調査対象者の倍）

		テレビでの視聴時間（分）	テレビでの視聴行為者率（％）
全体	N=2956 日	184.6	91.4
性別	男性	163.7[a]	89.4
	女性	202.8[b]	93.2
		47.0***	13.5***
年齢層	10 代	112.9[d]	85.8
	20 代	144.6[c]	84.0
	30 代	149.6[c]	85.0
	40 代	153.4[c]	93.7
	50 代	208.6[b]	95.3
	60 代	260.0[a]	96.3
		63.8***	95.4***
学歴	中学校卒	270.4[a]	93.4
	高校卒	218.6[b]	95.0
	高専・短大卒	178.4[c]	91.3
	大学・大学院卒	139.7[d]	87.7
		56.1***	32.9***
世帯年収	200 万未満	247.4[a]	91.7
	200-400 万未満	205.3[b]	91.3
	400-600 万未満	183.2[bc]	92.5
	600-800 万未満	158.4[c]	92.2
	800 万-1000 万未満	170.2[c]	92.5
	1000 万以上	112.5[d]	86.0
		29.2***	11.8*
就業形態	フルタイム	147.3[d]	89.9
	パート・アルバイト	204.0[c]	92.6
	専業主婦	243.4[b]	97.3
	学生・生徒	99.5[e]	83.9
	無職	325.0[a]	95.6
		139.0***	49.9***
都市規模	100 万人以上	164.7[b]	88.8
	30-100 万未満	202.1[a]	93.8
	10-30 万未満	182.9[ab]	91.9
	10 万未満	185.3[ab]	91.6
	町村	192.0[a]	90.8
		4.5**	9.8*

		テレビでの視聴時間（分）	テレビでの視聴行為者率（％）
地域	北海道	226.4^a	91.3
	東北	199.1^{ab}	90.2
	関東	166.8^b	90.5
	中部（含：北陸）	171.0^b	90.3
	近畿	192.6^{ab}	92.0
	中国	196.3^{ab}	94.7
	四国	192.4^{ab}	95.0
	九州・沖縄	205.7^{ab}	93.3
		5.5***	8.7 n.s.

「平均時間」について各属性最下段の数値はF値と検定結果．各属性の要素の右肩のa, b, c …は，縦に見て同記号間ではTukeyの多重範囲検定で$p<0.05$の有意差がないことを示す．「行為者率」について各属性最下段の数値はx^2値と検定結果
***$p<0.001$, **$p<0.01$, *$p<0.05$, n.s.有意差なし

視聴には比較的強い相関がみられている（$r=0.382$）．

　一方，就業形態別に在宅時間の全体平均をみた場合，視聴時間の短い学生・生徒とフルタイムではそれぞれ743.6分，704.0分となっているが統計的には有意な差がみられない．学生・生徒の場合は自宅での学習や勉強があるため，その影響でテレビ視聴時間が低くなることが考えられる．ここで自宅にいる時間に限った学習時間の平均をみると，学生は40.7分とフルタイムの0.7分に対して長くなっている．しかしながら，学生に限ったうえで，自宅での学習時間とテレビ視聴時間（それぞれ全体平均）および行為者率の関係をみると，有意な（逆）相関の関係はみられない．したがって，学生のテレビ視聴に関する視聴時間と行為者率の低さは必ずしも自宅での学習時間に制限を受けていないといえる．

　世帯年収についても，年収が200万未満のものが247.4分ともっとも視聴時間が長いという結果になったが，これも無職および高齢者の平均視聴時間が長いことに関連していると考えられる．

　これまでにみてきた変数のうち，それぞれ他の属性変数に対する影響をコントロールしたうえで，どの属性変数の影響力が相対的に強いかをみるために，係数を比較できるよう説明変数を標準化し，目的変数が実数のテレビ視聴時間については重回帰分析を，目的変数が2値のテレビ視聴行為者率についてはロジスティック回帰分析をそれぞれに試みた．その結果が表2.4.3である．

表 2.4.3 テレビ視聴,テレビ視聴行為者率の回帰分析

	テレビ視聴時間（日記式）			テレビ視聴行為者率（日記式）		
	重回帰分析			ロジスティック回帰分析		
	標準化偏回帰係数	t 値	係数順位	偏回帰係数	Wald	係数順位
性別ダミー（男＝1，女＝2）	0.01	0.3		−0.18	1.35	
年齢	0.17	7.8***	③	0.62	44.42***	①
学歴	−0.14	−8.5***	④	−0.27	14.62***	③
パート・アルバイトダミー	0.02	1.0		0.31	1.92	
専業主婦ダミー	0.04	1.8		−0.45	1.52	
学生・生徒ダミー	−0.04	−1.9		−0.21	0.76	
無職ダミー	0.17	8.7***	②	0.21	0.40	
在宅時間	0.25	12.2***	①	0.38	19.64***	②
調整済み R^2			0.24			

***$p<0.001$, **$p<0.01$, *$p<0.05$

　分析の結果，テレビ平均視聴時間については，在宅時間がもっとも大きな決定要因であることが示された．視聴時間の長さに対するパートや専業主婦の関連の強さは，在宅時間によるものであることがわかる．続いて無職であることと年齢，そして学歴も同等の係数値を示している．

　これに対して，行為者率については，年齢の効果がもっとも大きく，続いて在宅時間と学歴の効果が同程度でみられた．

　両者において学歴の効果がみられていることから，とくに高学歴における視聴時間および行為者率の低さが大きく影響していることが考えられる．無職や在宅時間の長さなど，積極的な理由で視聴がなされていない点は，テレビの情報メディアとしての機能を考えるうえでひとつ興味深い点であるように思われる．

（3）　録画視聴

　日本ではすでに 1980 年代半ばから家庭用ビデオデッキ（VCR）が普及してきており，世帯普及率では 1991 年の時点ですでに 7 割を超えて 2003 年には 8 割に達し，100 世帯あたりの普及台数も 1993 年には 100 台に達していた（内閣府『消費動向調査』による）．しかしながら，その一方で録画番組の視聴行

2 メディア別にみた情報行動

表2.4.4 録画番組視聴時間平均（1日あたり分　視聴機器ごと）

	2005年	2010年		
	テレビでの視聴	テレビでの視聴	携帯での視聴	PCでの視聴
全体視聴時間（分）	6.5	11.5	0.3	0.3
行為者率（%）	7.0	12.3	0.4	0.5
行為者視聴時間（分）	92.5	93.5	65.4	72.1

動は一貫して不活発な状況にあったことが，従来から指摘されてきており，2005年の前回調査でも行為者率は7%，全体平均視聴時間も6.5分と，機器の普及状況とは大きなギャップをみせている．

今回の質問紙調査によれば，録画機の普及状況としては，自分での利用にかかわらず，VHSビデオデッキが72%，DVD・ブルーレイなどの録画機が73%と，ほぼ同じ割合で家庭にあり，「自分も利用している」という回答では，DVD・ブルーレイが58%とビデオデッキの46%を上まわり，機器の代替による利用の定着ぶりをうかがわせている．

今回の日記式調査については，ビデオテープやDVDなどの録画媒体の違いによらず，録画番組の視聴をどのような機器で行っているかについて行動を記入してもらっている．この点ではテレビ放送視聴と同じく，テレビと携帯電話，そしてパソコンという3種類の情報機器での録画番組視聴について行動を測定しており，その結果を示したのが表2.4.4である．

この結果によれば，通常のテレビ放送視聴に比べると，やはり全体平均の視聴時間は11.5分と非常に少なくなっているが，2005年から比較すると増加しており，それ以前からでは，視聴時間と行為者率ともにほとんど変化がなかったことを考えると，今回においてようやく録画番組視聴が「離陸」の兆しをみせているといえるかもしれない．

しかしながら，携帯電話やPCにおける録画番組の視聴は，全体平均の視聴時間と行為者率が1分ないし1%に満たないなどきわめて低く，録画番組視聴があくまでテレビに付属した録画機器を中心に行われていることがうかがえる．この結果から，以降ではテレビでの録画番組視聴行動だけを取り上げる．

ここでも日記式調査から，属性別に録画番組の平均視聴時間と行為者率および行為者平均時間を表2.4.5のように示した．

表 2.4.5 日記式調査による録画番組の視聴時間と行為者率，行為者平均時間
（サンプル単位は日数で調査対象者の倍）

		平均時間（分）	行為者率（％）	行為者平均時間（分）
全体	N＝2956 日	11.5	12.3	93.5
性別	男性	8.8ª	9.7	91.1ª
	女性	13.9ᵇ	14.7	94.9ª
		11.8**	16.6***	0.2 n.s.
年齢層	10代	10.6ª	14.2	74.4ᵇ
	20代	12.0ª	10.1	119.3ª
	30代	15.6ª	18.9	82.3ᵃᵇ
	40代	11.9ª	11.7	102.2ᵃᵇ
	50代	11.4ª	12.7	89.7ᵃᵇ
	60代	8.2ª	7.4	111.2ᵃᵇ
		2.0 n.s.	38.4***	2.5*
学歴	中学校卒	8.9ª	9.2	96.7ª
	高校卒	13.8ª	12.4	110.8ª
	高専・短大卒	11.0ª	13.1	83.8ª
	大学・大学院卒	9.5ª	11.4	82.8ª
		2.0 n.s.	2.6 n.s.	3.4*
世帯年収	200万未満	14.0ª	10.8	129.3ª
	200-400万未満	9.8ª	9.7	101.4ᵃᵇ
	400-600万未満	14.5ª	15.7	91.9ᵃᵇ
	600-800万未満	10.0ª	12.5	80.2ᵇ
	800-1000万未満	13.3ª	13.9	95.5ᵃᵇ
	1000万以上	7.5ª	10.7	70.5ᵇ
		2.0 n.s.	14.2*	2.8*
就業形態	フルタイム	9.0ᵇ	10.3	87.1ᵇ
	パート・アルバイト	16.8ª	17.8	94.0ᵇ
	専業主婦	12.8ᵃᵇ	12.6	101.5ᵇ
	学生・生徒	10.7ᵃᵇ	14.6	73.3ᵇ
	無職	13.9ᵃᵇ	10.2	136.0ª
		4.2**	23.2***	3.9**
都市規模	100万人以上	14.04ª	16.1	87.2ª
	30-100万未満	15.3ª	15.8	97.1ª
	10-30万未満	10.0ᵃᵇ	9.0	111.2ª
	10万未満	10.1ᵃᵇ	12.3	81.8ª
	町村	7.1ᵇ	7.7	92.9ª
		3.4**	29.1***	1.8 n.s.

		平均時間（分）	行為者率（%）	行為者平均時間（分）
地域	北海道	12.9^a	14.0	92.1^a
	東北	8.2^{ab}	7.9	104.3^a
	関東	14.3^a	14.6	97.7^a
	中部（含：北陸）	9.9^{ab}	12.8	77.5^{ab}
	近畿	15.0^a	13.4	111.3^a
	中国	5.8^{ab}	9.2	62.4^{ab}
	四国	0.9^b	4.0	22.5^b
	九州・沖縄	11.5^a	11.2	102.6^a
		3.1**	18.7**	2.3*

「平均時間・行為者平均時間」について各属性最下段の数値はF値と検定結果．各属性の要素の右肩のa, b, c…は，縦に見て同記号間ではTukeyの多重範囲検定で$p<0.05$の有意差がないことを示す．「行為者率」について各属性最下段の数値はχ^2値と検定結果．
***$p<0.001$, **$p<0.01$, *$p<0.05$, n.s. 有意差なし

　表に示されるとおり，行為者率では，性別，年齢層別，世帯年収別，就業形態別，都市規模別，地域別で有意な差がみられ，平均視聴時間では，性別，就業形態別，都市規模別地域別で有意な差がみられた．行為者平均では，年齢層別，学歴別，世帯年収別，就業形態別，地域別で差がみられたが，はっきりとした傾向はみられなかった．

　属性別にみた場合では，平均時間，行為者率，行為者平均時間すべてで違いがみられたのが就業形態別であった．結果から，パートタイムについて，全体平均の録画番組視聴時間と行為者率が高く，無職について，行為者平均の視聴時間が長いことが示された．パートタイムによって生じる時間的な制約が録画番組の視聴に対する要因のひとつとなっていることが考えられる．また無職の場合は在宅時間が長く，自由に使える時間が多いために，行為者平均の視聴時間が長くなっていると考えられる．

　ここで在宅時間についてみると，無職の場合は在宅時間が1165分と専業主婦の1187分に続いて長くなっている．また，就業形態別に在宅時間と録画番組視聴行動の関係をみると，パートタイムについて，録画視聴時間の全体平均および行為者率と，在宅時間のあいだにそれぞれ有意な相関がある．ここから，在宅時間の長さがひとつの要因となって録画番組の視聴が行われていることが指摘できる．

　これまでにみてきた変数のうち，それぞれ他の属性変数に対する影響をコン

表2.4.6　録画番組の視聴時間と行為者率，行為者平均時間の回帰分析

	視聴時間（日記式）			行為者率（日記式）		
	重回帰分析			ロジスティック回帰分析		
	標準化偏回帰係数	t 値	係数順位	偏回帰係数	Wald	係数順位
性別ダミー（男＝1，女＝2）	0.02	0.9		−0.22	2.83	
年齢	−0.06	−3.0 **	③	−0.28	23.02 ***	③
パート・アルバイトダミー	0.05	2.7 **	④	−0.51	13.39 ***	②
在宅時間	0.09	4.7 ***	①	0.22	11.43 **	④
都市規模	0.07	3.6 ***	②	−0.56	24.38 ***	①
調整済み R^2			0.017			

***$p<0.001$, **$p<0.01$, *$p<0.05$

トロールしたうえで，どの属性変数の影響力が相対的に強いかをみるために，係数を比較できるように説明変数を標準化したうえで，目的変数が実数の平均視聴時間については重回帰分析を，目的変数が2値のテレビ視聴行為者率についてはロジスティック回帰分析をそれぞれに試みた．その結果が表2.4.6である．

　目的変数への効果を標準化して揃えた回帰係数の結果から，在宅時間の長さが録画番組視聴時間に対しても相対的に大きな影響力をもつことが示された．つまり，録画番組視聴は，結局は在宅時間がどれだけあるかによって大きく左右されるということになる．また，都市規模の大きさは行為者率に対する関連が強く，視聴時間にも一定の影響がみられる．一方，就業形態のうちパートタイムは，行為者率では関連が強く，視聴時間についても相対的にそれほど低い影響ではないことから，単にパートタイムという環境から在宅時間が他に比較して長く取れることによって視聴するというよりも，仕事上の制約からも録画番組を視聴していると考えることができる．

　従来録画機器の利用は，好きな時間に視聴ができるタイムシフト機能などとして，むしろ在宅時間が短い制約条件を克服する機能をはたすものとみられてきたが，就業形態がフルタイムのものには活発な利用がみられないこともあわせて，こうした結果から，在宅時間が長く，より番組を視聴する余裕や余暇の時間を確保できることが，視聴の要因となっていることが指摘できるだろう．

2.4.2 テレビと他の情報行動の同時並行行動

表2.4.7はテレビの視聴と他の情報行動の同時並行の様子を示したものである．最右欄の数値は，各情報行動とテレビとの同時並行行動の時間量を，テレビ視聴時間で除した比率である．なお，「同時並行行動」とは，同じ時間帯に同時に複数の情報行動が行われた場合であり，重複があったセルでは，その最小値で計算した（たとえば，6時から6時15分のセルで，テレビが15分，新聞が5分とすれば，並行行動時間は5分として計算）．

テレビで他の情報行動と同時並行行動があったのは，テレビ視聴時間の24.1%である．これは，通常よく言及される，テレビ専念時間，ながら時間という概念で「専念視聴は約50%」などといわれているのに比較すれば比率が小さいようにみえるが，一般に「ながら」といった場合，家事や身じたくなどの生活行動とのながらも「ながら」に入るのに対し，われわれの同時並行行動は，相方の行動を「情報行動」に限定している．

ちなみに，この調査で，テレビ視聴を「生活基本行動別」にみれば，56.6%が「趣味・娯楽・休息・その他」であり，あとは「身じたく・家事」が21.1%，「飲食」が17.7%等であった．「趣味・娯楽・休息・その他」以外の目的でテレビを視聴するのを「ながら」とするなら，「ながら率」は43.4%となる．

表2.4.7に示されるとおり，テレビとの同時並行行動でもっとも多いのが「人と話をする」でテレビ視聴時間の7.8%を占め，2番目が「新聞」の4.0%，以下「携帯のメールを読む・書く」2.7%，「パソコンでサイトを見る」1.7%と続く．

表2.4.7の下段では，各情報行動項目の他に，「パソコン全般」「携帯全般」「PCネット全般」「携帯ネット全般」「ネット全般」との同時並行の様子を示した．調査対象者全体の分析では，たとえば，テレビ視聴と同時に携帯を操作している時間は，テレビ視聴時間の3.4%である．

テレビとの同時並行行動に関し，若年層は携帯，とくに携帯メールとの同時並行行動が多いといわれることがある．そこで同時並行行動の対象を携帯電話とパソコンに限定し，表2.4.8では10代，表2.4.9では20代の並行行動の実態を示した．

表 2.4.7 テレビと他の情報行動の同時並行行動（時間（分）と比率）

			該当情報行動 全体平均（分）	行為者率	テレビとのながら（分）	テレビ視聴時間に占める比率(%)	
テレビ	テレビ放送を見る	16	184.5	91.4%	184.5	100.0	
	録画したテレビ番組を見る	17	11.5	12.3%	1.2	0.6	
	DVDソフト・レンタルDVDなどを見る	18	3.1	3.3%	0.2	0.1	
	テレビゲームをする	19	3.0	2.1%	0.1	0.0	
携帯電話	メールを読む・書く	20	20.6	47.8%	5.0	2.7	③
	サイトを見る	21	9.5	15.3%	1.9	1.0	
	サイトに書き込む	22	1.6	1.8%	0.4	0.2	
	インターネット経由の動画を見る	23	1.0	1.3%	0.1	0.0	
	通話をする	24	8.6	32.0%	1.2	0.7	
	テレビ放送を見る	25	1.7	2.2%	0.6	0.3	
	録画したテレビ番組を見る	26	0.3	0.4%	0.1	0.0	
	ゲームをする	27	1.8	2.9%	0.4	0.2	
パソコン	メールを読む・書く	28	19.7	27.0%	1.8	1.0	
	サイトを見る	29	18.6	22.1%	3.2	1.7	④
	サイトに書き込む	30	1.4	2.1%	0.1	0.0	
	インターネット経由の動画を見る	31	3.1	4.0%	0.5	0.3	
	チャット機能やメッセンジャーを使う	32	0.7	0.8%	0.1	0.1	
	テレビ放送を見る	33	1.8	1.5%	0.3	0.2	
	録画したテレビ番組を見る	34	0.3	0.5%	0.0	0.0	
	DVDソフト・レンタルDVDなどを見る	35	0.9	0.9%	0.0	0.0	
	ゲームをする	36	2.5	3.2%	0.2	0.1	
	作業をする（Wordなどでの文書作成，Excelなどでの計算）	37	38.5	16.8%	0.9	0.5	
印刷物	新聞を読む	38	18.8	47.6%	7.3	4.0	②
	マンガを読む	39	1.1	2.5%	0.2	0.1	
	雑誌（マンガを除く）を読む	40	2.0	5.2%	0.4	0.2	
	書籍（マンガ・雑誌を除く）を読む	41	9.0	10.9%	0.6	0.3	
	上記以外の文章を読む	42	3.7	4.7%	0.3	0.1	
オーディオ	MP3プレイヤー・CD・MD・テープなどを聞く	43	10.8	12.2%	0.4	0.2	
	ラジオを聴く	44	17.2	11.5%	0.5	0.3	
人との会話	人と話をする（打ち合わせを含む）	45	113.9	57.0%	14.3	7.8	①
	集会・会議・会合などに出席する	46	12.7	9.0%	0.0	0.0	
	固定電話で通話する	47	10.3	23.8%	0.9	0.5	
その他	文書を手で書く（家計簿記入，事務文書作成も含む）	48	12.1	14.1%	1.1	0.6	
	授業・講習・講演会に出席する	49	22.9	6.3%	0.0	0.0	
	ビデオカメラ・携帯電話などで動画撮影する	50	0.0	0.3%	0.0	0.0	
	携帯型ゲーム機でゲームをする	51	1.6	1.9%	0.4	0.2	
PC	汎PC利用		71.0	41.3%	5.4	2.9	
携帯	汎携帯利用		37.1	63.4%	8.1	4.4	

2 メディア別にみた情報行動

		該当情報行動 全体平均(分)	行為者率	テレビとのながら(分)	テレビ視聴時間に占める比率(%)
複合ネット利用	汎PCネット利用	35.7	35.9%	4.3	2.3
	汎携帯ネット利用	27.2	50.7%	6.3	3.4
	汎ネット利用	60.2	64.1%	10.2	5.6

「汎PC」とは一般作業も含めともかくPCを使った行為
「汎携帯」とは通話も含めともかく携帯電話を使った行為
「汎PCネット」とはPCによるインターネット利用全般
「汎携帯ネット」とは携帯によるインターネット利用全般
「汎ネット」とはPC，携帯等機器を問わずインターネット利用全般

表2.4.8 10代におけるテレビと携帯/パソコンとの同時並行行動（A：テレビとのながら(分)　B：テレビ視聴時間に占める比率（%））

			N	A	B
	テレビ放送を見る	16	254	112.9	100.0
携帯電話	メールを読む・書く	20	254	12.8	11.3
	サイトを見る	21	254	7.8	6.9
	サイトに書き込む	22	254	2.8	2.5
	インターネット経由の動画を見る	23	254	0.0	0.0
	通話をする	24	254	0.5	0.5
	テレビ放送を見る	25	254	0.9	0.8
	録画したテレビ番組を見る	26	254	0.0	0.0
	ゲームをする	27	254	0.2	0.2
パソコン	メールを読む・書く	28	254	1.1	1.0
	サイトを見る	29	254	0.6	0.5
	サイトに書き込む	30	254	0.0	0.0
	インターネット経由の動画を見る	31	254	1.2	1.0
	チャット機能やメッセンジャーを使う	32	254	0.0	0.0
	テレビ放送を見る	33	254	0.0	0.0
	録画したテレビ番組を見る	34	254	0.0	0.0
	DVDソフト・レンタルDVDなどを見る	35	254	0.0	0.0
	ゲームをする	36	254	0.3	0.3
	作業をする（Wordなどでの文書作成，Excelなどでの計算）	37	254	0.7	0.6
複合ネット利用	汎PCネット利用		254	2.7	2.4
	汎携帯ネット利用		254	16.4	14.5
	汎ネット利用		254	18.1	16.0

表 2.4.9　20代におけるテレビと携帯/パソコンとの同時並行行動（A：テレビとのながら（分）B：テレビ視聴時間に占める比率（%））

			N	A	B
	テレビ放送を見る	16	288	144.6	100.0
携帯電話	メールを読む・書く	20	288	10.6	7.3
	サイトを見る	21	288	4.9	3.4
	サイトに書き込む	22	288	0.0	0.0
	インターネット経由の動画を見る	23	288	0.0	0.0
	通話をする	24	288	2.2	1.5
	テレビ放送を見る	25	288	0.0	0.0
	録画したテレビ番組を見る	26	288	0.0	0.0
	ゲームをする	27	288	0.4	0.3
パソコン	メールを読む・書く	28	288	1.1	0.8
	サイトを見る	29	288	3.7	2.6
	サイトに書き込む	30	288	0.2	0.1
	インターネット経由の動画を見る	31	288	0.2	0.1
	チャット機能やメッセンジャーを使う	32	288	0.0	0.0
	テレビ放送を見る	33	288	0.0	0.0
	録画したテレビ番組を見る	34	288	0.0	0.0
	DVDソフト・レンタルDVDなどを見る	35	288	0.0	0.0
	ゲームをする	36	288	0.3	0.2
	作業をする（Wordなどでの文書作成，Excelなどでの計算）	37	288	0.1	0.0
複合ネット利用	汎PCネット利用		288	4.1	2.8
	汎携帯ネット利用		288	14.5	10.0
	汎ネット利用		288	17.7	12.3

　その結果，10代，20代とも携帯メールとの同時並行の比率（テレビ視聴時間に占める率）が全年齢層の平均より高く，10代では11.3%，20代でも7.3%に達する．

2.4.3　放送サービスの利用状況と視聴形態の多様化

（1）　放送サービスの利用状況

　放送サービスの利用について調査では，「有料チャンネル（NHKを除く）」，「地上デジタル放送」「上記の放送サービスは利用していない」に分けてたずねた．図2.4.1で示したとおり，「有料チャンネル」の利用者は21.4%，「地上デジタル放送」は64.3%，「利用していない」と答えた人は29.0%であった．

　次に，放送サービスの属性別特徴について概観する．表2.4.10で示されているとおり，性別および年齢層別にみた放送サービス利用状況においては統計的に有意な差は見当たらなかった．

2 メディア別にみた情報行動

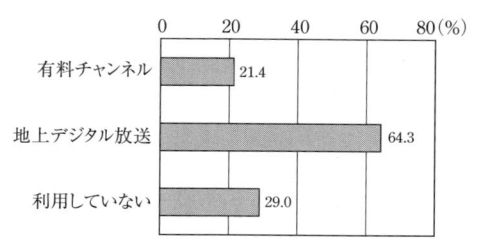

図2.4.1 放送サービスの利用率 (N=1463)

有料チャンネル 21.4
地上デジタル放送 64.3
利用していない 29.0

表2.4.10 放送サービスの利用状況（性別・年齢層別）(%)

	男性	女性	Pr>|t|	13-19歳	20-29歳	30-39歳	40-49歳	50-59歳	60-69歳	χ^2
有料チャンネル	20.1	22.5	n.s.	23.8	16.9	22.8	20.4	21.3	22.2	n.s.
地上デジタル放送	65.0	63.7	n.s.	72.2	64.1	65.7	61.3	64.9	62.0	n.s.
利用していない	29.2	28.8	n.s.	22.2	31.0	26.5	32.3	29.5	29.4	n.s.

n.s. 有意差なし

表2.4.11 放送サービスの利用状況（世帯年収別）(%)

(円)	200万以下	200-400万	400-600万	600-800万	800-100万	1000万以上	χ^2
有料チャンネル	12.5	20.8	20.9	21.9	21.4	33.8	***
地上デジタル放送	50.0	61.9	66.1	66.5	70.7	75.0	***
利用していない	45.6	30.8	26.5	29.0	24.3	15.4	***

***$p<0.001$

　一方，世帯年収との関連でみると，表2.4.11で示すように，すべての項目において有意差が示された．世帯年収が高くなればなるほど，「有料チャンネル」「地上デジタル放送」の利用率が高い傾向が示され，放送サービスの採用における経済的要因の重要性が判明した．

(2) デジタル放送の利用状況

　次に，デジタル放送の利用者を対象に，利用機器について複数回答でたずねた結果を図2.4.2に示す．デジタル放送機器としてもっともよく利用されているのは77.9%の「地上デジタルチューナー搭載のテレビ」であった．次が「ケーブルテレビ」で24.4%，続いて「地上デジタルチューナー搭載の録画機」13.1%，「外付け地上デジタルテレビチューナーを通してテレビ」が8.2%，「地上デジタルチューナー搭載カーナビ」が3.9%，「地上デジタルチューナー

```
                                    0      20     40     60     80(%)
        地上デジタルチューナー搭載のテレビ ████████████████████ 77.9
   外付けデジタルテレビチューナーを通してテレビ █ 8.2
        地上デジタルチューナー搭載の
            録画機を通じたテレビ      ██ 13.1
        地上デジタルチューナー搭載/
              接続のパソコン         | 2.8
        地上デジタルチューナー搭載カーナビ | 3.9
                     ケーブルテレビ    ████ 24.4
                          その他      | 0.2
```

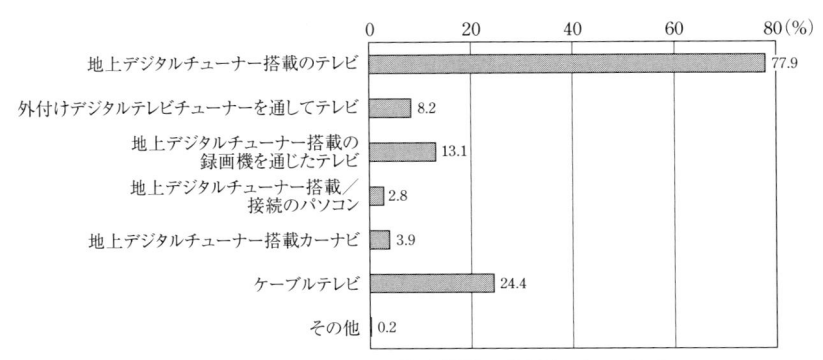

図 2.4.2　地上デジタル放送機器の利用率（N＝934）

搭載/接続のパソコン」2.8％等の順であった．

　では，性別でみたデジタル放送機器の利用比率を比較し，表 2.4.12 に示す．「地上デジタルチューナー搭載の録画機を通じたテレビ」および「地上デジタルチューナー搭載カーナビ」において，女性より男性のほうで利用率が有意に高かった．概して，女性より男性において多様なデジタル放送利用機器の使用様相が示された．

　次に，年齢層別（表 2.4.13）のデジタル放送機器利用率を比較した結果を概観する．「ケーブルテレビ」を除き本調査が取り上げたすべてのデジタル機器において，年齢層別における有意な相関関係は示されなかった．つまり，デジタル機器の利用は年齢層とはほぼ関係なく利用されていることが判明した．一方，デジタル放送のメイン機器である「地上デジタルチューナー搭載のテレビ」の場合，20代，30代の利用率はそれぞれ 83.3％，87.5％と 8 割を超える人が利用していることが示された．20代，30代に続いては，40代，50代，60代の順で 7 割以上，もっとも利用率が低いのは 10 代で 68.5％ が示された．「ケーブルテレビ」をデジタル放送の機器として利用している比率は，20代と 30代で低いことが判明した．

　世帯年収別（表 2.4.14）のデジタル機器の利用率については，「外付けデジタルテレビチューナー」において，世帯年収 200 万円以下でもっとも利用率が高いことが示された．年収の低い層においてはデジタルテレビを別途購入せず外付け用のツールを通じてデジタル環境に対応する傾向があることがうかがえ

2　メディア別にみた情報行動

表2.4.12　デジタル放送機器の利用率（性別）（％）

	男性		女性	Pr>|t|
地上デジタルチューナー搭載のテレビ	77.3		78.6	n.s.
外付けデジタルテレビチューナーを通してテレビ	7.7		8.8	n.s.
地上デジタルチューナー搭載の録画機を通じたテレビ	16.0	>	10.4	*
地上デジタルチューナー搭載/接続のパソコン	3.8		1.8	n.s.
地上デジタルチューナー搭載カーナビ	5.2	>	2.7	*
ケーブルテレビ	24.8		24.1	n.s.
その他	0.2		0.2	n.s.

n.s. 有意差なし，*$p<0.05$

表2.4.13　デジタル放送機器の利用率（年齢層別）（％）

	13-19歳	20-29歳	30-39歳	40-49歳	50-59歳	60-69歳	χ^2
地上デジタルチューナー搭載のテレビ	68.5	83.3	87.5	79.1	75.1	73.3	n.s.
外付けデジタルテレビチューナーを通してテレビ	13.5	66.7	51.1	61.4	72.4	12.3	n.s.
地上デジタルチューナー搭載の録画機を通じたテレビ	15.7	11.1	11.4	14.7	16.7	8.7	n.s.
地上デジタルチューナー搭載/接続のパソコン	3.4	1.1	3.4	3.7	4.1	5.1	n.s.
地上デジタルチューナー搭載カーナビ	4.5	2.2	6.3	6.1	2.7	1.5	n.s.
ケーブルテレビ	25.8	18.9	15.9	27.6	28.5	26.7	*

n.s. 有意差なし，*$p<0.05$

表2.4.14　デジタル放送の利用機器（世帯年収別）（％）

	200万以	200-400万	400-600万	600-800万	800-1000万	1000万以上	χ^2
地上デジタルチューナー搭載のテレビ	70.9	79.2	80.7	79.2	77.8	70.3	n.s.
外付けデジタルテレビチューナーを通してテレビ	19.0	8.4	6.3	6.7	6.1	7.9	*
地上デジタルチューナー搭載の録画機を通じたテレビ	12.7	12.8	10.8	14.8	12.1	15.8	n.s.
地上デジタルチューナー搭載/接続のパソコン	1.3	1.3	3.6	1.3	6.1	5.0	*
地上デジタルチューナー搭載カーナビ	0.0	4.0	5.4	4.0	2.0	5.9	n.s.
ケーブルテレビ	16.5	23.5	21.5	29.5	24.2	35.6	**

n.s. 有意差なし，*$p<0.05$，**$p<0.01$

た．「ケーブルテレビ」のような有料テレビサービスの場合，年収200万円以下がもっとも利用率が低く，1000万円以上がもっとも高かった．

(3)　デジタルとアナログ放送の利用状況

　次に，自宅においてデジタル・アナログ放送をどのような割合で利用してい

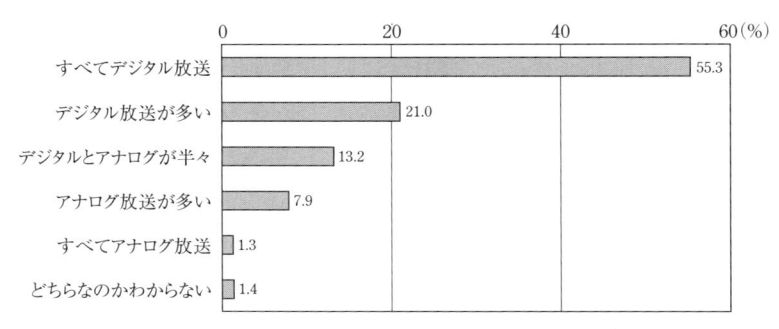

図 2.4.3　デジタル放送・アナログ放送の利用率

	すべてデジタル放送	デジタル放送が多い	デジタルとアナログが半々	アナログ放送が多い	すべてアナログ放送	どちらなのかわからない
男性（N=445）	55.7	20.9	14.4	7.2	0.9	0.9
女性（N=494）	54.9	21.1	12.2	8.5	1.6	1.8

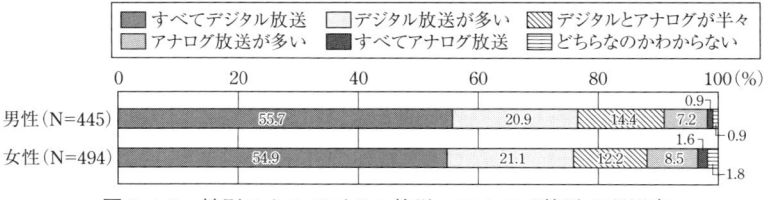

図 2.4.4　性別によるデジタル放送・アナログ放送の利用率

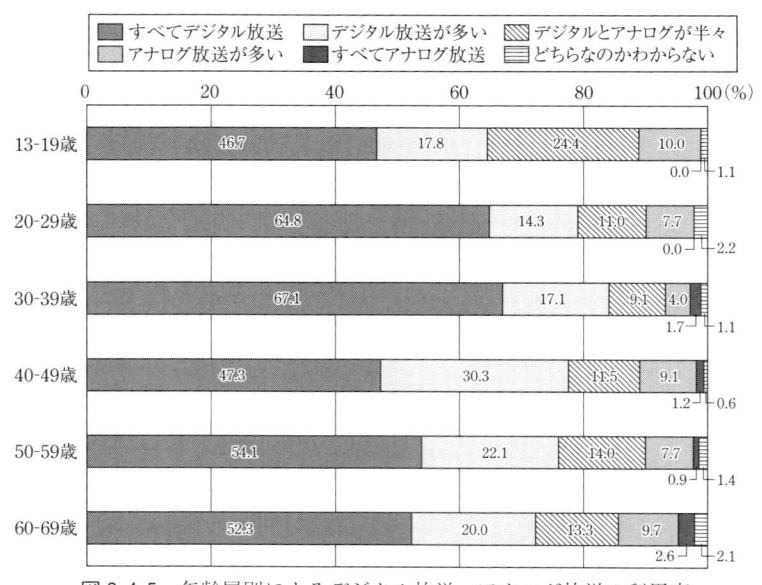

	すべてデジタル放送	デジタル放送が多い	デジタルとアナログが半々	アナログ放送が多い	すべてアナログ放送	どちらなのかわからない
13-19歳	46.7	17.8	24.4	10.0	0.0	1.1
20-29歳	64.8	14.3	11.0	7.7	0.0	2.2
30-39歳	67.1	17.1	9.1	4.0	1.7	1.1
40-49歳	47.3	30.3	11.5	9.1	1.2	0.6
50-59歳	54.1	22.1	14.0	7.7	0.9	1.4
60-69歳	52.3	20.0	13.3	9.7	2.6	2.1

図 2.4.5　年齢層別によるデジタル放送・アナログ放送の利用率

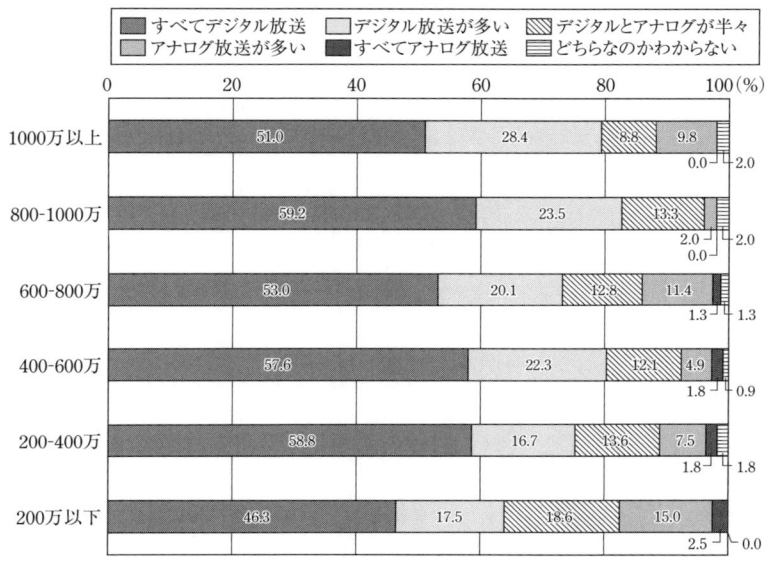

図 2.4.6 世帯年収別によるデジタル放送・アナログ放送の利用率

るのかについてたずねた．全体の結果を図 2.4.3 に示す．その結果，「すべてデジタル放送」と答えた人が 55.3% で，「デジタル放送が多い」が 21.0%，「デジタルとアナログが半々」が 13.2%，「アナログ放送が多い」が 7.9%，「すべてアナログ放送」が 1.3% とデジタルテレビの利用へと確実に進んでいることが明らかになった．

次に男女間で比較した結果を図 2.4.4 に示す．「すべてデジタル放送」と答えた人が男性で 55.7%，女性で 54.9%，「デジタル放送が多い」がそれぞれ 20.9%，21.1% と，性別に関係なく，7 割以上の人がデジタル放送を中心としたテレビ生活を送っていることが明らかになった．一方，男女間で「アナログ放送が多い」「すべてアナログ放送」と答えた人は，合計男性 8.1%，女性 10.1% と約 1 割の人においていまだアナログ放送を主としたテレビを視聴していることが示された．

次に，年齢層による差を分析した結果（図 2.4.5），「すべてデジタル放送」を利用する人の比率は 30 代でもっとも多く 67.1%，次は 20 代で 64.8% の人

がすべてデジタル放送を利用していた．逆に「すべてアナログ放送」と答えた人は，60代で2.6%，30代が1.7%，40代が1.2%，50代が0.9%の順で高い比率を示していた．とくに，「どちらなのかわからない」と答えた人の割合は20代と60代でそれぞれ2.2%，2.1%と比較的高かった．

世帯年収別によるデジタル・アナログ放送の利用率を分析した結果（図2.4.6），年収の高低に関連する利用率の一貫した傾向はみられなかった．

（4）テレビの視聴形態

調査では，「ある番組をいったん見始めたら，最後まで見る」「特に見たい番組がなくても，テレビをつけたままにする」「新聞のラテ欄などで，見る番組をあらかじめ決めておく」の3種類の視聴形態についてたずねた．全体の結果を図2.4.7に示す．「番組を見始めたら最後まで見る」ことが「よくある」「時々ある」と答えた人は全体の84.8%いた．「特に見たい番組がなくても，テレビをつけたままにする」と答えた人は66.6%で，半分以上の人がテレビをつけっぱなしにしていた．ラテ欄などで，見る番組をあらかじめを決めておくことが「よくある」「時々ある」人は全体のうち，72.2%であった．

テレビ視聴形態を性別で比較した結果（表2.4.15），「ラテ欄などで，見る番組をあらかじめ決めておく」という項目のみにおいて有意差が示され，女性のほうが男性より有意に比率が高い結果が示された．一方，「ある番組をいったん見始めたら，最後まで見る」および「特に見たい番組がなくても，テレビをつけたままにする」といった項目においては，性別による有意差は示されなかった．

年齢層別においては，3つの項目すべてにおいて有意な差が示された．「番組をいったん見始めたら，最後まで見る」は10代と60代が，「ラテ欄で見る番組をあらかじめ決めておく」では50代で高い傾向が示された．「テレビをつけっぱなしにする」視聴形態については，10代で高い傾向が示された（表2.4.16）．

それでは，有料チャンネルや地デジの利用とテレビの視聴形態がいかなる関係をもっているのかについて分析する．表2.4.17は放送サービス利用を「有料チャンネルと地デジの両方利用」「有料チャンネルのみ」「地デジのみ」「両

2 メディア別にみた情報行動　　197

□よくある　■時々ある　■あまりない　▨まったくない

ある番組をいったん見始めたら，最後まで見る	41.2	43.6	12.4	2.8	
特に見たい番組がなくても，テレビをつけたままにする	32.6	34.0	23.7	9.8	
新聞のラテ欄などで，見る番組をあらかじめ決めておく	37.9	34.3	19.7	8.1	

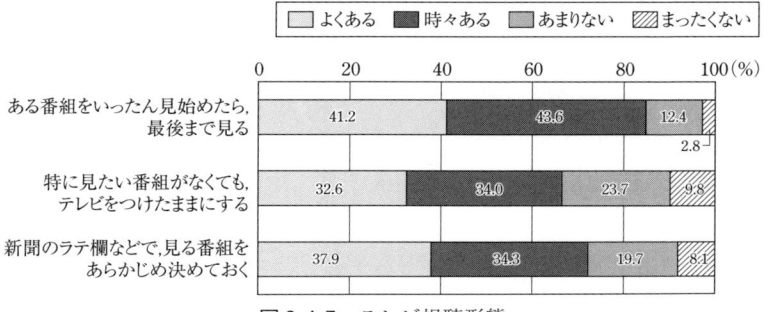

図 2.4.7　テレビ視聴形態

表 2.4.15　性別にみたテレビの視聴形態（％）

	男性 (N=688)	女性 (N=786)	t
ある番組をいったん見始めたら，最後まで見る	3.19	3.27	−1.94 n.s.
特に見たい番組がなくても，テレビをつけたままにする	2.90	2.89	0.34 n.s.
新聞のテレビ欄や番組ガイドなどで，見る番組をあらかじめ決めておく	2.91	3.11	−4.01***

n.s. 有意差なし，***$p<0.001$

表 2.4.16　年齢層別にみたテレビの視聴形態（％）

	13-19歳	20-29歳	30-39歳	40-49歳	50-59歳	60-69歳	F
ある番組をいったん見始めたら，最後まで見る	3.30^a	3.03^b	3.17^{ab}	3.28^a	3.24^a	3.30^a	3.13**
特に見たい番組がなくても，テレビをつけたままにする	2.99^a	2.94^{ab}	2.97^a	2.98^{ab}	2.89^{ab}	2.71^b	3.3**
新聞のテレビ欄や番組ガイドなどで，見る番組をあらかじめ決めておく	2.93^a	2.67^b	2.99^a	3.05^a	3.17^a	3.06^a	6.15***

※数値は，変数の平均で，数値右肩のa, bは，同記号間でTukeyの多重範囲検定により$p<0.05$の有意差がないことを示す
**$p<0.01$　***$p<0.001$

表 2.4.17　有料・地デジ利用と視聴形態

	有料チャンネルと地デジの両方	有料チャンネルのみ	地デジのみ	利用していない	F
ある番組をいったん見始めたら，最後まで見る	3.21^{ab}	3.07^b	3.31^a	3.14^{ab}	5.92***
特に見たい番組がなくても，テレビをつけたままにする	2.87^a	2.84^a	2.95^a	2.81^a	1.99 n.s.
新聞のテレビ欄や番組ガイドなどで，見る番組をあらかじめ決めておく	3.07^a	3.03^a	3.08^a	2.89^a	4.1**

※数値は，変数の平均で，数値右肩のa, bは，同記号間でTukeyの多重範囲検定により$p<0.05$の有意差がないことを示す
n.s. 有意差なし，**$p<0.01$　***$p<0.001$

方とも利用していない」の4つのパターンに分け，3つのテレビ視聴形態への影響について分析した結果である．

「ある番組をいったん見始めたら，最後まで見る」行動については，「地デジのみ」グループがもっとも高い数字を示しており，次が「有料チャンネルと地デジの両方利用」と「両方とも利用しない」グループ，最後が「有料チャンネルのみ」のグループであった．有料チャンネルだけを利用している人は他のグループに比べ最後までテレビを視聴する傾向が低いことが示された．

「特に見たい番組がなくても，テレビをつけたままにする」といった「つけっぱなし」行動については，放送サービス利用パターンと有意な関係性が見当たらなかった．

「ラテ欄などで，見る番組をあらかじめ決めておく」といったテレビ視聴の計画性については，概して有料チャンネルのみを視聴しているグループにおいてもっとも低い数字が示された（グループ間の有意差無し）．

2.4.4　番組ジャンルとニュースの視聴

「ふだんよく見る番組」（複数回答）をたずねたところ，「ニュース」が86.7%ともっとも高く，「バラエティ」(67.9%)，「ドラマ」(61.3%) が続くという結果であった（図2.4.8）．以下，「スポーツ」(49.4%)，「情報番組」(47.1%)，「映画」(45.3%)，「音楽」(34.6%) となっている．一方，「最もよく見る番組」（単一回答）でも，「ニュース」(31.4%)，「バラエティ」(18.7%)，「ドラマ」(15.2%)，「スポーツ」(7.0%) の順序は変わらない（図2.4.9）．

これら番組ジャンルを性別，年齢層別にみていく（表2.4.18）．女性がよく見るのは，「バラエティ」，「ドラマ」，「情報番組」，「音楽」，「旅行・グルメ」である．男性がよく見るのは，「スポーツ」，「映画」，「アニメ」である．年齢層別でみると，「ニュース」，「旅行・グルメ」，「趣味・教養」は，高年齢層ほどよく見ている．

逆に，「バラエティ」，「アニメ」は若年層ほどよく見ている．また「音楽」は10代がよく見ている．

「ニュース」は，テレビ番組のジャンルのなかでは，もっとも接触されている番組である．しかしながら，テレビニュースは現在，新聞，インターネット，

2 メディア別にみた情報行動

番組	%
ニュース	86.7
バラエティ	67.9
ドラマ	61.3
スポーツ	49.4
情報番組	47.1
映画	45.3
音楽	34.6
旅行・グルメ	33.1
趣味・教養	29.0
アニメ	19.9
その他	3.4
無回答	0.5

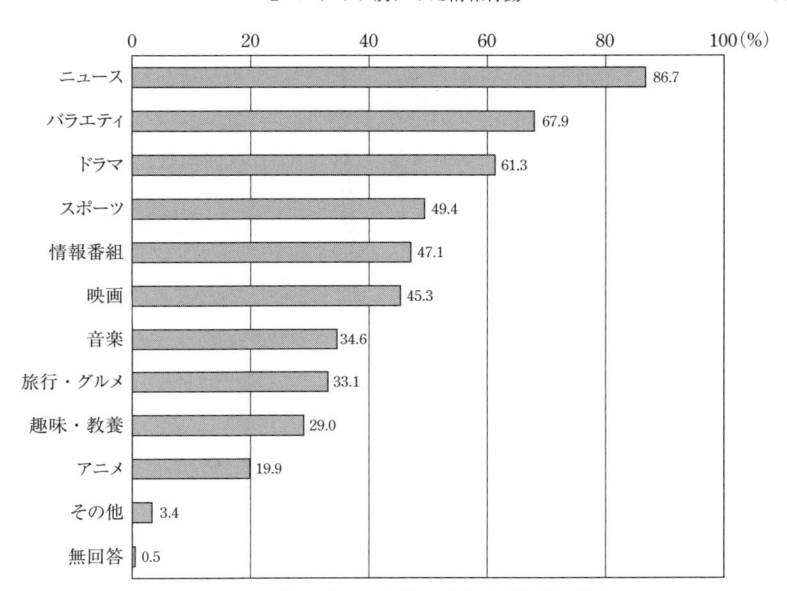

図 2.4.8 「ふだんよく見る番組」(複数回答)

番組	%
ニュース	31.4
バラエティ	18.7
ドラマ	15.2
スポーツ	7.0
情報番組	4.6
アニメ	2.2
旅行・グルメ	2.1
映画	1.9
趣味・教養	1.6
音楽	1.3
その他	0.6
無回答	13.5

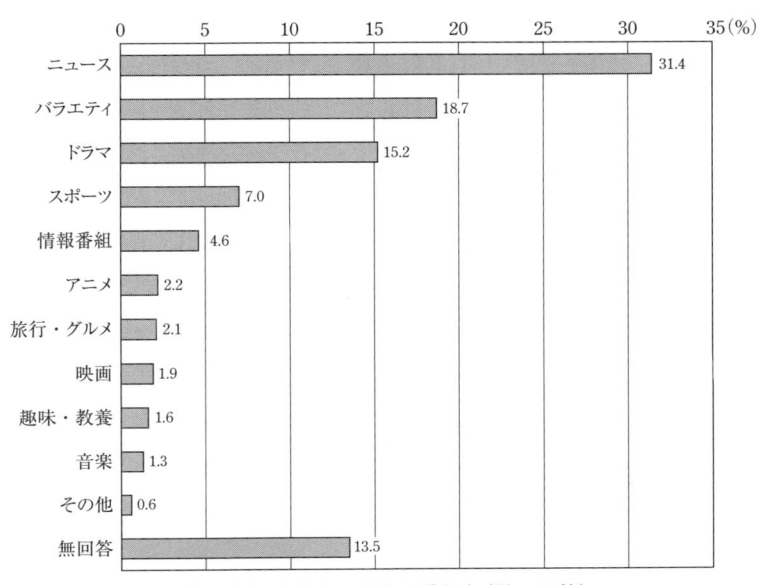

図 2.4.9 「最もよく見る番組」(単一回答)

表 2.4.18 「ふだんよく見る番組」(性別・年齢層別)

	性別		年齢層別	
	χ^2 値	ふだんよく見る番組	χ^2 値	ふだんよく見る番組
ニュース	1.5 n. s.		185.7***	高年齢層ほどよく見る
バラエティ	8.3**	女性がよく見る	96.5***	若年層ほどよく見る
ドラマ	86.7***	女性がよく見る	13.6*	50代がよく見る
スポーツ	170.5***	男性がよく見る	53.6***	60代がよく見る
情報番組	16.5***	女性がよく見る	49.9***	40代, 50代がよく見る
映画	9.4**	男性がよく見る	17.0**	50代がよく見る
音楽	21.2***	女性がよく見る	31.9***	10代がよく見る
旅行・グルメ	18.0***	女性がよく見る	123.1***	高年齢層ほどよく見る
趣味・教養	0.1 n. s.		75.8***	高年齢層ほどよく見る
アニメ	8.1**	男性がよく見る	264.2***	若年層ほどよく見る

χ^2 検定結果の有意水準: ***$p<0.001$, **$p<0.01$, *$p<0.05$, n. s. 有意差なし

表 2.4.19 質問紙調査による「ニュース」接触媒体 (平均時間 [分])

		テレビニュース	新聞	PCニュース	携帯ニュース
性別	男性	81.0	36.7^a	21.4^a	7.3^a
	女性	78.4	26.2^b	9.7^b	5.3^b
		0.32	16.9***	26.8***	4.2*
年齢層別					
	10代	42.5^a	7.3^a	8.1^a	12.1^c
	20代	65.6^b	15.7^b	19.0^c	15.6^d
	30代	66.1^b	17.3^b	27.0^c	9.3^c
	40代	71.0^b	27.4^c	14.6^b	6.6^b
	50代	88.6^c	36.6^d	13.4^b	2.2^a
	60代	109.8^d	56.6^e	8.5	1.1^a
		16.4***	35.0***	6.6***	21.2***

各属性下段の数字はF値と検定結果
各属性の要素の数値右肩のa, b, c, …は, 同記号間ではTukeyの多重範囲検定で$p<0.05$の有意差がないことを示す
***$p<0.001$, **$p<0.01$, *$p<0.05$

そして携帯電話との競合にさらされている. 質問紙調査では, テレビニュース, 新聞, PCで見るニュース, 携帯電話で見るニュースについて, それぞれ1週間ならびに1日にどれくらい時間を要したかをたずねた (問2). テレビニュースは1週間あたり平均6.2日, 新聞は平均6.0日, PCは平均4.8日, 携帯は平均5.3日であった. 1日あたりでは, テレビニュース平均83.1分, 新聞が平均40.5分, PCが平均40.1分, 携帯は平均21.6分であった. 新聞閲読時間の減少傾向は日記式調査からも明らかだが, 質問紙調査からも, ニュースを知る手段として, 1日あたりに要する時間が新聞とPCでほぼ同じであること

がわかる.つまり,ニュースを知る手段(媒体)は,テレビの次はもはや新聞ではなく,PCインターネット時代になりつつあることがうかがえる.

この4媒体について,性別ならびに年齢層別の分析を行った(表2.4.19).テレビニュースについては,男女差はないが,新聞,PC,携帯とも男性の接触時間が有意に長くなっている.また,年齢層別では,テレビニュース,新聞は若年層から高年齢層へ順次接触時間が長くなっている.一方,PCで見るニュースは30代がもっとも長く,携帯で見るニュースは20代がもっとも長くなっている.年齢層別にニュースを知る媒体が分化していく徴候がうかがえるもので興味深い.

2.4.5 DVD・ゲーム

(1) DVDソフト・レンタルDVD視聴時間および機器ごとのゲーム利用時間

続いて,DVD視聴やゲーム利用など娯楽関連のメディア利用についてみてみよう.日記式調査ではテレビ視聴時間以外に,テレビでのDVDソフト・レンタルDVD視聴時間,パソコンでのDVDソフト・レンタルDVD視聴時間,さらにテレビゲームをする時間,携帯電話でゲームをする時間,パソコンゲームをする時間,携帯型ゲーム機でゲームをする時間を記入してもらった.

テレビでのDVDソフト・レンタルDVD視聴時間は全体平均時間3.1分,行為者率3.3%であり,行為者平均時間95.6分,パソコンでのDVD視聴全平均時間0.9分,行為者率0.9%,行為者平均時間96.7分と比較して,テレビでのDVD視聴時間の行為者がやや多く,全平均時間もそれに従って2.2分多くなっている(表2.4.20).しかしながら,行為者平均時間では0.9分と大きな差はない.テレビとパソコンでの視聴の両方をあわせた汎DVDソフト・レンタルDVD視聴時間は全体平均時間4分,行為者率4.0%,行為者平均時間100.3分であり,DVDソフト・レンタルDVD視聴行動は,行為者は少ないが,ひとたび視聴すると,その行為時間は長い傾向がみてとれる.日記式調査を平日に実施していることもあり,娯楽休息時間が比較的多い休日ではまた違った視聴行動の様相が提示される可能性がある.

続いて,機器別にゲーム利用時間を分析した結果を示す(表2.4.21).ゲー

表 2.4.20　機器別 DVD 視聴の平均時間，行為者率および行為者平均時間

	全平均時間（分）	行為者率（％）	行為者平均時間(分)
テレビ	3.1	3.3	95.6
パソコン	0.9	0.9	96.7
汎 DVD ソフト・レンタル DVD	4.0	4.0	100.3

表 2.4.21　機器別ゲーム利用の全体平均時間，行為者率および行為者平均時間

	全平均時間（分）	行為者率（％）	行為者平均時間(分)
テレビ	3.0	2.1	144.1
携帯電話	1.8	2.9	63.1
パソコン	2.5	3.2	79.2
携帯型ゲーム機	1.6	1.9	84.6
汎ゲーム	8.7	9.3	94.3

ム機器別にはテレビでのゲームが全平均 3.0 分，行為者平均時間 144.1 分とももっとも長い利用時間となった．しかしながら，行為者率においては，パソコン 3.2%，携帯電話 2.9%，テレビゲーム 2.1%，携帯型ゲーム機 1.9% とパソコンがもっとも高い．行為者平均時間においては，携帯電話のゲーム利用でも 63.1 分と，比較的利用時間が長いことがゲーム利用の特徴である．すべての機器を含めた汎ゲーム利用時間は全体平均 8.7 分，行為者率は 9.3%，行為者平均時間は 94.3 分であった．

（2）属性別 DVD ソフト・レンタル DVD 視聴時間および機器ごとのゲーム利用時間

DVD 視聴における属性別分析では，性別，就業形態別，年収別では差がないが，年齢別ではパソコンでの DVD ソフト・レンタル DVD 視聴時間のみ，20 代の全体平均視聴時間 2.7 分と 10 代の全体平均視聴時間 0.2 分および 60 代の全体平均視聴時間 0.1 分とのあいだで有意な差がみられた．また，テレビでの DVD 視聴時間においても，行為者率において有意な差が認められた（表 2.4.22，表 2.4.23）．

続いて，ゲーム利用時間を属性別にみてみよう．性別および年齢別にゲーム利用時間，行為者率，および行為者平均時間を示したものが表 2.4.22 から表

2.4.24 である.全体平均利用時間は,テレビゲーム,携帯電話,パソコン,さらには携帯型ゲーム機のすべての機器において,女性より男性が長くなっており,統計的に有意な差が認められた.年齢別でもパソコンによるゲームを除くすべての機器で 10 代の全体平均利用時間が長く,10 代とそれ以外の年代とで有意な差がみられた.すべてのゲーム機器を含めた汎ゲーム利用時間においても,若年層ほどゲーム利用時間が長い傾向がある.

就業形態別では,学生・生徒のテレビゲームおよび携帯型ゲーム機の全体平均利用時間が長く,テレビゲーム,携帯電話でのゲーム,携帯型ゲーム機の行為者率が高くなっており,いずれも有意な差が認められた(表 2.4.25 から表 2.4.27).年収別ではパソコンゲームの行為者平均時間において,年収 1000 万以上の層で 152.5 分,続いて年収 200 万円未満の 143.6 分と突出して行為者平均時間が長く,有意な差が認められた.それ以外の利用時間等では顕著な差はみられなかった(表 2.4.28 から表 2.4.30).ゲーム利用においては,機器によらず,概して,女性より男性ほど,年齢別では 10 代,就業形態では学生の利用時間が長く,これらのデモグラフィック変数に利用が左右されるメディアであるといえよう.

(3) ゲーマー属性

続いて,どのような人びとがゲームに熱中し,ゲームを長時間行っているのだろうか.ゲーム利用時間が長い人びと,すなわち「ゲーマー」の横顔にせまってみたい.テレビ,携帯電話,パソコンおよび携帯型ゲーム機のすべてのゲーム利用時間である汎ゲーム 1 日利用時間を算出し,非利用群,ゲーム低群(20 分未満),中群(20 分以上 60 分未満),高群(60 分以上)に分類し,その属性を比較した.回答者全体に占める各群の比率は,それぞれ非利用者 87.8%,低群 4.0%,中群 4.2%,ヘビーゲーマーである高群 3.9% である.

はじめに性別ごとにゲーム利用者群の比率を提示したものが図 2.4.10 である.ゲーム利用の低中高群,いずれをとっても女性より男性で利用者率が高くなっており,χ^2 検定で統計上の有意性が認められた($\chi^2: p<0.001$).高群であるヘビーゲーマーは男性 6.3% に対し,女性 2.0% と男性にヘビーゲーマーが多く,どちらかといえば女性はライトゲーマー中心であることがみてとれる.

第1部　日本人の情報行動の現状と変化

表2.4.22　性別・年齢別DVDソフト・レンタル

		性別		
		男性	女性	
DVDソフト・レンタル DVD視聴	テレビ	2.9	3.3	n.s.
	パソコン	0.9	0.9	n.s.
	汎DVDソフト・レンタルDVD	3.8	4.2	n.s.
ゲーム	テレビ	5.9	0.5	***
	携帯電話	2.7	1.1	*
	パソコン	3.4	1.7	*
	携帯型ゲーム機	2.6	0.8	**
	汎ゲーム	14.2	4.0	***

t検定（性別），分散分析（年齢）の結果：***p<0.001，**p<0.01，*p<0.05，n.s.有意差なし
数値右肩のa, b, cは，同記号間ではTukeyの多重比較検定により，p<0.05の有意差がないことを示す

表2.4.23　性別・年齢別DVDソフト・レンタ

		性別		
		男性	女性	
DVDソフト・レンタル DVD視聴	テレビ	3.2	3.4	n.s.
	パソコン	0.7	1.1	n.s.
	汎DVDソフト・レンタルDVD	3.7	4.3	n.s.
ゲーム	テレビ	3.5	0.8	***
	携帯電話	3.8	2.1	**
	パソコン	3.6	2.8	n.s.
	携帯型ゲーム機	2.5	1.3	*
	汎ゲーム	12.1	6.8	***

χ^2検定結果：***p<0.001，**p<0.01，*p<0.05，n.s.有意差なし

表2.4.24　性別・年齢別DVDソフト・レンタル

		性別		
		男性	女性	
DVDソフト・レンタル DVD視聴	テレビ	90.9	99.4	n.s.
	パソコン	124.5	80.3	n.s.
	汎DVDソフト・レンタルDVD	102.8	98.4	n.s.
ゲーム	テレビ	168.3	54.6	**
	携帯電話	69.4	52.9	n.s.
	パソコン	94.4	61.9	n.s.
	携帯型ゲーム機	100.7	57.9	*
	汎ゲーム	116.9	59.1	***

t検定（性別），分散分析（年齢）の結果：***p<0.001，**p<0.01，*p<0.05，n.s.有意差なし
数値右肩のa, bは，同記号間ではTukeyの多重比較検定により，p<0.05の有意差がないことを示す

DVD視聴および機器別ゲーム全体平均時間（分）

	年齢						
13-19歳	20-29歳	30-39歳	40-49歳	50-59歳	60-69歳		
3.3	3.0	3.8	2.6	4.9	1.1	n.s.	
0.2^b	2.7^a	1.1^{ab}	1.3^{ab}	0.7^{ab}	0.1	b^*	
3.5	5.7	4.8	3.9	5.5	1.3	*	
14.4^a	7.1^{ab}	2.2^b	3.1^b	0.2^b	0.1	b^{***}	
3.7^a	4.5^{ab}	3.2^{ab}	2.3^{ab}	0.1^b	0.1	b^{***}	
1.2	4.5	3.1	1.3	3.0	2.1	n.s.	
9.2^a	3.0^b	2.3^b	0.3^b	0.2^b	0.0	b^{***}	
27.6^a	18.7^{ab}	10.8^{bc}	6.8^c	3.6^c	2.2	c^{***}	

ルDVD視聴および機器別ゲーム行為者率（％）

	年齢					
13-19歳	20-29歳	30-39歳	40-49歳	50-59歳	60-69歳	
3.9	2.1	4.1	3.5	4.5	1.4	*
0.4	2.4	1.1	0.9	0.9	0.3	n.s.
4.3	4.2	4.8	4.3	5.1	1.7	*
6.7	4.5	3.0	1.7	0.6	0.3	***
3.5	8.3	5.4	3.9	0.3	0.2	***
2.8	2.4	2.8	2.0	4.2	3.9	n.s.
7.5	4.2	2.8	0.9	0.7	0.0	***
18.1	18.8	11.9	8.0	5.8	4.2	***

DVD視聴および機器別ゲーム行為者平均時間（分）

	年齢					
13-19歳	20-29歳	30-39歳	40-49歳	50-59歳	60-69歳	
84.0	145.0	92.7	74.7	108.6	81.7	n.s.
45.0	109.3	95.0	138.0	75.0	45.0	n.s.
80.5	136.3	99.2	91.7	108.6	75.0	n.s.
215.3	158.1	74.1	185.0	41.3	30.0	n.s.
104.4	54.4	60.0	59.5	50.0	90.0	n.s.
44.3^b	184.3^a	112.3^{ab}	65.5^b	71.6	54.6	b^{**}
122.9	70.8	82.7	33.0	30.0	—	n.s.
152.5^a	99.6^{ab}	91.3^{ab}	85.6^{ab}	62.3^{ab}	53.3	b

表2.4.25　就業形態別DVDソフト・レンタルDVD

		フルタイム
DVDソフト・レンタルDVD視聴	テレビ	2.7
	パソコン	0.9
	汎DVDソフト・レンタルDVD	3.6
ゲーム	テレビ	2.9[b]
	携帯電話	2.3
	パソコン	3.8
	携帯型ゲーム機	0.7[b]
	汎ゲーム	9.5[b]

分散分析の結果：***$p<0.001$，*$p<0.05$，n.s. 有意差なし
数値右肩のa, bは，同記号間ではTukeyの多重比較検定により，$p<0.05$の有意差が

表2.4.26　就業形態別DVDソフト・レンタルDVD

		フルタイム
DVDソフト・レンタルDVD視聴	テレビ	3.3
	パソコン	0.8
	汎DVDソフト・レンタルDVD	3.9
ゲーム	テレビ	2.2
	携帯電話	3.6
	パソコン	4.1
	携帯型ゲーム機	1.3
	汎ゲーム	10.2

分散分析の結果：*$p<0.05$，n.s. 有意差なし

表2.4.27　就業形態別DVDソフト・レンタルDVD

		フルタイム
DVDソフト・レンタルDVD視聴	テレビ	83.5
	パソコン	102.5
	汎DVDソフト・レンタルDVD	92.1
ゲーム	テレビ	129.2
	携帯電話	64.3
	パソコン	91.8
	携帯型ゲーム機	56.7
	汎ゲーム	93.1

χ^2検定結果：***$p<0.001$，**$p<0.01$，*$p<0.05$，n.s. 有意差なし

2 メディア別にみた情報行動

視聴および機器別ゲーム全体平均時間（分）

	就業形態				
パート・アルバイト	専業主婦	学生・生徒	無職		
2.2	4.6	2.7	5.3	n. s.	
1.8	0.2	0.8	0.3	n. s.	
3.9	4.8	3.6	5.5	n. s.	
0.3[b]	0.3[b]	14.6[a]	1.2	b***	
1.0	0.6	3.9	0.7	n. s.	
0.8	0.9	2.3	2.0	*	
1.6[b]	0.6[b]	9.3[a]	0.3	b***	
3.7[b]	2.4[b]	29.3[a]	4.1	b***	

ないことを示す

視聴および機器別ゲーム行為者率（％）

	就業形態				
パート・アルバイト	専業主婦	学生・生徒	無職		
2.4	4.1	2.9	4.1	n. s.	
1.9	0.5	0.7	0.3	n. s.	
3.9	4.6	3.7	4.1	n. s.	
0.9	0.7	6.6	1.0	***	
1.9	1.2	5.1	1.7	**	
1.7	1.7	2.9	3.7	*	
2.0	1.0	7.7	0.7	***	
6.3	4.6	19.7	7.1	***	

視聴および機器別ゲーム行為者平均時間（分）

	就業形態				
パート・アルバイト	専業主婦	学生・生徒	無職		
89.2	111.2	93.8	128.8	n. s.	
97.5	45.0	112.5	90.0	n. s.	
101.0	104.2	97.5	133.8	n. s.	
33.0	46.7	222.5	115.0	n. s.	
54.5	49.0	77.1	42.0	n. s.	
50.0	51.4	80.0	52.7	n. s.	
76.4	66.3	121.0	37.5	n. s.	
58.8	53.2	148.8	57.6	*	

表 2.4.28　年収別 DVD ソフト・レンタル DVD 視聴

		200万未満	200-400万未満
DVD ソフト・レンタル DVD 視聴	テレビ	2.8	3.9
	パソコン	2.2	1.0
	汎 DVD ソフト・レンタル DVD	5.0	4.9
ゲーム	テレビ	2.6	5.7
	携帯電話	1.3	2.7
	パソコン	3.1	2.4
	携帯型ゲーム機	1.7	1.5
	汎ゲーム	8.6	11.8

分散分析の結果：n.s. 有意差なし

表 2.4.29　年収別 DVD ソフト・レンタル DVD 視聴

		200万未満	200-400万未満
DVD ソフト・レンタル DVD 視聴	テレビ	3.7	3.5
	パソコン	1.9	0.8
	汎 DVD ソフト・レンタル DVD	4.6	4.1
ゲーム	テレビ	2.2	3.0
	携帯電話	1.9	3.2
	パソコン	2.2	3.8
	携帯型ゲーム機	1.5	2.1
	汎ゲーム	7.7	10.0

χ^2 検定結果：*$p<0.05$，n.s. 有意差なし

表 2.4.30　年収別 DVD ソフト・レンタル DVD 視聴

		200万未満	200-400万未満
DVD ソフト・レンタル DVD 視聴	テレビ	76.3	111.1
	パソコン	120.0	122.5
	汎 DVD ソフト・レンタル DVD	108.0	120.5
ゲーム	テレビ	120.0	187.4
	携帯電話	67.5	85.8
	パソコン	143.6[a]	63.8[ab]
	携帯型ゲーム機	108.0	69.1
	汎ゲーム	111.6	118.5

分散分析の結果：***$p<0.001$，n.s. 有意差なし
数値右肩の a, b は，同記号間では Tukey の多重比較検定により，$p<0.05$ の有意差がないことを示す

および機器別ゲーム全体平均時間（分）

	世帯年収				
400-600万未満	600-800万未満	800-1000万未満	1000万以上		
3.5	2.4	1.7	3.1	n.s.	
0.6	0.7	0.5	0.7	n.s.	
4.0	3.1	2.1	3.8	n.s.	
0.7	2.4	6.7	0.5	n.s.	
1.9	1.9	1.3	1.0	n.s.	
2.5	0.9	2.3	4.0	n.s.	
1.3	3.5	0.9	0.9	n.s.	
6.4	8.2	11.3	6.3	n.s.	

および機器別ゲーム行為者率（％）

	世帯年収				
400-600万未満	600-800万未満	800-1000万未満	1000万以上		
3.2	2.9	2.9	3.2	n.s.	
0.7	0.7	0.7	1.1	n.s.	
3.8	3.6	3.6	4.3	n.s.	
1.0	2.5	3.2	0.9	*	
3.5	2.2	3.2	2.8	n.s.	
2.8	2.5	5.7	2.6	n.s.	
2.1	2.2	1.4	1.5	n.s.	
9.0	8.5	13.6	7.8	n.s.	

および機器別ゲーム行為者平均時間（分）

	世帯年収				
400-600万未満	600-800万未満	800-1000万未満	1000万以上		
107.5	83.5	58.1	96.0	n.s.	
75.0	105.0	67.5	66.0	n.s.	
104.2	87.5	60.0	88.5	n.s.	
69.3	95.9	208.9	55.0	n.s.	
52.7	85.8	40.6	36.2	n.s.	
89.7[ab]	37.7[b]	40.0[b]	152.5[a]	***	
62.1	155.5	66.3	57.9	n.s.	
70.9	96.2	82.9	81.3	n.s.	

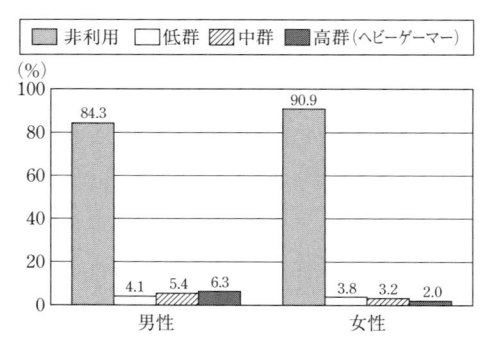

図 2.4.10 性別におけるゲーム利用者の比率
（男性 N=686，女性 N=783）

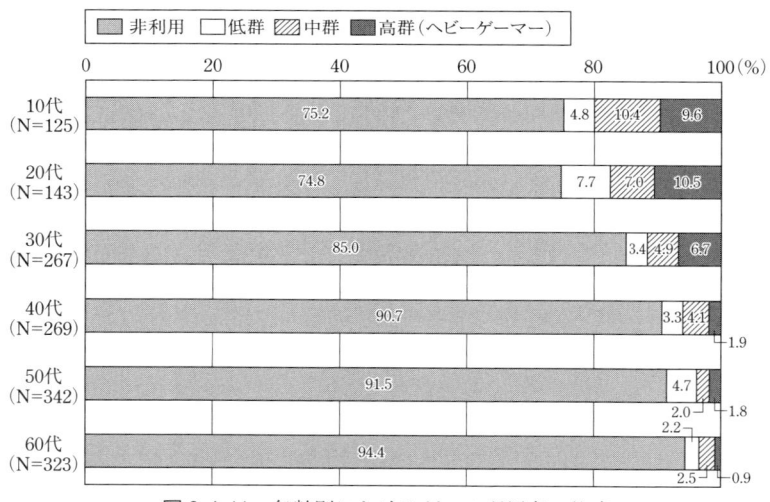

図 2.4.11 年齢別におけるゲーム利用者の比率

年齢別では，10代および20代にゲーマーが多く，ヘビーゲーマーである高群は20代が10.5%ともっとも多く（図2.4.11），年代別でも統計的に有意であった（$\chi^2 : p<0.001$）．続いて就業形態別では，学生・生徒が低中高群あわせて27.2%と突出して多く，ヘビーゲーマーである高群も10.3%と他層より圧倒的に多く存在する（図2.4.12）．フルタイムがそれに続き，高群4.6%である．いずれもχ^2検定で統計上の有意性が認められた（$\chi^2 : p<0.001$）．

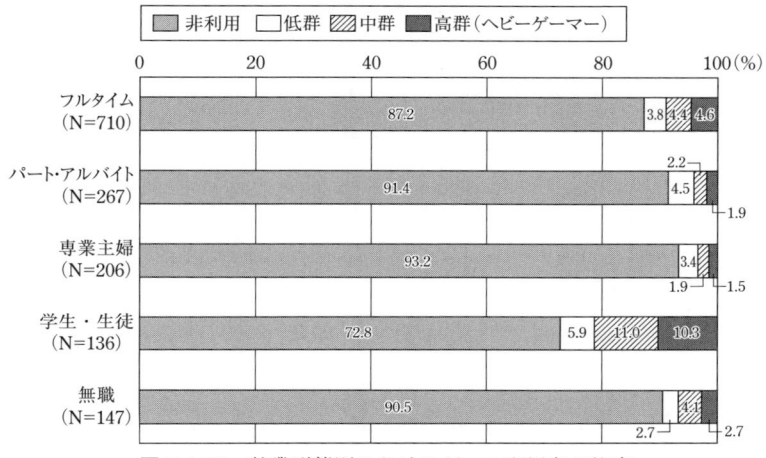

図 2.4.12 就業形態別におけるゲーム利用者の比率

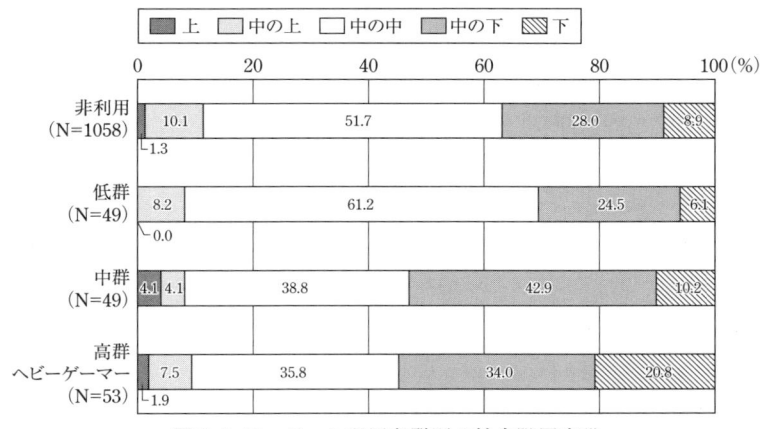

図 2.4.13 ゲーム利用者群別の社会階層意識

　ヘビーゲーマーを中心にその属性をみてみると，女性より男性で多く，年齢別では若年層ほど，就業形態ではフルタイムおよび学生・生徒で，ヘビーゲーマー層が存在する様子がうかがえる．学歴や地域規模では有意な差はみられなかった．これらの結果を鑑みると，比較的時間に余裕のあると思われる男子大学生が長時間ゲームに熱中している様子が浮かび上がってくる．

　最後に社会階層意識についても同様にゲーマー群別に比較を行ったものが図

2.4.13である（無回答者は除く）．ヘビーゲーマーである高群ほど社会階層意識が「下」という回答が多く，χ^2検定で統計上の有意性が認められた（χ^2: $p<0.05$）．中群および高群でいずれも「中の下」と「下」という回答をあわせると半数以上を占め，他群より低い社会階層意識をもっている様子がうかがえる．

2.5 活字メディアとラジオ

本節では，活字メディアとして新聞・本・雑誌・マンガ・その他の文章，オーディオメディアとしてラジオを取り上げ，日記式調査で測定した利用時間の分析結果を報告する．

2.5.1 新聞

(1) 2005年調査からの新聞閲読時間の変化

2010年調査の新聞の閲読時間を2005年調査と比較すると（表2.5.1），全平均時間が18.8分（2005年調査から7.3分減），行為者率が47.6%（同14.0%減），行為者平均時間は39.4分（同3.0分減）といずれも減少している．属性別にみると性別を問わず，全年齢層・全就業形態で新聞の行為者率が大幅に減少している．これらの変化は社会で全般的に「新聞離れ」が進んでいることを示していると考えられる．

(2) 属性別の新聞閲読時間

表2.5.2は性別・年齢層別・就業形態別・最終学歴別・世帯年収別に新聞閲読時間を比較したものである．性別では行為者率には有意差がないが，行為者平均時間は男性の方が長い．年齢層別では13-19歳の行為者率10.2%に対して60-69歳では67.0%と年齢が高くなるにつれて行為者率が高くなっている．行為者平均時間も13-19歳で短く，50歳以上で長くなっている．就業形態別では学生の行為者率が12.8%と低く行為者平均時間も18.3分と他の就業形態の半分以下だが，これは就業形態よりむしろ年齢に起因した差異かもしれない．

2 メディア別にみた情報行動

表 2.5.1 2005-2010 年：新聞閲読時間の変化

		全平均時間（分）			行為者率（%）			行為者平均時間（分）		
		2005年	2010年	増減	2005年	2010年	増減	2005年	2010年	増減
全体		26.1	18.8	−7.3	61.6	47.6	−14.0	42.4	39.4	−3.0
性別	男性	30.6	20.4	−10.2	63.2	47.1	−16.1	48.4	43.4	−5.0
	女性	22.3	17.3	−5.0	60.2	48.0	−12.2	37.1	36.0	−1.1
年齢層	13-19歳	4.8	1.7	−3.1	19.2	10.2	−9.0	24.9	16.5	−8.4
	20-29歳	10.8	4.5	−6.3	34.8	21.2	−13.6	30.9	21.3	−9.6
	30-39歳	16.4	8.9	−7.5	55.5	35.0	−20.5	29.6	25.5	−4.1
	40-49歳	24.0	14.4	−9.6	72.5	53.9	−18.6	33.1	26.7	−6.4
	50-59歳	35.3	24.8	−10.5	76.6	59.2	−17.4	46.1	42.0	−4.1
	60-69歳	51.3	37.2	−14.1	81.7	67.0	−14.7	62.7	55.5	−7.2
就業形態	フルタイム	26.5	16.1	−10.4	64.2	46.3	−17.9	41.3	34.7	−6.6
	パート	25.9	19.4	−6.5	67.3	54.1	−13.2	38.5	36.0	−2.5
	専業主婦	28.6	25.1	−3.5	69.3	59.4	−9.9	41.3	42.3	1.0
	学生・生徒	5.8	2.3	−3.5	21.2	12.8	−8.4	27.3	18.3	−9.0
	無職	49.4	36.4	−13.0	77.7	58.2	−19.5	63.6	62.5	−1.1

表 2.5.2 属性別新聞閲読時間・行為者率

		全平均時間（分）	行為者率（%）	行為者平均時間（分）
性別	男性	20.4 n.s.	47.1 n.s.	43.4***
	女性	17.3	48.0	36.0
年齢層	13-19歳	1.7^{e}***	10.2***	16.5^{b}***
	20-29歳	4.5^{de}	21.2	21.3^{b}
	30-39歳	8.9^{d}	35.0	25.5^{b}
	40-49歳	14.4^{c}	53.9	26.7^{b}
	50-59歳	24.8^{b}	59.2	42.0^{a}
	60-69歳	37.2^{a}	67.0	55.5^{a}
就業形態	フルタイム	16.1^{c}***	46.3***	34.7^{b}***
	パート	19.4^{c}	54.1	36.0^{b}
	専業主婦	25.1^{b}	59.4	42.3^{b}
	学生・生徒	2.3^{d}	12.8	18.3^{c}
	無職	36.4^{a}	58.2	62.5^{a}
最終学歴	中学校	25.3^{a}***	51.0 n.s.	49.6^{a}***
	高校	22.2^{a}	52.0	42.7^{ab}
	短大・高専	14.8^{b}	47.9	30.8^{c}
	大学・大学院	21.8^{a}	54.3	40.1^{b}
世帯年収	200万未満	22.7 n.s.	46.3 n.s.	49.0^{a}**
	200-400万	18.5	44.9	41.2^{ab}
	400-600万	18.8	49.9	37.7^{b}
	600-800万	18.8	52.9	35.5^{b}
	800-1000万	17.0	47.9	35.4^{b}
	1000万以上	18.8	50.4	37.2^{b}

t検定（性別），分散分析（年齢層別・就業形態別の平均時間）χ^2検定（行為者率）の結果
***$p<0.001$, **$p<0.01$, *$p<0.05$, n.s.有意差なし
数値右肩のa, b, c, d, eは，同じ記号間ではTukey法により$p<0.05$の有意差がないことを示す．
最終学歴別の比較は学生を除いたサンプルで分析している

表 2.5.3 新聞閲読の有無・閲読時間の回帰分析結果

	新聞閲読有無の ロジスティック回帰分析	新聞閲読時間の 重回帰分析
	B	β
定数	−4.174***	
性別ダミー（男=1, 女=2）	−0.152	−0.117***
年齢	0.056***	0.347***
最終学歴（教育年数に換算）	0.106***	0.038
世帯年収（金額に換算）	0.000**	−0.005
パート・アルバイトダミー	0.378**	0.036
専業主婦ダミー	0.586***	0.113**
学生・生徒ダミー	−0.126	0.069*
無職ダミー	0.116	0.166***
Nagelkerke R^2	0.200	—
調整済み R^2	—	0.172

***$p<0.001$, **$p<0.01$, *$p<0.05$　就業形態は「フルタイム」を基準とした

　無職の行為者平均時間が62.5分と長くなっているのは，退職後の高齢者層の閲読時間が長いためと考えられる．最終学歴別・世帯年収別の比較では行為者率には有意差はなく，行為者平均時間では中学校卒・200万円未満が長くなっている．この結果は高齢者層で高学歴者の比率が比較的少なく，年金生活者が多いためではないかと考えられる．

　続いて，他の属性を統制した場合に年齢・最終学歴・世帯年収が新聞閲読行動とどの程度関連しているかを調べるため，全サンプルを対象とし新聞閲読の有無（行為者か否か）を従属変数としたロジスティック回帰分析と，新聞の行為者を対象とし新聞閲読時間（行為者平均時間）を従属変数とした重回帰分析を行った（表2.5.3）.

　表左側のロジスティック回帰分析の結果によれば，年齢が高いほど，最終学歴が高いほど，世帯年収が高いほど新聞を閲読する傾向が有意に高い．就業形態ではパート・アルバイト，専業主婦がフルタイムよりも新聞を閲読する傾向が高い．表2.5.2では新聞閲読の行為者率と学歴・世帯年収との関連がみられなかったが，ロジスティック回帰分析で他の属性を統制することによって，高学歴・高年収の人びとほど新聞を読んでいる傾向が確認された．

　表2.5.3右側の重回帰分析の結果では，男性ほど，年齢が高いほど，また就業形態では専業主婦，学生・生徒，無職がフルタイムよりも新聞閲読時間が長

い．世帯年収と新聞閲読時間とのあいだには有意な関連がなく，学生よりもフルタイムの閲読時間が短くなっていることから，表2.5.2でみられた世帯年収が低い層で新聞閲読時間が長く学生の閲読時間が短いという傾向は，年齢を介した擬似的な関連であったと考えられる．

2.5.2　本・雑誌・マンガ等

（1）　2005年調査からの本・雑誌・マンガ等閲読時間の変化

　本（マンガ・雑誌を除く），雑誌（マンガを除く），マンガ，その他の文章（調査票では「上記以外の文章」と表記）の閲読時間を分析する．これらのメディア間の比較では，本が全平均時間9.0分，行為者平均時間82.6分，行為者率10.9%であり，いずれももっとも高い数値である（表2.5.4）．雑誌は2番目に行為者率が高いものの行為者平均時間はもっとも短い．マンガはもっとも行為者率が低い．その他の文章は行為者平均時間が本に次いで長くなっている．

　2010年調査の閲読時間を2005年調査の結果と比較すると，雑誌・マンガ・その他の文章では全平均時間・行為者平均時間・行為者率が軒並み減少している一方で，本だけはいずれの数値も増加している．本は活字メディアのなかで唯一，利用が増えているメディアだといえる．

（2）　属性別の本・雑誌・マンガ等閲読時間

　性別・年齢層別に本・雑誌・マンガ・その他の文章の閲読時間，行為者率を比較したものが表2.5.5，表2.5.6，表2.5.7である．

　性別の比較では男性が女性よりマンガの行為者率が高く，雑誌・その他の文章では女性が男性より行為者率が高い．ただし行為者平均時間ではどのメディアも性別による有意差はない．

　年齢層別の比較では，本の行為者率は40-49歳，50-59歳で高く，本の行為者平均時間は13-19歳がもっとも長い．30-39歳は本の行為者率・行為者平均時間がともに短い．雑誌の行為者率は年齢層による有意差がなく，雑誌の行為者平均時間は20-29歳，60-69歳の層で長くなっている．マンガの行為者率は13-19歳でもっとも高く，年齢が高くなるほど行為者率が低下している．マン

表 2.5.4 2005-2010 年：本・雑誌・マンガ等閲読時間の変化

	全平均時間（分）			行為者率（％）			行為者平均時間（分）		
	2005年	2010年	増減	2005年	2010年	増減	2005年	2010年	増減
本（マンガ，雑誌を除く）を読む	7.1	9.0	1.9	9.9	10.9	1.0	71.8	82.6	10.8
雑誌（マンガを除く）を読む	4.0	2.0	-2.0	7.5	5.2	-2.3	53.8	38.4	-15.4
マンガを読む	2.6	1.1	-1.5	3.8	2.5	-1.3	68.1	41.7	-26.4
上記以外の文章を読む	5.5	3.7	-1.8	6.1	4.7	-1.4	90.2	78.7	-11.5

表 2.5.5 性別・年齢層別の本・雑誌・マンガ等全平均時間（分）

	性別			年齢						
	男性	女性		13-19歳	20-29歳	30-39歳	40-49歳	50-59歳	60-69歳	
本	9.9	8.3	n.s.	14.1^a	7.6^{ab}	6.4^b	9.0^{ab}	11.1^{ab}	7.7^{ab}	n.s.
雑誌	1.7	2.3	n.s.	1.8	2.4	1.7	1.7	1.9	2.5	n.s.
マンガ	1.6	0.6	***	2.7^{ab}	3.3^{ab}	1.6^{bc}	0.5^c	0.2^c	0.4^c	***
その他	3.1	4.2	n.s.	8.1	5.1	3.5	1.9	3.8	2.8	n.s.

t検定（性別），分散分析（年齢層別）の結果 ***$p<0.001$，**$p<0.01$，*$p<0.05$，n.s.有意差なし
数値横のa, b, cは，同じ記号間ではTukey法により$p<0.05$の有意差がないことを示す

表 2.5.6 性別・年齢層別の本・雑誌・マンガ等行為者率（％）

	性別			年齢						
	男性	女性		13-19歳	20-29歳	30-39歳	40-49歳	50-59歳	60-69歳	
本	11.1	10.8	n.s.	11.0	8.0	8.3	14.3	14.0	8.3	***
雑誌	4.4	5.8	*	4.7	3.8	5.2	6.5	5.5	4.5	n.s.
マンガ	4.1	1.2	***	7.5	5.2	3.9	2.0	0.9	0.5	***
その他	3.3	5.9	***	2.8	5.2	3.7	5.4	5.4	4.6	n.s.

t検定（性別），分散分析（年齢層別）の結果 ***$p<0.001$，**$p<0.01$，*$p<0.05$，n.s.有意差なし

表 2.5.7 性別・年齢層別の本・雑誌・マンガ等行為者平均時間（分）

	性別			年齢						
	男性	女性		13-19歳	20-29歳	30-39歳	40-49歳	50-59歳	60-69歳	
本	88.9	76.9	n.s.	128.2^a	95.4^{ab}	76.4^b	63.3^b	79.3^{ab}	91.9^{ab}	*
雑誌	37.4	39.0	n.s.	37.1^{abc}	63.2^a	32.9^{bc}	25.7^c	34.0^{abc}	55.9^{ab}	**
マンガ	40.5	45.3	n.s.	36.3^{bc}	62.3^{ab}	41.4^{bc}	24.1^{bc}	19.2^c	85.0^a	**
その他	94.1	71.3	n.s.	294.3^a	97.3^b	93.5^b	34.8^b	71.1^b	61.2^b	***

t検定（性別），分散分析（年齢層別）の結果 ***$p<0.001$，**$p<0.01$，*$p<0.05$，n.s.有意差なし
数値右肩のa, b, cは，同じ記号間ではTukey法により$p<0.05$の有意差がないことを示す

ガの行為者平均時間は20-29歳，60-69歳で長くなっているが，60-69歳の数値はサンプルサイズが小さく（60-69歳の行為者：$n=3$），ヘビーユーザーが影響しているためと考えられる．その他の文章の行為者率は年齢による有意差がない．その他の文章の行為者平均時間は13-19歳で長くなっており，10代

表 2.5.8　就業形態別の本・雑誌・マンガ等全平均時間（分）

	フルタイム	パート	専業主婦	学生・生徒	無職	
本	6.4^c	8.2^{bc}	8.9^{bc}	14.5^{ab}	18.6^a	***
雑誌	1.4^b	1.7^b	2.5^b	1.6^b	5.2^a	***
マンガ	1.0^b	0.7^b	0.4^b	2.8^a	1.2^b	**
その他	4.1	2.1	2.4	7.8	2.7	n.s.

分散分析（年齢層別）の結果　***$p<0.001$，**$p<0.01$，*$p<0.05$，n.s. 有意差なし
数値右肩のa, b, cは，同じ記号間ではTukey法により$p<0.05$の有意差がないことを示す

表 2.5.9　就業形態別の本・雑誌・マンガ等行為者率（%）

	フルタイム	パート	専業主婦	学生・生徒	無職	
本	10.3	9.9	11.4	12.0	14.6	n.s.
雑誌	4.3	5.0	6.0	4.4	9.2	*
マンガ	2.7	1.5	0.5	7.7	2.0	***
その他	4.1	6.3	6.5	3.3	3.1	*

χ^2検定の結果　***$p<0.001$，**$p<0.01$，*$p<0.05$，n.s. 有意差なし

表 2.5.10　就業形態別の本・雑誌・マンガ等行為者平均時間（分）

	フルタイム	パート	専業主婦	学生・生徒	無職	
本	61.9^c	83.5^{abc}	78.6^{bc}	120.6^{ab}	127.1^a	***
雑誌	31.2	34.6	41.6	37.1	56.1	*
マンガ	38.3^{ab}	49.4^{ab}	90.0^a	36.2^b	56.7^{ab}	n.s.
その他	98.9^b	32.9^b	36.1^b	237.2^a	88.9^b	***

分散分析（年齢層別）の結果　***$p<0.001$，**$p<0.01$，*$p<0.05$，n.s. 有意差なし
数値右肩のa, b, cは，同じ記号間ではTukey法により$p<0.05$の有意差がないことを示す

の学生・生徒が勉強目的で教科書等を読んでいるためと考えられる．

次に，就業形態別に本・雑誌・マンガ・その他の文章の閲読時間，行為者率を比較したものが表2.5.8，表2.5.9，表2.5.10である．

本の行為者率は就業形態による有意差がないが，行為者平均時間は無職，学生・生徒が長くなっている．雑誌は無職の行為者率が高く，多重範囲検定では有意でないものの，雑誌の行為者平均時間も無職がやや長い．マンガは学生・生徒の行為者率が高い．専業主婦のマンガの行為者平均時間が長いのはサンプルサイズが小さく（専業主婦の行為者：$n=2$），ヘビーユーザーが影響しているためと考えられる．その他の文章はパート，専業主婦の行為者率がやや高い．その他の文章の行為者平均時間が学生で長くなっているのは，前述のとおり勉強目的で教科書等を読んでいるためと思われる．

2.5.3　ラジオ

（1）　2005年調査からのラジオ聴取時間の変化

2010年調査のラジオの聴取時間を2005年調査結果と比較すると（表2.5.11），2010年調査の行為者率は11.5%と2005年から4.5%低下し，行為者が28.1%も減少したことになる．一方で行為者平均時間は149.4分と2005年の146.9分からほとんど変化がない．ラジオ聴取者は減少傾向にあるが，聴取者は以前と同様に長時間の聴取行動を行っている．

（2）　属性別のラジオ聴取時間

表2.5.12は性別・年齢層別・就業形態別にラジオ聴取時間を比較したものである．性別では行為者率・行為者平均時間ともに統計的に有意な差はみられ

表2.5.11　2005-2010年：ラジオ聴取時間の変化

	全平均時間（分）			行為者率（%）			行為者平均時間（分）		
	2005年	2010年	増減	2005年	2010年	増減	2005年	2010年	増減
ラジオを聞く	23.1	17.2	−5.9	16.0	11.5	−4.5	146.9	149.4	2.5

表2.5.12　属性別ラジオ聴読時間・行為者率

		全平均時間（分）	行為者率（%）	行為者平均時間（分）
性別	男性	16.8 n.s.	11.4 n.s.	147.4 n.s.
	女性	17.6	11.6	151.2
年齢層	13-19歳	0.9^{d}***	2.8***	33.6 n.s.
	20-29歳	6.0^{cd}	4.5	131.9
	30-39歳	12.3^{bcd}	8.5	144.4
	40-49歳	15.8^{abc}	12.0	131.6
	50-59歳	22.1^{ab}	15.9	139.3
	60-69歳	28.5^{a}	15.4	184.8
就業形態	フルタイム	18.6^{a}**	12.1***	153.3^{ab} n.s.
	パート	19.6^{a}	12.5	157.5^{ab}
	専業主婦	17.7^{a}	12.8	138.4^{ab}
	学生・生徒	1.0^{b}	3.3	31.1^{b}
	無職	20.8^{a}	12.9	160.8^{a}

t検定（性別），分散分析（年齢層別・就業形態別の平均時間）χ^2検定（行為者率）の結果
***$p<0.001$，**$p<0.01$，*$p<0.05$，n.s. 有意差なし
数値右肩のa, b, c, d, eは，同じ記号間ではTukey法により$p<0.05$の有意差がないことを示す

ない．年齢層別では13-19歳の行為者率2.8%に対して50-59歳の15.9%,60-69歳の15.4%と,年齢が高くなるにつれて行為者率が高くなっている．行為者平均時間も13-19歳は33.6分と非常に短く,60-69歳では184.8分と長い．就業形態別では学生の行為者率が3.3%と著しく低く,行為者平均時間も31.1分と他の就業形態に比べて短い．10代の学生はほとんどラジオを聴取していないようである．

2.6 対面コミュニケーション

対面コミュニケーションは,いうまでもなく仕事や生活などのあらゆる場面で重要な情報行動である．パソコンや携帯電話,インターネットなどのさまざまな情報機器やメディアの浸透によって,対面コミュニケーションを代替,補完する機能が提供されつつある．本節では,こうした潮流における対面コミュニケーションの実態を探ってみたい．なお,2010年調査では,1995年・2000年・2005年調査と同様に,対面コミュニケーションを「人と話をする（打ち合わせを含む）」会話行動と,「集会・会議・会合等に出席する」会合行動とに分類して調査をしている．はじめに,対面コミュニケーションのなかでも会話行動について,その結果を概説する．

2.6.1 会話行動の概略

属性別に会話行動の全体平均時間,行為者率,行為者平均時間を示したものが表2.6.1である．会話行動の全体平均時間は113.9分,行為者率は199.6分,行為者平均時間は57.0%であった．なお,2005年度調査以前は10分以上の会話時間のみの記入を求めていたが,2010年度調査より他の情報行動と同様,10分未満の会話時間についても記入するよう記入方法が変更されている．

続いて属性別の会話行動を概観する．性別では男性の全体平均時間が102.7分,女性が123.6分,行為者平均時間が男性185.8分,女性211.0分と男性より女性で会話時間が長い．年齢別では20代で会話行動の全体平均時間162.8分,60代が全体平均時間57.2分となっており,20代と60代を比較すると約

表 2.6.1 属性別にみた会話行動時間

		N	全体平均時間(分)	行為者率(%)	行為者平均時間(分)
全体		2956	113.9	57.0	199.6
性別	男性	1380	102.7^b	55.3	185.8^{bc}
	女性	1576	123.6^a	58.6	211.0^a
			9.7**	3.2 n.s.	6.5*
年齢	13-19歳	254	125.0^{bc}	51.6	242.3^a
	20-29歳	288	162.8^a	64.9	250.7^a
	30-39歳	540	156.2^{ab}	67.0	233.0^a
	40-49歳	540	135.1^{ab}	61.5	219.7^a
	50-59歳	686	92.7^c	55.2	167.8^b
	60-69歳	648	57.2^d	45.5	125.6^b
			27.4***	72.7***	16.8***
学歴	中学卒	68	67.7^b	42.6	158.8^a
	高校卒	558	109.1^{ab}	55.2	197.6^a
	高専・短大卒	308	123.9^a	59.4	208.6^a
	大学・大学院卒	496	147.0^a	68.5	214.4^a
			5.9***	29.1***	0.9 n.s.
就業形態	フルタイム	1430	123.4^a	60.1	205.3^{ab}
	パート・アルバイト	538	131.5^a	57.2	229.7^a
	専業主婦	414	98.5^a	58.0	169.9^{bc}
	学生・生徒	274	119.4^a	54.7	218.1^{ab}
	無職	294	51.8^b	42.5	121.8^c
			11.8***	31.7***	8.3***
世帯年収	200万未満	324	93.1^b	47.2	197.1^a
	200-400万未満	762	104.8^{ab}	52.9	198.2^a
	400-600万未満	680	111.5^{ab}	57.5	193.9^a
	600-800万未満	448	126.9^{ab}	60.9	208.3^a
	800-1000万未満	280	116.1^{ab}	61.1	190.2^a
	1000万以上	462	132.8^a	63.9	208.0^a
			2.7*	31.6***	0.4 n.s.
都市規模	100万人以上	596	130.6^a	60.2	216.8^a
	30-100万未満	576	118.8^{ab}	57.3	207.3^{ab}
	10-30万未満	780	117.6^{ab}	54.0	217.9^a
	10万未満	666	96.8^b	59.0	164.1^b
	町村	338	100.8^{ab}	54.1	186.2^{ab}
			3.4**	7.7 n.s.	4.9***

各属性最下段の数値はF値(時間)およびχ^2値(行為者率)と分散分析およびχ^2検定の検定結果
***$p<0.001$, **$p<0.01$, *$p<0.05$, n.s.有意差なし
数値右肩のa, b, c, dは,同記号間ではTukeyの多重比較検定により,$p<0.05$の有意差がないことを示す

2 メディア別にみた情報行動

表 2.6.2　1 日における平均面会人数（人）

		N	会った人の数	F 値
全体		2894	20.2^a	
性別	男性	1349	15.9^a	
	女性	1545	13.3^{b***}	29.6
学歴	中学卒	66	11.3^b	
	高校卒	541	16.7^a	
	高専・短大卒	298	17.9^a	
	大学・大学院卒	482	17.2^{a**}	5.0
年齢	13-19 歳	250	22.7^a	
	20-29 歳	281	14.9^{bc}	
	30-39 歳	526	15.2^{bc}	
	40-49 歳	525	17.1^b	
	50-59 歳	672	13.3^c	
	60-69 歳	640	9.7^{d***}	49.8
就業形態	フルタイム	1387	16.9^b	
	パート・アルバイト	530	14.4^c	
	専業主婦	409	7.5^d	
	学生・生徒	270	22.4^a	
	無職	292	6.1^{d***}	121.3
世帯年収	200 万未満	317	10.2^c	
	200-400 万未満	747	12.0^c	
	400-600 万未満	671	15.2^b	
	600-800 万未満	442	17.8^a	
	800-1000 万未満	273	15.7^{ab}	
	1000 万以上	444	16.9^{ab***}	24.5
都市規模	100 万人以上	580	13.8^a	
	30-100 万未満	572	15.5^a	
	10-30 万未満	761	13.7^a	
	10 万未満	647	14.6^a	
	町村	334	15.7^a *	2.9

分散分析の結果：***$p<0.001$，**$p<0.01$，*$p<0.05$，n.s. 有意差なし
数値右肩の a, b, c, d は，同記号間では Tukey の多重比較検定により，$p<0.05$ の有意差がないことを示す

106 分長く，統計的に有意な差がみられた．就業形態別ではパートタイム・アルバイトが 131.5 分ともっとも長く，無職が 51.8 分でもっとも短かった．学歴別では，高学歴ほど全体平均時間が長く，大学・大学院卒で全体平均時間が 147 分，行為者率ももっとも高く 68.5% であった．同様に，世帯年収別でも概して年収が高いほど会話時間が長く，1000 万以上の世帯において全体平均時間は 132.8 分，行為者率も 63.9% と高い．さらに都市規模別にみると 100 万

人以上の都市で130.6分ともっとも全体平均時間が長く、行為者率は60.2%であった。これら属性別の傾向は行為者平均時間でもおおむね同様で、女性より男性が、年齢では20代、就業形態ではパートタイム・アルバイトが会話行動に積極的であるといえよう。それとは対照的に60代の高齢者層において、また就業形態別では無職において会話行動時間が少なく、会話行動に消極的であるといえよう。

日記式調査では調査日当日に会った人の数についても記入を求めている。表2.6.2に結果を示す。面会人数の全体平均は20.2人、性別では男性15.9人、女性13.3人で有意差が認められた。年齢別では、10代がもっとも多く22.7人、続いて40代の17.1人、60代がもっとも少ない9.7人であった。また就業形態別では、学生・生徒で22.4人ともっとも多く、無職で6.1人ともっとも少なかった。年齢別および就業形態別ともにいずれも統計的に有意な差が認められた。学歴別では高専・短大卒が17.9人ともっとも多く、概して高学歴ほど面会人数が多くなる傾向がある。世帯年収別では600万以上800万未満の世帯において17.8人、都市規模別では町村部で15.7人と面会人数がもっとも多い。学歴別、世帯年収別においても、各属性間でいずれも統計的に有意な差が認められた。

10代の学生は学校でクラスの友人などに会うため、もっとも面会人数が多くなると推測できる。それに対し、高齢者ほど、また無職の人ほど、人とのつきあいが少なくなっており、それが会話行動の減少につながっているといえよう。これらの属性をもつ人びととの社会的つがなりが希薄になっている可能性が示唆される。

2.6.2 会合行動の概略

続いて、会合行動について同様に全体平均時間、行為者平均時間、行為者率を示したものが表2.6.3である。会合行動の全体平均時間は12.7分、行為者平均時間は140.9分、行為者率は9.0%であった。会話行動と比較すると行為者率は低く、会合などに出席した人は少ないが、行為者平均時間にみられるように、ひとたび会合に参加すると所要時間は長いといえよう。

属性別にみてみると、性別では男性の全体平均時間が17.6分、女性が8.4

表 2.6.3 属性別にみた会合行動時間

		N	全体平均時間(分)	行為者率 (%)	行為者平均時間(分)
全体		2956	12.7	9.0	140.9
性別	男性	1380	17.6[a]	12.0	146.7[a]
	女性	1576	8.4[bc]	6.4	131.4[a]
			20.1***	28.3***	20.9***
年齢	12-19歳	254	5.2[b]	2.8	188.6[a]
	20-29歳	288	12.1[b]	10.1	120.5[a]
	30-39歳	540	11.8[b]	8.7	135.7[a]
	40-49歳	540	24.9[a]	13.9	179.2[a]
	50-59歳	686	11.7[b]	10.2	114.4[a]
	60-69歳	648	7.7[b]	6.0	127.7[a]
			7.2***	36.4***	7.4***
学歴	中学卒	68	0.0[b]	0.0	—
	高校卒	558	12.5[b]	9.3	134.6[a]
	高専・短大卒	308	18.7[ab]	14.0	133.6[a]
	大学・大学院卒	496	32.2[a]	21.6	149.4[a]
			9.0***	44.5***	0.3 n.s.
就業形態	フルタイム	1430	20.1[a]	14.1	142.3[a]
	パート・アルバイト	538	5.4[b]	3.9	137.6[a]
	専業主婦	414	5.7[b]	5.3	107.7[a]
	学生・生徒	274	6.6[b]	3.7	181.5[a]
	無職	294	6.2[b]	4.1	151.3[a]
			12.1***	87.6***	22.5***
世帯年収	200万未満	324	5.8[c]	4.0	144.2[a]
	200-400万未満	762	5.6[c]	4.5	125.3[a]
	400-600万未満	680	8.7[bc]	8.1	107.7[a]
	600-800万未満	448	17.5[ab]	13.4	130.5[a]
	800-1000万未満	280	26.4[a]	14.3	185.0[a]
	1000万以上	462	22.4[a]	14.1	159.0[a]
			11.1***	64.1***	2.1 n.s.
都市規模	100万人以上	596	20.6[a]	12.9	159.7[a]
	30-100万未満	576	11.8[ab]	8.5	138.7[a]
	10-30万未満	780	11.3[b]	7.9	142.3[a]
	10万未満	666	8.5[b]	7.5	113.4[a]
	町村	338	12.0[ab]	8.6	139.3[a]
			4.1**	14.2**	1.0 n.s.

各属性最下段の数値は F 値（時間）および χ^2 値（行為者率）と分散分析および χ^2 検定の検定結果
***$p<0.001$, **$p<0.01$, *$p<0.05$, n.s. 有意差なし
数値右肩の a, b, c, d は，同記号間では Tukey の多重比較検定により，$p<0.05$ の有意差がないことを示す

分，また，年齢別では40代が24.9分ともっとも多く，もっとも少ないのが60代の7.7分であり，いずれも統計的に有意な差が認められた．就業形態別ではフルタイムが20.1分でもっとも長く，その他の層と比較して3倍以上の時間となっている．行為者平均時間に差はみられなかった．男性，40代およびフルタイム有職者は，仕事において会議や打ち合わせなどの頻度が他の層より多いことが推測され，その結果，会合時間が長いことが考えられる．学歴別では高学歴ほど，世帯年収別では概して高所得層ほど，都市規模別では規模が大きいほど，会合行動の全体平均時間および行為者平均時間が長く，行為者率も高い傾向があり，全体平均時間と行為者率においていずれも統計的に有意な差が認められた．

2.6.3 場所・基本生活行動と対面コミュニケーション

会話行動はどのような場所で，またどのような生活行動とともに行われているのだろうか．図2.6.1は基本行動別に人と会話した人の割合を示したものである．全体では，趣味・娯楽・休息・その他（31.4%），飲食（28.4%），仕事（27.5%），身じたく・家事・子供家族の世話（19.9%）をしているときに会話行動がなされており，趣味や休息，飲食の時間などに会話行動がよくなされているといえよう．この傾向は1995年度および2000年度調査と同様である．

男女別にみてみると，男性では仕事（35.1%）がもっとも多く，次いで飲食（25.7%），趣味・娯楽・休息・その他（25.2%）となっている．男性は仕事場面で人と会話することが多い．女性では趣味・娯楽・休息・その他（36.9%），飲食（30.8%），身じたく・家事・子供家族の世話（26.1%）となっており，男性と比較すると仕事での会話行動が20.9%と約15ポイント低い．男女間での就労構造の違いがこれらの結果に反映されていることが考えられる．

続いて，会話行動を場所ごとに示したのが図2.6.2である．全体では自宅（29.9%），職場（27.6%），続いてその他（15.9%）において会話行動が多くなされている．その他の場所は，飲食での会話行動が多くなされていることからも，自宅や職場以外の飲食店などを指すと推測される．男女別にみると，男性で職場（35.5%）での会話行動がもっとも多く，女性は自宅（35.0%）がもっとも多かった．生活行動と同様，男性は職場で，女性は自宅で人と会話するこ

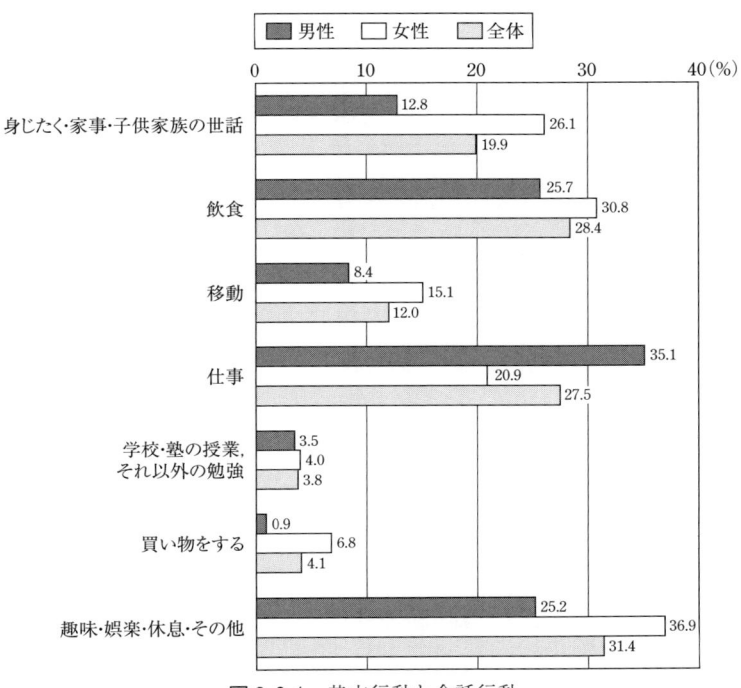

2 メディア別にみた情報行動 225

図 2.6.1 基本行動と会話行動

項目	男性	女性	全体
身じたく・家事・子供家族の世話	12.8	26.1	19.9
飲食	25.7	30.8	28.4
移動	8.4	15.1	12.0
仕事	35.1	20.9	27.5
学校・塾の授業,それ以外の勉強	3.5	4.0	3.8
買い物をする	0.9	6.8	4.1
趣味・娯楽・休息・その他	25.2	36.9	31.4

とが多いといえよう．

2.6.4 会話行動と通信メディア利用行動

1995年調査・2000年調査によれば，会話行動時間が長い人ほど，通信メディアの利用回数が多かったが，2005年調査では，会話時間が長い人ほどメディア利用回数が少なくなるという結果となった．そこで，最後に会話行動と通信メディア利用回数の関係について再度検討したい．

1995年・2000年・2005年調査の分析と同様に，回答者を会話時間により低群（10分以上の会話時間がない人びと），中群（10分以上90分未満の会話行動を行っている人びと），高群（90分以上の会話行動を行っている人びと）に分類し，各群での通信メディア利用回数を比較した．回答者全体に占める各群の比率は，それぞれ低群44.2%，中群19.9%，高群35.9%である．会話行動

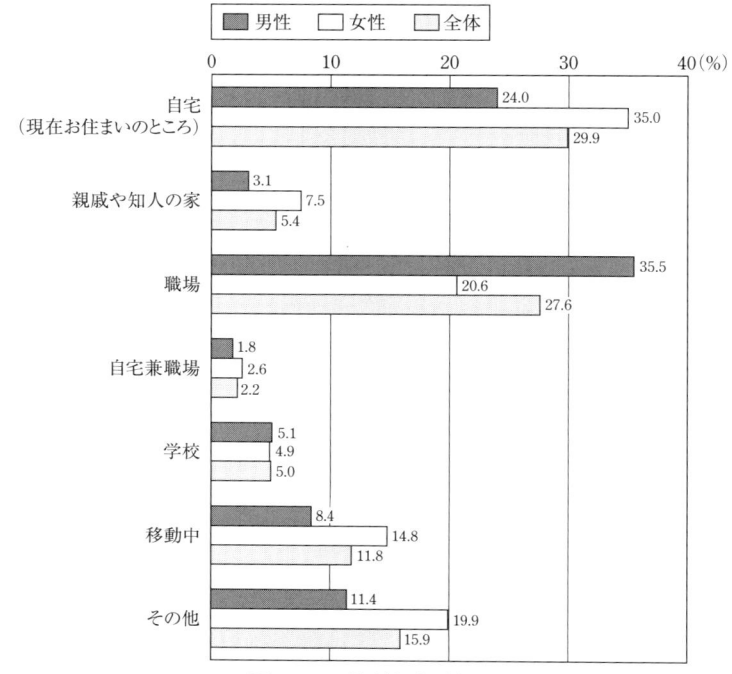

図 2.6.2 場所と会話行動

表 2.6.4 会話時間とメディア利用回数

会話時間	固定電話通話回数	PC メール受信数	PC メール発信数
低	1.0^b	2.5^c	0.7^c
中	1.3^a	3.8^b	1.2^b
高	1.5^{a***}	5.2^{a***}	1.7^{a***}
	携帯電話通話回数	携帯メール受信数	携帯メール発信数
低	1.8^b	2.4^c	2.1^b
中	1.8^b	2.9^b	2.4^b
高	2.5^{a***}	4.0^{a***}	3.1^{a***}

分散分析の結果:***$p<0.001$
数値右肩のa, b, cは,同記号間ではTukeyの多重比較検定により,$p<0.05$の有意差がないことを示す

　高群の属性としては,男性よりやや女性が多く,年代では30-50代,フルタイムの勤め人に多くみられた.

　続いて,会話時間群ごとの通信メディア利用回数の平均値を比較したものが

表2.6.4である．結果，1995年および2000年調査と同様に，会話行動時間が長い高群ほど，すべてのメディア利用回数が多く，いずれも統計的に有意差が認められた．人とコミュニケーションする時間の長い人ほど，他の通信手段を利用してのコミュニケーションにおいても活発であるといえよう．コミュニケーション・メディアは対面的なコミュニケーションの代替機能というより，補完機能をはたしているという1995年・2000年調査での分析，主張を支持する結果となった．通信メディアは他者とのコミュニケーションを促進する機能を今後も担っていくだろう．

文　献

Hadi, A. S. (1992) Identifying Multiple Outliers in Multivariate Data. *Journal of the Royal Statistical Society*, Series(B), 54, 761-771.

Hadi, A. S. (1994) A Modification of a Method for the Detection of Outliers in Multivariate Samples. *Journal of the Royal Statistical Society*, Series(B), 56, 393-396.

Ishii, K. (2004) Internet use via mobile phone in Japan. *Telecommunications Policy* 28(1), 43-58.

川濱昇・大橋弘・玉田康成編 (2010)『モバイル産業論——その発展と競争政策』，東京大学出版会．

Rogers, E. M. (1983) *Diffusion of Innovations* (3rd edition). Free Press.

総務省 (2010)『平成22年版情報通信白書』，ぎょうせい．

東京大学社会情報研究所編 (1997)『日本人の情報行動1995』，東京大学出版会．

東京大学社会情報研究所編 (2001)『日本人の情報行動2000』，東京大学出版会．

東京大学大学院情報学環編 (2006)『日本人の情報行動2005』，東京大学出版会．

3

若年層における情報行動15年間の推移

橋元良明

3.1 はじめに

　この15年間に日本の情報環境は激変した．その主役は携帯電話とインターネットの普及である．インターネットをめぐるおもな動きを表3.1.1に示したが，情報環境の変化にともない，日本人の情報行動も大きく変化しつつある．

　われわれは「日本人の情報行動調査」の第1回を1995年に実施し，それ以降，5年ごとに同様の調査を実施してきた．今回の2010年調査は4回目である．

　本章では，この15年に日本人のさまざまなメディア利用がどのように変化してきたか，「時間量」と「行為者率」という側面から，10代20代の若年層に焦点をあてて概観する．その際，テレビと新聞については，NHKの「国民生活時間調査」のデータも参考として掲載した．両者は，ともに「時間量」を「日記式調査票」で計測しているという点で共通しており，また，全国規模で無作為に抽出されたサンプルを分析対象としている点でも同じである．ただし，「日本人の情報行動調査」はメディア利用，コミュニケーション行動に焦点をあてており，それと別カテゴリーとして「仕事」「睡眠」「趣味・娯楽・休息」等の生活行動について記入を要請しているのに対し，NHKの調査は「生活時間」全般にわたって調査しており，メディア利用行動はその一部であることなど，いくつかの相違点をもっている．したがって，両者のデータの比較は，あくまで参考として参照いただきたい．

表3.1.1 インターネット関連のおもな出来事

	1993	AT & T Jens, IIJ, 日本最初の商用インターネットサービス開始
	1994	プレイステーション発売
		InfoWeb ネット接続サービス開始
	1995	Windows 95 発売
	1998	携帯普及率 50% 突破
	1999	i モード登場（2 月）
		2 ちゃんねる開設（5 月）
	2001	Wikipedia（英語）登場（日本語版は 2002 年）
	2003	パケット定額開始
	2004	Facebook, アメリカで学生向けにサービス開始
	2005	YouTube 登場
	2006	ワンセグ携帯発売（4 月）
		ツイッター, アメリカでサービス開始（7 月）
		Facebook, アメリカで一般サービス開始（9 月）（日本語版は 2008 年から）
		ニコニコ動画登場（12 月）
	2007	ケータイ小説大人気
	2008	iPhone 3G 発売
	2010	iPad 発売（5 月）
		ウィキリークスによる米国外交公電流出が問題化（11 月）

3.1.1 分析方法について

「日本人の情報行動調査」は，1995 年以降，アンケート調査の質問項目の他，日記式調査においても一部で回答方式が変更されている．日記式調査におけるおもな変更点は次のとおりであり，あわせて本章における分析で施した処理方針を記した．

（1） 2000 年以前の主行動/副行動の処理

1995 年, 2000 年は「情報行動」について，「主な情報行動（主行動）」と「ながらの情報行動（副行動)」に分けて記入を求めていたが，2005 年調査，2010 年調査では，この区別を廃止し，同時間帯に並行して情報行動を行っていた場合，複数の情報行動について正副の区別なく，重複して記入することを求めた．

今回の分析では，他の情報行動との並行行動であっても，利用時間として合計している 2005 年以降の処理にあわせ，1995 年調査，2000 年調査とも，主行

表 3.1.2 分析データのサンプル数（対象者×2日）

	10代男子	10代女子	10代	20代男性	20代女性	20代	調査対象者全体
1995	140	154	294	144	236	380	2050
2000	206	256	462	264	320	584	4034
2005	190	216	406	202	232	434	4058
2010	148	106	254	124	164	288	2956

動時間と副行動時間を合計して利用時間を計算した．

また，行為者率についても，同様の処理を行い，仮に「副行動」として記録され，「主行動」としての記録がなくとも，その日に当該の情報行動がなされたとみなして計算した．

『日本人の情報行動1995』『日本人の情報行動2000』の分析では，主副の合計値を示した箇所もあるが，基本的にほとんどの分析は主行動だけで行っている．この点で，本章に記した数値と若干のずれがある場合がある．

（2） インターネット利用

1995年調査では，情報行動の項目に「インターネット」は含まれていない．その時点では私的にインターネットを利用している人がほとんどいなかったからであり，同様に郵政省（当時）の「通信利用動向調査」でもインターネット利用の調査開始は1996年からである（そのときの「世帯利用率」は3.3%）．

2000年は日記式調査票において，情報行動欄と別枠で「インターネット利用行動」を記録してもらった．ただし，別枠といっても，記入欄は情報行動と連続した位置にあり，記入の仕方，記入欄の体裁等も「情報行動」と全く同様である．このときの「インターネット利用」の細目は「1. 電子メールを書く・読む」「2. ウェブを見る」「3. その他」といった3つであった（詳細は3.11参照）．なお，2000年調査では，インターネットの利用をパソコンと携帯電話とに区別して聞いていない．2000年3月の調査時点の携帯ネットの契約数は対人口比6.5%の750万にすぎず，インターネットの利用はほとんどパソコンによるものと推測したためと，別途実施した質問票調査での「インターネット利用機器」の質問でも「パソコン」が88.6%（複数回答）を占めていたためである．したがって，2000年のインターネット利用時間等は，パソコンに

よるものと携帯電話によるものを区別できないため,「パソコンによるもの」として, 2005年以降のデータと比較している.

2005年調査, 2010年調査では, インターネット利用をパソコンによる場合と携帯電話による場合とに区別して聞き, また「情報行動」の一部として記録してもらっている.

3.1.2　各回の調査の概要

各回の調査対象者数等は次のとおりである.

- 1995年　有効回収数1025票　調査対象者は全国13-59歳の男女（この回に限り調査対象が60歳未満）
  日記式調査対象日3月13日(月)-3月14日(火)
- 2000年　有効回収数2017票　調査対象者は全国13-69歳の男女（以下,同じ）
  日記式調査対象日3月13日(月)-3月14日(火)
- 2005年　有効回収数2029票　日記式調査対象日3月7日(月)-3月8日（火）
- 2010年　有効回収数1478票　日記式調査対象日6月1日(火)-6月3日（木）, 6月8日(火)-6月10日（木）のいずれかの連続する2日

いずれも住民基本台帳に基づく層化2段無作為抽出により, 調査員の訪問留置法で実施した.

なお,「利用時間」「行為者率」「行為者平均時間」は「日」単位で計算している. したがって, 分析母数（N）はそれぞれにおいて有効回収数（調査対象者数）×2日となる.

本章ではおもに10代男子, 10代女子, 10代全体, 20代男性, 20代女性, 20代全体の結果を比較している. それぞれのサンプル数は表3.1.2のとおりである.

3.2 テレビ

10代,20代のテレビ平均視聴時間を男女別に示したのが図3.2.1,表3.2.1である.あわせて調査対象者全体の平均値も示した.

表3.2.1に示されるとおり,調査対象者全体に比べ,10代,20代のテレビ視聴時間の減少幅は著しく大きい.とくに10代女子は,1995年から2010年にかけ81.6分も減少し,2005年の値に対する減少率は−41.7%にもなる.20代も男性で1995年に比べ35.2%,女性は29.4%の減少である.

若年層のテレビ視聴時間の減少は,1995年から2000年にかけてすでにはじまっており,インターネットの普及はテレビ視聴時間の減少の一因にすぎない.

図3.2.1 テレビ平均時間の推移

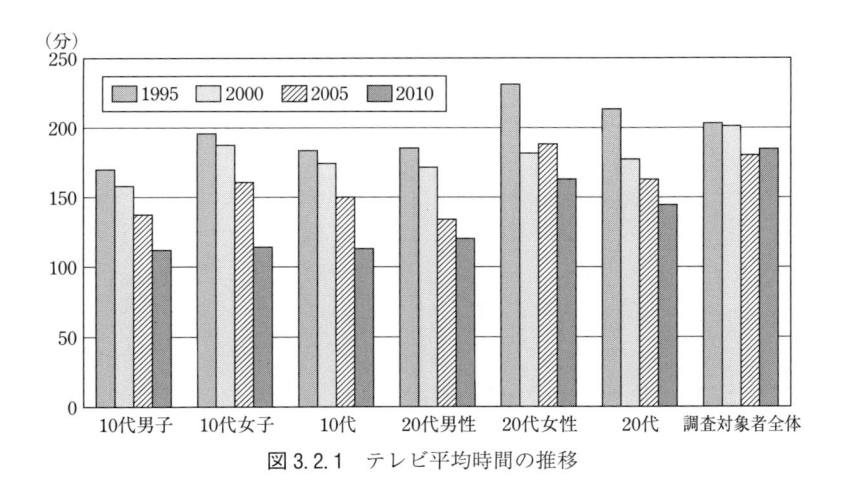

表3.2.1 テレビ平均時間の推移(数値データ)(分)

	10代男子	10代女子	10代	20代男性	20代女性	20代	調査対象者全体
1995年	169.8	195.9	183.5	185.4	231.0	213.8	203.3
2000	157.9	187.3	174.2	171.3	181.6	177.0	201.1
2005	137.2	160.6	149.6	133.9	188.0	162.8	180.3
2010	111.9	114.3	112.9	120.1	163.1	144.6	184.5
2010−1995 (単位 分)	−57.9	−81.6	−70.6	−65.3	−67.9	−69.2	−18.8
2010の1995に対する増減比率(%)	−34.1	−41.7	−38.5	−35.2	−29.4	−32.4	−9.2

	男性10代	女性10代	男性20代	女性20代	調査対象者全体
1995	131分	131分	139分	177分	199分
2000	122	147	133	181	205
2005	126	132	131	160	207
2010	110	121	114	153	208

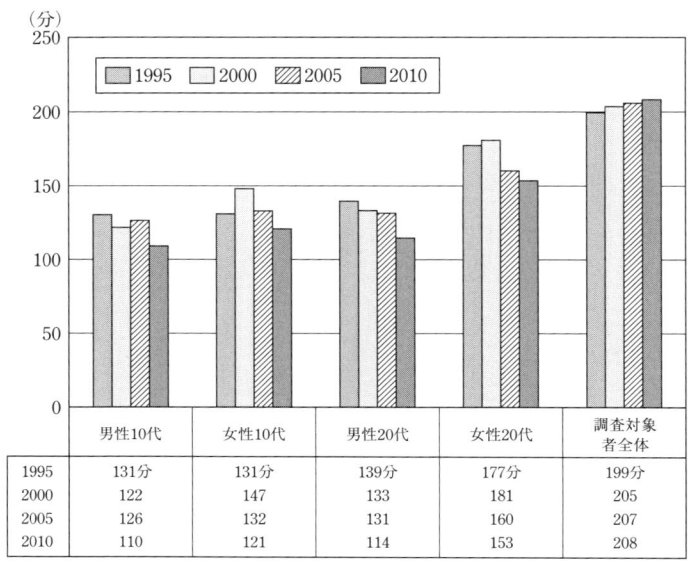

図 3.2.2 NHK「国民生活時間調査」によるテレビ視聴時間の推移

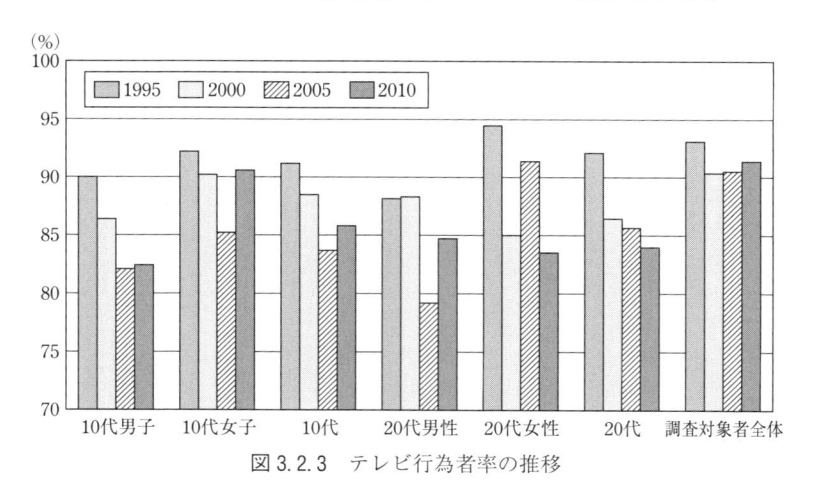

図 3.2.3 テレビ行為者率の推移

表 3.2.2 テレビ行為者率の推移（数値データ）(%)

	10代男子	10代女子	10代	20代男性	20代女性	20代	調査対象者全体
1995年	90.0	92.2	91.2	88.2	94.5	92.1	93.1
2000	86.4	90.2	88.5	88.3	85.0	86.5	90.4
2005	82.1	85.2	83.7	79.2	91.4	85.7	90.5
2010	82.4	90.6	85.8	84.7	83.5	84.0	91.4
2010−1995 (単位 %)	−7.6	−1.6	−5.4	−3.5	−11.0	−8.1	−1.7
2010の1995に対する増減比率 (%)	−8.4	−1.7	−5.9	−4.0	−11.6	−8.8	−1.8

インターネットだけでなく，DVDやテレビゲームその他，情報行動の多様化によるものと推察される．

図3.2.2はNHKの「国民生活時間調査」からテレビ視聴時間（平日平均）について10代20代男女の平均値を比較したものである．2000年以降，10代20代の男女とも減少傾向にあるのは「日本人の情報行動調査」と同様であるが，減少の幅はわれわれの調査結果より小さい．

「日本人の情報行動調査」からテレビの行為者率（調査日1日あたりでテレビを視聴した人の比率）の推移を示したのが図3.2.3および表3.2.2である．10代20代の男女とも，1995年に比べ，2010年の行為者率は減少しているが，視聴時間に比べれば，その減少幅は小さい．テレビは起床とともに時計代わりに，あるいは在宅中，背景映像的にスイッチを入れるという人も多く，生活習慣化していることが行為者率に反映していると思われる．「日本人の情報行動調査」では，ながら行動の場合も記録することを求めているため，並行行動（ながら）としての視聴も少なからぬ比率になっていることは2.4.2で述べたとおりである．NHKの「国民生活時間調査」でも1995年から2010年にかけての行為者率の減少は，10代男子8%，10代女子8%，20代男性3%，20代女性12%である．「日本人の情報行動調査」もNHK調査も20代の女性の行為者率の減少が10%を超え，もっとも大きい．

3.3 新聞

新聞については2000年調査において,調査日の1日が一部の新聞の休刊日にあたってしまい,データがいびつになったため,今回の分析対象からはずしている.

メディア利用行動のなかでこの15年の減少率がもっとも大きいものが新聞である.

もとより10代20代の「新聞を読む時間」は他の年齢層より少ないが,この15年でさらに減少しており,10代男子では−86.7%にもなる.参考までにNHKの「国民生活時間調査」の結果も掲載させていただく.

新聞に関して行為者率の推移を示したのが,図3.3.3,表3.3.2である.新

図3.3.1 新聞平均閲読時間の推移

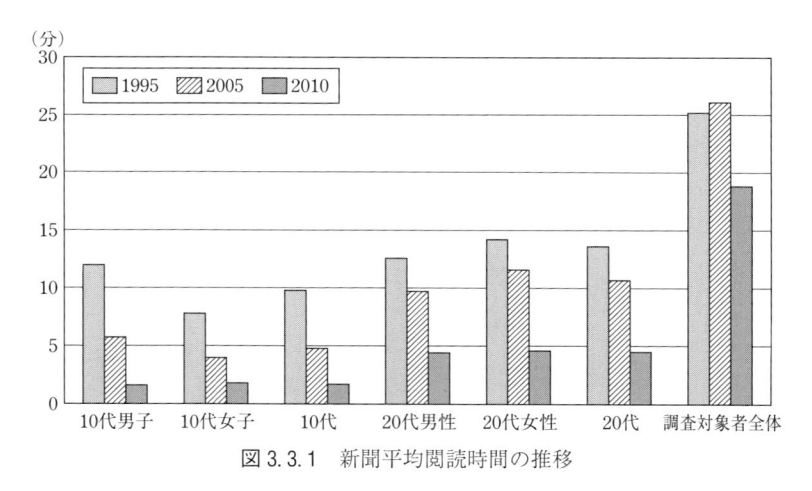

表3.3.1 新聞平均閲読時間の推移（数値データ）（分）

	10代男子	10代女子	10代	20代男性	20代女性	20代	調査対象者全体
1995年	12.0	7.8	9.8	12.6	14.2	13.6	25.2
2005	5.7	4.0	4.8	9.7	11.6	10.7	26.1
2010	1.6	1.8	1.7	4.4	4.6	4.5	18.8
2010−1995（単位 分）	−10.4	−6.0	−8.1	−8.2	−9.6	−9.1	−6.4
2010の1995に対する増減比率（%）	−86.7	−76.9	−82.7	−65.1	−67.6	−66.9	−25.4

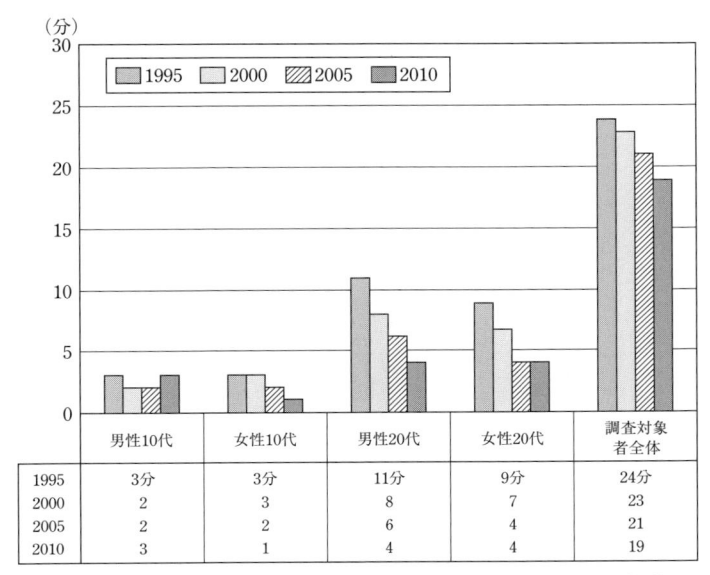

3 若年層における情報行動15年間の推移   237

	男性10代	女性10代	男性20代	女性20代	調査対象者全体
1995	3分	3分	11分	9分	24分
2000	2	3	8	7	23
2005	2	2	6	4	21
2010	3	1	4	4	19

図 3.3.2　NHK「国民生活時間調査」による新聞閲読時間の推移

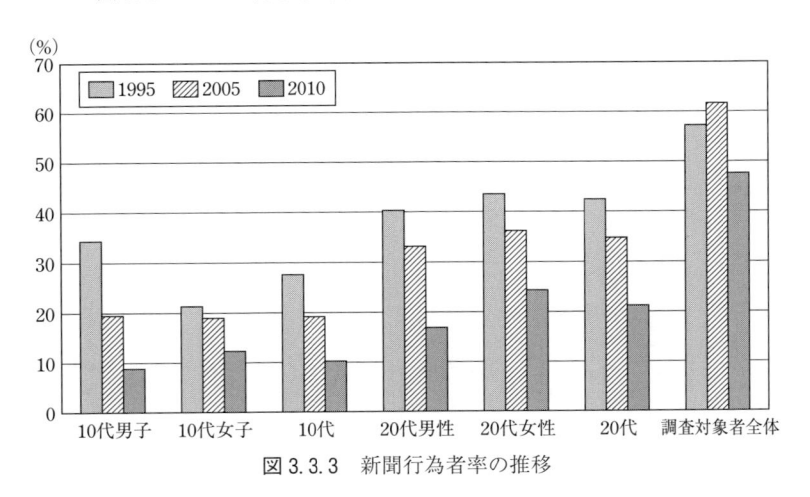

図 3.3.3　新聞行為者率の推移

表 3.3.2　新聞行為者率の推移（数値データ）（%）

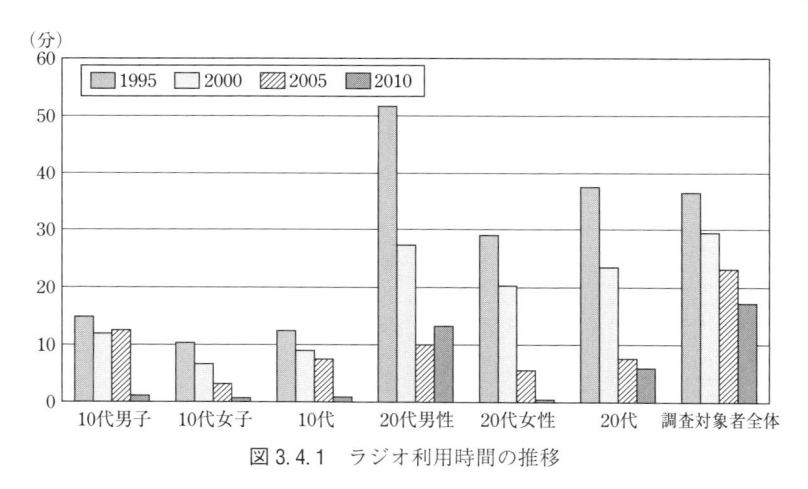

	10代男子	10代女子	10代	20代男性	20代女性	20代	調査対象者全体
1995年	34.3	21.4	27.6	40.3	43.6	42.4	57.2
2005	19.5	19.0	19.2	33.2	36.2	34.8	61.6
2010	8.8	12.3	10.2	16.9	24.4	21.2	47.6
2010－1995（単位　%）	－25.5	－9.1	－17.4	－23.4	－19.2	－21.2	－9.6
2010の1995に対する増減の比率（%）	－74.3	－42.5	－63.0	－58.1	－44.0	－50.0	－16.8

図 3.4.1　ラジオ利用時間の推移

聞閲読の行為者率は，調査対象者全体でもこの15年で9.6%減少しているが，若年層の減少率は顕著であり，10代で17.4%，20代で21.2%の減少，10代の男子では25.5%の減少である．

3.4　ラジオ

ラジオの利用時間の推移を示したのが図3.4.1，表3.4.1である．10代のラジオ視聴時間は1995年時点で12.4分にすぎなかったが2010年には1分を切った．20代も37.6分から6.0分に激減した．

ラジオ行為者率について示したのが図3.4.2，表3.4.2である．行為者率についても10代20代ともこの15年で激減した．

表 3.4.1　ラジオ利用時間推移（数値データ）（分）

	10代男子	10代女子	10代	20代男性	20代女性	20代	調査対象者全体
1995年	14.8	10.3	12.4	51.7	29.0	37.6	36.6
2000	11.9	6.7	9.0	27.3	20.3	23.5	29.4
2005	12.5	3.2	7.5	10.0	5.6	7.6	23.1
2010	1.1	0.7	0.9	13.2	0.5	6.0	17.2
2010−1995（単位　分）	−13.7	−9.6	−11.5	−38.5	−28.5	−31.6	−19.4
2010の1995に対する増減比率（%）	−92.6	−93.2	−92.7	−74.5	−98.3	−84.0	−53.0

図 3.4.2　ラジオ行為者率の推移

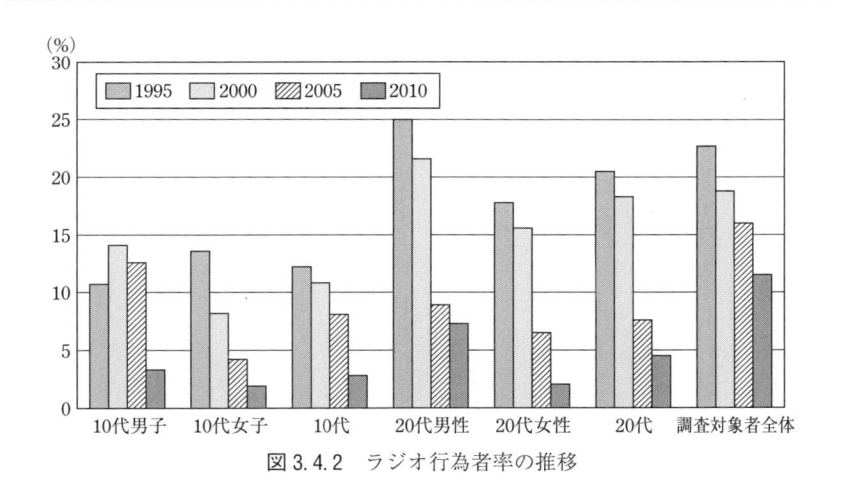

表 3.4.2　ラジオ行為者率の推移（数値データ）（%）

	10代男子	10代女子	10代	20代男性	20代女性	20代	調査対象者全体
1995年	10.7	13.6	12.2	25.0	17.8	20.5	22.7
2000	14.1	8.2	10.8	21.6	15.6	18.3	18.8
2005	12.6	4.2	8.1	8.9	6.5	7.6	16.0
2010	3.4	1.9	2.8	7.3	2.4	4.5	11.5
2010−1995（単位　%）	−7.3	−11.7	−9.4	−17.7	−15.4	−16.0	−11.2
2010の1995に対する増減比率（%）	−68.2	−86.0	−77.0	−70.8	−86.5	−78.0	−49.3

3.5　読書

読書について平均時間の推移を示したのが図 3.5.1，表 3.5.1 である．

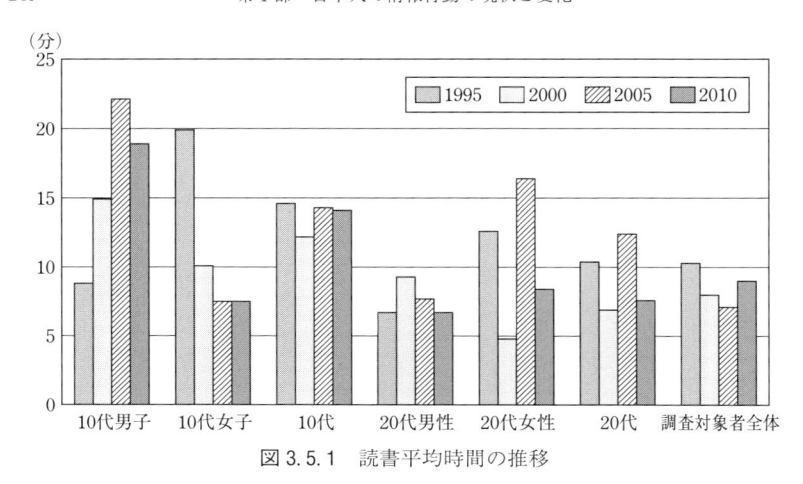

第1部　日本人の情報行動の現状と変化

図 3.5.1　読書平均時間の推移

表 3.5.1　読書平均時間の推移（数値データ）（分）

	10代男子	10代女子	10代	20代男性	20代女性	20代	調査対象者全体
1995年	8.8	19.9	14.6	6.7	12.6	10.4	10.3
2000	14.9	10.1	12.2	9.3	4.8	6.9	8.0
2005	22.1	7.5	14.3	7.7	16.4	12.4	7.1
2010	18.9	7.5	14.1	6.7	8.4	7.6	9.0
2010−1995（単位　分）	10.1	−12.4	−0.5	0.0	−4.2	−2.8	−1.3
2010の1995に対する増減比率（％）	114.8	−62.3	−3.4	0.0	−33.3	−26.9	−12.6

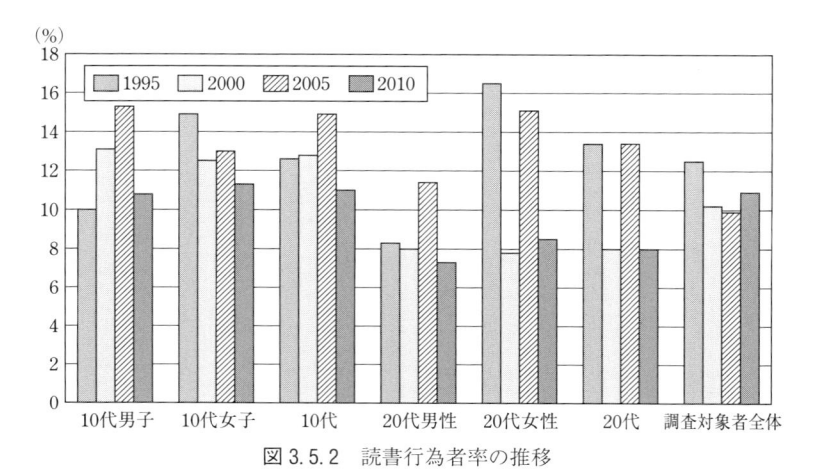

図 3.5.2　読書行為者率の推移

表 3.5.2 読書行為者率の推移(数値データ)(%)

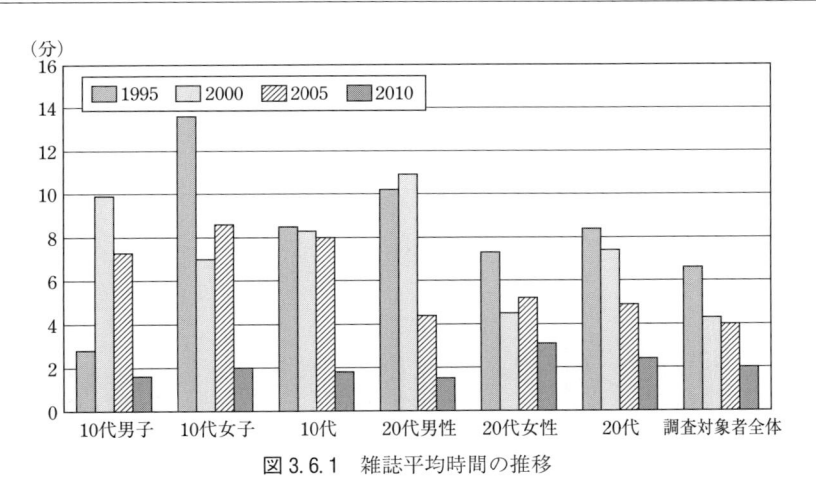

	10代男子	10代女子	10代	20代男性	20代女性	20代	調査対象者全体
1995年	10.0	14.9	12.6	8.3	16.5	13.4	12.5
2000	13.1	12.5	12.8	8.0	7.8	7.9	10.1
2005	15.3	13.0	14.9	11.4	15.1	13.4	9.9
2010	10.8	11.3	11.0	7.3	8.5	8.0	10.9
2010－1995（単位 %）	0.8	－3.6	－1.6	－1.0	－8.0	－5.4	－1.6
2010の1995に対する増減比率(%)	8.0	－24.2	－12.7	－12.0	－48.5	－40.3	－12.8

図 3.6.1 雑誌平均時間の推移

 読書については，この章で紹介する他の情報行動と異なり，10代，20代という単位でみれば，この15年で減少幅は少ない．10代男子については増加している．ただし，女性は10代20代とも減少傾向にある．
 読書の行為者率の推移を示したのが図3.5.2，表3.5.2である．読書行為者率については20代の減少が著しい．そのなかで10代男子は微増している．

3.6 雑誌

 雑誌の平均時間の推移を示したのが図3.6.1，表3.6.1である．雑誌については，調査対象者全体についても，10代20代の若年層についても2010年の

表 3.6.1　雑誌平均時間の推移（数値データ）（分）

	10代男子	10代女子	10代	20代男性	20代女性	20代	調査対象者全体
1995年	2.8	13.6	8.5	10.2	7.3	8.4	6.6
2000	9.9	7.0	8.3	10.9	4.5	7.4	4.3
2005	7.3	8.6	8.0	4.4	5.2	4.9	4.0
2010	1.6	2.0	1.8	1.5	3.1	2.4	2.0
2010－1995（単位 分）	−1.2	−11.6	−6.7	−8.7	−4.2	−6.0	−4.6
2010の1995に対する増減比率（%）	−42.9	−85.3	−78.8	−85.3	−57.5	−71.4	−69.7

図 3.6.2　雑誌行為者率の推移

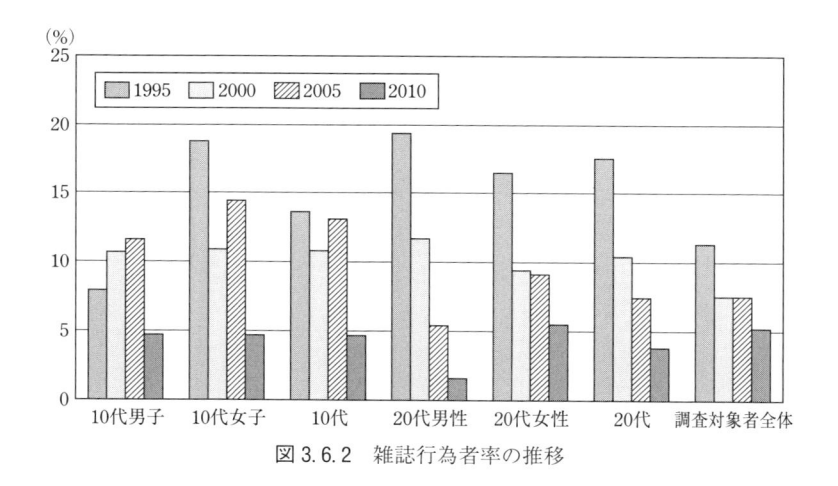

表 3.6.2　雑誌行為者率の推移（数値データ）（%）

	10代男子	10代女子	10代	20代男性	20代女性	20代	調査対象者全体
1995年	7.9	18.8	13.6	19.4	16.5	17.6	11.3
2000	10.7	10.9	10.8	11.7	9.4	10.4	7.5
2005	11.6	14.4	13.1	5.4	9.1	7.4	7.5
2010	4.7	4.7	4.7	1.6	5.5	3.8	5.2
2010－1995（単位 %）	−3.2	−14.1	−8.9	−17.8	−11.0	−13.8	−6.1
2010の1995に対する増減比率（%）	−40.5	−75.0	−65.4	−91.8	−66.7	−78.4	−54.0

減少は顕著である．

　雑誌の行為者率推移を示したのが図3.6.2および表3.6.2である．雑誌を読む時間同様，行為者率の減少も顕著である．

3.7 マンガ

マンガについて読む時間の推移を示したのが図3.7.1, 表3.7.1である. マンガについても若年層において, この15年とくにこの5年での減少幅は著しい.

マンガの行為者率の推移を示したのが, 図3.7.2, 表3.7.2である. この15年の減少傾向は明らかである.

図3.7.1 マンガ平均時間の推移

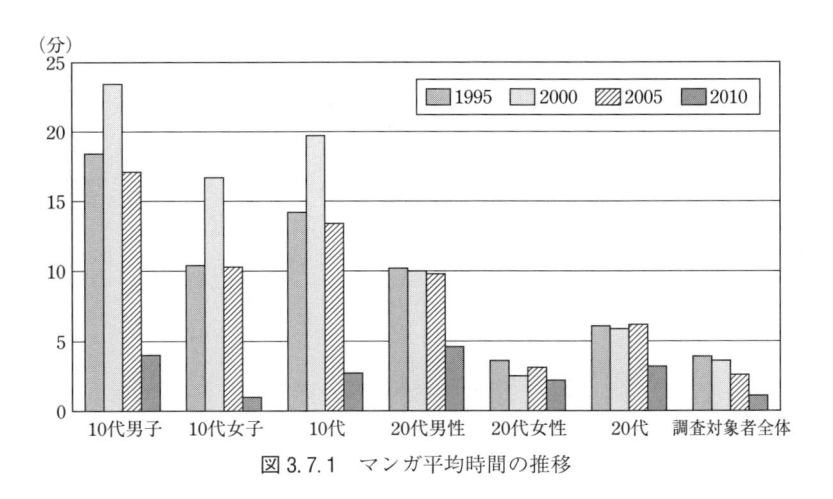

表3.7.1 マンガ平均時間の推移（数値データ）（分）

	10代男子	10代女子	10代	20代男性	20代女性	20代	調査対象者全体
1995年	18.4	10.4	14.2	10.2	3.6	6.1	3.9
2000	23.4	16.7	19.7	10.0	2.5	5.9	3.6
2005	17.1	10.3	13.4	9.8	3.1	6.2	2.6
2010	4.0	1.0	2.7	4.6	2.2	3.2	1.1
2010−1995（単位 分）	−14.4	−9.4	−11.5	−5.6	−1.4	−2.9	−2.8
2010の1995に対する増減比率（%）	−78.3	−90.4	−81.0	−54.9	−38.9	−47.5	−71.8

図 3.7.2 マンガ行為者率の推移

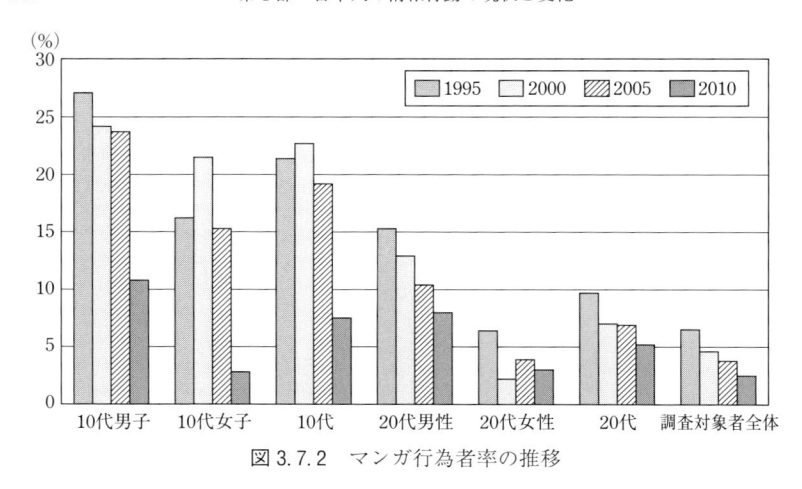

表 3.7.2 マンガ行為者率の推移（数値データ）(%)

	10代男子	10代女子	10代	20代男性	20代女性	20代	調査対象者全体
1995年	27.1	16.2	21.4	15.3	6.4	9.7	6.5
2000	24.2	21.5	22.7	12.9	2.2	7.0	4.6
2005	23.7	15.3	19.2	10.4	3.9	6.9	3.8
2010	10.8	2.8	7.5	8.1	3.0	5.2	2.5
2010−1995（単位　%）	−16.3	−13.4	−13.9	−7.2	−3.4	−4.5	−4.0
2010の1995に対する増減比率（%）	−60.1	−82.7	−65.0	−47.1	−53.1	−46.4	−61.5

3.8　テレビゲーム（テレビモニター）

　テレビゲーム（テレビモニター）の利用時間の推移を示したのが図 3.8.1，表 3.8.1，同じくその行為者率の推移を示したのが図 3.8.2，表 3.8.2 である．絶対的な利用度が高い 10 代についていえば，2005 年までは利用時間は増加傾向にあったが，利用時間，行為者率とも 2010 年には急減した．

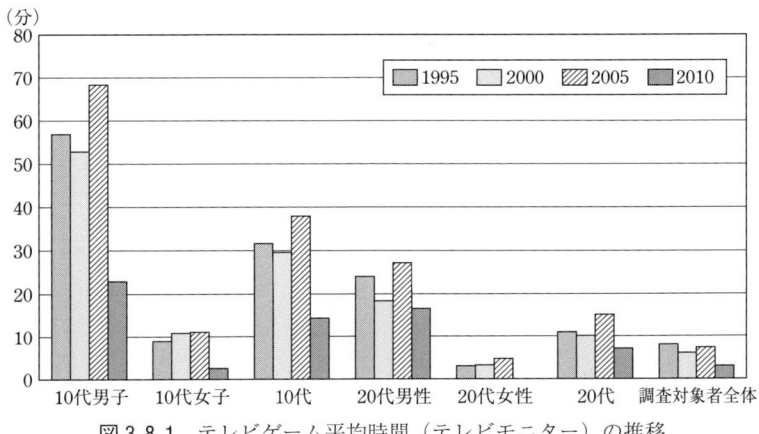

3 若年層における情報行動15年間の推移　　　245

図 3.8.1　テレビゲーム平均時間（テレビモニター）の推移

表 3.8.1　テレビゲーム平均時間（テレビモニター）の推移（数値データ）（分）

	10代男子	10代女子	10代	20代男性	20代女性	20代	調査対象者全体
1995年	56.9	8.9	31.7	24.0	3.0	10.9	8.0
2000	52.9	10.9	29.6	18.4	3.2	10.1	6.0
2005	68.3	11.1	37.9	27.2	4.7	15.1	7.3
2010	22.9	2.5	14.4	16.6	0.0	7.1	3.0
2010−1995（単位 分）	−34.0	−6.4	−17.3	−7.4	−3.0	−3.8	−5.0
2010の1995に対する増減比率（%）	−59.8	−71.9	−54.6	−30.8	−100.0	−34.9	−62.5

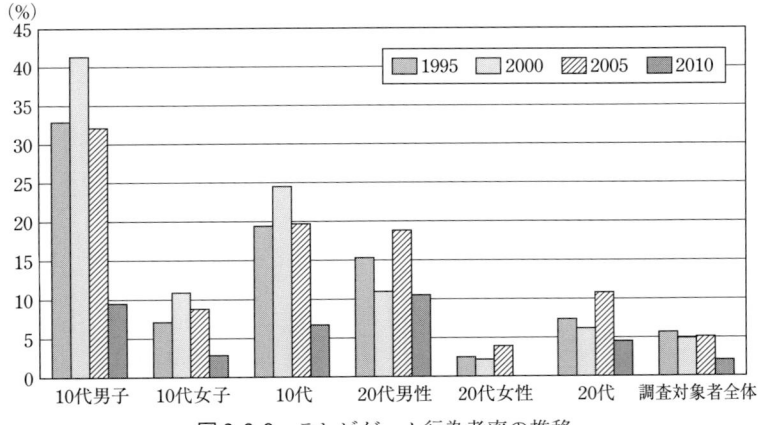

図 3.8.2　テレビゲーム行為者率の推移

表 3.8.2　テレビゲーム行為者率の推移（数値データ）（%）

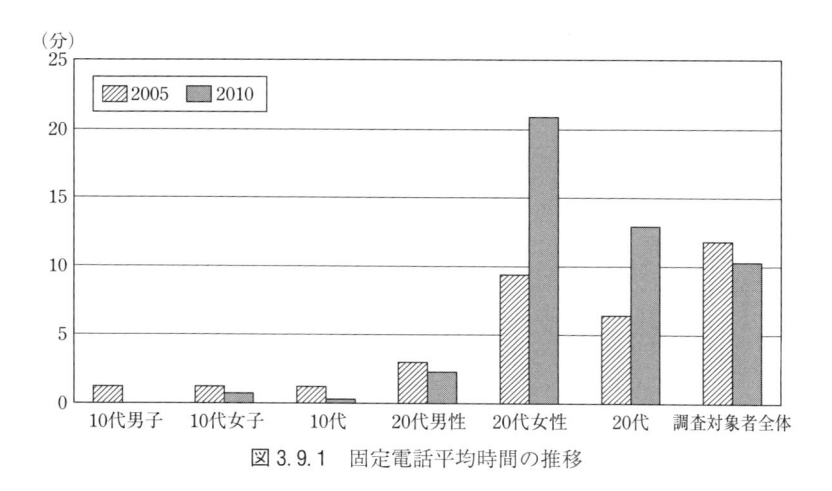

	10代男子	10代女子	10代	20代男性	20代女性	20代	調査対象者全体
1995年	32.9	7.1	19.4	15.3	2.5	7.4	5.7
2000	41.3	10.9	24.5	11.0	2.2	6.2	4.9
2005	32.1	8.8	19.7	18.8	3.9	10.8	5.1
2010	9.5	2.8	6.7	10.5	0.0	4.5	2.1
2010−1995（単位　%）	−23.4	−4.3	−12.7	−4.8	−2.5	−2.9	−3.6
2010の1995に対する増減比率（%）	−71.1	−60.6	−65.5	−31.4	−100.0	−39.2	−63.2

図 3.9.1　固定電話平均時間の推移

3.9　固定電話（通話）

　固定電話および携帯電話の通話について，2000年調査までは日記式調査票に「10分以上のものだけ記録してください」との注記をしていたが，2005年調査以降はこの注記をはずしている．したがって，2000年以前と以降で数値を比較することはできないため，ここでは2005年と2010年の結果だけ掲載している．

　2005年時点で固定電話の通話時間は10代では非常に低いものであったが，2010年調査ではほとんどゼロに近くなっている．20代では，2005年より2010年に固定電話の通話時間は増加しているが，これはほとんど職場における利用

3 若年層における情報行動15年間の推移　　247

表3.9.1　固定電話平均時間の推移（数値データ）（分）

	10代男子	10代女子	10代	20代男性	20代女性	20代	調査対象者全体
2005	1.2	1.2	1.2	3.0	9.4	6.4	11.8
2010	0.0	0.7	0.3	2.3	20.9	12.9	10.3
2010−2005（単位 %）	−1.2	−0.5	−0.9	−0.7	11.5	6.5	−1.5
2010の2005に対する増減比率（%）	−100.0	−41.7	−75.0	−23.3	122.3	101.6	−12.7

図3.9.2　固定電話行為者率の推移

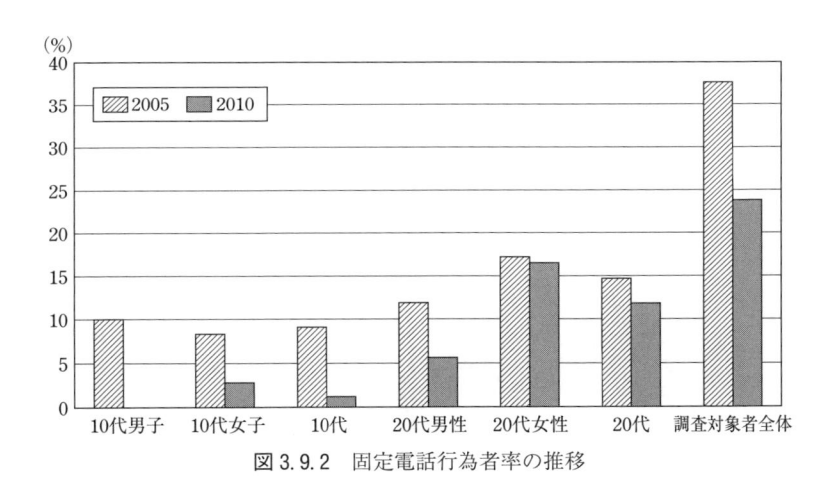

表3.9.2　固定電話行為者率の推移（数値データ）（%）

	10代男子	10代女子	10代	20代男性	20代女性	20代	調査対象者全体
2005年	10.0	8.3	9.1	11.9	17.2	14.7	37.6
2010	0.0	2.8	1.2	5.6	16.5	11.8	23.8
2010−2005（単位 %）	−10.0	−5.5	−7.9	−6.3	−0.7	−2.9	−13.8
2010の2005に対する増減比率（%）	−100.0	−66.3	−86.8	−52.9	−4.1	−19.7	−36.7

である．

　固定電話の行為者率を示したのが図3.9.2と表3.9.2であるが，行為時間同様10代では2010年においてゼロに近い数値を示している．

3.10 携帯電話（通話）

携帯電話の通話時間は10代において2005年から2010年にかけて減少している（図3.10.1，表3.10.1）．携帯電話での通話は，比較的料金が高めであるため，メールないしはSNS系のサイトでのコミュニケーションが主流化しているためと推察される．

携帯電話（通話）の行為者率を示したのが図3.10.2と表3.10.2である．通話時間量と同様，10代では大きく減少している．

図3.10.1 携帯電話（通話）平均時間の推移

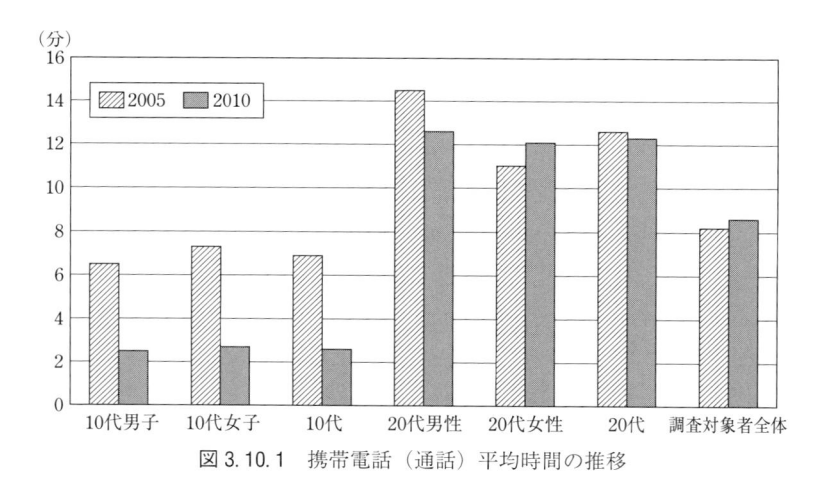

表3.10.1 携帯電話（通話）平均時間の推移（数値データ）（分）

	10代男子	10代女子	10代	20代男性	20代女性	20代	調査対象者全体
2005年	6.5	7.3	6.9	14.5	11.0	12.6	8.2
2010	2.5	2.7	2.6	12.6	12.1	12.3	8.6
2010−2005（単位 分）	−4.0	−4.6	−4.3	−1.9	1.1	−0.3	0.4
2010の2005に対する増減比率（％）	−61.5	−63.0	−62.3	−13.1	10.0	−2.4	4.9

図 3.10.2 携帯電話（通話）行為者率の推移

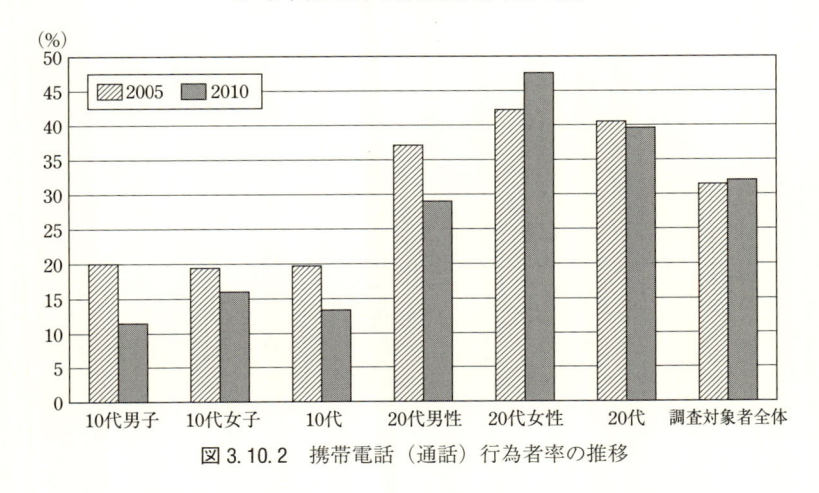

表 3.10.2 携帯電話（通話）行為者率の推移（数値データ）（%）

	10代男子	10代女子	10代	20代男性	20代女性	20代	調査対象者全体
2005年	20.0	19.4	19.7	37.1	42.2	40.5	31.4
2010	11.5	16.0	13.4	29.0	47.6	39.6	32.0
2010-2005（単位 %）	-8.5	-3.4	-6.3	-8.1	5.4	-0.9	0.6
2010の2005に対する増減比率（%）	-42.5	-17.5	-32.0	-21.8	12.8	-2.2	1.9

3.11 インターネット

3.1.1で述べたように，インターネット利用に関する日記式記録調査は2000年から開始した．このときは，他の情報行動とは別の欄で「1. 電子メールを書く・読む」「2. オンラインまたはオフラインでウェブを見る」「3. その他（「ウェブを検索する」「チャットをする」「電子掲示板等を読む・書き込みをする」「ホームページを作る・更新する」等）の3種類に分けて記録してもらった（記入法は他の情報行動と同様）．2000年調査ではパソコンと携帯電話に分けてはいない．2005年調査からは，インターネット利用は，情報行動の欄のなかに含め，パソコンと携帯電話によるものを区別して記入する形にし，また項目的にも2010年調査のように詳細化した．

図 3.11.1 自宅 PC ネット平均時間の推移

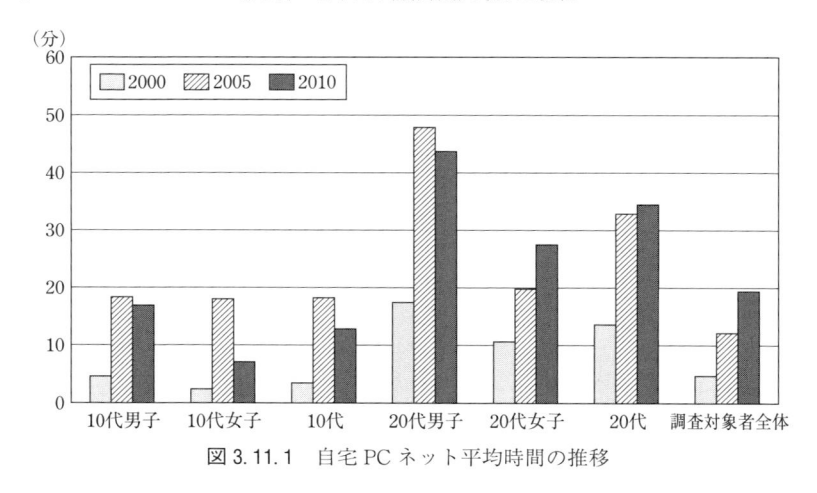

表 3.11.1 自宅 PC ネット平均時間の推移（数値データ）（分）

	10代男子	10代女子	10代	20代男性	20代女性	20代	調査対象者全体
2000年	4.6	2.4	3.4	17.4	10.6	13.6	4.7
2005	18.3	18.0	18.2	47.9	19.8	32.9	12.1
2010	16.9	7.1	12.8	43.7	27.5	34.5	19.4
2010－2000（単位 分）	12.3	4.7	9.4	26.3	16.9	20.9	14.7
2010の2000に対する増減比率（%）	267.4	195.8	276.5	151.1	159.4	153.7	312.8

したがって，2000年の「インターネット利用」がパソコンによるものか，携帯電話によるものか，区別できないが，別途実施したアンケート質問調査によれば，インターネット利用者の88.6％がパソコンによる利用（複数回答で携帯電話による利用も20.5％）であり，携帯電話による情報サイト利用の先駆である「iモード」も1999年2月サービス開始で，2000年3月の調査時点では，利用者はごく一部に限られていたため，ここでは2000年のインターネット利用をパソコンによるものとみなして分析している．

また，パソコンによるインターネット利用は，職場で仕事用のものもあるため，ここでは自宅での利用に限定した．

インターネット利用については，小項目に分けて種々のサービス利用について記録してもらっているが，分析に際しては，ある時間帯（15単位）で，複数のインターネット・サービス利用があった場合，最大15分として最大公約

3 若年層における情報行動15年間の推移

図3.11.2 自宅PCネット行為者率の推移

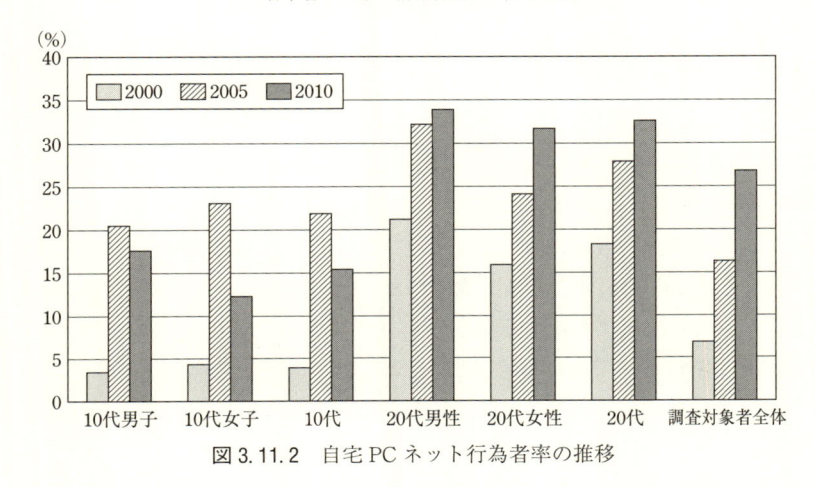

表3.11.2 自宅PCネット行為者率の推移（数値データ）(%)

	10代男子	10代女子	10代	20代男性	20代女性	20代	調査対象者全体
2000年	3.4	4.3	3.9	21.2	15.9	18.3	6.8
2005	20.5	23.1	21.9	32.2	24.1	27.9	16.3
2010	17.6	12.3	15.4	33.9	31.7	32.6	26.8
2010－2000（単位 ％）	14.2	8.0	11.5	12.7	15.8	14.3	20.0
2010の2000に対する増減比率（％）	417.6	186.0	294.9	59.9	99.4	78.1	294.1

数的に計算し，単純加算することを避けた．

　自宅でのパソコンによるネット利用（以下，「自宅PCネット」）の時間量の推移を示したのが図3.11.1および表3.11.1である．

　調査対象者全体では，利用時間は2000年以降，急増している．しかし，10代に関しては，2010年には2005年より減少し，20代もほぼ横ばいである．

　その理由のひとつは若年層のネットの中心媒体が携帯電話に移ったためである（詳細な利用の内訳は本書の2章参照）．とくに10代女子のパソコンからケータイへの移行は顕著である．

　自宅PCネットについて行為者率の推移を示したのが図3.11.2および表3.11.2である．行為者率においても10代は2005年と比較して2010年には減少している．

3.12 携帯ネット

「携帯電話によるインターネット利用」として日記式記録調査を開始したのが2005年からである．10代女子の場合，2005年に比べて2010年には増加しているが，10代男子では減少しており，10代全体としてはほぼ横ばいである．これは，2章で分析したように，携帯ネット利用のうち，メール時間が減少したことがおもな要因である．その代わりに情報サイト利用が増加しているが，そのおもな利用サービスはSNSサイトやミニブログであり，そこでのコミュニケーションがメールによるコミュニケーションを一部代替したことによると推察される．

調査対象者全体および20代では，携帯ネットの利用時間は2005年に比べ

図3.12.1 携帯ネット平均時間の推移

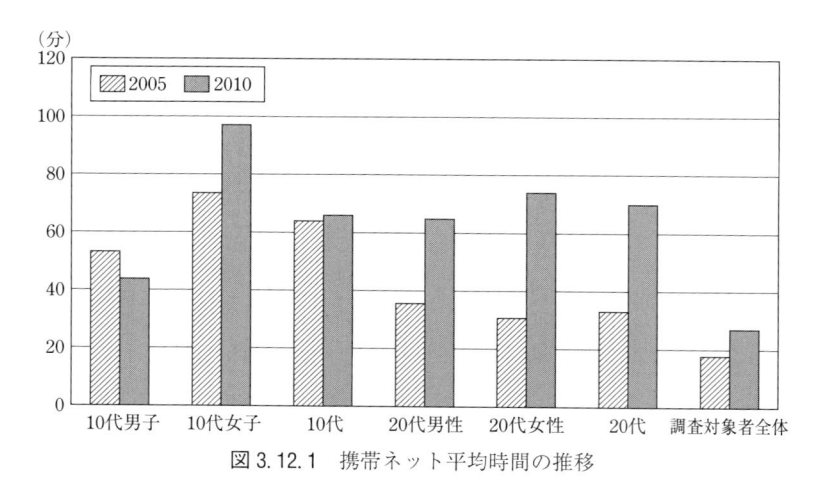

表3.12.1 携帯ネット平均時間の推移（数値データ）（分）

	10代男子	10代女子	10代	20代男性	20代女性	20代	調査対象者全体
2005年	53.2	73.5	64.0	35.6	30.7	33.0	17.8
2010	43.8	97.0	66.0	64.8	74.1	70.1	27.2
2010−2005（単位 分）	−9.4	23.5	2.0	29.2	43.4	37.1	9.4
2010の2005に対する増減比率（％）	−17.7	32.0	3.1	82.0	141.4	112.4	52.8

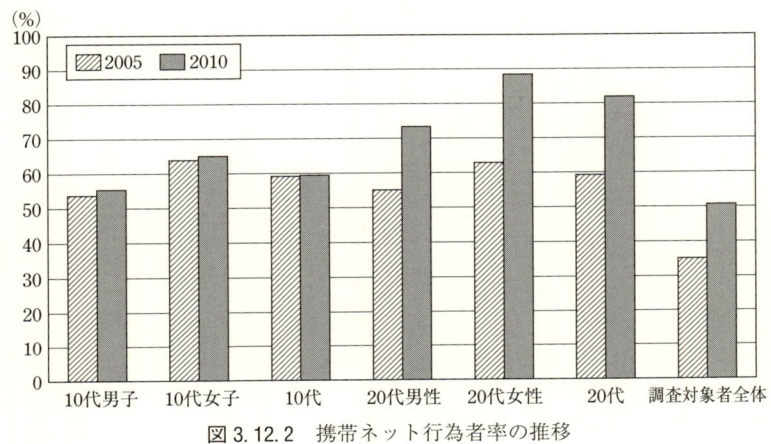

3 若年層における情報行動15年間の推移

図 3.12.2 携帯ネット行為者率の推移

表 3.12.2 携帯ネット行為者率の推移 (%)

	10代男子	10代女子	10代	20代男性	20代女性	20代	調査対象者全体
2005年	53.7	63.9	59.1	55.0	62.9	59.2	35.1
2010	55.4	65.1	59.4	73.4	88.4	81.9	50.7
2010−2005 (単位 %)	1.7	1.2	0.3	18.4	25.5	22.7	15.6
2010の2005に対する増減比率 (%)	3.2	1.9	0.5	33.5	40.5	38.3	44.4

2010年で大幅に増加している(図3.12.1, 表3.12.1).

携帯ネットの行為者率の推移を示したのが図3.12.2および表3.12.2である.利用時間と同様,10代ではほぼ横ばい,20代および調査対象者全体では行為者率は増加している.

第 2 部　2010 年情報行動の諸相

4

政治意識と情報行動
——テレビ視聴と私生活志向の関連を中心に

是永　論

4.1　はじめに

　2009年の政権交代に前後して，日本における人びとの政治意識に大きな変化がみられたことが指摘されている．NHK放送文化研究所による2008年の「日本人の意識」調査では，1973年の調査開始以来，「政党支持なし」がはじめて減少し，「政治の有効性感覚」が増加したことが示されている（NHK放送文化研究所編，2010）．

　しかしながら，そのような変化が指摘される一方で，実際の政治活動への参加は必ずしも活発化せず，以前から問題視されてきた「テレビ的政治」による政治の娯楽化とイベント化が進行するなかで，有権者の政治に対する冷めた感覚，いわゆるシニシズムが高まっているという指摘もなされている．

　さらには，近年におけるインターネット利用の日常化と，ネット上における政治的イシューの顕在化などによって，インターネットの利用が政治参加と関連をもつことが期待されている．たとえば「積極的無党派層」ともよばれる，政治関心の高い無党派層においては，政治関心のない無党派層よりも活発にインターネットが利用されているというデータもある（佐藤他，2003）．しかしそうした利用者はあくまで政治的に「無党派」であると同時に，ネット利用時間についても，実際の投票参加と有意な相関がみられていない（金，2009）．

　以上にみられた政治関心の高まりとシニシズムという，一見したところ相反する現象は，人びとが行っている日常の情報行動とどのような関連をもってい

るのであろうか．本章ではとくに，「私生活志向」（池田，2007）とよばれてきた社会的態度に注目し，その概念について再度検証しながら，データにより構成したうえで，政治意識とテレビ視聴を中心とした情報行動との関連をみていくことにする．

4.2　政治不信と私生活志向
　　——私的領域への退行としての情報行動？

　政治に関わる活動への不参加を示す，いわゆる消極的な政治意識については，これまでさまざまな観点から検討が行われてきた．単に政治への関心の高低といった問題だけではなく，政治的な知識の不足や政治的な疎外感として，その深層に関わるさまざまな概念の構築が試みられている．

　とくに政治的疎外感については，①無規範感または不信感，②無気力感または無効感，③無意味感，④アパシーといった従来の概念を展開させる形で，カペラとジェイミソンが「政治的シニシズム」という形での概念化を行い，候補者など政治的アクターへの「信頼感の欠如」として位置づけている（Cappella and Jamieson, 1997＝2005）．情報行動との関連から注目されるのは，この政治的シニシズムが，メディアによる報道の形式（ニュースフレーム）によって活性化されているという結果である．つまり戦略型ニュースとよばれる，政治のゲーム的な側面を扱った報道に接触することにより，政治的シニシズムやシニカルな動機が高まることから，情報行動と政治意識の関係が確かめられている．しかしながら，ここで対象とされているのは，あくまで進行上の政治的な出来事について意志決定を行う過程においてみられるシニシズムであり，不信感も上記にみた②から④との相関がなく，一般的な政治的疎外感とは区別されている．

　一方で，「疎外感」といった場合，現状に対する何らかの不満感や不安感をともなうことが考えられるが，政治不信が生活上の満足度とデータ上関連をもたないことも指摘されており，この点から池田は「人々を政治へと志向させるのではなく，政治から距離をとらせ，私生活へと向かわせる」ものを「私生活

志向」として重視し，私生活志向の高まりが不信感と連動しながら政治的にどんな意味をもつのかについて，その分析を時系列調査において試みている（池田，2007, p. 201）．その内容について触れる前に，池田自身が私生活志向の源流として，イングルハートによる「脱物質主義的価値観」をあげているように，こうした意識が社会における「豊かさ」と関連づけられている点も注目される．つまり，脱物質主義的価値観とは，物質的な欲求が充足された社会で支配的となるもので，帰属意識や他者による承認など，高度の自己実現欲求を中心とするものであり，「物の豊かさ」の追求の後に見出される「心の豊かさ」を充足する対象として「私生活」が志向されているとみられている．

こうした価値観のシフトは1970年代における，いわゆる「モーレツからビューティフルへ」という広告コピーに代表されるような，「心の豊かさ」を求める日本社会の変化と連動させて考えることも可能である．田中は1970年時点における，私的生活領域と公的生活領域の分裂を背景としながら，後者を律するような目標価値に関する「ニヒリズム」がもたらされたために，せめて私生活の領域において自己を回復しようとするなかで「私生活主義」が一般化したことを指摘している（田中，1974）．こうした説明図式においては，端的には60年代の社会運動の挫折による，政治参加への「あきらめ」をともなう形で私生活主義への志向が説明されているようにみられるが，ひとつ注目されるのは，そのプロセスについて，こうした私生活領域が，具体的な生活行動（情報行動）時間の構造に基づいた形で記述されている点である．この論考では行動時間の一要素としてマスコミュニケーションへの接触が述べられているだけで，その関連が実証的に示されているわけではないが，少なくともこの時点から，私的な生活領域が，公的な領域から後退した先としてみられており，日常的な生活行動（情報行動）がその退行に関する構造的な基盤としてみなされてきたことがうかがえる．

このような図式は現代にも引き継がれており，パトナムが「社会関係資本の低下」について，人びとの社会参加の低調や他人への信頼性の低下を説明する原因としてあげたのがまさにテレビ視聴という情報行動であり，さらに近年ではパトナムのいう「孤独なボウリング」（Putnam, 2000）にならった，いわゆる「孤独なテレビ視聴」（Brooks, 2004; 米倉，2007）としての検証がなされて

いる．実際の社会関係資本との関連については，前回の『日本人の情報行動2005』のデータから辻が詳細な検証を行っており，ブルックス自身やノリス（Norris, 1996）など海外の批判的な論調と同様に，テレビ視聴が社会関係資本を低下させるような結果はみられず，データではテレビ視聴時間と社会関係資本の指標値は正の相関を示していた（辻，2006）．筆者自身による分析でも，テレビ視聴時間は，仕事や趣味などの組織に関する対人ネットワーク数とは負の相関をみせたものの，地縁の対人ネットワーク数については正の相関がみられた（是永他，2010）．また，NHK放送文化研究所の調査では，テレビ視聴について「他にもたくさんの人達が一緒に見ていると感じる」という意識を「共時感覚」と規定したうえで，テレビ視聴において高い共時感覚をえるグループについては，政治・社会意識が高いという傾向があることを，日本・英国・韓国に共通した結果として導いている（米倉・山口，2010）．このことから，テレビ視聴によって，ある共時感覚がもたらされるとするならば，少なくともその意識は社会参加意識の低下をもたらす可能性は低いと考えられる．また，ヘイジマンらによれば，テレビ視聴がシニシズムに対するプラスの相関および政治的有効性感覚に対するマイナスの相関をもつのに対して，新聞購読にはシニシズムに対してマイナスの相関および政治的有効性感覚に対するプラスの相関がみられており，同じメディア報道でもシニシズムへの影響の方向性が違うことも示されている（Hagemann and Gras, 2006）．

　本章では，社会関係資本についてはすでに多くの分析例がみられているので，「私生活志向」を中心とした政治意識と情報行動の関連について検証していく．社会関係資本の低下については，情報行動による公的領域からの退行との関連から扱われることになる．

4.3　「私生活志向」の指標

　「私生活志向」の測定については，同じく池田によって，「政治的とは，なるようにしかならないもの」といった項目によって構成される「政治非関与」と，「政治に関心を持つより，自分の生活を充実することに時間を使いたい」とい

4 政治意識と情報行動

表 4.3.1 私生活志向の指標と属性の関連（重回帰分析, 数値は標準化係数）

	私生活中心	政治的有効性感覚の弱さ
性別	−0.01	0.20***
年齢	−0.17***	−0.28***
学歴	−0.15***	−0.22***
結婚状況	−0.01	0.03
就労状況	0.03	0.02
世帯年収	−0.04	−0.05*
都市規模	−0.07**	−0.07***
調整済み R^2	0.05	0.16

***$p<0.001$, **$p<0.01$, *$p<0.05$

った項目によって構成される「私生活強調」の2つを下位尺度とした形で尺度化されている（池田, 2007, p.213）.

今回の調査では，社会意識について測定した項目が限られており，こうした概念そのものを検証することができない．そのため，内容が類似していると考えられる「われわれが少々騒いだところで政治はよくなるものではない」および「政治のことは難しすぎて自分にはよくわからない」の2項目の合計による「政治的有効性感覚の低下」の尺度と，「政治のことよりも自分の生活のほうが大事だ」および「世間のできごとより，自分の身のまわりのできごとに関心がある」の項目の合計による「私生活中心」の尺度をそれぞれ「私生活志向」に対する下位尺度とみなし，それぞれを従属変数とすることにした．なお，私生活中心と政治的有効性感覚の低下とのピアソンの相関係数は $r=0.49$ であり（0.1% 水準で有意），政治への関心度合い（単独項目）との相関係数はそれぞれ $r=-0.32$, -0.54 と（いずれも 0.1% 水準で有意），政治からの心理的な距離を示す変数となっていることが確認できる．

まず私生活志向と属性についての関連をみるために，それぞれの変数を従属変数とした重回帰分析を行ったところ，表 4.3.1 の結果となった（性別については男性を 1/女性を 2 とし，学歴は中学校卒を 1/高校卒を 2/高専・短大卒を 3/大学・大学院卒を 4，結婚状況は既婚を 1/未婚を 0，就労状況はフルタイム就業を 1/その他を 0，居住地の都市規模は町村を 1/10 万未満を 2/10-30 万未満を 3/30-100 万未満を 4/100 万人以上を 5 としてダミー変数をそれぞれ投入

した．以下の分析ではすべてこれらのダミー変数を用いる）．

　結果から，高年齢，高学歴，都市規模の高い層で私生活志向が低下し，政治的有効性感覚が高まることが示された．また世帯年収が高いほど政治的有効性感覚が高くなっていた．また，属性のなかでは，相対的に年齢の効果が高いこと示された．

4.4　私生活志向と情報行動

　それではこうした私生活志向に対して，情報行動はどういった関連をもっているのであろうか．前節でみた2つの指標について，属性変数を統制したうえで，日記式調査におけるテレビ視聴時間，新聞閲読時間，パソコンおよび携帯電話でのサイト利用時間に加え，質問紙調査におけるインターネット動画中にテレビ番組映像が占める割合との関連を分析した結果が，表 4.4.1 である．

　情報行動に関しては，いずれの利用時間も日記式調査による平日1日あたりの平均時間が変数となるが，属性において就労状況が有意に関連しなかったことから，平日と休日の自由時間の違いによる影響は受けないものと考えられる．またインターネット利用に関しては，パソコンおよび携帯サイト利用の行為者率がそれぞれ 22%，15% となっているためやや偏りがあるが，質問紙調査におけるそれぞれのサイト利用の有無を代わりに投入してもとくに効果が強まることはなかったため，日記式調査のほうをそのまま利用することとした．

　結果としては年齢や学歴といった属性の効果が続いて認められたが，情報行動についても有意な効果がみられた．とくに係数値が大きいのが新聞を読む時間で，新聞を読む時間が長いほど，私生活中心が弱まり，有効性感覚が強くなる傾向がある．パソコンでインターネットのサイトをみる時間についても同様の傾向が認められた．

　これに対して，携帯電話でインターネットのサイトをみる時間と，質問紙調査によって測定した，インターネットでの動画視聴に占める番組映像の割合については，いずれもそれぞれの値が大きいほど，私生活中心が強くなる傾向がみられた．このことによって，私生活志向の向かう「退行先」が，携帯電話サ

4 政治意識と情報行動

表 4.4.1 私生活志向の指標と情報行動の関連（重回帰分析，数値は標準化係数）

	私生活中心	政治的有効性感覚の弱さ
性別	−0.05	0.22***
年齢	−0.10*	−0.24***
学歴	−0.13***	−0.14***
世帯年収	−0.03	−0.06
都市規模	−0.08*	−0.01
テレビ放送を見る	−0.04	0.00
新聞を読む	−0.10**	−0.07*
パソコンでサイトを見る	−0.08*	−0.11**
携帯電話でサイトを見る	0.08*	−0.01
動画視聴に占める番組映像の割合	0.09**	0.06*
調整済み R^2	0.08	0.20

***$p<0.001$, **$p<0.01$, *$p<0.05$

イト利用とインターネットでの動画サイトでの番組視聴といった情報行動であることがうかがわれる．

　社会関係資本の議論ではさまざまな効果が認められたテレビ視聴時間は，今回の結果ではいずれも，私生活志向とは有意な関連が認められなかった．つまり，テレビ視聴時間が長いために，とくに私生活志向が高まるとも，逆に低くなるともいえず，このことは，パトナムの議論への批判などにみられる，テレビの利用の仕方によって視聴状況がもたらす効果も変わってくるという点からの，私生活志向と情報行動の関連の再考を示唆するものであろう．

　以下ではこの点から，テレビ視聴時間が私生活志向にもたらす影響について検討するが，携帯サイトを除くいずれのメディアについても接触時間が私生活中心を弱める方向で関連している数値が示されたことから，次のような形で検討を行う．まず，テレビ視聴内容については，ニュースに限定するものとし，仮説としてニュースを視聴することが社会的な関心を高め，その結果として私生活志向が低下するという関連について検討する．具体的には，質問紙において，「国内ニュース」，「海外ニュース」，「地域（ローカル）ニュース」のそれぞれについて，情報源として「テレビ」「新聞」「パソコンのウェブサイト」を選択した場合を 1/しなかった場合を 0 としたダミー変数を独立変数に投入し，私生活志向を従属変数とした重回帰分析を行った．独立変数にはあわせて，質

表 4.4.2 私生活志向の指標とニュース情報源の関連（重回帰分析，数値は標準化係数）

	私生活中心	政治的有効性感覚の弱さ
性別	-0.06^{**}	0.15^{***}
年齢	-0.14^{***}	-0.25^{***}
学歴	-0.13^{***}	-0.17^{***}
都市規模	-0.06^{**}	-0.06^{**}
テレビ放送を見る	0.02	$0.04^{\dagger}$
新聞を読む	-0.09^{***}	-0.08^{***}
パソコンでサイトを見る	0.01	-0.01
テレビでのニュース接触時間	-0.04^{*}	-0.05^{*}
国内ニュース・テレビ	0.05^{*}	0.03
国内ニュース・新聞	0.00	0.00
国内ニュース・ウェブサイト	-0.09^{***}	-0.13^{***}
海外ニュース・テレビ	$-0.04^{\dagger}$	-0.05^{*}
海外ニュース・新聞	-0.02	$-0.04^{\dagger}$
調整済み R^2	0.06	0.19

$^{***}p<0.001$, $^{**}p<0.01$, $^{*}p<0.05$, $^{\dagger}p<0.10$

問紙で聞いたテレビ，新聞，パソコンでのインターネットそれぞれによるニュースの接触時間（1日あたり平均）を投入した．結果は表4.4.2に示すとおりである．

　このデータから，それぞれのメディアについて，私生活志向に対する接触および情報源としての関連がそれぞれに異なった形であらわれていることがわかる．まず新聞は，接触時間が相対的に強く作用しており，接触時間が長いほど私生活中心が低下し，政治的有効性感覚も強まる傾向がある．一方，テレビについては全体の接触時間の関連はあまりないが，ニュースとしての接触時間が長いほど，私生活中心が弱まり，政治的有効性感覚が強まる．しかしながら，ニュースの種類については，海外ニュースの情報源としての接触は政治的有効性感覚の強さと関連をもつのに対して，国内ニュースの情報源としての接触は，私生活中心の強さと関連をもつという，私生活志向に対する効果としては反対の傾向を示している．ニュース報道がシニシズムを活性化しているという議論からすると，国内ニュースへの接触が，いわゆる「政治離れ」として私生活中心と関連していることが推測される．インターネットについては，接触時間には関連がないが，ニュースに接触していると私生活中心が弱く，政治的有効性感覚が強いという関連が相対的に強くみられる．

表 4.4.3 私生活志向の指標と情報源・娯楽源としてのメディアの重要度の関連（重回帰分析，数値は標準化係数）

	私生活中心	政治的有効性感覚の弱さ
性別	−0.05*	0.17***
年齢	−0.14***	−0.28***
学歴	−0.13***	−0.18***
都市規模	−0.06**	−0.06**
テレビ放送を見る	−0.01	0.02
新聞を読む	−0.09***	−0.08***
パソコンでサイトを見る	0.00	−0.03†
テレビ：情報源としての重要度	0.05*	0.04
新聞：情報源としての重要度	−0.05*	−0.06**
ネット：情報源としての重要度	−0.08***	−0.12***
テレビ：娯楽源としての重要度	0.05*	0.03
新聞：娯楽源としての重要度	−0.04	0.02
調整済み R^2	0.07	0.18

***$p<0.001$, **$p<0.01$, *$p<0.05$, †$p<0.10$

このような傾向は，次のようなデータでも確かめられる．今回，質問紙調査では「情報を得るための手段」および「楽しみを得るための手段」として，それぞれのメディアがどの程度重要であるかをたずねているが，これらの変数を分布に対応させた形で「重要である」を1/「重要でない」を0というダミー変数にして独立変数として投入し，私生活志向を従属変数とした重回帰分析を行った．その結果が表4.4.3である．

このデータからもやはり，メディアによる違い，とくにテレビと他のメディアにおける重要度が反対の方向で関連していることがわかる．つまり，新聞とネットについては情報源としての重要度が，私生活中心の弱さとおよび政治的有効性感覚の強さと関連している（ネットの娯楽源としての重要度は情報源としての重要度と相関が高いために除外した）のに対して，テレビについての情報源としての重要度は，私生活中心の強さと関連しており，この傾向はテレビについての娯楽源としての重要度についてもあらわれている．この結果から，テレビの重要度が高い利用者は，その利用情報の内実にかかわらず，私生活中心であるという傾向が推測される．

以上の結果だけからすると，テレビは私生活志向を促進する正の方向で関連しており，逆に新聞は負の方向で関連しているようにみられるかもしれない．

表 4.4.4 私生活志向の指標とメディアの信頼度の関連（重回帰分析，数値は標準化係数）

	私生活中心	政治的有効性感覚の弱さ
性別	−0.04*	0.18***
年齢	−0.14***	−0.26***
学歴	−0.15***	−0.21***
都市規模	−0.06**	−0.07***
テレビ放送を見る	0.02	0.04†
新聞を読む	−0.10***	−0.09***
サイトを見る	−0.01	−0.04*
テレビ信頼度	−0.06*	0.04†
新聞信頼度	0.12***	0.05*
ネット信頼度	0.01	−0.01
調整済み R^2	0.06	0.17

***$p<0.001$, **$p<0.01$, *$p<0.05$, †$p<0.10$

しかしながら，それぞれのメディア情報の信頼度と，私生活志向との関係をみた場合は，必ずしもそのように一様な関係ではない．表 4.4.4 は，私生活志向に対してそれぞれのメディアの信頼度がどの方向にどの程度で関連しているかをみたものであるが，この結果からすると，テレビに信頼度が高い場合は私生活中心ではなくなり，逆に新聞に信頼度が高い場合は私生活中心となる．また，新聞に信頼度が高い場合は政治的有効性感覚が弱くなる．つまり，メディアそのものへの信頼としてみる場合，新聞に信頼を置く態度は全体として私生活志向の高さに関連をもつが，テレビに信頼を置く態度は私生活中心に対しては負の方向に作用することとなり，情報源としての重要度とは反対の傾向を示すことになる．したがって，メディアをどのような情報源としてみなすかということと，メディアの情報そのものを信頼するかどうかということは少なくとも別の次元で私生活志向と関連していることが推測されるのである．

4.5　私生活志向と社会関係資本

続いて，私生活志向と他の社会意識の関連として，ここでは社会関係資本の指標値としての一般的信頼と互酬性規範について検討する．一般的信頼とは，見知らぬ相手を含めた他者一般に対する信頼のことで，身内による固定的な社

表 4.5.1 社会関係資本の指標と属性の関連（重回帰分析，数値は標準化係数）

	一般的信頼	互酬性規範
性別	0.04	0.06**
年齢	0.13***	−0.04†
学歴	0.08**	−0.01
結婚状況	0.01	0.07**
就労状況	0.01	0.02
世帯年収	0.11***	0.06**
都市規模	0.00	−0.01
私生活中心	0.04†	0.06*
政治的有効性感覚の弱さ	−0.03	−0.04
調整済み R^2	0.03	0.01

***$p<0.001$, **$p<0.01$, *$p<0.05$, †$p<0.10$

会関係に安住することなく，社会的な利益や公共の目的のために新たな関係を開いていくように作用するものとして考えられている（山岸，1998）．今回の調査においては，測定尺度が3項目で構成されており（「ほとんどの人は基本的に正直である」「ほとんどの人は他人を信頼している」「私は人を信頼するほうである」），クロンバックの α 係数も 0.76 とやや低く，前回の調査（辻，2006）で6項目によって測定されたものとは直接比較できないので，注意する必要がある．

一方，互酬性規範は，「人を助ければ，今度は自分が困っている時に誰かが助けてくれる」というひとつの項目であらわされる．社会関係資本には「参与者たちが共通の目標に向かってより効率的に協力し合うことを可能にする諸側面」（Putnam, 1995, pp. 664-665）という定義として規範が含まれており，こうした規範も該当するものと考えられる．

これらの社会関係資本の指標と，これまでみた私生活志向の指標を含む属性との関係についてみたのが，表 4.5.1 である．

年齢と世帯年収がそれぞれについて相対的に大きく関連しているが，年齢については，年齢が高くなるほど一般的信頼が高くなるのに対して互酬性規範は低くなる可能性がある．私生活中心の傾向が強いほど，一般的信頼が高くなる可能性があり，また互酬性規範も高くなるが，政治的有効性感覚には有意な関連はみられなかった．私生活志向と社会関係資本の蓄積の関連について，池田は，私生活強調が一般的信頼感を高めるという結果を導いたうえで，生活のな

表 4.5.2 社会関係資本の指標と情報行動の関連（重回帰分析，数値は標準化係数）

	一般的信頼	互酬性規範
性別	0.13**	0.13**
年齢	0.17***	−0.13**
学歴	0.05	−0.03
結婚状況	−0.07†	0.06
就労状況	0.11**	0.11**
世帯年収	0.10**	0.09*
都市規模	−0.02	−0.02
テレビ放送を見る	0.06†	0.02
新聞を読む	0.07†	0.04
パソコンでサイトを見る	−0.01	0.04
携帯電話でサイトを見る	0.00	−0.07*
動画視聴に占める番組映像の割合	0.03	0.09*
調整済み R^2	0.05	0.03

***$p<0.001$, **$p<0.01$, *$p<0.05$, †$p<0.10$

かで柔軟に政治に参加する可能性を指摘している（池田，2007, p.225）が，今回の結果も同様に，私生活志向が社会関係資本を蓄積するきっかけになる可能性を示していると考えられる．

情報行動との関連については，属性変数を統制したうえで，日記式調査におけるテレビ視聴時間，新聞閲読時間，パソコンおよび携帯電話でのサイト利用時間に加え，質問紙調査におけるインターネット動画中にテレビ番組映像が占める割合との関連を分析した．結果は，表4.5.2に示すとおりである．

一般的信頼に関しては属性の効果が大きく，情報行動とのはっきりとした関連はみられなかった．互酬性規範については，携帯電話でサイトをみないほうが高く，動画視聴に占める番組映像の割合が高いほどより互酬性規範も高くなる関係がみられた．

次に属性と情報行動時間の変数に加え，質問紙において，「国内ニュース」，「海外ニュース」，「地域（ローカル）ニュース」のそれぞれについて，情報源として「テレビ」「新聞」「パソコンのウェブサイト」を選択した場合を1/しなかった場合を0としたダミー変数を独立変数に投入して，社会関係資本を従属変数とした重回帰分析を行った．

表4.5.3の結果から，一般的信頼については年齢と世帯年収といった属性の

表 4.5.3 社会関係資本の指標とニュース情報源の関連
（重回帰分析，数値は標準化係数）

	一般的信頼	互酬性規範
性別	0.04†	0.05*
年齢	0.09***	−0.09**
学歴	0.05*	−0.03
結婚状況	0.00	0.06**
就労状況	0.01	0.03
世帯年収	0.09***	0.05*
都市規模	0.00	−0.01
テレビ放送を見る	−0.02	−0.01
新聞を読む	0.02	0.04†
パソコンでサイトを見る	0.00	0.03
国内ニュース・テレビ	−0.01	0.06*
国内ニュース・新聞	0.10***	−0.01
国内ニュース・ウェブサイト	0.05*	−0.02
海外ニュース・テレビ	0.08**	0.03
地域ニュース・テレビ	−0.01	0.02
地域ニュース・新聞	0.02	0.07*
地域ニュース・ウェブサイト	−0.05*	−0.01
調整済み R^2	0.05	0.02

***$p<0.001$，**$p<0.01$，*$p<0.05$，†$p<0.10$

他に，国内ニュースの情報源として新聞とウェブサイトを選択している場合および海外ニュースの情報源としてテレビを選択している場合に，一般的信頼が高いという関連がみられた．新聞とウェブサイトについては，国内ニュースと海外ニュースそれぞれの情報源として選択する傾向の相関が非常に高いためにもともと投入変数から除外しているが，テレビについても国内ニュースと海外ニュースそれぞれの情報源としての選択が，多重共線性に影響がない程度に相関がみられる一方で，一般的信頼に対する効果が異なっているのが特徴的である．一方，地域ニュースの情報源としてウェブサイトを選択している場合は一般的信頼が低くなる傾向がみられた．互酬性規範については，国内ニュースの情報源としてテレビを，地域ニュースの情報源として新聞を，それぞれ選択している場合に規範が高くなる傾向がみられた．

最後に，メディアの情報に対する信頼度と社会関係資本の指標について関連をみたところ，表 4.5.4 のような結果となった．

一般的信頼の高さは，そのまま各メディアへの信頼度と関連する一方で，互

表 4.5.4 私生活志向の指標とメディアの信頼度の関連（重回帰分析，数値は標準化係数）

	一般的信頼	互酬性規範
性別	0.04	0.06*
年齢	0.12***	−0.05*
学歴	0.08**	−0.02
結婚状況	−0.01	0.05*
就労状況	0.01	0.03
世帯年収	0.09***	0.05*
都市規模	−0.01	−0.02
テレビ放送を見る	−0.03	−0.02
新聞を読む	0.05*	0.06*
パソコンでサイトを見る	0.01	0.02
テレビ信頼度	0.07**	0.06*
新聞信頼度	0.09***	0.08**
ネット信頼度	0.09***	−0.02
調整済み R^2	0.07	0.02

***$p<0.001$，**$p<0.01$，*$p<0.05$，†$p<0.10$

酬性規範についてはネット信頼度と関連しない結果となった．ネットが双方向メディアとよばれる一方で，互酬性規範と両立しないところは，近年のネットに対する不安言説の高まりなども考え合わせると興味深い点である．

4.6 政治意識と情報行動

最終的に政治意識と情報行動の関連について考えるために，今回，私生活志向の低下について効果がみられた変数を独立変数として，直接に政治関心についてたずねた項目（政治参加については今回測定していない）を従属変数とした重回帰分析を行った．

表 4.6.1 に示す結果から，属性の影響をコントロールしたうえで，政治関心と情報行動の関連について一定の効果が認められた．つまり，新聞を読む時間が長く，海外ニュースについてテレビを情報源としており，（国内）ニュースの情報源としてウェブサイトを利用していることが，それぞれ政治関心を高める契機となることが考えられる．また，互酬性規範があることもある程度，政治関心をもつことに関連していることが示された．

4 政治意識と情報行動

表4.6.1 政治関心と各変数の関連（重回帰分析，数値は標準化係数）

	政治関心
性別	-0.18^{***}
年齢	0.24^{***}
学歴	0.16^{***}
結婚状況	-0.02
就労状況	0.02
世帯年収	0.02
都市規模	0.01
新聞を読む	0.10^{***}
海外ニュース・テレビ	0.08^{***}
国内ニュース・ウェブサイト	0.10^{***}
一般的信頼	0.02
互酬性規範	0.04^{*}
調整済み R^2	0.17

$^{***}p<0.001, ^{**}p<0.01, ^{*}p<0.05, ^{†}p<0.10$

表4.6.2 私生活志向の指標と視聴番組ジャンルとの関連（重回帰分析，数値は標準化係数）

	私生活中心	政治的有効性感覚の弱さ
性別	-0.01	0.18^{***}
年齢	-0.14^{***}	-0.25^{***}
学歴	-0.13^{***}	-0.20^{***}
結婚状況	0.00	$0.03^{†}$
就労状況	0.03	0.02
世帯年収	-0.05^{*}	-0.05^{*}
都市規模	-0.06^{**}	-0.06^{**}
テレビ放送を見る	-0.01	0.01
ニュース番組視聴	-0.09^{***}	-0.10^{***}
スポーツ番組視聴	0.07^{**}	0.03
ドラマ番組視聴	0.10^{***}	0.10^{***}
バラエティ番組視聴	0.00	0.01
趣味・教養番組視聴	-0.09^{***}	-0.10^{***}
調整済み R^2	0.08	0.19

$^{***}p<0.001, ^{**}p<0.01, ^{*}p<0.05, ^{†}p<0.10$

　以上を総合すると，情報行動が私的領域への退行として，政治関心を明らかに損ねるような結果はみられなかった。しかしながら，テレビの位置づけについては両義的な部分があり，利用者がふだんどのような位置づけでテレビと接しているかがポイントになるといえる。たとえば表4.6.2に示した結果のよう

に，番組ジャンルによってそれぞれ私生活志向への効果の方向が異なるのは，経験的にも理解できることであろう．そのなかでとくに「ドラマ」の視聴が私生活志向の高さと関連をもつ一方で，「趣味・教養」というジャンルの視聴が，ニュースの視聴とともに私生活志向の低さと比較的強い関連をみせているように，テレビ視聴を通じた個人と社会との関わりは，多メディア状況となった今でも，あらためて注目される部分であるだろう．

文　　献

Brooks, M. (2004) Watching Alone : Social capital and public service broadcasting. The Work Foundation (http://www.theworkfoundation.com/assets/docs/publications/148_watching_alone.pdf)
Capplla, J. N. and Jamieson, K. H. (1997) *Spiral of Cynicism : The Press and the Public Good*, Oxford University Press.（平林紀子・山田一成監訳（2005）『政治報道とシニシズム──戦略型フレーミングの影響過程』，ミネルヴァ書房）．
Hagemann, C. and Gras, A. (2006) "Political Support and Media Use, paper presented at the session "Media Use and the Formation of Political Attitudes II", International Communication Association Conference 2006 in Dresden.
池田謙一（2007）「私生活志向のゆくえ──狭められる政治のアリーナ」，池田謙一編『政治のリアリティと社会心理──平成小泉政治のダイナミックス』，木鐸社．
金相美（2009）「市民の政治参加におけるインターネットの影響力に関する考察──参加型ネットツールは投票参加を促進するのか」，『選挙研究』，25(1)，74-88.
是永論・飽戸弘・稲葉哲郎・服部弘・山田一成（2010）「ソーシャル・ネットワークとテレビ視聴」，『日本行動計量学会大会発表論文抄録集』，38，346-347.
NHK放送文化研究所編（2010）『現代日本人の意識構造（7版）』，日本放送出版協会．
Norris, P. (1996) Does Television Erode Social Capital? : A Reply to Putnam, *PS : Political Science & Politics*, 29(3), pp. 474-480.
Putnam, R. D. (1995) Tuning in, Tuning out : The Strange Disappearance of Social Capital in America, *PS : Political Science & Politics*, 28(4), pp. 664-683.
Putnam, R. D. (2000) *Bowling Alone : The Collapse and Revival of American Community*, Simon & Schster.（柴内康文訳（2006）『孤独なボウリング──米国コミュニティの崩壊と再生』，柏書房）．
佐藤哲也・杉岡賢治・内藤孝一（2003）「インターネット利用者の政治意識」，『日本社会情報学会学会誌』15(2)，27-38.
高瀬淳一（1999）『情報と政治』，新評論．
田中義久（1974）『私生活主義批判──人間的自然の復権を求めて』，筑摩書房．
辻大介（2006）「社会関係資本と情報行動」，東京大学大学院情報学環編『日本人の情報行動2005』，東京大学出版会．

山岸俊男（1998）『信頼の構造——こころと社会の進化ゲーム』，東京大学出版会.
米倉律（2007）「'Bowling Alone'と'Watching Alone'——公共放送と「社会関係資本」」，『放送研究と調査』，2007年3月号，54-62.
米倉律・山口誠（2010）「「孤独なテレビ視聴」と公共放送の課題——「日・韓・英公共放送と人々のコミュニケーションに関する国際比較ウェブ調査」の2次分析から」，『放送研究と調査』，2010年1月号，22-34.

5

居住地域の生態学的環境と
インターネット利用行動

北村　智

5.1　はじめに

　インターネットの利用普及率は図 5.1.1 に示すように，2001 年末から 2002 年末にかけて 50% を超え，2009 年末の時点で 78.0% に達している．ロジャーズ（Rogers, 1983）の普及理論では最初期に採用する 2.5% を革新的採用者，続いて採用する 13.5% を初期採用者，次の 34% を前期多数採用者，その次の 34% を後期多数採用者，最後の 16% を採用遅滞者と分ける．すなわち，現在はインターネット利用者として後期多数採用者が参入してきている段階にある．

　日本全体としてとらえた場合にはこのような状況にあるわけだが，地域を分けてとらえた場合は各地域で異なった様相をみせる可能性がある．また近年では，国全体でとらえた情報通信技術の利活用だけでなく，地域レベルでの情報通信技術の利活用に対する関心が高まってきている．たとえば，総務省（2010）は情報通信技術の利用による効用を生かして地域住民の生活の質を向上させ，地域を活性化させることを期待している．そのうえで，公的サービス分野において利用者の利便性に配慮した情報通信技術の活用を各地域で推進していくことを重要課題としてあげている．

　地域という言葉が多義性・多重性をはらんでいることを意識しておく必要はあるが，地域の重要性はしばしば指摘される．多くの人は居住地をもって生活を営むものであり，その居住地を中心として拡がる一定の空間と社会としての地域は人にとって必要不可欠な社会的空間である（森岡, 2008a）．

(%)

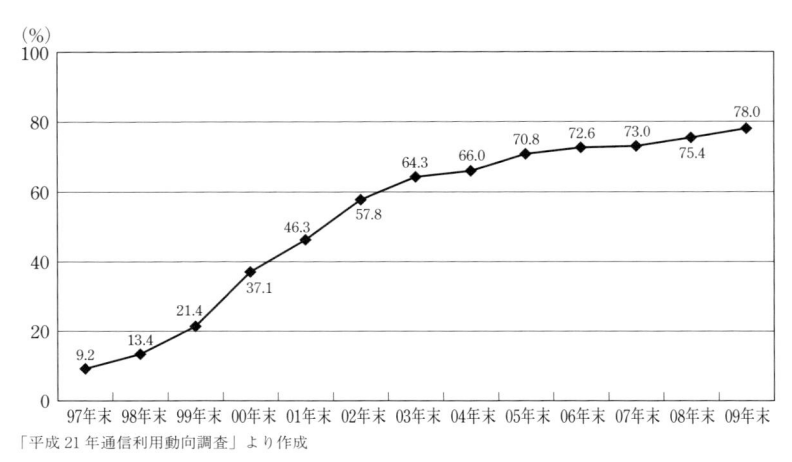

グラフ: インターネットの人口普及率の推移
- 97年末: 9.2
- 98年末: 13.4
- 99年末: 21.4
- 00年末: 37.1
- 01年末: 46.3
- 02年末: 57.8
- 03年末: 64.3
- 04年末: 66.0
- 05年末: 70.8
- 06年末: 72.6
- 07年末: 73.0
- 08年末: 75.4
- 09年末: 78.0

「平成21年通信利用動向調査」より作成

図5.1.1　インターネットの人口普及率の推移

　本書は「日本人の情報行動」と銘打っているように，日本全体の情報行動の傾向を把握しようとするものであるが，上述のような背景をもとに，居住地域と情報行動の関連を検討していく必要もあるだろう．本章では，近年の情報通信技術の代表的存在であるインターネットの利用に焦点をあてて，居住地域とインターネット利用行動の関連を分析していく．

　本章で用いる調査データは，2009年情報行動全国調査のデータである．この調査は東京大学大学院情報学環橋元研究室と株式会社電通・電通総研との共同研究の一環として実施されたものであり，橋元・北村・吉田（2010）によって分析結果の一部が公表されている．2009年情報行動全国調査も「日本人の情報行動」2010年調査と同じ調査手法で2009年6月に実施された（有効回答数1490，回収率59.6%）．

5.2　居住地域の特徴の抽出

　居住地域とインターネット利用行動の関連を検討していくうえで，居住地域の特徴を計量化する必要がある．「居住地域によってインターネット利用行動に差異がある」という仮定をおいているが，地域間のどのような相違がインタ

ーネット利用行動に差異をもたらすのかを検討する必要があるからである．

人びとが特定の社会的空間に居住することが人びとの意識と行動にどのような影響を与えるのかを検討してきた学問領域に都市社会学がある．

都市社会学では都市の社会的環境を大きく3つに分ける（森岡, 2008b）．第1が都市の生態学的環境である．都市の生態学的環境とは，人口量，人口密度，人口の増減，男女別年齢別人口構成，人種・民族的構成などが示す居住地の特色である．第2が，社会構造的環境であり，社会階層の分布や家族周期段階などが示す居住地の社会構造的特色である．第3が，社会意識を中心とする文化的環境である．

都市社会学では，ワース（Wirth, 1938）の「生活様式としてのアーバニズム（Urbanism as a Way of Life）」をたたき台として，都市（居住地域）と行動・社会関係・態度などとの関係が検討されてきた．ワースの理論は「都市」が「生活様式としてのアーバニズムを規定する」という生態学的決定論とよばれるものであった（Fischer, 1975; 松本, 2008; 大谷, 2007）．フィッシャー（Fishcer, 1984）の下位文化理論もワースと同じく都市の生態学的環境に着目している．

このような背景を踏まえ，本章でも居住地域の特徴として生態学的環境に着目していくことにする．

フィッシャー（Fischer, 1982）は都市度を「あるコミュニティの中，およびその近傍に住む人びとの数」という人口量に絞った定義を用いているが，ワースは（Wirth, 1938）は都市を規模（人口），人口密度，異質性から定義した．すでに述べたように，生態学的環境には人口量だけでなく人口密度，人口の増減，男女別年齢別人口構成，人種・民族的構成などが含まれるため，分析にあたって調査地点の人口量のみを利用するのは不適当である．そこで市区町村単位の統計データから，生態学的環境に関する変数をえたうえで，地域の生態学的環境の変数を構成する．

分析に用いるのは総務省統計局（2009）による『統計でみる市区町村のすがた2009』に掲載されている全国市区町村の統計データである．ここから人口総数，人口密度（人口総数を総面積で除した値），人口構成のデータとして高齢化率（65歳以上人口を人口総数で除した値），外国人率（外国人人口を人口

表 5.2.1 居住地の生態学的環境に関する主成分分析結果（N＝1937）

変数	第1主成分	第2主成分
人口総数（対数）	0.75	0.02
人口密度（対数）	0.94	−0.08
転入者率（対数）	0.65	0.31
外国人率	0.50	0.44
高齢化率	−0.88	0.06
自市区町村就業率	−0.69	0.48
昼間人口比率（対数）	0.03	0.91
固有値	3.36	1.37
寄与率	48.02	19.58
累積寄与率	48.02	67.60

総数で除した値），長期的な人口移動のデータとして転入者率（転入者数を人口総数で除した値），短期的な人口移動のデータとして自市区町村就業率（自市区町村で従業している就業者数を就業者数で除した値），昼間人口比率（昼間人口を人口総数で除した値）をえた．

　これらのデータから変数を構成するため，主成分分析を行い，固有値1以上の主成分得点を抽出した．主成分分析の対象は1937市区町村であった．表5.2.1に主成分分析の結果を示した．なお，分布の歪みを考慮して，人口総数，人口密度，転入者率，昼間人口比率は対数変換を行ったうえで主成分分析を実施した．

　主成分分析の結果，2つの主成分が抽出された．第1主成分は人口総数，人口密度，転入者率，外国人率に正の負荷量が高く，高齢化率，自市区町村就業率に負の負荷量が高かった．第1主成分は都市度をあらわす主成分であると解釈することができるだろう．第2主成分は転入者率，外国人率，自市区町村就業率，昼間人口比率に正の負荷量が高かった．第2主成分得点の高低は長期的かつ日常的な人の流入−流出の程度をあらわすと考えられることから，ここでは第2主成分を中心−郊外をあらわす主成分であると解釈することにした．

　この先の分析では，2009年全国情報行動調査の個票データと都市度得点（第1主成分得点），中心−郊外得点（第2主成分得点）を組み合わせることにより，居住地域の生態学的環境とインターネット利用行動の関連について探っていく．

5.3 インターネット利用パターンと居住地域の生態学的環境

　インターネット利用行動の基本的な要素として，インターネットの利用・非利用についてまずは検討していく．しかしながら，単純なインターネットの利用・非利用という区分を検討しても，あまり適切ではない．インターネットの使い方はしばしば双方向性の強いコミュニケーションの典型であるメール利用と，一方向性の強いコミュニケーションの典型としてウェブ利用に分けて考えられる (e. g., 池田・小林，2005; Ishii, 2004)．また，PCインターネットと携帯インターネットとでは利用のあり方が異なることも知られている (Ishii, 2004)．そこで，メール利用とウェブ利用に分けたうえで，PC利用と携帯利用の区分を加えてインターネットの利用・非利用を検討していく．

　居住地域の生態学的環境とインターネットの利用・非利用との関連を検討していく前に，「日本人の情報行動」2005年調査の結果と本章で使う2009年全国情報行動調査の結果を比較することで，インターネット利用パターンの経年変化について確認しておく．図5.3.1がメール利用パターンに関する経年変化，図5.3.2がウェブ利用に関する経年変化を示したグラフである．

　メール利用パターンに関しては，2005年から2009年にかけて「両方利用」「携帯メールのみ」の割合が増加し，「PCメールのみ」「非利用」の割合が減少した．PCメール利用者は全体として増加したが，その多くはPCメールとともに携帯メールを利用するようになっているのである．その一方で，携帯メール利用者も全体として増加しているのだが，携帯メールを単独で利用する者も増加している傾向にある．

　一方，ウェブ利用パターンに関しては，2005年から2009年にかけて「両方利用」の割合が増加し，「非利用」の割合が減少した．「PCウェブのみ」「携帯ウェブのみ」の割合は大きくは変わらなかった．つまり，PCウェブのみを利用する者，携帯ウェブのみを利用する者が一定割合で存在しながら，ウェブへのアクセスにパソコンと携帯電話を使い分ける層が増加してきているのである．

| 凡例 | 両方利用 | PCメールのみ | 携帯メールのみ | 非利用 |

図5.3.1 メール利用パターンの分布（2005年と2009年）

2005年: 16.3 / 14.8 / 21.7 / 47.2
2009年: 31.6 / 7.2 / 36.1 / 25.1

| 凡例 | 両方利用 | PCウェブのみ | 携帯ウェブのみ | 非利用 |

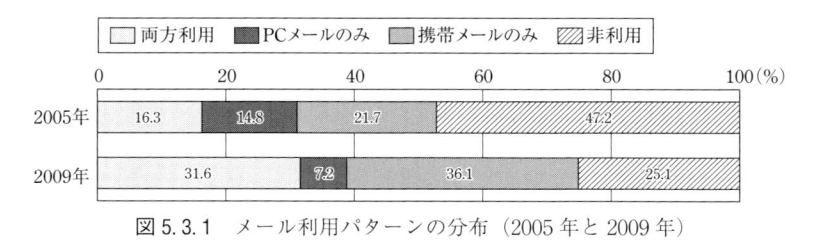

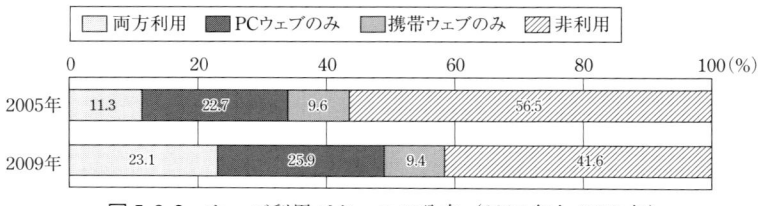

図5.3.2 ウェブ利用パターンの分布（2005年と2009年）

2005年: 11.3 / 22.7 / 9.6 / 56.5
2009年: 23.1 / 25.9 / 9.4 / 41.6

　経年的な変化は上述のようなものであるとして，それでは，2009年時点のインターネット利用パターンの違いと居住地域の生態学的環境には関連があるのだろうか．ここでは，メール利用パターン，ウェブ利用パターンを予測する多変量解析を行ない，居住地域の生態学的環境とインターネット利用パターンの関連を検討する．

　この分析では多項ロジット分析という多変量解析手法を用いることで，性別，年齢，学歴，世帯収入，就業形態を分析的に統制したうえで，居住地域の生態学的環境変数の影響力を検討する．都市社会学には都市の生活様式は都市そのものによってもたらされるものではなく，都市に住む人の社会的属性や経済的境遇によってもたらされるものであるとする社会構成論という考え方がある．ここで扱う問題においてもこの指摘は当てはまり，居住地域の生態学的環境によってインターネット利用行動が規定されるのではなく，住民の社会的属性や経済的境遇による差異が，居住地域の生態学的環境の差異のようにあらわれる可能性がある．このような可能性を排除するために，社会的属性や経済的境遇の変数として性別，年齢，学歴，世帯収入，就業形態を統制変数として分析に投入することで，居住地域の生態学的環境の実質的な効果を検討する．なお，居住地域の生態学的環境変数は同一地点からサンプリングされた対象に共通の

5 居住地域の生態学的環境とインターネット利用行動

表 5.3.1 メール利用パターンに関する多項ロジット分析結果

説明変数		両方利用 Coef.	PCメールのみ Coef.	携帯メールのみ Coef.
都市度得点		0.38**	−0.18	0.06
中心−郊外得点		−0.01	0.00	−0.10
性別（女性ダミー）		0.27	−0.38	0.74***
年齢		−0.09***	−0.03	−0.09***
学歴		0.97***	0.81***	0.33**
世帯収入		0.40***	0.28**	0.20**
就業形態	フルタイム	0.75*	0.45	0.09
（参照：無職）	パートタイム	0.54	0.12	0.38
	主婦・主夫	0.18	−0.16	0.65*
	学生・生徒	−2.64***	−1.94*	−2.13***
定数		0.24	−2.41*	2.94***
N		1329		
地点数		155		
Wald 統計量		545.15		
疑似決定係数		0.20		

***$p<0.001$, **$p<0.01$, *$p<0.05$

変数となることを踏まえ，調査地点をクラスターとして指定したロバスト標準誤差を検定に用いることで，調査地点内での非独立性によるバイアスを考慮した分析を行った．

表 5.3.1 がメール利用パターンに関する多項ロジット分析の推定結果である．居住地域の生態学的環境変数の効果のみに着目して推定結果をみると，都市度得点にのみ統計学的に有意な効果が認められた．中心−郊外得点にはメール利用パターンに対する有意な効果は認められなかった．

では，都市度得点が変化することでメール利用パターンはどのように変化するのだろうか．そのことを把握するために，多項ロジット分析による推定結果に基づいたシミュレーションを行い，その結果を図 5.3.3 に示した．このシミュレーションでは都市度得点以外の説明変数は平均値に固定したうえで，都市度得点を −3 から +3 まで操作したときのメール利用パターンの推定値を求めたものである．

シミュレーション結果をみると，都市度得点が変化することでもっとも明確に変化するのは「両方利用」と「PC メールのみ」の割合であった．都市度得点が高まることで，両方利用者の割合は大きく上昇し，PC メールのみの利用者はほとんどいなくなる．全体的な割合でみれば，都市度得点が −3 のときに

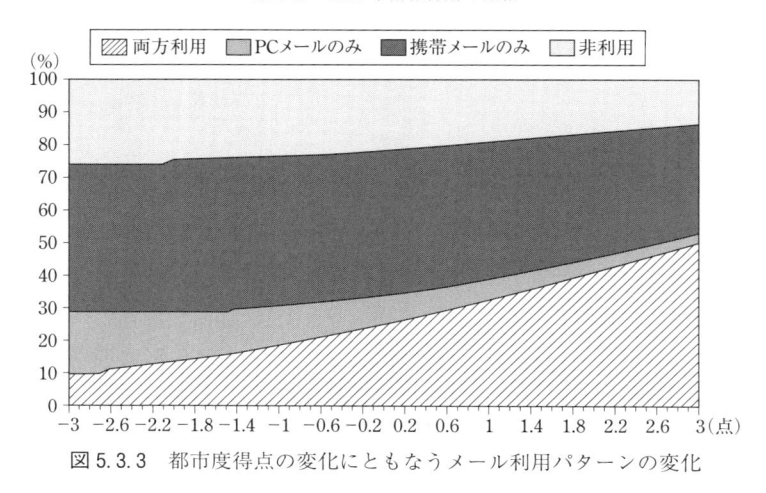

図5.3.3　都市度得点の変化にともなうメール利用パターンの変化

は携帯メールのみの利用者がもっとも多いのに対し，都市度得点が +3 のときには両方利用者がもっとも多くなる．

　前述した経年的な変化の傾向と比較してみると，都市度の高まりによるメール利用パターンの変化の傾向は経年的な変化と類似している点と異なる点があることがわかる．すなわち，都市度が高まることで PC メール利用者が全体として増加するがその多くは携帯メールと併用するようになっていくという点は経年的な変化の方向と類似している．だが，経年的な変化でみると携帯メールのみの利用者が増加しているのに対し，都市度が高まっても携帯メールのみの利用者は増加しないどころか，微減する傾向にあるのである．すなわち，メール利用パターンに関していえば，都市的な地域のあり方が日本の少し先の未来を先取りしているというわけではなさそうだといえよう．

　次に，居住地域の生態学的環境とウェブ利用パターンの関連を検討するために行った多項ロジット分析の推定結果を表5.3.2に示した．居住地域の生態学的環境変数の効果のみに着目して推定結果をみると，メール利用パターンの場合と同様に，都市度得点にのみ統計学的に有意な効果が認められた．中心−郊外得点にはウェブ利用パターンに対する有意な効果は認められなかった．

　メール利用パターンのときと同様に，都市度得点が変化することによるウェブ利用パターンの変化を把握するために，多項ロジット分析による推定結果に

表5.3.2 ウェブ利用パターンに関する多項ロジット分析結果（比較カテゴリは「非利用」）

説明変数		両方利用 Coef.	PCウェブのみ Coef.	携帯ウェブのみ Coef.
都市度得点		0.43***	0.14	0.03
中心－郊外得点		0.13	0.01	−0.16
性別（女性ダミー）		0.02	−0.31	0.12
年齢		−0.11***	−0.04***	−0.09***
学歴		0.89***	0.65***	0.24
世帯収入		0.23***	0.18**	−0.14
就業形態	フルタイム	1.14**	0.27	0.58
（参照：無職）	パートタイム	0.26	0.07	0.12
	主婦・主夫	−0.20	−0.16	0.04
	学生・生徒	−0.26	−0.15	−1.43*
定数		0.19	−0.56	2.16***
N		1329		
地点数		155		
Wald統計量		456.35		
疑似決定係数		0.20		

***$p<0.001$, **$p<0.01$, *$p<0.05$

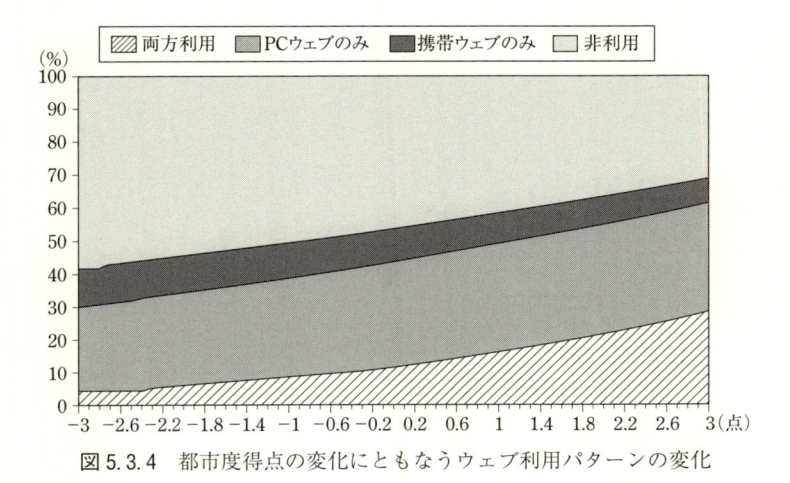

図5.3.4 都市度得点の変化にともなうウェブ利用パターンの変化

基づいたシミュレーションを行ない，その結果を図5.3.4に示した．このシミュレーションでも都市度得点以外の説明変数は平均値に固定したうえで，都市度得点を −3 から +3 まで操作したときのウェブ利用パターンの推定値を求めた．

シミュレーション結果をみると，都市度得点が高まることで「両方利用」の割合が高まる点はメール利用パターンの場合と同様である．しかしながら，「PCウェブのみ」「携帯ウェブのみ」の割合は都市度得点が変化しても大幅に変わるわけではなかった．つまり都市的な地域になるほど，ウェブにアクセスしない層が減少し，ウェブへのアクセスにパソコンと携帯電話を使い分ける層が増加する．その一方で，都市度の高低にかかわらず，パソコンからしかウェブにアクセスしない層と携帯電話からしかウェブにアクセスしない層が一定数存在している．

この都市度の変化にともなうウェブ利用パターンの変化は前述したウェブ利用パターンの経年的変化と類似している．ウェブ利用パターンに関していえば，都市的な地域における分布が日本全体の将来的な分布の予想図となる可能性がある．

5.4 インターネット利用日数と居住地域の生態学的環境

インターネット利用パターンに続いて，インターネットがどの程度利用されているのか，という観点の分析を行う．ここでは，日記式調査のデータを利用してインターネット利用の日数を算出し，この利用日数と居住地域の生態学的環境の関連を検討していく．日記式調査では回答者に2日間の記録を求めているため，インターネット利用日数は0日/1日/2日の3値で分布する．

2009年全国情報行動調査では日記式調査においてPCインターネット利用を「メールを読む・書く」「サイトを見る」「サイトに書き込む」「チャット機能やメッセンジャーを使う」「インターネット経由の動画を見る」の5項目に分けて回答者に記録してもらった．携帯インターネット利用は「メールを読む・書く」「サイトを見る」「サイトに書き込む」「インターネット経由の動画を見る」である．

まずこれらの利用内容を問わず，インターネット利用行為をとらえるべく，汎PCインターネット利用と汎携帯インターネット利用の行為日数を目的変数とした分析を行う．調査期間である2日間のうち，PCインターネット利用の

5 居住地域の生態学的環境とインターネット利用行動

```
           □0日  ■1日  ■2日
            0    20    40    60    80   100(%)
PCインターネット(N=804)    35.0    19.2      45.9
携帯インターネット(N=1022)  25.1   18.2       56.8
```

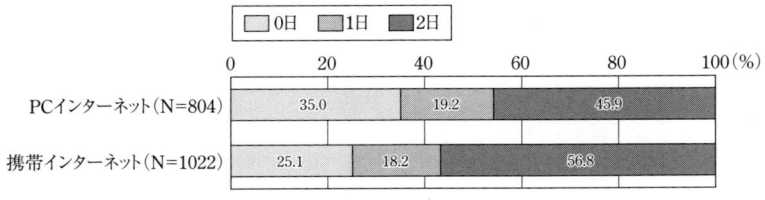

図 5.4.1　日記式調査でのインターネット利用日数の分布

5項目のいずれか1項目でも行なった日数を計算し,「PCネット利用日数」とした.同様に調査期間である2日間のうち,携帯インターネット利用の4項目のいずれか1項目でも行った日数を計算し,「携帯ネット利用日数」とした.PCインターネット利用者,携帯インターネット利用者に限定したPCネット利用日数,携帯ネット利用日数の分布を示したのが図5.4.1である.

これらのインターネット利用日数が居住地域の生態学的環境の影響を受けるのかを検討するために,PCネット利用日数,携帯ネット利用日数のそれぞれを目的変数として順序ロジット分析を行った.この順序ロジット分析では前述の多項ロジット分析と同様に居住地域の生態学的環境の実質的な効果を検討するために,社会的属性や経済的境遇の変数として性別,年齢,学歴,世帯収入,就業形態を統制変数として分析に投入した.分析の対象はそれぞれPCインターネット利用者,携帯インターネット利用者に限定している.また,検定には前述の多項ロジット分析と同様に調査地点をクラスターとして指定したロバスト標準誤差を用いた.

インターネット利用日数に関する順序ロジット分析の推定結果を示したのが表 5.4.1 である.

PCネット利用日数の分析に関しては,都市度得点にも中心-郊外得点にも統計学的に有意な効果は認められなかった.この結果はつまり,PCインターネットに実際にアクセスするか否かということは,居住地域が都市的であるか否かによっても,中心的か郊外的かによっても大きく左右されることはないということを意味している.

携帯ネット利用日数の分析に関しては,中心-郊外得点には統計学的に有意な効果は認められなかったが,都市度得点には有意な正の効果が認められた.

表5.4.1　インターネット利用日数に関する順序ロジット分析結果

説明変数		PCネット利用日数 Coef.	携帯ネット利用日数 Coef.
都市度得点		0.14	0.21*
中心－郊外得点		0.04	0.01
性別（女性ダミー）		−0.63***	0.32*
年齢		0.00	−0.04***
学歴		0.29***	0.12
世帯収入		0.11	0.04
就業形態	フルタイム	−0.28	0.05
（参照：無職）	パートタイム	−0.20	0.42
	主婦・主夫	−0.41	0.33
	学生・生徒	−1.08**	−0.39
カットポイント1		−0.01	−1.99
カットポイント2		0.84	−1.08
N		721	911
地点数		152	155
Wald統計量		65.00	76.35
疑似決定係数		0.05	0.05

***$p<0.001$, **$p<0.01$, *$p<0.05$

　この結果は，居住地域が都市的な地域であるほど，携帯インターネットに実際にアクセスする可能性が高まるということを示している．その一方で，居住地域が中心的か郊外的かということに関しては，携帯インターネットへのアクセス可能性とはあまり関係がないといえる．

　しかし，これらの分析だけではどのようなインターネットの使い方が居住地域の生態学的影響の影響を受けているのかはよくわからない．そこで利用内容の項目ごとの分析を行なう．

　PCインターネット利用者に限定して，「メールを読む・書く」「サイトを見る」「サイトに書き込む」「チャット機能やメッセンジャーを使う」「インターネット経由の動画を見る」の5項目のそれぞれの利用日数の分布をまとめたのが表5.4.2である．

　この内容ごとの利用日数を目的変数として，インターネット利用日数の場合と同様の順序ロジット分析を行なった推定結果が表5.4.3である[1]．

　PCインターネット利用全体に関する分析では居住地域の生態学的環境変数には有意な効果は認められなかったが，利用内容ごとの分析では「サイトに書き込む」に対して都市度得点に有意な正の効果が認められた．この結果はつま

5 居住地域の生態学的環境とインターネット利用行動

表5.4.2 PCインターネット利用者における内容ごとの利用日数の分布（%）

N=804	0日	1日	2日
メールを読む・書く	53.1	14.7	32.2
サイトを見る	57.2	17.5	25.3
サイトに書き込む	94.7	4.0	1.4
チャット・メッセンジャー	96.6	1.9	1.5
動画を見る	92.4	4.0	3.6

表5.4.3 PCインターネット利用者における内容ごとの利用日数に関する分析

説明変数		メールを読む・書く	サイトを見る	サイトに書き込む	チャット・メッセンジャー	動画を見る
		Coef.	Coef.	Coef.	Coef.	Coef.
都市度得点		0.16	0.18	0.44*	0.23	−0.14
中心-郊外得点		0.06	−0.09	−0.04	0.02	0.12
性別(女性ダミー)		−0.54**	−0.72***	−0.23	−0.25	−0.42
年齢		0.01	−0.02***	−0.04**	−0.03	−0.03
学歴		0.28***	0.26**	0.36	0.69***	0.07
世帯収入		0.20***	0.04	−0.15	0.01	−0.07
就業形態	フルタイム	0.28	−0.41	−1.17	0.06	−0.78
(参照：無職)	パートタイム	0.11	0.13	−0.89	0.68	0.12
	主婦・主夫	−0.40	0.03	−0.05	0.33	−1.70
	学生・生徒	−1.40**	−1.06**	−1.25	0.23	0.04
カットポイント1		1.97	−0.15	1.41	4.71	0.78
カットポイント2		2.67	0.70	2.87	5.60	1.60
N		721	721	721	721	721
地点数		152	152	152	152	152
Wald統計量		97.80	41.36	22.99	22.21	22.68
疑似決定係数		0.08	0.03	0.06	0.06	0.06

***$p<0.001$, **$p<0.01$, *$p<0.05$

り，都市的な地域に居住しているPCインターネット利用者ほどウェブサイトでの書き込み行動を行う可能性が高いということを示している．

インターネット利用パターンの分析で行ったのと同様に，「サイトに書き込む」の順序ロジット分析の推定結果をもとに，都市度得点以外の説明変数は平均値に固定したうえで，都市度得点を−3から+3まで操作したときの予測値を算出してみると，都市度得点が−3のときには1日と2日をあわせても1%に満たない．しかしながら，都市度得点が+3のときの予測値では1日が約7.5%，2日が約2.5%となる．つまり，非常に非都市的な地域ではPCインタ

表5.4.4 携帯インターネット利用者における内容ごとの利用日数の分布（%）

N=1022	0日	1日	2日
メールを読む・書く	28.7	17.9	53.4
サイトを見る	75.1	10.1	14.9
サイトに書き込む	94.0	4.4	1.6
動画を見る	98.3	1.3	0.4

表5.4.5 携帯インターネット利用者における内容ごとの利用日数に関する分析

説明変数		メールを読む・書く	サイトを見る	サイトに書き込む
		Coef.	Coef.	Coef.
都市度得点		0.25*	0.19	0.43
中心－郊外得点		0.04	−0.02	0.05
性別（女性ダミー）		0.48**	−0.03	0.61
年齢		−0.04***	−0.07***	−0.06***
学歴		0.06	0.16	0.17
世帯収入		0.08	−0.01	−0.09
就業形態	フルタイム	0.14	−0.40	0.06
（参照：無職）	パートタイム	0.45	−0.70	−0.19
	主婦・主夫	0.37	−0.97*	−0.04
	学生・生徒	−0.21	−1.47**	−0.16
カットポイント1		−1.29	−1.85	1.54
カットポイント2		−0.44	−1.10	3.07
N		911	911	911
地点数		155	155	155
Wald統計量		71.95	126.66	39.87
疑似決定係数		0.05	0.11	0.08

***$p<0.001$, **$p<0.01$, *$p<0.05$

ーネット利用者であってもウェブサイト上での情報発信はほとんど行なわれないが，非常に都市的な地域ではPCインターネット利用者の約10分の1がウェブサイト上での情報発信を行なうということを意味している．

続いて，携帯インターネット利用の分析を行なう．携帯インターネット利用者に限定して，「メールを読む・書く」「サイトを見る」「サイトに書き込む」「インターネット経由の動画を見る」の4項目のそれぞれの利用日数の分布をまとめたのが表5.4.4である．

「動画を見る」に関しては利用者が少なすぎることから分析に適さなかったため，「メールを読む・書く」「サイトを見る」「サイトに書き込む」の3項目の利用日数を目的変数として，インターネット利用日数の場合と同様の順序ロ

ジット分析を行った推定結果が表5.4.5である[2].

携帯インターネット利用全体に関する分析では,都市度得点に有意な正の効果が認められたが,内容ごとの分析では携帯インターネット利用の中心であるメールの読み書きに関してのみ都市度得点に有意な正の効果が認められた.中心-郊外得点に関しては,ここまでの分析と同様にいずれの利用内容においても統計学的に有意な効果は認められなかった.

過去の研究から,携帯メールは近距離に居住する人とのあいだでやり取りが行われやすいことが知られている (e. g., Ishii, 2006; Miyata, Boase, Wellman, and Ikeda, 2006). メール利用パターンの分析から,都市的であるほどその地域には携帯メール利用者が多いことがわかっている.この2つの知見とメールの読み書きに対する都市度得点の有意な正の効果とをあわせると,都市的な地域ほど身の回りに携帯メール利用者がいる可能性が高くなるために,都市的な地域ほど携帯メールの利用可能性が高くなるのではないかと考えられる.

5.5 まとめ

本章では居住地域とインターネット利用行動の関連を検討していくために,社会調査によるミクロデータと調査地点のマクロデータを結合し,とくに居住地域の生態学的環境という観点から分析を行った.以上でみてきた分析の結果は次のようにまとめられる.居住地域の都市度は居住者のインターネット利用行動に影響を与える可能性が大きいが,中心的か郊外的かという差異は本章での検討の範囲においてはインターネット利用行動とは関連があるとはいえない.

都市的な地域と非都市的な地域とでは,メール利用に関してもウェブ利用に関しても,パソコンと携帯電話という主要なインターネットアクセス手段の組み合わせ方のパターンが異なっている.ウェブ利用のパターンに関していえば,都市度が高まることによるパターン変化の傾向と経年的な変化の傾向は方向性を一にしているが,メール利用のパターンに関しては部分的に異なっていた.都市的な地域ほど携帯メールのみのメール利用者は少ない傾向にあり,PCメールとの併用が進んでいることが示された.その一方で,都市的な地域ほど携

帯メールが活発に利用される傾向も示された．

　携帯メールの利用に関しては，人びとのパーソナル・ネットワークを同質的な「内輪」へと縮小させる可能性があり，社会的寛容性に対してネガティブな効果をもたらすという知見もある（小林, 2010）．都市的な地域ほど携帯メールが活発に利用されているということは，都市的な地域ほどこうしたネガティブな効果が生じている可能性はある．その一方で小林（2010）はPCメールの利用は社会的寛容性に対してポジティブな効果をもたらすことも示しており，都市的な地域ほどPCメールと携帯メールの併用が進んでいることで，上述のような社会的寛容性に対する効果は相殺されている可能性もあるだろう．

　PCインターネット利用に関していえば，都市的な地域ほどウェブ上での書き込みが活発に行われていることが本章の分析によって示された．インターネットの特徴のひとつとして不特定多数に対する個人の自由な情報発信がしばしば指摘され，個人の発信する情報はCGM（Consumer Generated Media, 消費者生成メディア），UGC（User Generated Content, 利用者生成コンテンツ）という言葉とともに注目されている（Dwyer, 2007）．しかしながら，現時点の日本の国内においては，どの地域でもそのような個人の情報発信が均等に行われているわけではなく，PCインターネット利用者に限っても地域が都市的であるほうが，多くの情報発信が行われているのである．ウェブ利用パターンの分析によって示された都市的な地域ほどウェブ利用が普及しているということ，都市的な地域のほうが人口は多いという事実を踏まえれば，インターネット上の個人によって発信された情報は都市的地域居住者からのものに大きく偏っていると考えられるだろう．たとえば「ネット世論」などという言葉があるが，今のところ，それが一般的な世論と異なったものになることは至極当然のことであるといえるだろう．

注
（1）　利用した人の少ない「サイトに書き込む」「チャット機能やメッセンジャーを使う」「インターネット経由の動画を見る」について，利用したか否かの2値変数に変換し，順序ロジット分析と同一の説明変数を用いてロジスティック回帰分析を行っても推定結果は大きく変わらなかった．
（2）　利用した人の少ない「サイトに書き込む」について，利用したか否かの2値変

数に変換し，順序ロジット分析と同一の説明変数を用いてロジスティック回帰分析を行っても推定結果は大きく変わらなかった．

文　献

Dwyer, P. (2007) Measuring the value of electronic word of mouth and its impact in consumer communities, *Journal of Interactive Marketing*, 21(2), 63-79.
Fischer, C. S. (1975) Toward a subcultural theory of urbanism. *The American Journal of Sociology*, 80(6), 1319-1341.
Fischer, C. S. (1982) *To Dwell Among Friends : Personal Networks in Town and City*. University of Chicago Press.
Fischer, C. S. (1984) *The Urban Experience* (2nd edition). Harcourt.
橋元良明・北村智・吉田暁生 (2010)「ネット動画視聴，周囲のネット利用者環境，ワンセグテレビがテレビ視聴時間に及ぼす影響——2009年全国情報行動調査より」，『東京大学大学院情報学環調査研究編』, 26, 1-26.
池田謙一・小林哲郎 (2005)「メディアの受容とデジタルデバイド」，池田謙一編『インターネット・コミュニティと日常世界』, 誠信書房.
Ishii, K. (2004) Internet use via mobile phone in Japan, *Telecommunications Policy*, 28(1), 43-58.
Ishii, K. (2006) Implications of mobility : The uses of personal communication media in everyday life, *Journal of Communication*, 56(2), 346-365.
小林哲郎 (2010)『寛容な社会を支える情報通信技術——ゆるやかにつながり合うネット時代の社会心理』, 多賀出版.
松本康 (2008)「生活様式としてのアーバニズム」, 高橋勇悦監修, 菊池美代志・江上渉編『改訂版 21世紀の都市社会学』, 学文社.
松本康 (2005)「都市度と友人関係——大都市における社会的ネットワークの構造化」, 『社会学評論』, 56(1), 147-164.
Miyata, K., Boase, J., Wellman, B., and Ikeda, K. (2006) The mobile-izing Japanese : Connecting to the Internet by PC and webphone in Yamanashi. In Ito M., Okabe D. & Matsuda M. (eds.), *Personal, Portable, Pedestrian : Mobile Phones in Japanese Life*. The MIT Press.
森岡清志編 (2008a)『地域の社会学』, 有斐閣.
森岡清志 (2008b)「都市化の成熟」, 森岡清志編『都市化とパートナーシップ』, ミネルヴァ書房.
大谷信介 (2007)『〈都市的なるもの〉の社会学』, ミネルヴァ書房.
Rogers, E. M. (1983) *Diffusion of Innovations* (3rd edition), Free Press.
総務省 (2010)『情報通信白書　平成22年度版』, ぎょうせい.
総務省統計局 (2009)『統計でみる市区町村のすがた 2009』, 日本統計協会.
Wirth, L. (1938) Urbanism as a way of live, *The American Journal of Sociology*, 44, 1-24.

6

日記式調査からみた IT ワークの実態と労働時空間の多様性への影響

久保隅 綾

6.1 はじめに

　今や日々の生活に必要不可欠な IT 技術．とりわけ早い段階から情報化が進められた職場や仕事においては，企業に絶え間ない生産性の向上をもたらすと同時に，組織内外のコミュニケーションを活発化し，テレワークやテレコミューティング，リモートワーク，在宅ワークなど個人の価値観に応じた多様なワークスタイルを提供しつつある．

　日本では分散的就労環境のひとつであるテレワークによる在宅勤務の導入が，企業および政府主導で進められている．テレワークとは，「ICT を活用した，場所・時間にとらわれない柔軟な働き方」と定義され，働く場所と時間を勤労者が自由に選べることがその特徴であるとされている．国土交通省（2010）の調査によれば，2009 年度の日本のテレワーカー率（ふだん収入をともなう仕事を行っている人のなかで，仕事で IT を利用している人かつ，自分の所属する部署のある場所以外で，IT を利用できる環境において仕事を行う時間が 1 週間あたり 8 時間以上である人）は 15.3% であり，また，企業全体の導入率は 19.0% である（総務省，2010）．日本政府は「i-Japan 戦略 2015」において，2015 年までに在宅型テレワーカーを倍増し 700 万人にするという目標を掲げている（首相官邸 IT 戦略本部，2009）．テレワークは政府主導で企業とともに普及に向けて前進しつつあるといえよう．

　労働政策研究・研修機構（2008）が実施した「企業のテレワークの実態に関

する調査」によれば，テレワークの実施は，「仕事と家庭生活を両立させる社員への対応」や「勤務者の移動時間の短縮・効率化」などに効果があるという．しかしながら，テレワークを実施するうえで「労働時間の管理」が大きな課題となっており，「仕事と仕事以外の時間の切り分けが難しい」ことから長時間労働を指摘する声も多い．情報技術の発展は，伝統的な労働の時空間を拡張させ，伝統的かつ労働の中心的な環境である"オフィス"から，家庭や出先などの外部に仕事を持ち出すことを可能にした（King, 1998; Venkatesh and Vitalari, 1992）．そしてそれは，かつて産業社会において工場やオフィスに固定化され，「仕事」と「生活」を分離させていた労働を，自宅や公共空間などさまざまな時空間へと開放し，「仕事」と「生活」の概念を再構築しつつある．ベック（Beck, 1986＝1998）によれば，柔軟な就労形態は，常勤就業という標準的な労働様式を解体し，雇用形態の変化や，雇用不安の高まり，自己アイデンティティに伝統と慣習が及ぼす影響の低下，伝統的な家族生活様式の衰退，対人関係の民主化など，われわれの生活に変容をもたらしていると主張する．ITを利用した分散的就労環境は，勤労者生活にいかなる影響をもたらしているのだろうか．

　日本でも2000年以降にようやくテレワークやモバイルワークなど，ITを利用した分散的就労環境について，その効用や影響を検討する実証研究が行われ始めた（たとえば，連合総合生活開発研究所，2003など）．しかしながら，ITを利用した仕事の時空間の実態や，ITの仕事への影響を正面から実証的に研究したものは少ない．そこで以下では，勤労者における労働時間を中心に，2010年度日記式調査データを用いて，ITワークの実態とその影響について検討する．

6.2　日本におけるITワークとその影響に関する研究

　図6.2.1に示すように，日本における企業におけるインターネットの導入率は1995年時点で11.7%であったが，2000年には89.3%と一気に普及が加速し，1995年以降，企業の情報化が本格的に進展していく．しかしながら，そ

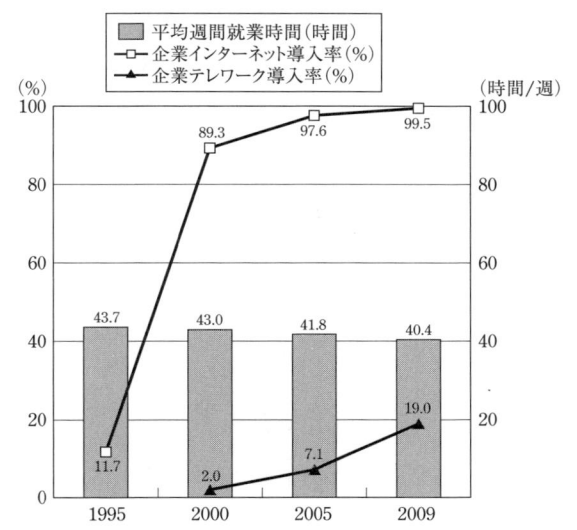

図6.2.1 企業におけるインターネット導入率およびテレワーク導入率と平均週間就業時間の推移

平均週間就業時間（非農林業）は総務省統計局「労働力調査」，企業インターネット導入率およびテレワーク導入率は総務省「通信利用動向調査」よりデータを引用し，筆者作成

れに反して，平均週間就業時間は徐々に減少している．ワイスマン（Wajcman, 2008）によれば，テクノロジーは時間を節約するだけでなく，仕事の活動やタスクの本質や文化慣習を変容するという．では，ITはどのような変化を仕事にもたらしているのだろうか．

連合総合生活開発研究所（2003）が実施した「ITの仕事と職場組織に与える影響に関する調査」によれば，自宅でも仕事関係のメールを読み書きする人は，労働時間，残業時間，休日出勤日数がすべて長い傾向にある．IT化が進んでいるほど，残業を含む労働時間全体は長くなる傾向にあり，そのため仕事開始時間は早くなるとともに仕事終了時間は遅くなる傾向にあるという．さらに，職位においては，係長相当および部長相当以上でIT化が進展しているほど，労働時間全体が長くなっている．しかしながら，必ずしもIT化によって労働時間が長くなっているのではなく，他に要因があって長時間勤務している人が自宅・会社にかかわらず，IT利用も多くなっていると結論づけている．

小倉（2007）は，IT 利用と長時間労働との関係について，IT 機器の導入が直接労働時間を長くしているのではなく，IT 機器の導入によってそれまでとは異なる性質の作業が発生し，それに費やす時間が増加したために，労働時間も長くなったのではないかと指摘している．

また，小倉・藤本（2007）は「時間管理が緩やかな労働者」ほど，労働時間が長く，表面的な「働く時間の多様性」が，かえって長時間労働につながっていることを示した．さらに，労働政策研究・研修機構（2009）は，働く場所の数が多い人が長時間労働であることを明らかにしているものの，IT 利用と働く時空間の多様性との関係については論じられていない．とくに，「働く場所の多様性」と IT を利用した働き方についての研究は，個人請負や SOHO による在宅ワークであるテレワークに関するものが中心であり，企業などに勤める雇用労働者については，ほとんど調査研究されていない（小倉・藤本，2008）．また，これら一連の研究では，労働時間やその増減に関しては，回答者の主観的な回答のみで，時間の実数把握はなされておらず，また IT 利用の影響についても具体的な分析に踏み込んでいない．そこで，2010 年の日記式調査を用い，労働時間と場所の多様性に焦点をあてて，フルタイム勤労者の IT ワーク実態を詳細にみていくこととする．

6.3 日記式調査による IT ワークに関する実証分析

IT を利用した仕事はどのようなデモグラフィック属性，職種の人びとが行っているのだろうか．本節以降では，2010 年度日記式調査データから，フルタイム勤め人で，調査日当日に仕事をした人を対象に，IT ワークの実態を明らかにする．さらに，IT ワークが，働く時間や場所の多様性をもたらしているのかについて実証的に分析する．

タワーズ，ダックスバリー，トーマス（Towers, Duxbury and Thomas, 2005）は，ラップトップ PC や携帯電話，PDA，BlackBerry，自宅 PC など，従来のオフィス，勤務時間外に仕事をすることを可能にする IT を，仕事を拡張する技術，"WET：Work extending technology" と定義した．本分析におい

ても同様の概念を採用し，日記式調査項目に定義されている携帯電話（スマートフォンやPHSも携帯電話に含む）およびパソコンの全情報行動項目を用いることとする．

　ITを利用した仕事の定義に用いた項目は，日記式調査よりおもな生活行動の項目が「仕事」であり，かつIT機器に相当するパソコンでの情報行動である，「メールを読む・書く」，「サイトを見る」，「サイトに書き込む」，「インターネット経由の動画を見る」，「チャット機能やメッセンジャーを使う」，「テレビ放送を見る」，「録画したテレビ番組を見る」，「DVDソフト・レンタルDVDなどを見る」，「ゲームをする」，「作業をする（Wordなどでの文書作成，Excelなどでの計算）」の全10項目，および携帯電話による情報行動である，「メールを読む・書く」，「サイトを見る」，「サイトに書き込む」，「インターネット経由の動画を見る」，「通話をする」，「テレビ放送を見る」，「録画したテレビ番組を見る」，「ゲームをする」の全8項目，あわせて全18項目のうち，いずれかの項目を，生活行動である「仕事」と同時並行で行った場合を「ITワーク」と定義した．パソコンもしくは携帯電話による情報行動では，複数の行動が重複する場合はそれらを累積加算せず，単位セルあたりの重複の最大値をとって算出している．また各行動時間の数値は日記式調査2日間の平均値である．

6.3.1　ITワーク時間の実態と情報行動項目

　日記式調査データによれば，フルタイムかつ当日仕事をした人は，男性68.6%，女性31.4%で男性が女性の2倍ほど多く，年齢では10代0.7%，20代11.6%，30代23.5%，40代24.3%，50代25.5%，60代以上14.4%と30代から50代が多い．

　表6.3.1は，仕事における携帯電話およびパソコンのすべての情報行動項目の利用時間を算出したものである．仕事の全体平均時間は510分，うち，携帯電話およびパソコンすべての情報行動項目を包括した汎ITワークの全体平均時間は89.1分，行為者率は62.0%，行為者平均時間は143.7分であった．ITワーク行為者においては，実に仕事時間の3割弱をITワークに費やしていることになる．フルタイム勤労者にとってITワークは日常に欠かせないものに

表 6.3.1 仕事におけるパソコン，携帯電話の利用

仕事における情報行動 （フルタイムのみ，N=682）		全体平均時間（分）	行為者率（%）	行為者平均時間（分）
携帯電話	メールを読む・書く	5.5	17.3	32.9
	サイトを見る	1.5	3.6	43.1
	サイトに書き込む	0.0	0.2	0.0
	インターネット経由の動画を見る	1.1	0.6	480.0
	通話をする	6.7	20.7	38.2
	テレビ放送を見る	0.4	0.3	0.0
	録画したテレビ番組を見る	0.0	0.0	0.0
	ゲームをする	0.5	0.8	130.0
	汎モバイルワーク	12.6	43.7	28.9
パソコン	メールを読む・書く	23.3	25.0	105.5
	サイトを見る	9.1	12.0	99.1
	サイトに書き込む	1.0	0.9	277.5
	インターネット経由の動画を見る	0.8	0.8	417.5
	チャット機能やメッセンジャーを使う	0.3	0.2	182.5
	テレビ放送を見る	0.0	0.1	0.0
	録画したテレビ番組を見る	0.0	0.0	0.0
	DVDソフト・レンタルDVDなどを見る	0.2	0.1	0.0
	ゲームをする	0.2	0.4	105.0
	作業をする（Wordなどでの文書作成，Excelなどでの計算）	64.0	26.5	253.7
	汎パソコンワーク	81.1	43.5	186.2
汎ITワーク（携帯＋パソコン計）		89.1	62.0	143.7

N=682．フルタイムかつ当日仕事をした人．無回答者を除く

なっているようすがうかがえる．

　携帯電話を利用した仕事である汎モバイルワークは全体平均時間 12.6 分，行為者率 43.7%，行為者平均時間 28.9 分，パソコンを利用した仕事である汎パソコンワークは全体平均時間 81.1 分，行為者率 43.5%，行為者平均時間 186.2 分であった．モバイルワーク，パソコンワークともに行為者率は大差ないが，全体平均時間および行為者平均時間でパソコンワークの時間量が圧倒的に多い．すなわち，日本での仕事における IT 利用では，ほぼパソコンワークが中心に据えられ，モバイルワークが補完的に利用されているといえよう．

　携帯電話，パソコンともに年々進化し，さまざまな機能が搭載され，さまざまな情報行動を提供している．しかしながら仕事においては，携帯電話はメールの読み書き，通話，サイト閲覧，パソコンでもメールの読み書き，サイト閲覧，アプリケーションを利用した作業が中心で，それ以外の動画閲覧，チャッ

ト・メッセンジャーなどはほぼ利用されていない．このような実態を鑑みると，従来から仕事の中心であった，書類作成や情報収集，コミュニケーションなどにITワークが利用され，ITワーク自体は，仕事の作業を変容させたり，新たな目的を創出したりしているとは言い難い．

6.3.2　ITワーク時間とデモグラフィック属性——ITワーカーの横顔

ではITワークはどのようなデモグラフィック属性，職種になされているのだろうか．表6.3.2および図6.3.1は性別および年齢別のITワーク比率を示したものである．性別では男性のITワーク率が64.1%，女性で57.5%と，女性より男性のITワーク率が高い（$\chi^2 : p<0.1$）．年齢別では主任や管理職などの職位をもちつつ働き盛りの年代であろう40代が71.1%ともっともITワーク比率が高く，40代を頂点にして年齢が下がるほど，また年齢が上がるほどITワーク比率が下がる．年齢別では有意な差が認められた（$\chi^2 : p<0.01$）．職種におけるITワーク行為者比率では，自由業で100%，次いで管理職の87.5%，事務職の68.5%，専門技術職の61.9%と続き，販売・サービス職や技能・労務職では50%前後と低くなっており（図6.3.2），職種により有意な差が認められた（$\chi^2 : p<0.01$）．概して，いわゆるホワイトカラー職において，ITワークが仕事に組み込まれているようすがうかがえる．

続いて，属性別にITワークの利用時間をみてみよう．表6.3.2は属性別ITを利用した仕事の全体平均時間，行為者率および行為者平均時間を示したものである．

性別では女性より男性が全体平均時間で約10分，行為者率で約7%弱と，ともに上回っているが，行為者平均時間では差がなく，有意差も認められなかった．年齢別では先に示したように，40代が突出してITワーク時間が長く，行為者率も71.1%と高いが，行為者平均時間においては20代が181.5分とすべての年齢層を上回っている．続いて婚姻の有無では，未婚層のITワーク時間が長く，20代などの若年層の属性を反映していると思われる．婚姻の有無および年齢層別とともに，ITワーク全体平均時間の有意な差はみられなかった．

学歴別では，大学・大学院卒で全体平均時間129.6分，行為者率71.4%，行

表 6.3.2 属性別ITを利用した仕事の全体平均時間，行為者率および行為者平均時間

	ITを利用した仕事時間 （フルタイムかつ当日仕事をした人）	N数	平均時間(分)	行為者率	行為者平均時間（分）
全体		682	89.1	62.0%	143.7
性別	男性	468	92.8 n.s.	64.1%	144.7
	女性	214	81.1	57.5%	141.1
年齢別	13-19歳	5	13.5^a n.s.	60.0%	22.5
	20-29歳	79	94.2^a	51.9%	181.5
	30-39歳	160	96.7^a	65.0%	148.7
	40-49歳	166	120.0^a	71.1%	168.8
	50-59歳	174	79.1^a	62.1%	127.5
	60-69歳	98	41.9^a	50.0%	83.9
学歴別	中学校卒	33	10.1^c ***	36.4%	27.7
	高校卒	266	62.6^{cb}	56.8%	110.3
	短大・高専・旧制高校・専門学校卒	145	89.3^{ab}	62.1%	143.8
	大学・大学院卒	238	129.6^a	71.4%	181.4
婚姻	既婚（パートナーと同居も含む）	497	86.3^{ab} n.s.	63.2%	136.7
	離婚，死別	42	53.9^b	52.4%	102.8
	未婚	143	109.1^a	60.8%	179.3
職種別	会社団体役員	41	79.2^{abc} ***	65.9%	120.3
	自営業主	74	34.7^c	59.5%	58.4
	自由業	10	190.3^a	100.0%	190.3
	専門技術職	126	89.4^{abc}	61.9%	144.5
	管理職	64	194.1^a	87.5%	221.8
	事務職	127	164.5^{ab}	68.5%	240.1
	販売・サービス職	75	49.5^{bc}	54.7%	90.5
	技能・労務職	121	26.8^c	47.1%	57.0
	保安職	9	25.0^c	44.4%	56.3
	農林漁業	18	27.4^c	55.6%	49.3
	その他	17	47.1^c	52.9%	88.9
世帯年収別	200万未満	37	46.4^a ***	37.8%	122.5
	200-400万未満	164	48.4^a	52.4%	92.2
	400-600万未満	181	98.0^{ab}	66.3%	147.8
	600-800万未満	137	92.6^{ab}	61.3%	151.0
	800-1000万未満	58	118.1^b	70.7%	167.1
	1000万円以上	105	131.9^b	74.3%	177.6

無回答者は除く．性別のみt検定結果，それ以外は分散分析結果
***$p<0.001$，**$p<0.01$，*$p<0.05$．n.s.有意差なし
平均時間の数値右肩のa, b, cは，同記号間ではTukeyの多重比較検定により，$p<0.05$の有意差がないことを示す

為者平均時間181.4分と他の学歴層を大幅に上まわっており，高学歴ほどITワーク時間が長い傾向がみられ，大学・大学院卒と中学校卒および高校卒とのあいだに有意な差が認められた．同様に職種別では前述したように，自由業や管理職，事務職といったホワイトカラー職において，ITワーク時間が長く，行為者率が高い．世帯年収別では年収1000万円以上の世帯でITワークの全

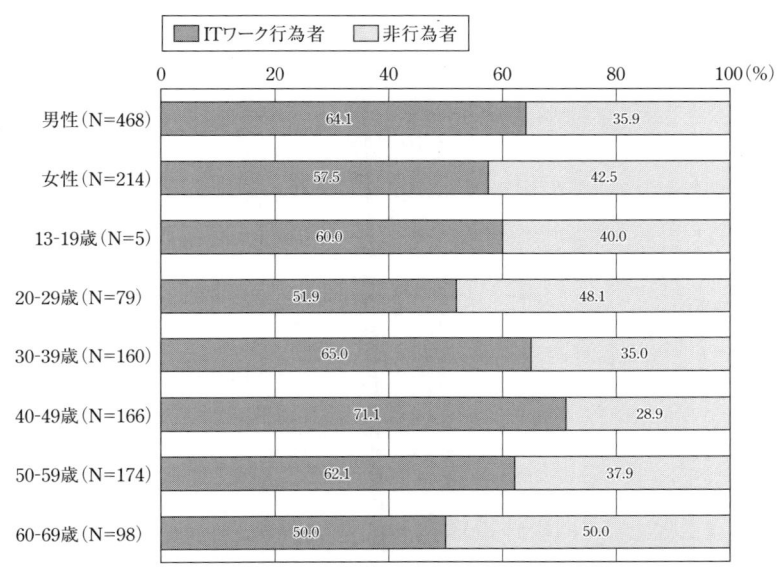

6 日記式調査からみたITワークの実態と労働時空間の多様性への影響　　301

図6.3.1　属性によるITワーク行為者，非行為者比率

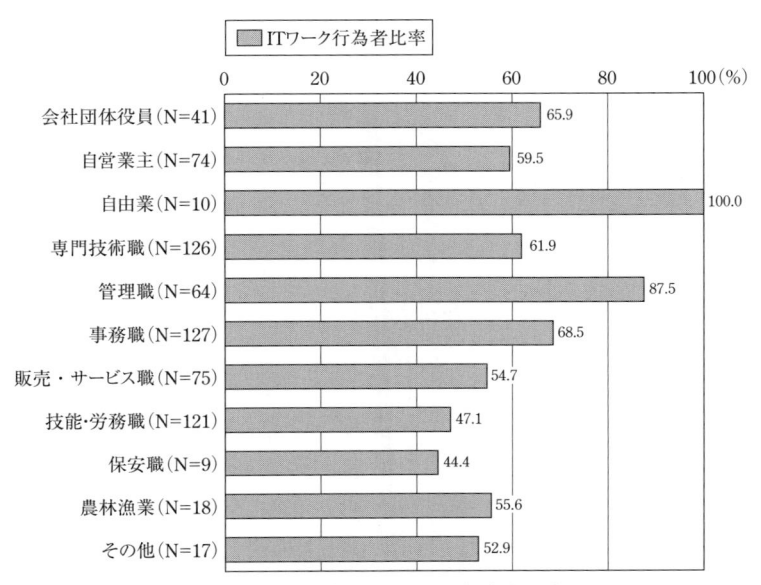

属性	ITワーク行為者(%)	非行為者(%)
男性(N=468)	64.1	35.9
女性(N=214)	57.5	42.5
13-19歳(N=5)	60.0	40.0
20-29歳(N=79)	51.9	48.1
30-39歳(N=160)	65.0	35.0
40-49歳(N=166)	71.1	28.9
50-59歳(N=174)	62.1	37.9
60-69歳(N=98)	50.0	50.0

図6.3.2　職種別ITワーク行為者比率

職種	ITワーク行為者比率(%)
会社団体役員(N=41)	65.9
自営業主(N=74)	59.5
自由業(N=10)	100.0
専門技術職(N=126)	61.9
管理職(N=64)	87.5
事務職(N=127)	68.5
販売・サービス職(N=75)	54.7
技能・労務職(N=121)	47.1
保安職(N=9)	44.4
農林漁業(N=18)	55.6
その他(N=17)	52.9

体平均時間分 131.9 分，行為者率 74.3%，行為者平均時間 177.6 分，次いで年収 800 万以上 1000 万未満の世帯で全体平均時間 118.1 分，行為者率 70.7%，行為者平均時間 167.1 分となっており，総じて世帯年収が高いほど IT ワーク時間が長い傾向がある．年収 800 万円以上の層と年収 400 万円未満の層とでは IT ワーク全体平均時間に有意な差が認められた．年収が高い層ほど IT を駆使して働いている時間が長いという，いわば，IT ワーク版富者富裕化モデルの現象が垣間見られるのが興味深い．

以上を概観すると，属性による IT ワークの実態においては，とくに男性，40 代，大学・大学院卒で管理職や事務職などのホワイトカラー職で，世帯年収が高いほど IT ワークに従事しているといえよう．

6.4 IT ワークと仕事時間
── 長時間労働か，仕事時間のフレキシビリティか

IT はいつでも，どこでも，好きな時に仕事ができる環境の実現と引き換えに，1 日 24 時間「仕事中」という状態をつくりだし，仕事のスピードを速め，労働の長時間化への拍車をかけるとともに働きすぎとジョブストレスを増幅させてきたとしている（Fraser, 2001 = 2003; Hewlett and Luce, 2006 = 2007; 森岡, 2005 など）．IT を利用した仕事は長時間労働をもたらすのだろうか．また，IT ワークは他の生活時間とどのような関係にあるのだろうか．本節ではこれらの命題を明らかにするために，IT ワーク行為者群と非行為者群の 2 カテゴリーに弁別し，総仕事時間および各生活場所における仕事時間の平均値について差を分析し，IT ワークの長時間労働への影響やその内訳を把握する．同様の目的で，総仕事時間および各生活場所における仕事行動時間と IT ワーク時間の単相関分析を行う．最後に IT ワークが行われている時間帯と仕事の時間帯を各時間帯における行為者率で示したうえで，従来の仕事の時間パターンと IT ワークの時間パターンを比較し，IT ワークが仕事の「時間」にフレキシビリティをもたらしているのかについて考察する．

IT ワークの行為者群と非行為者群ごとに仕事時間の平均値および生活場所

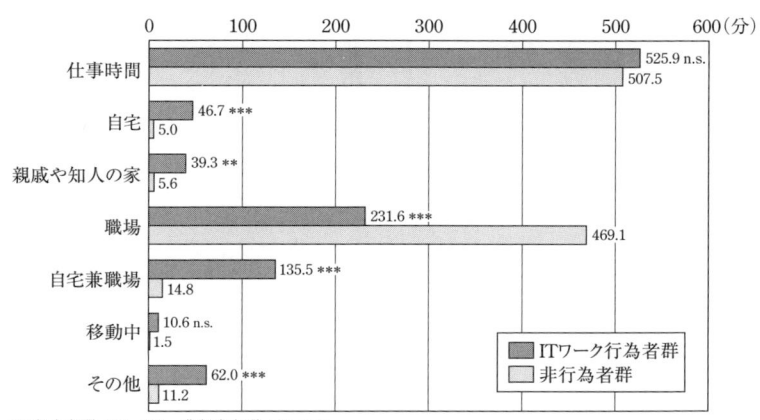

6 日記式調査からみた IT ワークの実態と労働時空間の多様性への影響

```
                 0    100   200   300   400   500   600(分)
   仕事時間                                          525.9 n.s.
                                                  507.5
       自宅    46.7 ***
               5.0
 親戚や知人の家  39.3 **
               5.6
       職場           231.6 ***
                                              469.1
   自宅兼職場      135.5 ***
              14.8
      移動中   10.6 n.s.
               1.5
      その他    62.0 ***
              11.2
                          ■ IT ワーク行為者群
                          □ 非行為者群
```

IT 行為者群：N＝428，非行為者群：N＝258
***$p<0.001$，**$p<0.01$，*$p<0.05$，n.s. 有意差なし
t 検定結果．フルタイムかつ当日仕事をした人で無回答者は除く

図 6.4.1　IT ワーク行為者群／非行為者群の仕事時間および各生活場所における仕事時間

における仕事時間の平均値を示したものが図 6.4.1 である．仕事時間は IT ワーク行為者群が 525.9 分，非行為者群が 507.5 分であり，18.4 分ほど IT ワーク行為者群の仕事時間が多いものの，有意な差は認められなかった．続いて生活場所ごとの仕事時間を比較してみよう．顕著な差がみられるのが，職場での仕事時間，自宅での仕事時間，自宅兼職場での仕事時間，親戚や知人の家での仕事時間およびその他の場所での仕事時間である．IT ワーク行為者群と非行為者群とでいずれも有意な差が認められた．IT が，そのモビリティを発揮しそうな移動中のシーンでは，仕事はほとんどなされておらず，IT ワーク行為者群で 10.6 分，非行為者群で 1.5 分の仕事時間であり，差はあまりみられなかった．

　時間量としてもっとも大きな差があるのが，職場での仕事時間である．非行為者群の職場での仕事時間が 469.1 分と，実に総仕事時間の 92％ をほぼ職場に固定して仕事を行っているのに対し，IT ワーク行為者群では，職場での仕事時間が 231.6 分と，総仕事時間に対する 44％ を占めるにすぎない．一見すると残りの 56％ を自宅もしくは自宅兼職場，その他の場所に振り分けていることになるが，単純に IT ワーク行為者がさまざまな場所で仕事をしていると

表 6.4.1　IT ワークと仕事時間の相関

	仕事時間	各生活場所における仕事時間						
		自宅	親戚や知人の家	職場	自宅兼職場	学校	移動中	その他
IT ワーク	0.25 <0.0001 ***	0.00 0.996	−0.05 0.1838	0.19 <0.0001 ***	0.01 0.8174	−0.01 0.7785	−0.03 0.3683	0.02 0.5479

$n=682$．フルタイムかつ当日仕事をした人のみ
***$p<0.001$，**$p<0.01$，*$p<0.05$

は断定できない．なぜならば，前節の IT ワーカーの属性分析において，自由業と管理職の IT ワーク時間が突出して長いことを示したが，自宅への仕事の持ち帰りが多いであろう管理職や，自宅を SOHO として仕事をしていると考えられる自由業の人びとが，自宅兼職場や自宅などで IT を利用して仕事をこなしていることが想定され，こうしたヘビー IT ワーカーたちの属性を反映しているのではないかと考える．

続いて仕事時間と IT ワーク時間との相関分析（ピアソンの相関係数）結果を表 6.4.1 に示す．仕事時間と IT ワーク時間とのあいだには有意な正の相関がみられた．すなわち，IT ワーク時間が長い人ほど，仕事時間も長くなる傾向がある．もう1点注目したいのが，生活場所ごとの仕事時間のなかでも唯一，IT ワークと有意な正の相関がある，職場での仕事時間である．IT ワークと場所との観点では，自宅や他の職場以外の場所での仕事時間量を増やすことはせず，むしろ職場での仕事時間を増やす可能性があることが示唆される．もちろん，これらの分析結果からは両者の因果関係の方向性は明らかでないため，さらなる分析が必要である．

最後に，IT ワークが行われている時間帯を，仕事の時間帯と比較し，そのパターンの違いや仕事時間の分散について検討する．時間帯ごとの仕事，IT ワーク，汎モバイルワーク，および汎パソコンワークの行為者率を示したものが図 6.4.2 である．朝9時すぎから日中にかけて，またお昼をすぎてから夕方 18 時までのあいだにかけて，仕事の行為者率は7割台に達し，いわゆる一般的な就業時間を中心に仕事を行っているようすがうかがえる．IT ワーク自体の行為者率はピーク時で約 20% と仕事時間と比較すると行為者率は低いが，勤務時間であると想定される日中8時から 18 時までは仕事時間とほぼ同様の増減パターンをみせている．夕方以降になると，仕事行動と IT ワークの行為

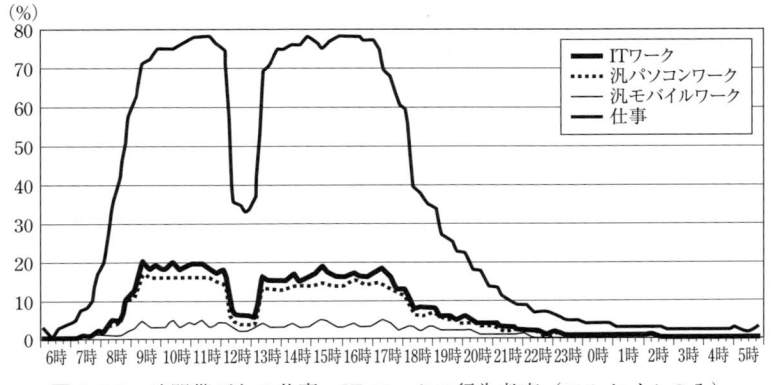

図 6.4.2 時間帯ごとの仕事,IT ワークの行為者率（フルタイムのみ）

者率が減少し,両者が徐々に接近してくる.定時後のオフィス在籍者が少なくなる時間帯で IT を利用しながら 1 人残務をこなしているようすが目に浮かぶ.仕事行動や IT ワークと異なるパターンをみせているのが汎モバイルワークである.行為者率は 5% 未満と低いものの,朝 8 時すぎから夜 20 時すぎまで行為者率の増減幅が小さく,他の仕事時間が行為者率を大幅に下落させるお昼の時間帯も小幅な下落にとどまっている.携帯電話を利用したモバイルワークの実態は,おもにメールの送受信と通話であったが,仕事での利用は比較的時間帯に関係なく行われているといえよう.

先の相関分析結果では,IT ワークと仕事時間とのあいだに正の相関があることを示した.IT ワークが仕事の時間を助長する傾向があるのか,さらにくわしくデータを検討してみる.IT ワーク行為者と非行為者の仕事行動における時間帯別行為者率を示したものが図 6.4.3 である.先に述べたように,朝 8 時前後からお昼,お昼すぎから 18 時以降までで仕事の時間が M 字カーブを描いている労働パターンは IT ワーク行為者,非行為者ともに同様である.また,ほぼどの時間帯においても非行為者よりも IT ワーク行為者の仕事行為者率が高い.終業時間以降の 18 時すぎから夜 22 時の時間帯にかけて,非行為者群の仕事行為者率は約 30% から 5% に徐々に減少することに対し,IT ワーク行為者層では 18 時台で約半数の 49% の仕事行為者率から,20 時台でも仕事行為者率が 25%,21 時台でようやく 15% に減少し,行為者率が 5% をきるのは深

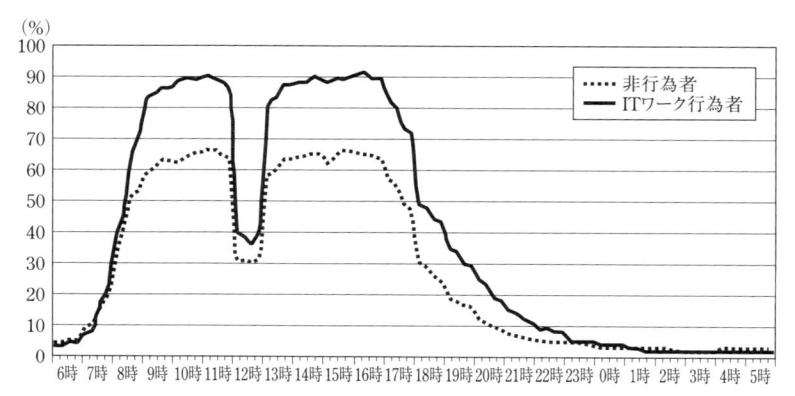

図6.4.3 ITワーク行為者/非行為者の時間帯ごとの仕事行動行為者率（フルタイムのみ）

夜0時をすぎてからである．概して，非行為者群よりもITワーク行為者群での仕事行為者率が高く，深夜までの長時間にわたって就労しているようすがみてとれよう．

これらのデータで示したITワークの様相を総括すると，パソコンや携帯電話などのITを利用して好きな時間に仕事を行うというよりも，いわゆる従来の勤務時間と同じ時間帯，すなわち就業時間内の仕事としてITワークが行われていること，また，ほぼすべての時間帯で非行為者群よりもITワーク行為者群で仕事行動の行為者率が上回り，かつ行為者群は深夜までの長時間にわたって就労している傾向があるといえよう．また，ITワークと労働時間との関係でみると，ITワーク行為者は非行為者と比較して，比較的長時間労働にあること，さらに場所との関係においては，ITワークは職場での仕事時間量を増やす可能性があることが示唆された．

6.5 ITワークと仕事の場所——オフィスからの解放？

ピンク（Pink, 2002＝2002）は，ITにより情報の入手が容易になり，その結果，相対的に組織からの自立が可能となり，従来のオフィスという物理的空間

6 日記式調査からみたITワークの実態と労働時空間の多様性への影響　　307

```
                 0    100   200   300   400   500   600   700   800(分)
自宅                                                      674.9 ***
                                                              737.2
親戚や知人の家    16.7 n.s.
                 19.5
職場                                              513.7 *
                                              481.3
自宅兼職場        62.1 n.s.
                 52.2
学校             4.6 n.s.
                 5.3
移動中            89.5 ***
                 63.9
その他            78.7 n.s.
                 80.5
```

　■ ITワーク行為者群
　□ 非行為者群

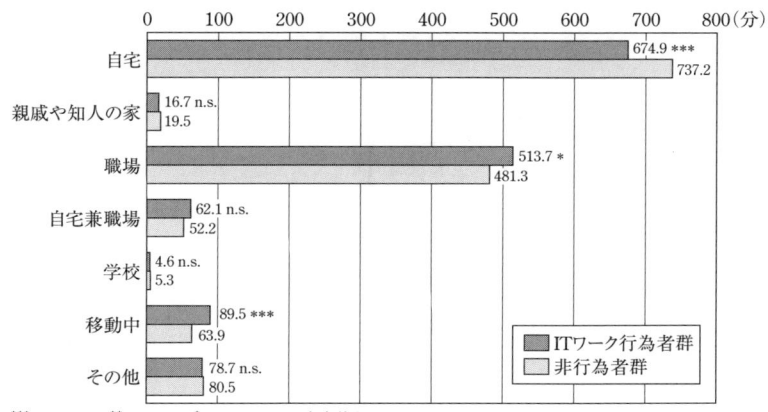

***$p<0.001$, **$p<0.01$, *$p<0.05$, n.s.有意差なし
t検定結果, 無回答者は除く

図 6.5.1　ITワーク行為者群／非行為者群における各生活場所の滞在時間

から勤労者は解放されると主張する．とすれば，ITワーカーは非ITワーカーと比較して，物理的空間に縛られることなく，さまざまな場所をフレキシブルに行き来し，家庭やプライベートなどを両立しつつ，生活を営んでいることが想定されよう．ITワークははたして，こうしたフレキシビリティをもたらしているのだろうか．前節同様に，ITワーク行為者群と非行為者群の2カテゴリーに弁別し，各生活場所における滞在時間の平均値を示したものが図6.5.1である．自宅における平均滞在時間は，ITワーク行為者群で674.9分，非行為者群で737.2分であり，ITワーク行為者ほど在宅時間が少なく，有意な差が認められた．翻って仕事の場所である職場もしくは自宅兼職場における滞在時間では，ITワーク行為者群ほど滞在時間が長く，職場においては非行為者群の481.3分に対して行為者群で513.7分と約30分強長くなっており，有意な差が認められた．オフィスに縛られることなく，ITを介して仕事やその他の生活のやりくりができるはずのITワーク行為者であるが，結局のところ職場中心の生活時間を過ごしているといえよう．その他の場所については，移動中のみ行為者群63.9分に対して行為者群89.5分と約25分ほど長く有意な差がみられたが，それ以外の場所については，差は認められなかった．
　同様に，ITワーク行為者群と非行為者群に弁別し，職場および職場以外に

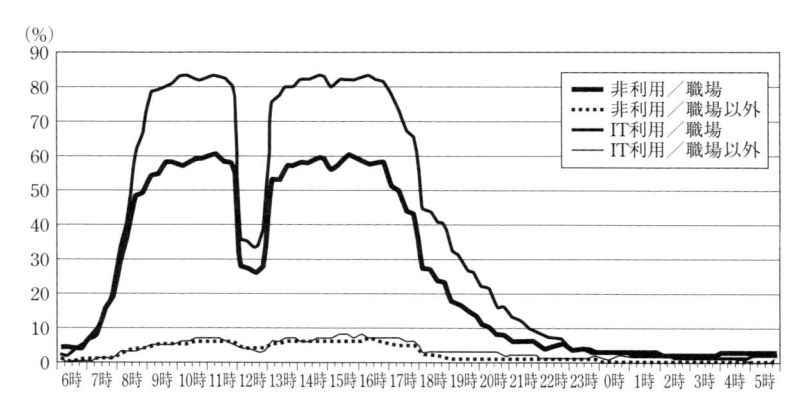

図 6.5.2 ITワーク行為者/非行為者別の時間帯における職場および職場以外の場所での仕事行為者率（フルタイムのみ）

表 6.5.1 ITワークと生活場所滞在時間の相関

	自宅	親戚や知人の家	職場	自宅兼職場	学校	移動中	その他
ITワーク	−0.21 <0.0001***	−0.02 0.6204	0.17 <0.0001***	0.00 0.9314	−0.03 0.5132	0.12 0.0018**	−0.03 0.4526

N=682．フルタイムかつ当日仕事をした人のみ
***$p<0.001$，**$p<0.01$，*$p<0.05$

おける仕事の行為者率を時間帯ごとに示したものが図6.5.2である．ITワーク行為者群と非行為者群ともに，職場内での仕事の時間帯パターンと職場外でのパターンがほぼ近似しており，ITワークによる仕事時間の分散はみられない．また，職場以外の場所での仕事に関しては，ITワーク行為者群と非行為者群とのあいだで，どの時間帯おいてもその行為者率に大差ない．むしろ職場においての仕事の行為者率は，業務定時後付近であろう18時以降においてITワーク行為者群の仕事行為者率が約45%，非行為者群で約28%と約1.6倍高く，その後21時台に至っても行為者群約13%，非行為者群約6%と約2倍の仕事行為者率となっている．生活場所ごとの滞在時間を比較した結果と同様，分散的就労環境を享受できるはずであるITワーク行為者群のほうが，自らの職場での仕事時間が長い傾向があるといえよう．

最後に，ITワークと生活場所の滞在時間の相関（ピアソンの相関係数）について分析した結果が表6.5.1である．先の生活場所ごとにおける平均値の分

析と同様に，ITワークを長時間しているほど，自宅の在宅時間が短く，職場での滞在時間が長く，移動時間が長い傾向がみられ，いずれも有意な相関が認められた．いずれの分析結果も，ITワークが職場や生活時空間の多様性を提供するのではなく，むしろ勤労者を職場に固定する可能性があることを示唆しているといえよう．

6.6 まとめ——職場中心生活と分散的就労環境のゆくえ

　ITは，勤労者に働く時間と場所の多様性をもたらしているのだろうか．この問いに対し，ITワークの現状を概観し，フルタイムの勤め人を中心に，ITワークと働く時空間との関係をみてきた．働く「時間」と長時間労働との関係においては，ITワークをしている人ほど，仕事の時間量および時間帯の幅ともに長時間労働の傾向があることを示した．働く「場所」とITワークとの観点では，ITワークは職場以外の自宅や移動時間中になされてはいるものの，どちらかといえば，在宅時間を減らし，職場外よりも職場での仕事時間を増やす傾向があることを示した．また，働く「時間」のフレキシビリティについては，就業時間を中心に仕事がなされており，時間帯での分散性はみられず，現状では好きな時間に働けるという分散的就労環境のメリットがあまり発揮されていない可能性があることが示唆された．これら一連の分析結果が含意するのは，ITによる分散的就労環境は，職場や生活時空間の多様性を提供するのではなく，むしろ，勤労者を職場の時空間に固定し，強化する方向に作用する可能性があるということである．では，それはなぜだろうか．

　ITワークは，とくに男性，年代では40代，学歴は大学・大学院卒で，職種は管理職や事務職などのホワイトカラー職，世帯年収が高いほど行為時間が長く，いわゆる働き盛りの男性が積極的に行っている．大量の仕事を抱えた，もしくは，仕事をすべき，仕事をしたい人たちだからこそ，職場やそれ以外の場所でも働き，仕事時間も長くなる傾向があるのはそのためであろう．このような表面的な現実から透けてみえるのが，ITの夢と幻想，そして，日本の企業中心社会の生活時間構造という内実である．

労働資本主義からの要請は，長時間労働のみならず，仕事のペースの加速や労働負荷を生じさせていく（Edwards and Wajcman, 2005）．森岡（1995）によれば，日本の男性は，両性がともに負うべき家庭責任をもっぱら女性に負わせることによって，自分の活動時間のほとんどすべてを企業にささげているという．また，ホックシールド（Hochschild, 1997）は，長時間労働の原因は，企業への就業ロイヤリティにあり，長時間働くことが献身と職務意識の印であるとする企業文化のなかに労働者が社会化されていくためと指摘する．前田（2010）は，1990年代後半以降は「会社コミュニティからの離脱」と「職業生活の個人化」が一層加速し，会社中心主義の価値観が大きく変化し，働く人びとの意識は確実に脱会社志向へと転換したと指摘しているが，職場の時空間に固定化されたITワークが示唆するものは，いまだに根強く残る日本の会社志向の実態といえるのではないだろうか．

　職場中心の生活時間構造をもたらしている要因は他にもある．モフタリアンと佐藤（Mokhtarian and Sato, 1994）は，日本におけるテレワーク採用の阻害要因は，社会的および文化的な側面にあり，米国では当たり前であるジョブ・ディスクリプションの欠如，対面コミュニケーションへの嗜好性，集団主義などをその要因としてあげている．また，佐藤（1996）は，日米の組織コミュニケーションスタイルの差異について，日本の組織では合意形成型の意思決定スタイルをもち，日頃から共通のコンテキストを共有する必要があるため，日常的なコミュニケーションや場の近接性，密なつきあいが重要視され，組織の人員の代替可能性は小さいという．それに対して，アメリカ型の意思決定プロセスでは，役割や決定権限も明確であり，形式知化された意思決定システムを有する．このため，コンテキストの共有度もさほど求めず，日常的な接触頻度も低く，空間的な近接性を必要としない．日本では，自宅で仕事をするよりも，上司や同僚がいる職場で夜遅くまでいて仕事をこなす，といった具合に，職場に固定化されるのに対し，米国ではITを利用した分散的就労環境が定着しているのもうなずける．

　橋元（2005）によれば，メディアはその普及状況，文化的風土，利用のされ方，利用者の特性，コンテンツ等によって，影響の方向性も多様化するという．日本のITワークの実態は，まさに，日本の労働市場がフルタイムの勤め人に

要請する企業へのロイヤリティと長時間労働，人材の流動性の低さ，物理的近接性の重視，といったアンシャン・レジームが，IT という技術の使い方に反映されたものだといえるのではないだろうか．IT が労働者をオフィスに束縛し，労働資本としての勤労者をむしろ強化していくツールとして機能する現実に，働く時空間の多様性，フレキシビリティをもたらすという夢は，資本主義の労働者への欺瞞に終わってしまうのだろうか．

本章では，IT ワークの実態に基づき，その使われ方や要因の仮説を探索してきた．今回の一連の分析においては，IT ワークとこれらの要因との関係や，因果関係の方向性等を明らかにすることはできていない．そのため，さらなる研究により，これらの仮説を検証し，因果関係を明らかにしていく必要がある．これらの研究を積み重ね，勤労者にとってより望ましい IT ワークライフを提言していくことこそ，今後も重要な課題となろう．

文　献

Beck, U.（1986）*Risikogesellschaft. Auf dem Weg in eine andere Moderne*, Suhrkamp Verlag Kg,（東廉・伊藤美登里訳（1998）『危険社会――新しい近代への道』，法政大学出版局）．

Edwards, P. and Wajcman, J.（2005）*The politics of working life*. Oxford University Press.

Fraser, J. A.（2001）*White-collar sweatshop：the deterioration of work and its rewards in corporate America*, W. W. Norton,（森岡孝二訳（2003）『窒息するオフィス――仕事に強迫されるアメリカ人』，岩波書店）．

橋元良明（2005）「インターネット・パラドックスの真偽」，橋元良明編『講座社会言語学 2 メディア』，ひつじ書房．

Hewlett, S. A. and Luce, C. B.（2006）Extreme Jobs：The Dangerous Allure of the 70-Hour Workweek, *Harvard Business Review*, Dec. 1, 2006, pp. 49-59,（村井裕訳（2007），「働き詰めのビジネス・エリートを蝕む「過剰労働」の危険な魅力」，『ダイヤモンド・ハーバード・ビジネスレビュー』，2007 年 5 月号）．

Hochschild, A.（1997）*The Time Bind：When Home Becomes Work and Work Becomes Home*, Metropolitan Books.

King, J.（1998）Long hours, cold dinners and vacation interrupts, *Computerworld*, 32, 1.

国土交通省（2010）「平成 21 年度テレワーク人口実態調査――調査結果の概要」，(http://www.mlit.go.jp/crd/daisei/telework/21telework_jinko_jittai_gaiyo.pdf, 2011 年 1 月 10 日アクセス)．

前田信彦（2010）『仕事と生活——労働社会の変容』，ミネルヴァ書房．
Mokhtarian, P. L. and Sato, K. (1994) A comparison of the policy, social, and cultural contexts for telecommuting in Japan and the United States, *Social Science Computer Review*, 12(4), 641-658.
森岡孝二（1995）『企業中心社会の時間構造——生活摩擦の経済学』，青木書店．
森岡孝二（2005）『働きすぎの時代』，岩波書店．
小倉一哉（2007）『エンドレス・ワーカーズ——働きすぎ日本人の実像』，日本経済新聞出版社．
小倉一哉・藤本隆史（2007）「長時間労働とワークスタイル」（労働政策研究・研修機構ディスカッションペーパー，No. 07-01）．
小倉一哉・藤本隆史（2008）「雇用におけるテレワークに関する論点整理」（労働政策研究・研修機構ディスカッションペーパー，No. 08-03）．
Pink, D. (2002) *Free Agent Nation : The Future of Working for Yourself*, Warner Books.（池村千秋訳（2002）『フリーエージェント社会の到来——「雇われない生き方」は何を変えるか』，ダイヤモンド社）．
連合総合生活開発研究所編（2003）『ITの仕事と職場組織に与える影響』，連合総合生活開発研究所．
労働政策研究・研修機構編（2008）『企業のテレワークの実態に関する調査』，労働政策研究・研修機構．
労働政策研究・研修機構編（2009）「働く場所と時間の多様性に関する調査研究」，『労働政策研究報告書』，106，労働政策研究・研修機構．
佐藤俊樹（1996）『ノイマンの夢・近代の欲望——情報化社会を解体する』講談社．
首相官邸IT戦略本部（2009）「i-Japan戦略2015」（http://www.kantei.go.jp/jp/singi/it2/kongo/digital/dai9/9siryou2.pdf，2011年1月10日アクセス）．
総務省（1997）「平成8年度通信利用動向調査」
　（http://www.soumu.go.jp/johotsusintokei/statistics/pdf/HR199700_002.pdf，2011年1月10日アクセス）．
総務省（2001）「平成12年度通信利用動向調査」
　（http://www.soumu.go.jp/johotsusintokei/statistics/data/010424_1.pdf，2011年1月10日アクセス）．
総務省（2006）「平成17年度通信利用動向調査」
　（http://www.soumu.go.jp/johotsusintokei/statistics/data/060519_1.pdf，2011年1月10日アクセス）．
総務省（2010）「平成21年度通信利用動向調査」
　（http://www.soumu.go.jp/johotsusintokei/statistics/data/100427_1.pdf，2011年1月10日アクセス）．
総務省統計局「労働力調査」
　（http://www.stat.go.jp/data/roudou/index.htm，2011年1月28日アクセス）．
東京大学社会情報研究所編（1997）『日本人の情報行動1995』，東京大学出版会．

東京大学社会情報研究所編(2001)『日本人の情報行動 2000』,東京大学出版会.
東京大学大学院情報学環編(2006)『日本人の情報行動 2005』,東京大学出版会.
Towers, I., Duxbury, L., and Thomas, J. (2005) Shifting Boundaries : Technology, Time, Place and work, the 23rd Annual International Labour Process Conference, 21-23 March 2005, Glasgow.
Venkatesh, A. and Vitalari, N. (1992) An emerging distributed work arrangement : An investigation of computer-based supplemental work at home, *Management Science*, 38, pp. 1687-1706.
Wajcman, J. (2008) Life in the fast lane? Towards a sociology of technology and time, *The British Journal of Sociology*, 59(1).

7

デジタルシニア時代の到来
——インターネットの浸透とシニア層の変化

長尾嘉英

7.1 はじめに

　筆者は，株式会社電通の研究部門である電通総研に所属し，生活者のメディア接触や情報行動について研究し発表することを主たる職務としている．

　生活者を取り巻く情報環境は，『日本人の情報行動2005』発刊当時と2010年の現在ではさまざまな面で異なっている．そして，そのような変化をもたらした最大の要因のひとつとして，インターネットの普及と浸透があげられることに異論の余地はないであろう．

　ネットが，元来新しいものを取り込むことへの柔軟性に富む「若者層」において，そのライフスタイルや情報行動を大きく変化させたことは想像に難くない．実際に多くのデータや報告がこれを示している．しかし，ネットと生活者の関わりについて考察するときに，とかく（少なくともこれまでは）あまり注目されてこなかったシニア層に関してはどうであろうか．

　筆者はこのような問題意識を背景に，2010年6月8日に東京大学大学院情報学環の橋元良明教授と共同研究組織「DENTSUデジタルシニア・ラボ」を立ち上げ，以来ネット利用とシニア層の関係に関するさまざまな調査研究を続けてきた．その結果，実はシニア層においても，一般に思われている以上にインターネットが浸透しており，ネットやデジタル機器を縦横無尽に使いこなし活き活きとアクティブなシニアライフをおくる人びとが誕生していることがわかった．

同ラボでは，このような人びとを「デジタルシニア」と命名し，電通総研はこのワードの商標登録を行った．その後，「デジタルシニア」は，Yahoo! 辞書において新語としても登録されるに至った．

そこで，本章ではシニア層におけるネット利用の現状や実態について，DENTSU デジタルシニア・ラボが行ってきたさまざまな定量調査・定性調査の結果から整理し，報告したい．同時に，いまだネットを利用していない非デジタルシニアに関しても，彼らがネットを使っていない理由や，今後の IT 化へ向けての展望などについて述べたいと思う．

なお，本章で紹介されるデータの多くは，電通総研と東京大学大学院橋元良明教授との共同調査がもとであることを冒頭に記す．また，本章内で「シニア」「シニア層」といった言葉を使う場合，それは 60 歳以上の人びとを意味するものとし，「デジタル化」という言葉を用いるとき，それは「ネットを利用できるようになること」の意として使われるものとする．

7.2 研究の背景

シニア層の動向について研究することの重要性は，いまさら語るまでもないだろう．人口に占める 65 歳以上の高齢者の割合は，総務省が 2010 年 9 月に発表した推計によると 23.1% である．

暦年齢で 65 歳以上の人びとが一般に「高齢者」とよばれ，高齢者が総人口に占める割合（高齢化率または老年人口比率とよばれる）が 7% 以上になると「高齢化社会」になるという定義が一般に用いられている．さらに，これが 14% を超えると「高齢社会」とよばれ，21% を超えると「超高齢化社会」ということになるが，我が国はすでにこの段階に達しており，国際的にみても「超高齢化社会」のトップランナーとなっている．

我が国の少子化トレンドは，相も変わらずの状況である．合計特殊出生率（1 人の女性が生涯に産むとされる子供の数）は，1.37 人（2009 年）ということで依然低水準にある．ある時点での人口を維持するために必要な合計特殊出生率のことを「人口置換水準」というが，その数値は 2008 年で 2.07 であり

（国立社会保障・人口問題研究所），少子化の早急な改善は期待できない．一方，高齢者数のほうは，医療の進歩や健康管理意識の向上などを背景に増加を続けており，高齢化率は今から10年後の2020年には人口の約3割に迫るという試算もある．

人口の視点から経済の視点へ転ずる．ニッセイ基礎研究所によると，世帯主が60歳以上の家庭の年間消費額は2010年で67兆円という推計で，20年前の1990年と比べると2倍に拡大しているとのことである．また，それは一般家庭を含めた家計消費支出全体に占める割合でいうと，約40%に達するということである．

このように，人口に占めるシェアが巨大であり，かつ経済力も高いシニア層は，企業のマーケティング・ターゲットとしても，今後ますます重要な層となっていくであろう．

ところで，ある人が60歳で退職したとすると，その人が80歳になるまでに生まれる自由な時間は，現役時代に仕事に投下された時間量とほぼ等しいそうである．その具体的な時間量については，8万時間説，10万時間説など諸説があるが，いずれにしても退職後に現役時代の総労働時間に匹敵する膨大な時間がもう1度待ち受けているのだ．この"長い"シニアライフを，ネットやデジタル機器を活用して，より豊かなものにしてゆくことについての研究は，社会的にも大変高い意義がある．

以上のような問題意識を背景に，本研究は進められた．

7.3 シニアのインターネット利用率

シニア層のネット利用率が驚くほど顕著に増加しているという事実は，あまり知られていない．図7.3.1は，「日本人の情報行動調査」の2000年調査，2005年調査，2010年調査において，60-69歳男女のインターネット利用率を集計した結果である．PCでも携帯でも機器は問わず何らかのインターネット行動（メールやウェブ利用など）を行う人の割合を分析した．2000年には60代でネットを利用する人はごく少数であったが，2005年にはすでに4人にひ

(%)

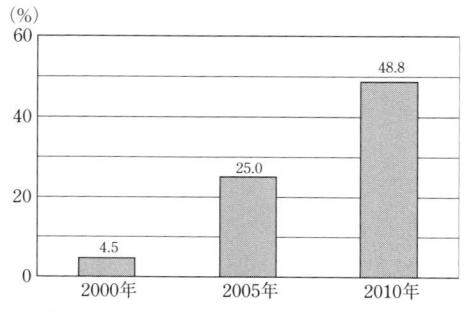

図 7.3.1　60代のインターネット利用率

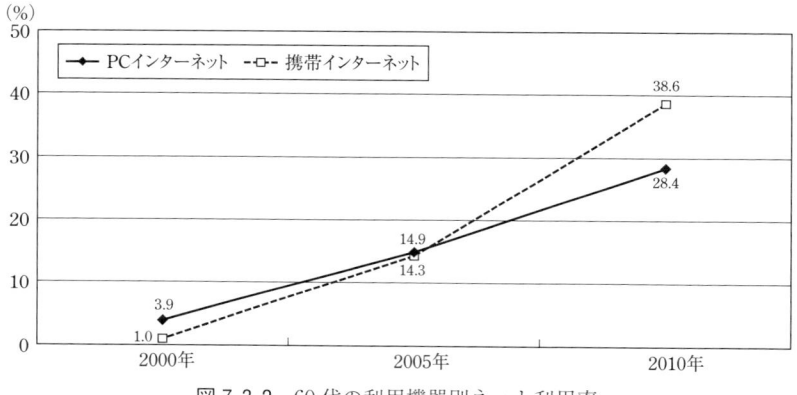

図 7.3.2　60代の利用機器別ネット利用率

とりが行うようになり，2010年現在では5年前のさらに倍近く（48.8%）にまで拡大している．60代のうち，2人に1人は，すでにネットを利用している時代なのである．

これを利用機器別に分けてみたものが図7.3.2である．2010年においては，PC経由でのインターネット利用率は28.4%で，携帯経由でのそれは38.6%となっている．とくに，この5年間のあいだに携帯インターネットがPCインターネットを逆転している点は興味深い．

図7.3.3は，2010年における機器別のネット利用率を，さらに利用内容別にブレークダウンしたものである．これをみると，60代のネット利用は，現状では携帯メールがトップであり，PCでのウェブ利用などをみると，まだま

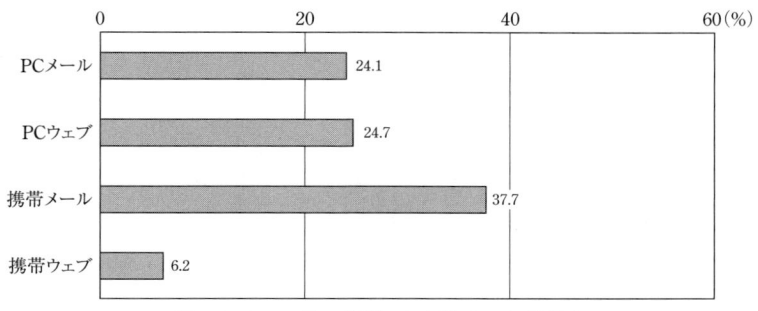

```
           0           20           40          60(%)
PCメール     ████████ 24.1
PCウェブ     ████████ 24.7
携帯メール   █████████████ 37.7
携帯ウェブ   ██ 6.2
```

図 7.3.3　60代の機器/内容別ネット利用率

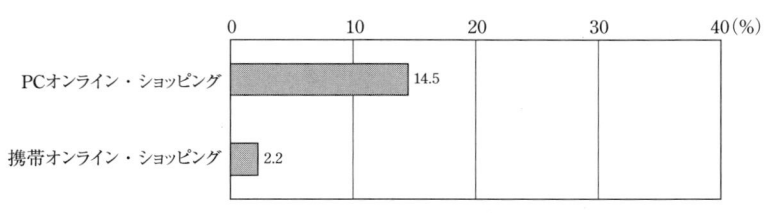

```
                      0        10        20        30      40(%)
PCオンライン・ショッピング  █████ 14.5
携帯オンライン・ショッピング █ 2.2
```

図 7.3.4　60代のネットショッピング利用率

だ4人に1人程度であるということがわかる．これらの数値は60代サンプルのものであるが，もし70代などの現状についても調査をしたとすれば，さらに利用率は低いはずであり，これから火のつく段階であると推測される．

シニアのネットショッピングの利用状況については，図7.3.4のとおりである．60代では，すでに約15%の人がPCを利用したオンライン・ショッピングを行っている．

一方，携帯でのそれについては，現時点では利用者はまだ少ない．携帯の画面サイズの小ささなどを鑑みると，今後もシニア層での利用が急速に拡大していくかは未知数である．しかし，従来型携帯電話よりも画面サイズが大きく，タッチパネルによっていろいろな入力がより簡単に行えるスマートフォンが徐々に浸透しつつあるので，今後の利用動向が注目される．

7.4 インタビュー調査からみえてきた実態

前述のように，高齢層においても急速な普及浸透を続けるインターネットは，カリスマ・デジタルシニアとでもよぶべき新しい情報発信者を誕生させている．ネット上で"つぶやき"をシェアしあうサイトとして大ブレイクしたツイッター．そのツイッター上で，1万人を超えるフォロワーをもつシニア（77歳女性）が誕生していると聞いたら，ちょっと驚くのではないだろうか．

彼女がニュース番組をみながら，「今テレビで年金問題を取り上げているが，それについて私はこう思う」といった書き込みを行うと，多くのフォロワー達が反応し世界中からいっせいに返信がくる．書き込む内容は社会問題に限らず，経済，文化，はたまた「男と女」など広範囲に及び，実に読み応えがある．このような，シニア発の「1対N」のコミュニケーションが，これからはますます増えていくものと推測される．

彼女以外にも，多くのデジタルシニアが誕生し，ネットという武器を利用して非常にアクティブなシニアライフを送っていることが，DENTSUデジタルシニア・ラボによる数々のインタビュー調査からわかってきた．

たとえば，ある60代の男性は，勤めていた会社を定年退職した後「おやじバンド」の活動を開始した．そして，今では自分がライブハウスで演奏している映像をYouTubeなどの動画サイトに投稿して発信している．

別の70代男性は，日本時間でいうと深夜に開く米国の株式市場を毎晩今か今かとPCの前で待ち構えていた．それまでの人生で培ってきた経験や知識をフル稼働させて，海外の株取引を楽しんでいるのだという．

デジタルシニアは，ネットオークションも軽々とこなす．子供のころの映像を収めた8ミリフィルムを再生できる映写機をネットオークションでみつけ，何十年ぶりの懐かしい光景を楽しんでいるという方がいた．その他，もはや製造中止となってしまったプラモデルをオークションで手に入れウットリしている男性や，「押し入れの奥にあった茶釜を，ためしにオークションに出したら意外に高く売れました」と喜ぶ女性にも出会った．

退職後のシニアにとって大きな楽しみのひとつは，何といっても「旅行」で

あろう．デジタルシニアは，温泉を検索して予約したり航空チケットをネット購入したりするのは朝飯前，さらに時流に乗った旅の楽しみ方を知っていた．

たとえば，ある男性は旅行サイトで「睡蓮の楽しめる場所」を調べ，自分が行きたいと思う場所を事前に「グーグルアース」を利用して下見までしてしまう．目的地の画像を回転させ「この場所からこの角度で見るとこんな風景になる」とチェックするのだそうだ．また，普段動画共有サイトでお気に入りの演歌歌手などの映像を楽しんでいるというある女性は，自分自身も「旅行に行くと，訪れた寺の様子などを動画投稿したりしています」ということであった．

ネットがもたらす「情報」がシニアに「刺激」を与え，心身ともに活き活きと豊かなシニアライフをもたらしている．このような人びとを目の当たりにすると，ひと昔前の「老後」のイメージとはほど遠い，新しい「デジタルシニアの時代」が到来したことを実感する．

7.5 デジタルシニアとメディアの関わり

次に，デジタルシニアとメディア（とくに新聞）との関わりについて述べてみたい．

まず，60歳以降のシニアからよく聞かれるのが，「退職後は，新聞を落ち着いて隅から隅まで完読するのが楽しみとなり，また癒しになっている」という意見である．同じ質問を50代の方々に聞くと「テレビを見ることが癒しになっている」という声が多くなる．現役引退後に自由な時間を取り戻した人びとにとっては，いつまでも社会との関わりを持ち続けていたいという気持ちもあり，新聞をじっくり読むことが日々の癒しとなっているようである．

定年退職後のシニアには時間は豊富にある．しかし，無為に時間を過ごすことには大きな抵抗感がある．ダラダラと時を過ごすことには罪悪感すら感じ，逆に知的好奇心のツボをくすぐられるものに対しては非常に積極的である．

デジタルシニアたちの情報行動は，朝刊の読破後もとまらない．彼らはパソコンの画面を開いて各新聞社のホームページをのぞき，朝知ったニュースの「その後の動き」をチェックするのだ．心にとまった事象に関してはネットで

さらに深く調べ，当該テーマに対する知的枠組みを広げることにも余念がない．

首都圏に住んでいる地方出身のシニア達は，生まれ故郷に対する強い望郷の念を持ち続けている．ネットという便利なツールが発展した今日，彼らは地方紙のウェブサイトを毎日チェックして，懐かしい故郷へ思いをはせている．たとえば，若いころ鹿児島から上京したある男性は，「毎日何度も南日本新聞のサイトを見ている．郷里のニュースであれば，どんな小さなニュースでも知りたい」と語っていた．

7.6 デジタルシニアの高いアクティブ性

では，デジタルシニアは，いまだネットをもたざる非デジタルシニアとどう異なるのであろうか．その差異を検証すべく，DENTSU デジタルシニア・ラボでは，2010 年 5 月 29 日から 6 月 14 日にかけ，東京 23 区在住の 60 代男女 400 名を対象とした定量調査（以下，シニア層定量調査）を実施した．普段ネットを，メールのやりとりの時間は除き，1 日 30 分以上利用している人 200 名（以下，デジタル層）と，ネットの利用はメールもメール以外の活動も含め一切行わない人 200 名（以下，非デジタル層）へアンケートを行い，心理面や行動習慣に関するさまざまな比較を行った．調査方法は訪問留置式，抽出方法はランダムロケーション・クォータサンプリングである（調査機関：(株)山手情報処理センター）．

その結果だが，「新製品を買ったり，新しいサービスを利用したりするのが人より早い」と思う人の割合は，デジタル層では 22.0% であったのに対し，非デジタル層では 10.5% という結果であった．また，デジタル層では非デジタル層よりも多くの人が「話題や評判になった場所，店には行くようにしている」と答えており，デジタルシニアの高い好奇心と情報感度が示された．「複数の新聞の社説を読み比べるなど，いろいろな考え方を知りたいという気持ちがある」という項目でもデジタル層のほうが高く，ここでも情報に対するアクティブ性がうかがえる（調査結果の具体的な数値については表 7.6.1 を参照）．

デジタルシニアはまた，周囲の人びとへ積極的に情報発信を行うタイプでも

表 7.6.1 デジタル層と非デジタル層の心理傾向や行動習慣に関する比較（％）

設問	デジタル層	非デジタル層	有意水準
私には生きがいとよべるものがある	76.5	67.5	*
私は幸福感を感じる瞬間が多い	81.5	69.0	**
私は政治問題に興味がある	76.0	63.0	**
私は世間のできごとより，自分の身の回りのできごとに興味がある	58.0	70.0	*
私は常に新しい情報に触れていることによって元気になれる	64.5	48.0	**
私は自分の意見や気持ちを文字で発信することに喜びを感じる	37.0	20.5	***
私は熱心な活動を行っているものがある（趣味や社会貢献活動など）	53.5	38.0	**
インターネットをすれば，活動的になると思う	40.5	20.5	***
インターネットをすれば，インターネットを使っていなかった頃より若々しくなると思う	49.0	19.5	***
インターネットは刺激的で，人生を楽しくしてくれると思う	56.0	23.0	***
いつも間断なく最新の情報に触れていたいと思う	57.5	37.0	***
新聞で複数の新聞の社説を読み比べるなど，「色々な考え方を知りたい」という気持ちがある	55.5	43.5	*
インターネットがあるおかげで色々なものごとにかかる時間が短縮でき，その分自由にできる時間が増えると思う	62.5	20.5	***
話題になったり，評判になった場所，店には行くようにしている	40.5	30.5	*
新しい情報はすぐに他人に教えてあげる	56.0	40.0	**
何人かで行動する時は自分から提案する方だ	53.0	32.0	***
自分がいいと思ったものは他人にすすめる	68.5	56.0	**
新製品を買ったり，新しいサービスを利用したりするのが人より早い	22.0	10.5	**
自分の楽しみの為には，全力で取り組める	79.5	62.5	***
なるべく若い人と接していたい	67.0	54.0	**
自分は趣味が多いと思う	38.5	23.0	***
社交的な集まりにはよく出かける	36.5	24.0	**
デジタルカメラで撮った写真をパソコンで編集することがよくある	40.0	1.5	***
デジタルカメラで撮った写真でも，プリントアウトして保存したい	49.0	18.0	***
文書で重要なものは，スキャナーでパソコンに取り込むことをよくする	25.0	0.0	***
辞書は，電子辞書より従来型の紙の辞書が好きだ	48.5	74.0	***
本を読んだり勉強をしたりしながら，音楽を聴くことが多い	30.5	13.5	***
パソコンや電気製品を購入する際，性能を詳しく比較して買う	65.5	34.0	***
他の人とは，ひと味違う個性的生き方をしている	33.0	17.5	***
世の中の出来事や流行は人よりも早く知りたい方だ	37.5	24.5	**
欲しい情報があるときは，納得いくまで探す	60.5	21.0	***
変化のある生活は好きだ	44.5	27.0	**
CD で音楽を聴くとき，ランダムな順序で再生することが多い	17.5	10.5	*
政治のことは難しすぎて自分にはよくわからない	27.0	37.0	*
人と会って話をしているときより，パソコンや携帯電話をいじっているときのほうが楽しい	12.5	0.5	***
実際に体験していなくても，情報として知っていれば十分だと思う	46.5	58.5	*
いろいろな情報は，記憶していなくてもインターネットで探しだせれば十分だ	34.0	9.0	***

有意水準の見方　***$p<0.001$，**$p<0.01$，*$p<0.05$
数値は「そう思う/ややそう思う/あまりそう思わない/そう思わない」の選択肢のうち「そう思う/ややそう思う」の合計比率

あった．「自分の意見や気持ちを文字で発信することに喜びを感じる」「新しい情報はすぐに他人に教えてあげる」「何人かで行動する時は自分から提案する方だ」「自分がいいと思ったものは他人にすすめる」などの項目において，デジタル層は非デジタル層に比べいずれも高いスコアであった．これらの結果からいえることは，デジタルシニアは情報高感度であるのみならず，同時に高い情報伝播力を有するというのである．

また，面白い結果となったのは「社交性」に関する質問である．「社交的な集まりにはよく出かける」という項目で，デジタル層が非デジタル層よりも大差をもって高い結果となった．高齢者でパソコンやネットを多く利用しているということは，家に閉じこもりがちな傾向をもつ人が多いかとも思われるが，実際には，むしろデジタル層のほうが積極的に外に出て人とコミュニケーションを行っているということがわかったのである．

ところで，この調査では，表 7.6.1 にみるとおりデジタルシニアと非デジタル層のあいだに有意差のあったものが 37 項目あり，そのほとんどにおいて前者が後者よりアクティブな傾向を示した．また，非デジタル層のほうが肯定的回答比率の高かった数少ない項目は，「私は世間のできごとより，自分の身の回りのできごとに興味がある」「実際に体験していなくても，情報として知っていれば十分だと思う」などの 4 項目のみで，いずれも裏を返していえばデジタルシニアの積極性を示しているものであった．このように，すべての項目が揃って一貫した結論を示したという点についても，非常に興味深く受け止めているところである．

7.7 サクセスフル・エイジングとの関係

高齢者を研究対象とするジェロントロジー（老年学）においては，しばしば「サクセスフル・エイジング」という概念が登場する．「幸福な老い」あるいはストレートに「成功加齢」などと訳されることが多い．

アメリカのマッカーサー財団による学際的な研究においては，サクセスフル・エイジングの条件として，「健康を維持する（病気を防ぐ）こと」「心身の

機能を高く保つこと」「積極的に社会と関わること」の3要素があげられている．これは，人は単に健康で体もピンピンしているというだけでは十分に幸福であるとは言い切れず，それにプラスして，周囲の人びととのコミュニケーションを積極的に図ったり何かに精力的に従事したりしていることによって，はじめて幸福であるという意味と筆者は解釈している．

　たとえば，人とのふれあいについて考えてみると，現代は家族間のコミュニケーションや絆が希薄になってきている時代だといわれる．昨今では，高齢者における無縁社会問題や孤独死問題なども注目されるようになってきた．

　そこで，DENTSUデジタルシニア・ラボでは何人かのデジタルシニアへ家族との繋がりについてうかがった．すると，ある女性は，「別々に暮らす子供達の動静をブログで毎日チェックしているので，心理的な距離は感じません」と語った．また，遠くに孫をもつあるシニア女性は，「IP電話のスカイプを利用して普段なかなか会えない孫と"しり取り"をして遊んでいます」とのことであった．これらのケースは，シニアがネットを有することによって「失われつつある家族の絆」を維持し再生させている例であるとはいえないだろうか．つまり，デジタルが幸福な老後を創出していると．

　前述のシニア層定量調査では，デジタル層のみに対象を絞り，「ネットを使うようになったことによって家族とのコミュニケーションが増えたと感じているか」について聞いた．その結果は，図7.7.1に示すとおり，ネットを使うようになったことにより家族とのコミュニケーションが増えたと感じている人が15.5%だった．「ネットを使うことによって」という条件を冠につけてのこの数字は，絶対値としてはなかなかのものであると筆者はとらえている．

　なお，PCインターネットだけでなく，携帯インターネットが家族の繋がりを創出しているケースもあらわれ始めている．たとえば，一緒に住んでいる孫と携帯メールを介してその日あったことを会話しているシニア男性がいた．同じ屋根の下に住んではいるが，生活時間帯などが合わないこともあり以前はあまり会話のなかった祖父と孫娘であったが，携帯ネットを有することによって，「おじいちゃん，今日小学校でこんなことがあったの」といった微笑ましい対話が発生するようになったのである．日本各地におけるこのようないろいろなシーンが，15.5%という数値を形作っているのであろう．

| 増えた | 変わらない | 減った |

| 15.5 | 80.0 | 4.5 |

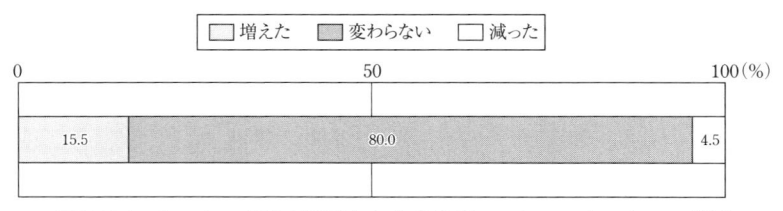

図 7.7.1　ネットの利用を背景とした家族間のコミュニケーション増減

　同じ地域に暮らす人びとと，ツイッターなどの簡単なコミュニケーション・サービスを利用して，「おはようございます！」「今日は暑いから熱中症に気をつけましょうね！」などと毎日声をかけ合っているお年寄りも増えてきている．こんな他愛もない言葉のやりとりでも，日頃話し相手の少ない高齢者などには孤独感を軽減する大きな効果があるのではないかと思う．

　シニア層定量調査では，「趣味や社会貢献活動など何らかの熱心な活動を行っている」「自分は趣味が多いと思う」などの項目においても，デジタル層は非デジタル層より高いスコアが出ている．つまり，何らか打ち込めるものをもち積極的に社会と関わり続けようとしている人も，デジタルシニアのほうに多いということである．

　以上の点から判断すると，シニア層のネット利用とサクセスフル・エイジングとのあいだには強い関係性があるといってよいであろう．事実，「私には生きがいとよべるものがある」「幸福感を感じる瞬間が多い」などのダイレクトな質問項目においても，デジタル層のほうが非デジタル層より高い結果となっている．

7.8　高齢者のデジタル化へ向けての展望

　前節までで述べてきたとおり，デジタルシニアは情報行動やコミュニケーション活動が非常に活発であり幸福感も高いということが判明した．つまり，高齢者のデジタル化はさまざまなポジティブ効果を期待できるものであり，平たくいえば「とても良いこと」なのである．

　一方，既出のシニア層定量調査では，非デジタル層の2割以上が，「PCを

7 デジタルシニア時代の到来

```
■ある  □ない
         0           50          100(%)
PCを使っていないことで
人に遅れをとるかもしれないという不安  22.5    77.5

ネットの利用を始めるよう、
人に強くすすめられた経験       26.0    74.0

ネットを利用していないため
連絡網から外された経験        6.0     94.0
```

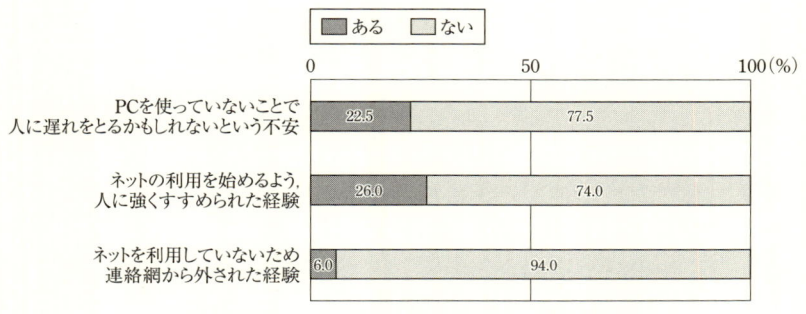

図 7.8.1 ネット非利用者における心理や経験

使っていないことで人に遅れをとるかもしれない」という不安を抱えており，また「周囲の人からネットの利用を始めるよう強くすすめられた経験を持つ」という結果が出ている．さらに，彼らのうち6.0%に当たる人が，「ネットを利用していないため連絡網から外された経験を持つ」ということもわかり，デジタルディバイドによる負の側面が具体的に示される形となった（図7.8.1）．別のインタビュー調査においては，「何かに応募しようと思ったときに，応募方法がインターネットのみとなっていたため，やむなく断念した」という声も聞かれている．シニアのデジタル化が早急に推進されるべき時代が訪れているといえよう．

シニア層定量調査では，非デジタル層に対し「現在ネットを利用していない主な理由」をひとつだけ選んでもらう質問を行っている．結果は，「興味がないから」（43.5%）に次いで，「どうやって使うかわからないから」（37.5%）が2番目に選択者の多い理由としてランキングされた（図7.8.2）．使い方がわからないことが「主な理由」でネットを利用していない人が，これほど存在するのは注目に値する．

しかも，その37.5%の人のうち，半数以上が「今後はネットを使ってみたい」という気持ちをもっていることもわかった（図7.8.3）．これらのデータからは，丁寧にじっくりと時間をかけてPCやネットの使い方を教える体制さえ組めば，今後より多くの高齢者がデジタルシニアへと変貌していくという可能性が示唆されている．

筆者は，富山県で高齢者のIT化支援を草の根的に進めているNPOの活動

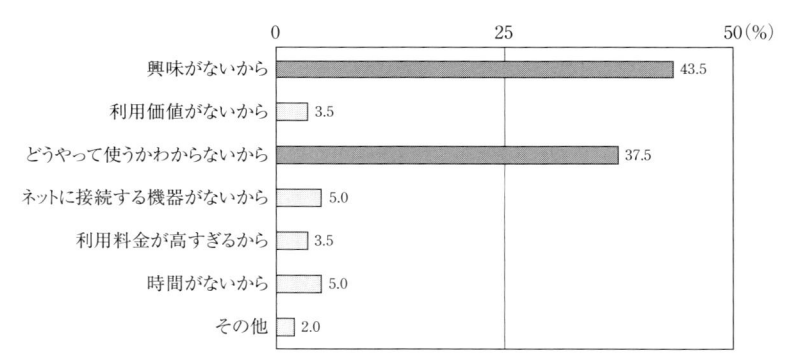

図 7.8.2　非デジタルシニアにおけるネット非利用の要因（N＝200）

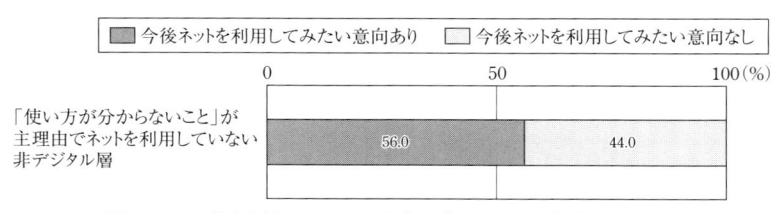

図 7.8.3　非利用者における今後のネット利用意向（N＝75）

を視察に行った経験がある．立山連峰の山麓にある小さな公民館で，お年寄り達が実に楽しそうに，パソコンやネットの使い方を学んでいた．大変印象的だったのは，そこでのレッスンが，決して「講習」というような堅苦しいイメージのものではなく，「サークル活動」とでもよぶべき大変アットホームな雰囲気のなかで，文字どおり手取り足取り，ゆっくりと時間をかけて行われていたことである．

『ジェロントロジー──加齢の価値と社会の力学』（きんざい）では，「学習能力は70歳までは維持されると考えてよい．70歳をすぎても，新しい情報や技術を学習することは可能であるが，その際のポイントは，時間を十分にかけること」と述べられている．また，記憶に関して55歳以上の1万4783人を対象にした全国調査によると，15％の人が「よくもの忘れをする」と回答したものの，25％の人が「まったく問題ない」と回答しており，対象を85歳以上に絞った場合でも「よくもの忘れをする」と回答するのは23％程度であり，加齢による記憶の低下は一般に思われているほど深刻でないと報告されている．

使い方がわからないことが壁となってネットの世界へ足を踏み出すことができずにいるたくさんの高齢者も,時間をかけ,優しく丁寧なアプローチをもって接し続けることによって,デジタルシニアへと変化していくことができ,より豊かなシニアライフを送るようになるのではないかと思う.その施策について具体的に研究し推進することも,DENTSU デジタルシニア・ラボの今後のテーマとして取り組んでいきたいと考えている.

文献

Atchley, R. C. and Barusch, A. S.(2003)*Social Forces and Aging*:*An Introduction to Social Gerontology*, Wadsworth Pub.(宮内康二編訳,ニッセイ基礎研究所ジェロントロジーフォーラム監訳(2005)『ジェロントロジー——加齢の価値と社会の力学』,きんざい,57).

上鵜瀬孝志(2010)『定年,そして10万時間』,角川学芸出版角川出版企画センター,55.

加藤仁(2008)『定年後の8万時間に挑む』,文藝春秋,8.

前田展弘(2010)『高齢者市場開拓に向けた要点』,ニッセイ基礎研 REPORT January 2010, 2.

山本思外里(2008)『老年学に学ぶ——サクセスフル・エイジングの秘密』,角川学芸出版,63.

8

ネオ・デジタルネイティブの誕生と進化

庄野　徹

8.1　はじめに

　近年のメディア・情報通信環境は著しく進化し，それにあわせるように生活者の情報行動も変化し続けている．情報化社会においては，この"変化"は情報収集や分析，コミュニケーションを行ううえで必然的に生じることであるともいえよう．しかしながら，若年層，特に10代の中学生・高校生にとってはただの"変化"ではない．生まれながらにして情報化社会で育ってきた彼らにとっては，デジタル情報機器を空気のように使いこなすことはごくごく自然なことであり，故に，単なる"変化"というより，世代自体の"進化"と捉えることができるだろう．

　この進化を引き起こした要素として一番影響が大きいと考えられるのは携帯電話であるが，携帯電話に限らずパソコン，ゲーム機，携帯型音楽プレイヤーなども，彼らはなんの苦労もなく使いこなすようになっている．もちろん，取扱説明書などは読まない．すべて感覚で理解し，操作して使いこなしているのである．

　そのような新しい世代を研究対象とするに際して，新人類「ネオ・デジタルネイティブ」と命名し，2010年3月に東京大学大学院情報学環の橋元良明教授と電通総研は，共著『ネオ・デジタルネイティブの誕生――日本独自の進化を遂げるネット世代』（ダイヤモンド社）を発刊した．

　本章では，「ネオ・デジタルネイティブ」の情報行動や彼らのコミュニケー

ションの志向性について上記書籍で報告した内容についてレビューを行い，また同時に，発刊から1年で，さらにその後どのような変化があったのかについても考察したい．

8.2 アメリカにおける「デジタルネイティブ」と日本独自の「ネオ・デジタルネイティブ」

デジタルネイティブという言葉は，10数年前から広く使われるようになってきていた．1990年代の後半には，アメリカの研究家がすでに「デジタルチルドレン」などの言い方で，子供のころから縦横無尽にパソコンやインターネットを使うような環境で育った世代を指して呼んでいた．また，2001年にマーク・プレンスキーが教育に関するレポートで「デジタルネイティブ」という言葉をはじめて使用したともいわれている．最近では，アメリカの研究家ドン・タプスコットが『デジタルネイティブが世界を変える』（翔泳社）を著している．

しかしながらこのデジタルネイティブという概念には，どの研究書籍からも，確立された詳細な定義はみつけられない．ドン・タプスコットは1977年以降に生まれたネット世代をデジタルネイティブの核としているが，これに基づくならば，1970年後半から1990年前後に生まれた人びとと考えても良さそうである．

この（アメリカにおける）デジタルネイティブについて，ひとつだけ勘違いをしてはいけないことがある．それは，デジタルネイティブが使いこなすインターネットはパソコンがメイン機器となっているということである．しかし，日本においても同様のことがいえるだろうか．否，一概にインターネット＝パソコンということはできない．それは，日本独自の携帯電話の文化が根付いたことによる．"ガラパゴス携帯"という呼び方もされるように，日本では世界とは違った独自規格で携帯電話が発達してきた．それ故，若者が携帯電話というデバイスを手に入れることで，世界とは違った日本独自のネット世代が出現してきているのである．

日本においてはデジタルネイティブを，これまでアメリカなどで語られてきたイメージでひとくくりにすることはできない．そこで，電通総研メディアイノベーション研究部ではメディア・情報リテラシーの差から，デジタルネイティブをより詳細に分解し，電通独自の世代論を研究してきた．以下，詳しく紹介していきたい．

8.3 76（ナナロク）世代と86（ハチロク）世代の溝

8.3.1 世代間メディアリテラシー比較の起点となる76世代

デジタルネイティブは76（ナナロク）世代から始まっている．この76世代とは，1976年前後に生まれた人びとを指す．現在35歳前後で，企業では入社10-15年目程度の中堅社員となる．

この世代にはITベンチャー企業を創設した起業家が多く，「はてな」を創設した近藤淳也（1975年生まれ），日本最大のSNS「mixi（ミクシィ）」の創業者である笠原健治（1975年生まれ），「GREE（グリー）」の田中良和（1977年生まれ）などを輩出している．今では錚々たる企業を作り上げたのは，この76世代である．

彼らの顔ぶれをみると，共通の大きな特徴をみることができる．それはインターネットを介在としたビジネスを立ち上げたことである．1990年代にインターネットが普及し個人需要が伸びてきた時に，いち早く，その可能性を見出し，ビジネスを立ち上げていったのである．この76世代にとってはインターネットが世界へ飛び出す入り口だったということができる．

その後に続くのが86（ハチロク）世代となる．こちらは，1986年前後に生まれた人びとで，現在25歳前後である．就職活動中の学生から企業の入社5年目程度の若手社員に相当する．

この76世代と86世代のあいだには，たった10年の違いではあるが決定的な違いが存在する．それは，インターネットリテラシー（以下，ネットリテラシー）の違いである．76世代はパソコンのネットリテラシーが非常に高く，

86 世代は携帯電話のネットリテラシーが非常に高いのである．極論すれば，76 世代にとってのネットとはパソコンを意味し，86 世代にとっては携帯電話を指す．それほどまでに，2 つの世代間にはネットリテラシーの"溝"が存在する．

8.3.2 　76 世代と 86 世代のメディアリテラシーの違い

では，76 世代と 86 世代の違いをいくつか紹介したい．まず，76 世代と 86 世代では「読む」と「書く」のデバイス逆転現象が起きている．

通常 76 世代にとって文章を「書く」のはパソコンで，携帯電話に関しては，たまにパソコンのメールを転送して「読む」ぐらいである．しかし，86 世代は文章を「書く」のは携帯電話によることがほとんどで，書いた文章のレイアウトが気になるのか，たまにパソコンで内容を「読む」のである．76 世代がパソコンで文章を打ち込んでいくスピードと同じぐらい速く，86 世代は自然に携帯電話へ文字を打ち込んでいくのである．日本最大の SNS サービスである mixi では，パソコンからのアクセス数よりも携帯電話からのアクセス数のほうがはるかに多い現状となっている．こういったことが起きるのはある意味自然なことかもしれない．常時手元にあるツールで常に文章を打てる携帯電話が，86 世代にとっては自然と馴染みのデバイスとなるわけである．

また，内閣府の「消費動向調査 2010」によれば，パソコンの世帯普及率は 74.6% であり，特に単身世帯に限ると，それは 38.5% となっている．ここでいう単身世帯は若者もシニアも含めての単身世帯であるので，若者だけの単身世帯の数字をみるともう少し高くなるであろうが，とにかく注目すべき点は，そもそもパソコンをもっていない若者がたくさん存在するということである．すると彼らは何をもって主に情報行動を行うのかということになるが，その答えは携帯電話しか考えられない．

若年層は，たとえ家にパソコンがあったとしても家族との共用パソコンとなっていることが多く自由に使えないケースが多い．この点からも，86 世代にとっては携帯電話が，自由自在に使え自分のプライバシーを守れるデバイスとなっているのである．

さて，ネットの普及により特徴的にあらわれてきたメディア視聴スタイルが

ある．それは"ダブルウィンドー現象"である．ダブルウィンドー現象とは，あるメディアとあるメディアを同時並行でみることをいう．そのダブルウィンドー現象を有名にしたのが76世代である．76世代は，テレビをみながら同時にパソコンをみるという視聴スタイルを確立させた．そして，テレビで気になったことはパソコンで調べるという情報行動を頻繁に行っている．テレビCMでも「続きはWebで」「検索窓○○○」などの表現手法で制作されるものが数多く出てきた．それらは，この76世代のテレビ＋パソコンというダブルウィンドー現象を意識して制作されている．

一方，86世代においては，76世代と違いテレビをみながら携帯電話の画面もみるという形でのダブルウィンドー現象となる．テレビで気になったことを，携帯電話で検索する．これは86世代にとってはごく自然な行動で，家のなかでも「ケータイをケータイする」彼らにとっては，わざわざ立ち上げに時間のかかるパソコンを使う必要など全くないのである．2010年「日本人の情報行動調査」では，テレビとの同時並行行動として携帯電話で何らかのネットを利用した情報行動を行っているのが，86世代に相当する20代で10.0%，76世代に相当する30代で5.3%となっている．

また，この76世代と86世代の2つの世代では，画面サイズに対する意識の違いもある．電通総研で実施したグループインタビュー調査によると，76世代にとって"大画面"とよべるものの意識は，40インチ以上のテレビのサイズという声が多い．しかし，86世代の多くは，パソコンの画面を大画面というのである．つまり，普段からあまりにも携帯電話のディスプレイに慣れすぎているため，パソコンの画面がとても大きく感じられるのである．ある86世代の女性は，「mixiは，いつも携帯電話で書き込んでいます．たまにレイアウトを確認するためにパソコンの画面でmixiを見ます」といっている．これに対し，なぜそんなことをするのかと質問すると，驚くことに「だって，パソコンの画面って大画面じゃないですか」という答えが返ってきたのである．

8.3.3 "溝"を生んだ時代背景の考察

では，76世代と86世代では主たるネット利用機器について，なぜパソコンと携帯電話という違いがでてきたのだろうか．それは彼らの成長過程を追いか

けるとよく理解できる．

　76世代は90年代初頭に大学時代を迎える．その頃は，ちょうどパソコンが普及し始めたころで，Windows 95で一気に法人市場から個人市場への普及が加速した．もちろん，その頃に携帯電話もすでに存在してはいたが，まだまだ高価で買いづらいものであり，むしろポケットベルのほうが彼らには馴染みがあった．また，就職活動支援サイト，リクナビも1996年にサービスを開始している．

　一方，86世代は2000年初頭に高校時代を迎える．その頃は携帯電話も普及しており，彼らはパソコンに触れるより先に携帯電話を手に入れるのである．とくに，90年代後半の1円携帯の販売と，1999年にサービスを開始したiモードが，彼らの携帯電話所有を加速させたといえよう．

　つまり，成長期に最初に触ったデバイスが何であったのかによって，76世代＝パソコン，86世代＝携帯電話のリテラシーという大きな違いがでてきたのである．

8.4　ネオ・デジタルネイティブの特徴

8.4.1　ネオ・デジタルネイティブの定義

　86世代の10年後に生まれたのが96世代である．2010年において，彼らは14歳前後であり，中心は中学生から高校生にあたる．彼らを電通総研では「ネオ・デジタルネイティブ」として定義づけている．デジタルネイティブを源流としつつ，86世代の特徴であるモバイル志向を継承している．よって，86世代後半から96世代までをネオ・デジタルネイティブと考えている．

　なお，携帯型ゲーム機や携帯型音楽プレイヤーなど様々なデバイスを駆使して情報行動を行っているのも彼らの大きな特徴であり，ネオ・デジタルネイティブは「マルチデバイス世代」であるともいえる．

　では，ネオ・デジタルネイティブの特徴について述べていきたいと思う．

（1）「動画ランカレンシー志向」

動画ランカレンシーとは，電通総研による造語である．動画＋ラン（Language：言語）＋カレンシー（Currency：貨幣）ということから造ったものだ．

彼らは動画でのコミュニケーションを盛んに行っている．携帯電話はもとより，携帯型ゲーム機や携帯型音楽プレイヤーに動画を"落として"，学校で見せ合って盛り上がる．つまり，単に会話やテキストベースのコミュニケーションだけではなく，動画がひとつのコミュニケーションツールとなっているのである．

たとえば，電通総研の実施したグループインタビュー調査では，ある中学生は「筆箱の中にiPodを突っ込んで動画とかを授業中にみている．ニコ動から落としたマッド（MAD：動画や音声を編集して，新しい意味を付加した動画）や歌手のプロモーションビデオをみている」と語っている．2010年「日本人の情報行動調査」では，iPodや携帯ゲーム機などに動画ファイルを保存して持ち歩くのが10代で28.3％と，約30％が何らかの動画を持ち歩いているのである（図8.4.1）．

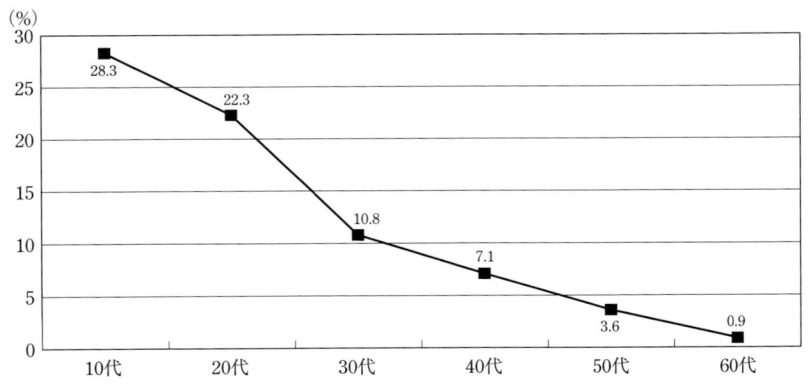

図8.4.1 動画の持ち歩き行為率（iPodや携帯型ゲーム機などに動画をファイル保存して持ち歩く）

（2）「オンタイム志向」

ネオ・デジタルネイティブにとっては，友人がリアルタイムで何をしているかが非常に気になるようである．グループインタビュー調査を実施すると，彼

らは「早く知りたい」「友達が何をしているのかが気になる」と口ぐちにいう．そして，情報の更新頻度が高いほど，彼らはますます情報に貪欲になり，頻繁にSNSやブログなどをチェックするようになる．

これは，同時に自分の周りの人に非常に気を使っている現象ともいえる．また，自分が仲間から離れたくないという願望も含まれているものと思われる．

（3）「繋がり志向」

友達から来た携帯メールにはすぐに返信するのが，彼らの基本である．そして，自分の出したメールにまた返信がくるので，さらに返信をするといった繰り返しが夜中の0時を過ぎてもずっと続くのである．途中で止めたくても，仲間からあとで何を言われるかわからないから止められない．敢えてメールを中断する時は「お風呂に入るから」というような嘘までついてから止める．彼らはそれほど友達との繋がりを大事にしている．繋がりがなくなることに恐怖を覚えるのである．

2010年「日本人の情報行動調査」では，「いつも繋がっている感覚が好きだ」と答えたのが，10代で68.5%と非常に高い（図8.4.2）．いつも繋がっていることが彼らの安心感を生んでいるのである．

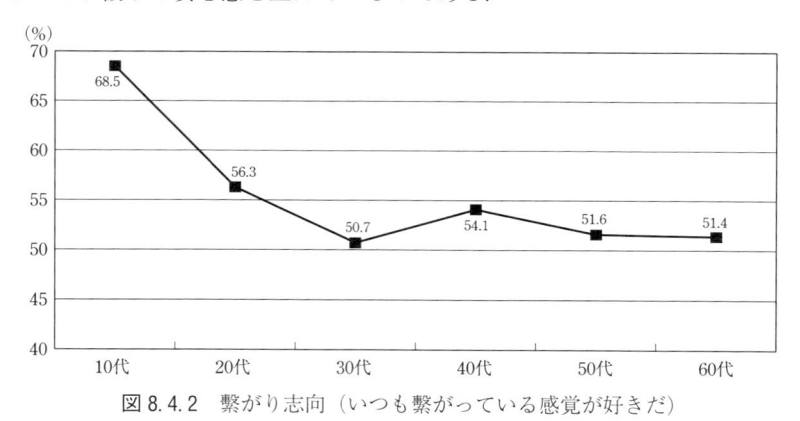

図8.4.2 繋がり志向（いつも繋がっている感覚が好きだ）

（4）「モバイル志向」

ネオ・デジタルネイティブは，携帯電話，携帯型音楽プレイヤー，携帯型ゲ

ーム機など，育った環境のなかで当たり前のようにモバイル機器が存在していた．先にも述べたが，デジタルネイティブに相当する76世代はパソコンの普及とともに育った世代であり，ネット活動においては，最初にパソコンというツールを手にした．86世代は携帯電話の普及とともに成長し，携帯電話というデバイスを最初に手にしている．当然，最初に出会ったデバイスへの馴染みが強くなる．

　ネオ・デジタルネイティブは86世代の傾向を継続しており，最初に触ったデバイスはモバイル機器ばかりである．また，主たる利用機器がモバイルデバイス中心となっていることで，自分のプライバシーを手に入れているのである．パソコンであれば自分の個室内でもない限り，メールなどの内容を家族にみられてしまうが，モバイル機器のおかげで，完全に自分だけの空間が作られたのである．この空間こそ携帯電話のネットアリーナである．

8.5　ネオ・デジタルネイティブの2010年の変化

　では，橋元良明教授との共著『ネオ・デジタルネイティブの誕生』を発刊してから1年が経過した今，ネオ・デジタルネイティブにはその後の約1年間でどのような変化があったのだろうか．

8.5.1　コミュニケーションサービスの普及

　この1年で彼らに影響を与えたコミュニケーションサービスとして，2点が挙げられる．

　1点目は，日本系企業が運営しているサービス，モバゲーとGREEの2大ソーシャル・ネットワーキング・サービスの大躍進である．大量のテレビCM出稿をしたことからも，2社の大躍進が象徴的にみてとれる．2010年はCMの出稿回数において，この2社は上位にランクインした．これにより，若年層だけではなく，ミドル層からシニア層にまで幅広く認知されるサービスとなった．携帯電話でのサービスがメインとなっている両社は，少なくとも若年層にとっては魅力的なサービスであることは間違いない．

2点目は，外資系企業が運営しているツイッター・Facebook の躍進である．これらのサービスは，とくに広告・宣伝をしていたわけでもなかったが，メディアで多く取り扱われた．その結果，数年前からユーザーは多少いたが，2010年にはその数が飛躍的に伸びた．ただし，これらのサービスは現時点では20-30代がメインユーザーであり，10代には徐々に浸透し始めているところである．

8.5.2 ネオ・デジタルネイティブのコミュニケーションの変化

それでは，この1年で彼らのコミュニケーションにはどのような変化があったであろうか．2009年全国情報行動調査と2010年「日本人の情報行動調査」で比較してみると，10代における携帯サイトの閲覧（携帯電話で情報サイトや掲示板，ブログ，SNS，ツイッターなどをみる）時間が，2009年の16.1分から2010年の30.8分と1年間で大幅に増加している．これは，SNSやブログなどのソーシャルメディアのモバイル利用が増えたためと推察される．

このあたりの背景についてより詳細に把握すべく，電通総研が中学生男女を対象にグループインタビューを2010年12月に実施し，1年前と比較して携帯利用に関してどのような変化があったかを質問をしてみた．

その結果の一部であるが，「mixi，アメブロを携帯電話でみる時間が増えた」「昨年はモバゲーのアバター，今年はGREEの日記更新が増えた．友達と一緒にやらないと乗り遅れるからやり始めた」「アメブロの投稿を携帯電話でするようになったので，パソコンでやらなくなった」「携帯電話でツイッターをやる時間が増えた」などの回答がえられた．

すでにツイッターを利用しているのは，かなり先進的なごく一部の中学生だと考えられるが，モバゲー・GREE・mixi・アメブロなどの利用が携帯サイトの閲覧時間を大幅に拡大させた要因と考えられる．

なお，彼らは単一のサイトにどっぷり浸かるということもなく，複数のサービスをうまく使いこなしていた．また，利用しているサービスの流行りが学校によってあることもわかった．例えば，ある学校では以前はモバゲーが流行りだったが，今ではほとんどの人がGREEに移行したという．その他，今はモバゲーが1番流行している．今はmixiが流行りつつある，など様々である．

これらのサービスと年代との関係を大まかとではあるがイメージすると，"中学生はモバゲーかGREE""高校生はmixiとアメブロ""大学生はツイッター"となる．そのような中でも，兄や姉が行っているのをみたり，大学生や高校生の先輩がすることをみることで，上からの下への情報循環が起こり，mixiやツイッターの低年齢層への波及も起きている．背伸びをしたい中学生にとっては魅力的なサービスなのであろう．

では，彼らは上記のようなサービスにおいて，どの様な使い方をしているのだろうか．

グループインタビューで彼らは「GREEに書いているのは学校の友達だから学校へ行けば話せるけど，書き込みをみたらコメントしたくなるし，コメントしていると友達も喜ぶので，朝学校に行く前にコメントを書く」「mixiボイスで"通学なう"とか呟くと，"うちも通学なう"みたいな感じでコメントが返ってくる」「ケータイで友達のブログをみる，何をしているのか気になる」「明日遊ぼうぜ!!はツイッターでいう」というように，比較的仲の良い友達とも頻繁にコミュニケーションをとっている．

また，「下級生とは学校で全然話さないので，GREEで話すようになった」「クラスが遠い子とはGREEで話す」「文化祭の時期になるとmixiで他校の人と繋がる」「ツイッターやFacebookだと他校の人といろいろ話せて楽しい」というように，少し距離のある人ともコミュニケーションをとっている．自分との距離が少しある人とも気軽にコミュニケーションをとることができる点が，彼らにとって大きなメリットなのであろう．

まとめると，使い方に関しては様々であり，コミュニケーションを行う相手も親友，友達，知人，そしてほとんど話をしたことのない人までと，実に幅広い．

ただ，これらの現象からみえてくるひとつの事象がある．それは携帯電話のメール利用の減少である．これまでは，毎回メールを打ってはすぐにメールを返信し，また一斉同報で複数の相手にメールを送り，全返信でみんなにメールを送って，といった感じで"チャット状態"になっていたものが，SNSやブログなどのソーシャルメディアが普及したことで，明らかにメールの数が減少していることがうかがえるのである．

彼らも「ツイッターをやるようになって，クラスの子とメールをすることが少なくなった」「メールが絶対に減った．メールは大切なこと，重要なことがある時しか使わなくなった」といっている．逆にいえば，どうでもいいこと，みんなに一斉に伝えたいこと，誰か誘いたいけど控え目に誘いたい時など呟いてみるなど，比較的"ゆるい"コミュニケーションをとりたい時は，ソーシャルメディアを利用しているわけである．繋がり志向の強いネオ・デジタルネイティブにとって，この"ゆるい"繋がりを可能にするソーシャルメディアは，幅広く多くの人と繋がるには絶好のコミュニケーションツールとなっているのである．

8.5.3 繋がり確認型から情報共有発信型へ

"ゆるい"繋がりを求めるネオ・デジタルネイティブの傾向を紹介したが，これはある種，友達との繋がりを"確認"，友達と同じレベルでのコミュニケーションを行っている段階であるといえる．多くのネオ・デジタルネイティブはこの「繋がり確認型」であるといえる．そのような中，もう少し先を走っている「情報共有発信型」のネオ・デジタルネイティブが出現し始めていることを次に紹介したい．

「情報共有発信型」のネオ・デジタルネイティブは，バーチャルの世界をポジティブな，自分にとって有益な世界だと考えている．単に友達との繋がりを求めているだけではなく，自分の未来をそこに反映して，自分を磨いていくための世界だと認識しているのである．そして，自分の考えを年齢など気にせずに自由に主張し，意見をぶつけ合い，未来を向いていくものだと考えている．

グループインタビューでもこんな発言があった．「ツイッターは，ただそこに自分の主張をするのではなく，その主張を聞いて誰かと意見が合えば，その人と会って意見交換することもできる．だから先に繋がるのはツイッターで，そういう風に先に繋がるものをどんどん取り入れたいと思っている」「ツイッターにいる人は意見のぶつかり合いだし，逆に本音でないとついていけないのでツイッターは本音」といっている．大人顔負けの発言である．

さらに，ソーシャルメディアの代表格であるツイッターとmixiの違いについて質問すると，「ツイッターをやることによって関係が広がるほうが大きい

と思うが，逆に mixi は関係が深まる感じだ．」「ツイッターは次へ次へいくものだが，mixi は過去を振り返るものだから，過去志向のようなネットサービスはなくなるのではないか」と答えていた．とかく，未来への希望が希薄になって，無気力化しているといわれている若年層であるが，本グループインタビュー調査からは，とてもそのようなネガティブな感じは見受けられなかった．

リアルであろうとバーチャルであろうと彼らにとって大きな差異はなく，両方とも立派な日常空間として成立しているのである．一昔前は，人との繋がり以上のものを求めてネットにのめり込んだ人はオタク的な存在であったが，ネオ・デジタルネイティブの世界は，ネット＝オタクというダイレクトな図式には当てはまらないようである．

ある中学生に，リアルとバーチャルは何対何でどちらが大切かという質問をしてみた．すると，「8：2でバーチャルが大事．リアルでのコミュニケーションがきちんとできるようになってからという前提はあるが，バーチャルのほうが，輪が広がる」と答えたのも印象的であった．

8.5.4 今後の加速要因

以上のように，わずか1年の間にもかかわらず，メディア/情報通信環境の変化やソーシャルメディアの躍進に伴って，ネオ・デジタルネイティブの情報行動にも変化が出てきた．

第1には，「モバイル志向の加速」である．小学生の時から携帯電話を親にもたされる家も増えてきた昨今，中学生ではもっていないケースのほうが少なくなり，高校生になるとほとんどが携帯電話を所有する状況となっている．この傾向は，時代のニーズからみて，今後も加速すると考えて間違いないだろう．さらには，スマートフォンを所有している中学生もいたり，従来型の携帯電話との2台持ちの中学生も登場し始めている．

「パソコンを起動して YouTube をみるより，iPhone で YouTube をみるほうが全然速い」といった発言からは，早くも新しいデバイスを使いこなしている様子がうかがえる．ネオ・デジタルネイティブ達は，スマートフォンについては一様に欲しいと考えているようであり，中学生・高校生になるころには2台目に買い替える時期となるので，スマートフォンへの移行の可能性も高くな

ると考えられる．

　第2に，「繋がり志向」×「オンタイム志向」の加速である．

　mixi，アメーバブログ，ニコニコ動画など"繋がり志向"にフィットしたサービスから，ツイッターを筆頭にmixiボイス，アメーバなう，ニコニコ生放送にはじまり，Ustreamなどリアルタイムウェブとよばれるサービスが普及し始めている．これは，「繋がり志向」と「オンタイム志向」の両方を満たすサービスといえる．今後も，この掛け合わせ型サービスの利用は加速するものと考えられる．

　まとめると，将来予測としては「モバイル志向」×「繋がり志向」×「オンタイム志向」が今後も一層加速し，それにフィットしたサービスが勝ち残っていくのではないかと考えられる．さらには，これらネオ・デジタルネイティブの変化を，うまくビジネスに生かしていける企業が勝ち残っていくのではないだろうか．

第 3 部　調査票（単純集計結果）

【付属資料】調査票および単純集計結果/日記式調査票

日本人のメディア利用に関する実態調査

平成22年6月

〔調査企画〕東京大学大学院 情報学環
橋元研究室
〔調査実施〕社団法人 中央調査社

　この調査は、13歳以上69歳までの全国で2,500人の方々を対象に、日頃お使いのさまざまなメディア（テレビ・新聞・ラジオなど）の利用実態やご感想をうかがい、今後の研究に役立てることを目的としています。
　この調査票でお答えいただいた内容につきましては、統計として取りまとめるだけで、皆様の個人的な内容はいっさい明らかにされることはありませんので、ご安心してご回答ください。
　ぜひご協力をいただきますようお願い申し上げます。

ご記入に際してのお願い

1. この調査は、ご協力をお願いいたしますあなた様ご本人にご回答をお願いいたします。
2. お答えは、あてはまる選択肢の番号に○をつけていただくか、数字をご記入ください。
   また、「その他」の（　　　）内はなるべく具体的にご記入ください。
3. お答えは原則的に1つの質問につき1つ選んでいただきます。
   ただし質問によっては、2つ以上の回答を選んでいただく場合もあります。
4. ご記入は、質問の番号や矢印（→）の指示にそってお願いいたします。一部の方だけにお答えいただく質問もありますので、その場合は【　】内の指示にしたがってお答えください。
   わかりづらい質問もあるかもしれませんが、最後までお答えくださるようお願いいたします。
5. ご記入は鉛筆または黒・青のペン、ボールペンでお願いいたします。
   なお、記入上おわかりにならない点などがありましたら、おうかがいした調査員におたずねいただくか、調査の実施機関である（社）中央調査社にお問い合わせください。

≪問い合せ先につきましては別紙の「ご協力のお願い」をご覧ください≫

〔ご記入例〕

		ほぼ毎日する	週に数回	月に数回	月に一回以下	していない
b	オンラインゲームをする	1	②	3	4	5

　ご記入いただきました調査票は　　　日　　　時ごろ　いただきにあがりますので、よろしくお願いいたします。
それまでに、「生活行動時間調査票」とあわせてご記入いただきますようお願いいたします。

整　理　番　号					

第3部 調査票（単純集計結果）

【全員の方におたずねします】

問1　次にいろいろな機器があげられています。それぞれ家にあるかどうか，家にある場合はふだん自分で利用しているかどうか，家にない場合は将来ほしいと思っているかどうかなどについて，1～4の中からあてはまるものに**1つだけ**○をつけてください。（○はそれぞれ1つずつ）

		家にある		家にない		無回答
		自分も利用している	自分は利用していない	将来ほしい	いらないわからない	
a	テレビ受像機（パソコン，ワンセグは除く）	88.0	3.4	1.0	5.5	2.1
b	DVD・ブルーレイなどの録画機	58.8	14.4	17.6	8.7	0.5
c	VHSビデオデッキ	46.2	26.6	2.1	23.4	1.7
d	パソコン	65.2	17.2	7.4	9.7	0.4
e	携帯型ゲーム機（ニンテンドーDS，PSPなど）	26.7	30.8	4.2	37.7	0.6
f	テレビゲーム機（Wii，PlayStationシリーズなど）	28.2	27.3	7.4	36.3	0.8
g	固定電話	83.9	8.7	1.8	5.5	0.1
h	ワンセグ対応の携帯電話	46.6	17.7	5.5	28.8	1.3
i	スマートフォン（iPhoneやアンドロイド端末など）	4.0	7.4	22.1	64.7	1.7
j	携帯電話（ワンセグ対応携帯・スマートフォンは除く）	59.3	11.6	2.4	25.2	1.5
k	携帯型デジタル音楽プレイヤー（iPodなど）	23.7	21.4	13.3	40.8	0.7
l	電子書籍リーダー（Amazonのキンドルなど）	1.7	7.0	19.7	70.6	0.9

問2　あなたは，次のa～dで<u>この1週間</u>で何日くらい<u>ニュース</u>を見ましたか。あわせて，見た日の1日あたりの平均時間を記入してください。（そのメディアでニュースを見なかった場合は，右欄の「0　見ていない」に○をつけてください。）

		1週間で見た日数	見た日の1日あたり平均時間	見ていない	無回答
a	テレビのニュース	日　平均　くらい　6.2日	時間　分　平均　くらい　83.1分	4.2	0.8
b	紙の新聞	日　平均　くらい　6.0日	時間　分　平均　くらい　40.5分	22.9	0.9
c	パソコンによるインターネットのニュース	日　平均　くらい　4.8日	時間　分　平均　くらい　40.1分	61.1	1.7
d	携帯電話によるインターネットのニュース	日　平均　くらい　5.3日	時間　分　平均　くらい　21.6分	69.9	1.7

問3　あなたは次のような放送サービスを利用していますか．
　　　次の中からあてはまるものにいくつでも○をつけてください．（○はいくつでも）

```
21.2  有料チャンネル（NHKを除く）
63.7  地上デジタル放送（ワンセグを除く）────▶【下の付問1，付問2へお進みください】
28.7  上記の放送サービスは利用していない                              1.0  無回答
```

【問3で「2 地上デジタル放送（ワンセグを除く）」を利用しているとお答えの方におうかがいします】
　　付問1　あなたはどのような機器で地上デジタル放送をご覧になっていますか．
　　　　あてはまるものにいくつでも○をつけてください．（○はいくつでも）（n=941）

```
77.4  地上デジタルチューナー搭載のテレビで
 8.2  外付け地上デジタルテレビチューナーを通してテレビで
13.0  地上デジタルチューナー搭載の録画機を通してテレビで
 2.8  地上デジタルチューナーを搭載，または接続したパソコンで
 3.8  地上デジタルチューナー搭載のカーナビゲーションシステムで
24.2  ケーブルテレビで
 0.2  その他                                              0.7  無回答
```

　　付問2　あなたがふだんご自宅で見ているテレビ放送は，デジタル放送ですか．それともアナログ放送ですか．あてはまるものに1つだけ○をつけてください．（○は1つ）（n=941）

```
55.2  すべてデジタル放送
20.9  どちらかといえばデジタル放送が多い
13.2  デジタル放送とアナログ放送が半々
 7.9  どちらかといえばアナログ放送が多い
 1.3  すべてアナログ放送
 1.4  デジタル放送かアナログ放送かわからない                    0.2  無回答
```

【全員の方におたずねします】
問4　あなたは，現在，自宅や職場，学校などで，次のようなことをしていますか．場所は問いません．あてはまるものにいくつでも○をつけてください．（○はいくつでも）

```
43.6  パソコンを使って，インターネットのメールを見たり，送ったりする
52.4  パソコンを使って，インターネットのウェブサイトを見る
67.7  携帯電話（スマートフォン・PHSを含む）を使って，メールを見たり，送ったりする
33.6  携帯電話（スマートフォン・PHSを含む）を使って，情報サイトを見る
20.5  いずれも利用していない                                0.1  無回答
```

　　　──▶【問4で「5」に○をつけた方は7ページにお進みください】

【問4で「1～4」のいずれかに○をつけた方は次のページ（4ページ）にお進みください】

350　　　　　　　　　第3部　調査票（単純集計結果）

問5　あなたは「YouTube（ユーチューブ）」、「ニコニコ動画」などインターネットの動画投稿・共有サイトをふだんどのくらいの頻度で見ていますか。あてはまるものに1つだけ○をつけてください。（○は1つ）(n=1173)

| 6.7 | ほぼ毎日 | 17.6 | 月に数回 | 50.1 | 見ない |
| 15.3 | 週に数回 | 9.6 | 月に1回以下 | 0.6 | 無回答 |

　　　　　　　　　　　　　　　　　　　　　　　　　　→【次のページにお進みください】

【問5で「1～4」のいずれかに○がついた方におうかがいします】
問6　あなたは「YouTube（ユーチューブ）」、「ニコニコ動画」などインターネットの動画投稿・共有サイトをどの機器で見ていますか。あてはまるものにいくつでも○をつけてください。（○はいくつでも）(n=578)

89.6	パソコン	1.0	携帯型ゲーム機	0.2	その他
20.9	携帯電話・PHS	1.7	携帯音楽プレイヤー	0.2	無回答
3.5	スマートフォン	1.7	テレビゲーム機を通してテレビで		

問7　あなたは「YouTube（ユーチューブ）」、「ニコニコ動画」などインターネットの動画投稿・共有サイトをどこで見ていますか。あてはまるものにいくつでも○をつけてください。（○はいくつでも）(n=578)

64.2	自宅の共用スペース	18.2	学校・職場
41.3	自宅の自分の部屋	2.1	飲食店（ファミレス、ファーストフード店、居酒屋など）
2.6	駅・電車の中	2.4	その他
1.6	屋外（公園など）	0.3	無回答

問8　あなたが視聴しているインターネットの動画の中で、テレビ番組の映像はどのくらいありますか。視聴している動画全体を100％として、テレビ番組の映像の占める大体の割合を％でお答えください。テレビ番組の映像を見ない場合は、「0　テレビ番組の映像は見ない」に○をつけてください。
（※テレビ番組の映像とは、ニュースや音楽番組、ドラマ、バラエティなど、すべてのテレビ番組を指します。また、著作権法などに違反している可能性のあるアップロードも含みます。）(n=578)

テレビ番組の映像は　　　　　　　　　　　　　％程度　平均44.5％　　46.5　テレビ番組の映像は見ない　　0.7　無回答
　　　　　　　　　　　　　　　　　　　　　　　　　　　　　　　　→【次のページにお進みください】

【問8でテレビ番組の映像を見ているとお答えの方におうかがいします】
問9　あなたがインターネットの動画で視聴しているテレビ番組の映像は、どのようなジャンルのものですか。次の中からあてはまるものにいくつでも○をつけてください。また、その中で最もよく見る番組に◎をつけてください。（○はいくつでも、◎は1つ）(n=305)

　　　　　　　　　　　　　　　　※（　）内の数字は◎の％

30.5	(7.5)	ニュース	12.1	(2.3)	情報番組
25.6	(4.6)	スポーツ	16.7	(1.3)	映画
30.5	(5.6)	ドラマ	5.6	(1.0)	旅行・グルメ
36.4	(11.1)	アニメ	19.0	(3.6)	趣味・教養
49.2	(13.1)	バラエティ（お笑い・クイズなど）	3.0	(1.3)	その他
55.1	(16.1)	音楽	―	(32.5)	無回答

【問4で「1 パソコンを使って，インターネットのメールを見たり，送ったりする」または「2 パソコンを使って，インターネットのウェブサイトを見る」と答えた人にお聞きします。
問4で「1～2」のいずれにも○をつけなかった方は次のページ（6ページ）にお進みください】

問10 自宅での利用に限らず，職場や学校での利用も含めて，パソコンによるインターネット利用全般についてお答えください。
あなたは，パソコンを使ってインターネットで以下のようなことをしていますか。a～uのそれぞれについて，あてはまるものに1つずつ○をつけてください。（○はそれぞれ1つずつ）(n=842)

		ほぼ毎日する	週に数回	月に数回	月に一回以下	していない	無回答
a	音楽を聴く（ダウンロードを含む）	6.1	11.0	16.4	15.4	49.4	1.7
b	オンラインゲームをする	2.4	4.3	5.5	3.9	81.7	2.3
c	ネットバンキングを利用する	0.5	2.1	9.3	8.1	77.9	2.1
d	ネット上で株式を売買する	0.5	0.2	2.3	5.2	89.8	2.0
e	ネットショッピングで商品・サービスを購入する	0.5	3.1	17.7	39.9	37.1	1.8
f	オークションに参加する	0.7	1.7	6.7	14.1	74.9	1.9
g	検索（サーチエンジン）を利用する	30.4	25.9	20.7	5.7	15.7	1.7
h	チケットを予約する	0.1	0.1	4.0	29.6	64.5	1.7
i	チャットをする	0.8	1.1	2.0	3.2	91.1	1.8
j	インスタントメッセンジャーを利用する	0.7	0.8	1.8	2.7	92.0	1.9
k	スカイプなどの音声通信を利用する	0.7	1.2	2.4	3.7	90.3	1.8
l	メールマガジンを読む	7.0	11.3	9.3	9.1	61.6	1.7
m	SNS（mixi，GREEなど）を見る	6.3	5.2	3.4	3.8	79.3	1.9
n	SNS（mixi，GREEなど）に書き込む	3.2	4.2	2.7	4.8	83.1	2.0
o	掲示板の内容を読む	6.9	11.6	11.5	13.2	55.0	1.8
p	掲示板に書き込みをする	1.0	2.6	4.2	8.9	81.5	1.9
q	自分のブログ，ホームページを作ったり更新したりする	2.3	2.5	3.9	3.6	86.0	1.8
r	他の人（個人）のブログ，ホームページを見る	12.1	13.1	19.0	16.0	38.1	1.7
s	ツイッター，アメーバなう などを読む	3.4	3.7	3.7	3.4	84.0	1.8
t	ツイッター，アメーバなう などに書き込む	1.8	0.6	2.3	2.4	91.0	2.0
u	インターネット上のサービスで自分の文書や写真を管理している（GoogleドキュメントやPicasaなど）	1.0	1.9	3.2	3.4	88.7	1.8

【問4で「3 携帯電話（スマートフォン・PHSを含む）を使って，メールを見たり，送ったりする」または「4 携帯電話（スマートフォン・PHSを含む）を使って，情報サイトを見る」と答えた人にお聞きします。
問4で「3～4」のいずれにも○をつけなかった方は次のページ（7ページ）にお進みください】

問11 自宅での利用に限らず，職場や学校での利用も含めて，携帯電話によるインターネット利用全般についてお答えください。
あなたは，携帯電話を使ってインターネットで以下のようなことをしていますか。a～uのそれぞれについて，あてはまるものに1つずつ○をつけてください。（○はそれぞれ1つずつ）（n=1015）

		ほぼ毎日する	週に数回	月に数回	月に一回以下	していない	無回答
a	音楽を聴く（ダウンロードを含む）	5.5	5.9	9.4	14.8	61.2	3.3
b	オンラインゲームをする	6.0	4.3	4.4	3.8	78.0	3.3
c	ネットバンキングを利用する	―	1.1	2.6	2.8	90.1	3.4
d	ネット上で株式を売買する	0.1	0.1	1.0	1.6	93.9	3.3
e	ネットショッピングで商品・サービスを購入する	―	1.0	4.4	10.2	81.0	3.3
f	オークションに参加する	0.1	0.9	2.1	4.4	89.2	3.3
g	検索（サーチエンジン）を利用する	8.1	15.2	13.2	7.7	52.4	3.4
h	チケットを予約する	―	0.5	1.2	9.3	85.7	3.3
i	チャットをする	0.3	0.6	0.7	0.6	94.5	3.3
j	インスタントメッセンジャーを利用する	0.1	0.3	0.3	1.0	95.0	3.3
k	スカイプなどの音声通信を利用する	―	―	0.2	0.6	95.8	3.4
l	メールマガジンを読む	6.7	7.6	5.9	4.9	71.4	3.4
m	SNS（mixi，GREE，モバゲーなど）を見る	11.4	3.9	2.3	2.6	76.5	3.3
n	SNS（mixi，GREE，モバゲーなど）に書き込む	7.6	2.6	2.4	2.3	81.9	3.3
o	掲示板の内容を読む	6.8	5.7	4.7	3.6	75.8	3.3
p	掲示板に書き込みをする	1.6	2.9	3.2	2.5	86.5	3.4
q	自分のブログ，ホームページを作ったり更新したりする	2.2	2.3	2.2	1.2	88.9	3.3
r	他の人（個人）のブログ，ホームページを見る	7.6	5.3	5.1	4.5	74.0	3.4
s	ツイッター，アメーバなう などを読む	3.1	2.1	1.9	1.3	88.2	3.5
t	ツイッター，アメーバなう などに書き込む	1.8	1.2	1.2	1.0	91.3	3.5
u	インターネット上のサービスで自分の文書や写真を管理している（Googleドキュメントや Picasaなど）	0.4	0.3	1.1	1.1	93.7	3.4

【ここからは再び全員の方におたずねします】
問12 あなたは次のa～iの内容に関する情報を，どのような情報源から得ていますか。
　　この１ヶ月の間に，a～iのそれぞれの内容に関する情報を得た情報源としてあてはまるものに，1～8の中からいくつでも○をつけてください。また，a～iのそれぞれについて，1～8の中でもっともよく使った情報源には◎をつけてください。その種の情報を必要としなければ9に○をつけてください。（○はそれぞれいくつでも，◎はそれぞれ1つ）

※（　）内の数字は◎の％

情報源 / 情報	テレビ	ラジオ	新聞	雑誌	パンフレット・チラシ・フリーペーパー	パソコンのウェブサイト	携帯情報サイト	友人・家族	そのような情報は必要としない	無回答
a 国内ニュース	96.3 (63.1)	24.0 (1.1)	68.0 (10.4)	10.1 (0.2)	4.0 (―)	30.0 (4.5)	21.0 (3.7)	28.7 (0.4)	0.3 (0.3)	0.1 (16.4)
b 海外ニュース	89.3 (59.6)	16.0 (0.9)	53.3 (9.5)	6.7 (0.3)	1.1 (0.1)	25.2 (6.8)	14.9 (3.1)	16.0 (0.6)	4.3 (4.3)	0.7 (14.9)
c 地域（ローカル）ニュース	73.6 (41.7)	17.5 (2.2)	56.2 (23.1)	4.1 (0.2)	8.0 (2.0)	12.7 (3.4)	6.6 (1.8)	25.4 (5.9)	4.4 (4.4)	1.4 (15.4)
d 天気予報	92.4 (64.4)	17.0 (1.7)	41.1 (3.9)	0.6 (―)	0.3 (―)	23.1 (6.0)	25.3 (8.5)	13.9 (0.7)	0.9 (0.9)	0.4 (13.9)
e 旅行，観光情報	29.2 (11.2)	3.2 (0.4)	22.5 (4.9)	30.0 (9.5)	26.5 (11.6)	30.0 (19.6)	7.2 (2.9)	20.6 (4.5)	22.1 (22.1)	1.8 (13.5)
f ショッピング，商品情報	30.7 (9.9)	4.1 (0.5)	24.5 (7.3)	27.1 (6.7)	30.7 (17.5)	31.3 (18.6)	9.5 (3.8)	21.9 (4.6)	16.9 (16.9)	1.6 (14.2)
g 健康・医療関連	45.6 (23.4)	5.4 (0.5)	29.0 (9.3)	19.6 (6.0)	7.6 (2.2)	23.8 (14.8)	5.3 (2.5)	22.6 (7.5)	20.4 (20.4)	2.5 (13.4)
h テレビ番組情報	61.6 (33.4)	1.7 (0.3)	60.4 (38.9)	8.3 (2.1)	1.8 (0.3)	10.4 (2.8)	5.8 (2.0)	12.0 (0.9)	7.6 (7.6)	0.7 (11.6)
i グルメ情報	44.9 (19.8)	4.5 (0.2)	17.3 (2.4)	31.0 (11.5)	22.6 (6.9)	23.8 (12.1)	8.1 (2.1)	26.2 (7.5)	24.4 (24.4)	0.9 (13.1)

問13 あなたが情報を得るための手段（情報源）として，次のa～dのメディアは，どのくらい重要ですか。それぞれについて，1～5の中から1つずつ○をつけてください。（○はそれぞれ1つずつ）

	非常に重要	ある程度重要	どちらともいえない	あまり重要ではない	まったく重要ではない	無回答
a テレビ	68.0	26.4	3.2	1.3	1.0	0.1
b 新聞	36.9	40.3	9.5	8.5	4.6	0.1
c 雑誌	6.3	36.3	26.1	21.5	9.5	0.3
d インターネット	32.4	28.2	15.6	8.5	14.0	1.3

問14　あなたが楽しみを得るための手段として，次のa～dのメディアは，どのくらい重要ですか．それぞれについて，1～5の中から1つずつ○をつけてください．（○はそれぞれ1つずつ）

		非常に重要	ある程度重要	どちらともいえない	あまり重要ではない	まったく重要ではない	無回答
a	テレビ	57.7	33.2	5.3	2.0	1.8	0.1
b	新聞	17.4	38.4	20.3	14.1	9.5	0.3
c	雑誌	13.1	43.5	22.2	14.0	7.0	0.2
d	インターネット	30.8	29.2	15.3	8.7	14.8	1.2

問15　あなたは，次のa～dのメディアの情報のうち，信頼できる情報はどの程度あると思いますか．それぞれについて，1～5の中から1つずつ○をつけてください．なお，利用していないメディアについては，大体の印象でお答えください．（○はそれぞれ1つずつ）

		全部信頼できる	大部分信頼できる	半々くらい	一部しか信頼できない	まったく信頼できない	無回答
a	テレビ	7.0	56.2	29.9	5.8	1.0	0.1
b	新聞	10.4	62.1	22.9	3.7	0.7	0.2
c	雑誌	1.4	21.4	48.4	23.7	4.8	0.3
d	インターネット	2.6	25.8	45.5	17.3	7.1	1.6

問16　テレビ，ゲーム機，携帯電話（スマートフォン・PHSを含む），パソコンの中では，あなたにとって重要なものは何ですか．
大切な順に1，2，3，4の番号をふってください（大切なほうが1）．

	テレビ	ゲーム機	携帯電話	パソコン
	番	番	番	番
1番大切	51.6	1.4	33.4	13.1
2番目に大切	27.8	2.8	44.8	22.4
3番目に大切	17.7	10.6	16.2	51.8
4番目に大切	2.3	81.1	3.2	9.2
無回答	0.6	4.1	2.3	3.6

問17 次のa～rの意見について，あなたご自身はどう思われますか．あなたのお気持ちに最も近いものに，それぞれ1つずつ○をつけてください．（○はそれぞれ1つずつ）

		そう思う	まあそう思う	あまりそう思わない	そうは思わない	無回答
a	政治のことよりも自分の生活のほうが大事だ	34.2	47.7	12.7	5.1	0.3
b	われわれが少々騒いだところで政治はよくなるものではない	38.6	38.6	13.1	9.6	0.2
c	政治のことは難しすぎて自分にはよくわからない	13.6	37.2	30.0	18.9	0.3
d	情報を入手する際，重要なのはどちらかといえば質より早さだ	10.7	24.2	44.0	20.7	0.3
e	ゲームや小説などで自分が主人公感覚を味わえるととてもうれしい	11.2	23.9	34.4	30.1	0.3
f	ほとんどの人は基本的に正直である	7.9	42.4	37.5	11.9	0.3
g	ほとんどの人は他人を信頼している	3.6	36.2	45.5	14.5	0.3
h	私は人を信頼するほうである	16.4	56.1	22.2	5.1	0.2
i	人を助ければ，今度は自分が困っている時に誰かが助けてくれる	17.3	46.8	28.3	7.3	0.3
j	人と会って話しているときより，パソコンや携帯電話をいじっているときのほうが楽しい	2.2	6.4	35.8	55.1	0.5
k	人と会って話すより，メールでやりとりする方が気軽だ	3.0	12.2	35.8	48.2	0.7
l	実際に体験していなくても，情報として知っていれば十分だと思う	5.5	30.3	37.8	26.2	0.2
m	いろいろな情報は，記憶していなくてもインターネットで探しだせれば十分だ	4.3	20.5	40.1	34.0	1.1
n	私の家族は，みんなで何かをするのが好きである	19.6	40.6	32.7	6.5	0.6
o	私の家族では，自由な時間は一緒に過ごしている	15.0	41.0	30.9	12.5	0.5
p	家族がまとまっていることはとても大切である	63.3	32.7	2.5	1.2	0.3
q	テレビの番組を，はじめから放送されるままに順番どおりに見ているとじれったい	13.9	25.3	43.3	17.1	0.5
r	常に新しい情報に触れていることによって，元気になれる	11.0	37.3	41.1	10.4	0.3

問18 あなたには，次のa～mのようなことが，どのくらいあてはまりますか．あなたのお気持ちに最も近いものに，それぞれ**1つずつ**○をつけてください．（○はそれぞれ1つずつ）

		あてはまる	ややあてはまる	あまりあてはまらない	あてはまらない	無回答
a	まわりの人たちと興味や考え方が合わないと思うことがよくある	8.8	44.9	41.4	4.8	0.1
b	友達には何でも相談できる	10.3	37.4	41.9	10.2	0.2
c	まごまごしていると他人に追いこされそうだ，という不安を感じる	5.4	20.6	46.5	27.3	0.2
d	いつもやらなければならないことに追われているように感じる	16.4	35.2	32.3	15.8	0.2
e	人と一緒にいるのが好きである	24.2	43.8	27.1	4.7	0.2
f	人づきあいの機会があれば，喜んで参加する	19.6	41.2	32.9	6.2	0.1
g	自分が他人にどう思われているのか気になる	13.8	37.3	35.7	13.1	0.1
h	いつも友人や知人とつながっているという感覚が好きだ	15.0	38.8	37.1	9.1	0.1
i	世間のできごとより，自分の身の回りのできごとに興味がある	13.7	46.5	34.2	5.2	0.3
j	ふだん「明日は明日で何とかなる」と思って暮らしている	17.1	43.8	29.0	9.9	0.3
k	ことばより，絵や映像の方が自分の気持ちをうまく表現できる	3.0	13.4	51.5	31.7	0.4
l	自分の意見や気持ちを文字で発信することに喜びを感じる	4.5	17.9	46.8	30.6	0.3
m	ふだんから政治に対して関心がある	14.3	41.0	30.1	14.4	0.1

問19 あなたは，次のa～cのような行動をすることがありますか．それぞれについて1～5のうちあてはまるものに**1つずつ**○をつけてください．（○はそれぞれ1つずつ）

		ほぼ毎日する	週に数回	月に数回	月に一回以下	していない	無回答
a	携帯電話（スマートフォン・PHSを含む）で，ケータイ小説やケータイコミックを読むこと	2.1	1.7	3.7	3.1	89.1	0.3
b	iPodや携帯型ゲーム機などに動画をファイル保存して持ち歩くこと	2.4	1.3	2.3	2.9	90.9	0.3
c	インターネットの動画投稿・共有サイトに動画を投稿すること	0.3	0.1	0.6	1.1	97.6	0.3

357

問20 ふだんよく見るテレビ番組のジャンルは何ですか．次の中からあてはまるものに**いくつでも**○をつけてください．また，その中で**最もよく見る番組**に◎をつけてください．（○はいくつでも，◎は1つ）

※（　）内の数字は◎の％

86.7 (31.4)	ニュース	47.1 (4.6)	情報番組
49.4 (7.0)	スポーツ	45.3 (1.9)	映画
61.3 (15.2)	ドラマ	33.1 (2.1)	旅行・グルメ
19.9 (2.2)	アニメ	29.0 (1.6)	趣味・教養
67.9 (18.7)	バラエティ（お笑い・クイズなど）	3.4 (0.6)	その他
34.6 (1.3)	音楽	0.5 (13.5)	無回答

問21 次のa～iのサービスやソフトに月々いくらくらい支払っていますか．およそで結構ですから，近いものに**1つずつ**○をつけてください．ご両親などに支払ってもらっている場合でもその金額をお答えください．（○はそれぞれ1つずつ）

		毎月の支出額（電話の場合は基本料金＋利用料金）							
		支払いはない	2千円未満	2～4千円未満	4～6千円未満	6～8千円未満	8千円～1万円未満	1～2万円未満	2万円以上	無回答
a	ご自宅の固定電話料金	10.4	23.5	40.3	13.8	6.7	3.0	1.1	0.1	0.9
b	ご自宅の有料テレビ放送（ケーブルテレビ，スカパー，ひかりTVなど．NHK受信料は除く）	63.1	6.0	12.2	9.6	3.7	2.4	1.4	0.1	1.6
c	パソコンや携帯電話で見る有料ネット動画コンテンツサービス（NHKオンデマンド，GyaO!の有料動画など）	82.0	7.2	3.8	3.0	1.7	0.6	0.3	0.1	1.4
d	あなたの携帯電話・スマートフォン・PHS料金	10.6	5.4	26.0	19.5	15.0	11.8	9.8	1.0	0.7
e	音楽ソフト（CDなど）の購入・レンタル・ダウンロード費	63.7	26.0	6.0	1.9	0.3	0.7	0.3	0.1	1.2
f	映像ソフト（DVDなど）の購入・レンタル費	61.6	28.8	5.2	1.8	0.5	0.7	0.3	0.2	0.9
g	パソコンソフトウェアの購入・ダウンロード費	85.8	10.1	1.6	0.4	0.4	0.3	0.2	0.1	1.2
h	ゲームソフトの購入・ダウンロード費やオンラインゲーム利用料	83.3	8.4	3.3	2.8	0.7	0.3	0.2	0.1	0.9
i	本・雑誌・マンガの購入・ダウンロード費	34.3	45.1	11.8	4.9	0.9	1.2	0.8	0.6	0.4

問22 あなたがテレビを見るとき，次のようなことがどの程度ありますか．
次のa～cのそれぞれについて，あてはまるものに1つずつ○をつけてください．（○はそれぞれ1つずつ）

		よくある	時々ある	あまりない	まったくない	無回答
a	ある番組をいったん見始めたら，最後まで見る	41.1	43.5	12.4	2.8	0.3
b	特に見たい番組がなくても，テレビをつけたままにする	32.5	33.9	23.6	9.7	0.3
c	新聞のテレビ欄や番組ガイドなどで，見る番組をあらかじめ決めておく	37.8	34.2	19.6	8.1	0.3

問23 あなたは，次にあげることについてどう思われますか．それぞれについて，1～2のうちあてはまるものに1つずつ○をつけてください．（○はそれぞれ1つずつ）

		そう思う	そう思わない	無回答
a	個人的な手紙を（手書きではなく），パソコン（ワープロ）で書くのはなるべくやめた方がよい	52.6	47.0	0.4
b	目上の人からの贈り物のお礼を携帯メールで済ませるのはなるべくやめた方がよい	87.6	12.2	0.2
c	電車やバスの中では携帯電話の電源は切るべきだ	56.2	43.3	0.5
d	たとえ自分に必要な情報や知識であっても，それにお金を払うのには抵抗がある	37.4	62.0	0.5

問24 あなたは，次のa～dのような目的のために，どのメディアを最も利用していますか．
それぞれ1つずつ○をつけてください．（○はそれぞれ1つずつ）
　　a　いち早く世の中のできごとや動きを知る

72.1	テレビ	0.2	書籍
2.0	ラジオ	21.0	インターネット
3.9	新聞	0.3	その他
0.3	雑誌	0.2	無回答

　　b　世の中のできごとや動きについて信頼できる情報を得る

55.1	テレビ	1.8	書籍
1.6	ラジオ	9.0	インターネット
30.4	新聞	1.5	その他
0.5	雑誌	0.3	無回答

c 趣味・娯楽に関する情報を得る

29.8	テレビ	5.7	書籍		
0.8	ラジオ	35.9	インターネット		
5.4	新聞	1.4	その他		
17.5	雑誌	3.2	その種の情報はとくに必要ない	0.3	無回答

d 仕事や研究に役立つ情報を得る

11.6	テレビ	21.3	書籍		
0.4	ラジオ	36.6	インターネット		
9.3	新聞	2.5	その他		
4.1	雑誌	13.6	その種の情報はとくに必要ない	0.5	無回答

問25 あなたは，次のa～cのようなことのために，どのような手段を最もよく利用していますか。それぞれ1つずつ○をつけてください。（○はそれぞれ1つずつ）

a 会合の連絡など友人との日常的な情報交換

2.3	手紙・はがき	0.3	メッセンジャー・チャット・掲示板	
0.5	ファクシミリ	10.1	会って話す	
35.6	携帯電話・固定電話の通話	0.4	その他	
43.7	携帯電話のメール	1.5	まったくしたことがない	
5.4	パソコンのメール	0.1	無回答	

b 友人と，とくに目的なく，おしゃべりしたり，世間話を楽しむ

0.3	手紙・はがき	0.7	メッセンジャー・チャット・掲示板	
—	ファクシミリ	58.3	会って話す	
22.5	携帯電話・固定電話の通話	0.9	その他	
13.3	携帯電話のメール	3.2	まったくしたことがない	
0.6	パソコンのメール	0.1	無回答	

c 目上の人に改まった頼み事をする

5.9	手紙・はがき	—	メッセンジャー・チャット・掲示板	
0.2	ファクシミリ	68.8	会って話す	
13.9	携帯電話・固定電話の通話	0.7	その他	
1.9	携帯電話のメール	7.8	まったくしたことがない	
0.5	パソコンのメール	0.2	無回答	

最後にあなたご自身のことについておたずねします．調査を統計的に分析するために重要ですので，ぜひご記入いただくようお願いいたします．

【フェース・シート】

F1 あなたの性別をお知らせください．（○は1つ）

| 46.7 男 性 | 53.3 女 性 |

F2 あなたの年齢をお知らせください．

| 8.6 13～19歳 | 9.7 20～29歳 | 18.3 30～39歳 |
| 18.3 40～49歳 | 23.2 50～59歳 | 21.9 60～69歳 |

F3 あなたが最後に在籍，または現在在学中の学校は，次のどれですか．あてはまるものに1つだけ○をつけてください．（○は1つ）

| 9.7 中学校（旧制尋常小学校，旧制高等小学校を含む） |
| 42.7 高校（旧制中学校，実業学校，師範学校，女学校を含む） |
| 21.9 短大・高専・旧制高校・専門学校 |
| 21.9 大学 |
| 2.8 大学院　　　　　　　　　　　　　　　　　　　　1.2 無回答 |

F4 あなたは現在，結婚していますか．次のうち，あてはまるものに1つだけ○をつけてください．（○は1つ）

| 70.0 既婚（パートナーと同居も含む）　6.0 離婚，死別　23.9 未婚　0.1 無回答 |

F5 お宅で同居なさっているご家族は，あなたを含めて何人ですか．(具体的に数字をお書きください)

| 5.3 | 22.5 | 24.3 | 24.6 | 14.2 | 6.0 | 2.6 | 0.6 |
| 1人 | 2人 | 3人 | 4人 | 5人 | 6人 | 7人以上 | 無回答 |

F6 かりに現在の日本社会全体を，以下の5つの層に分けるとすれば，あなたご自身はどれに入ると思いますか．次のうち，あてはまるものに1つだけ○をつけてください．（○は1つ）

| 1.2 上　　7.9 中の上　　41.9 中の中　　23.6 中の下　　7.7 下 |
| 17.3 わからない・答えたくない　　　　　　　　　　　　0.4 無回答 |

F7 あなたは現在の市区町村に何年くらい住んでいますか．具体的に数字をお書きください．1年未満の場合は「0 住み始めて1年未満」に○をつけてください．

| ☐ 年くらい　　平均25.3年　　1.4 住み始めて1年未満　　0.1 無回答 |

F8　あなたの現在のお仕事についておうかがいします。あなたはふだんどのような仕事をなさっていますか。次のうち、あてはまるものに1つだけ○をつけてください。(○は1つ)

48.4	18.2	14.0	9.3	9.9
フルタイムで働いている	パートタイム、アルバイト	専業主婦(夫)	学生・生徒	無職

【F9へお進みください】　0.2　無回答

【F8で「1」に○をつけた方におたずねします】
F8-1　あなたのお仕事の内容は、次の1～11のうち、どれに最も近いですか。あてはまるものに1つだけ○をつけてください。(○は1つ)(n=715)

　5.9　会社団体役員(会社社長、会社役員、その他各種団体理事など)
　11.6　自営業主(商店主、工場主、その他各種サービス業の事業主)
　1.4　自由業(宗教家、文筆家、音楽家、デザイナー、職業スポーツ選手など)
　18.0　専門技術職(医師、弁護士、教員、技術者、看護師など)
　9.5　管理職(会社・団体などの課長以上、管理的公務員など)
　18.3　事務職(一般事務系・係長以下、記者、編集者、タイピストなど)
　11.2　販売・サービス職(販売員、セールスマン、理容師・美容師、調理師など)
　17.6　技能・労務職(職人、工員、自動車運転手など)
　1.4　保安職(警察官、自衛官、海上保安官など)
　2.7　農林漁業
　2.4　その他(具体的に　　　　　　　　　　　　　　)

F9　お宅の世帯年収(税込み)は、次のうちどれにあたりますか。次のうち、あてはまるものに1つだけ○をつけてください。(○は1つ)

11.0	～200万円未満	9.5	800万円以上～1,000万円未満
25.8	200万円以上～400万円未満	4.4	1,000万円以上～1,200万円未満
23.0	400万円以上～600万円未満	2.3	1,200万円以上～1,400万円未満
15.2	600万円以上～800万円未満	2.5	1,400万円以上　　　　6.4　無回答

～　長い間、ご協力ありがとうございました　～

「生活行動時間調査票」の記入もよろしくお願いいたします。

曜・ 曜用

〔調査企画〕東京大学大学院 情報学環
橋元研究室
〔調査実施〕社団法人 中央調査社

生活行動時間調査票

（　月　日（　）と　月　日（　）の2日間ご記入ください）

―― ご記入のお願い ――

▽　この調査は，指定した2日間のあなたご自身の生活行動を，「あなたのいた場所」「主な生活行動」「情報行動」の3つの区分で，それぞれ記録していただくものです．記入はできるだけその日のうちにお願いいたします．

▽　あなたご自身の行動を記入してください．
〔ご家族の方へ〕中学生や高齢の方が対象になっている場合は，ご家族の手助けをお願いいたします．

▽　記入用紙は，簡単な質問と，午前6時から次の日の午前6時までを1日分とした2日分（1日2枚，計4枚）についての15分単位の行動記録です．

▽　記入は黒鉛筆でお願いいたします．

▽　記入の前に，下記の記載と『記入の仕方』をよくお読みになってください．

※　行動記録票は，15分刻みの目盛りがうってあります．

※　「あなたのいた場所（どこにいたか）」と「主な生活行動（何をしていたか）」の記入方法
　①　その15分間のうち，最も長くいた場所，および，最も長くしていた生活行動を選んで，あてはまる欄に矢印（⇐⇒）を引いてください（この2つの区分では，×印の記入はありません）．
　②　矢印は必ず，24時間切れ目なくご記入ください．
　③　また，重複して矢印が引かれることはありません．

※　「情報行動」の記入方法（「情報行動」とはメディアの利用行動などを指します）
　①　行動が10分間以上の場合は，あてはまる欄に矢印（⇐⇒）を引いてください．10分に満たない場合は×印をしてください．
　②　いくつもの行動を重複して行った場合は，その行動すべてに印をつけてください．

※　行動の記入がもれているところがないように，注意して見なおしをお願いします．

※　記入上おわかりにならない点などがありましたら，おうかがいした調査員におたずねいただくか，調査の実施機関である（社）中央調査社にお問い合わせください．

《問い合わせ先につきましては別紙の「ご協力のお願い」をご覧ください》

次ページ以降の生活行動時間の記録とあわせ，下記の質問にもお答えください．

問　生活行動時間の記録をお願いした2日間で，以下のことをどのくらい行いましたか．通話などされていない場合は「0」を，ふだんまったく使っていない場合は「×」を記入してください．
※　「携帯電話」は，スマートフォンやPHSを含みます．

		月　日（　）	月　日（　）
a）	固定電話での通話回数（受発信の合計）	回	回
b）	携帯電話での通話回数（受発信の合計）	回	回
c）	パソコンのメール受信数（迷惑メールは除く）	通	通
d）	パソコンのメール発信数	通	通
e）	携帯電話のメール受信数（迷惑メールは除く）	通	通
f）	携帯電話のメール発信数	通	通
g）	その日に会って話を交わした人数（名前を知っている人，家族・仕事関係も含む）	人	人

整　理　番　号	

第3部 調査票（単純集計結果）

記入の仕方

月　日（　曜日）　6時～18時まで

※「あなたのいた場所」と「主な生活行動」は24時間区切れ目なく、また、重複記入がないようにご記入ください。

※記入上の注意1　「あなたのいた場所」と「主な生活行動」は、その15分間のうち、最も長くいた場所およ び、最も長くしていた生活行動を選んでご記入ください。

※記入上の注意2　「情報行動」は、行動を行っていた時間が10分未満の場合は×印を、10分以上の場合は矢印（——→）を記入してください。

※記入上の注意3　インターネットは回線をつないでいる時間ではなく、実際にインターネット利用行動を行った時間帯をご記入ください。重複して利用している場合は、それぞれに記入してください。

※記入上の注意4　「携帯電話」は、スマートフォンやPHSを含みます。

あなたのいた場所:
- 01 自宅（現在お住まいのところ）
- 02 親戚や知人の家
- 03 職場
- 04 自宅兼職場
- 05 学校
- 06 移動中（交通機関、自家用車、徒歩など）
- 07 その他（矢印の下に具体的な場所をお書きください）

主な生活行動:
- 08 睡眠
- 09 身じたく（洗顔、化粧、トイレ、入浴、散髪など）・家事・子供や家族の世話
- 10 飲食（食事、喫茶、飲酒）
- 11 移動（送り迎えも含む）
- 12 仕事
- 13 学校・塾の授業、それ以外の勉強（部活動・クラブ活動も含む）
- 14 買い物をする
- 15 趣味・娯楽・休息・その他

情報行動:
テレビ
- 16 テレビ放送を見る
- 17 録画したテレビ番組を見る
- 18 DVDソフト・レンタルDVDなどを見る
- 19 テレビゲームをする

※「情報行動」について、行動があった場合にはすべてご記入ください。

（表は6:00〜18:00の15分刻みタイムテーブル。注記例：「6:40に起きても、15分刻みの目盛りで、最も近い矢印をあわせて矢印を引いてください」「8:50から入っても、15分刻みの目盛りで、最も近い目盛りにあわせて矢印を引いてください」「移動している時は、15分刻みの目盛りで、最も近い目盛りにあわせて矢印を引いてください」「必ず場所名を書いてください」（例：図書館、スーパー、公園）「主に家事や食事をしながら、テレビを見ている、続けて見ている場合は、このように記録となります」「（10分未満を継続している場合です）」「8時15分家をでる」「17時に帰宅」など）

			6時		7時		8時		9時		10時		11時		12時		13時		14時		15時		16時		17時		
				30		30		30		30		30		30		30		30		30		30		30		30	
携帯電話	メールを読む・書く	20																									
	サイトを見る	21																									
	サイトに書き込む	22						X																			
	インターネット経由の動画を見る	23							X																		
(※注4)	通話をする	24																									
	テレビ放送を見る	25																									
	録画したテレビ番組を見る	26																									
	ゲームをする	27																									
	メールを読む・書く	28																	X								
	サイトを見る	29																	X								
	サイトに書き込む	30																									
パソコン	インターネット経由の動画を見る	31																									
	チャット機能やメッセンジャーを使う	32																									
	テレビ放送を見る	33																									
	録画したテレビ番組を見る	34																									
	DVDソフト、レンタルDVDなどを見る	35																									
	ゲームをする	36																									
	作業をする（Wordなどでの文書作成、Excelなどでの計算）	37																									
印刷物	新聞を読む	38																									
	マンガを読む	39																									
	雑誌（マンガ・雑誌を除く）を読む	40																									
	書籍（マンガ・雑誌を除く）を読む	41																									
	上記以外の文章を読む	42																									
オーディオ	MP3プレイヤー・CD・MD・テープなどを聞く	43																									
	ラジオを聴く	44																									
人との会話	人と話をする（打ち合わせを含む）	45																									
	集会・会議・会合などに出席する	46																									
	固定電話で通話する	47																									
その他	文書を手で書く（家計簿記入、事務文書作成も含む）	48																									
	授業・講習・講演会に出席する	49																									
	ビデオカメラ・携帯電話などで動画撮影する	50																									
	携帯型ゲーム機でゲームをする	51																									

（10分未満の場合×印）

（いっぺんに2つ以上のことをした時は全部に印をつけてください）

月　日（　曜日）　6時～18時まで

※ ［あなたのいた場所］と［主な生活行動］は24時間切れ目なく、また、重複記入がないように記入してください。

※記入上の注意1　［あなたのいた場所］と［主な生活行動］は、最も長くしていた生活行動を選んでご記入ください。その15分間のうち、最も長くいた場所および、

※記入上の注意2　［情報行動］は、行動を行っていた時間が10分未満の場合は×印を、10分以上の場合は矢印（←→）をご記入ください。

※記入上の注意3　インターネットは回線をつないでいる時間ではなく、実際にインターネット利用行動を行った時間帯をご記入ください。重複して利用している場合は、それぞれに記入してください。

※記入上の注意4　［携帯電話］は、スマートフォンやPHSを含みます。

		6時		7時		8時		9時		10時		11時		12時		13時		14時		15時		16時		17時	
			30		30		30		30		30		30		30		30		30		30		30		30
※あなたのいた場所	自宅（現在お住まいのところ）	01																							
	親戚や知人の家	02																							
	職場	03																							
	自宅兼職場	04																							
	学校	05																							
	移動中（交通機関、自家用車、徒歩など）	06																							
	その他（矢印の下に具体的な場所をお書きください）	07																							
※主な生活行動	睡眠	08																							
	身じたく（洗顔、化粧、トイレ、入浴、散髪など）・家事・子供や家族の世話	09																							
	飲食（食事、喫茶、飲酒）	10																							
	移動（送り迎えも含む）	11																							
	仕事	12																							
	学校・塾の授業・それ以外の勉強（部活動・クラブ活動も含む）	13																							
	買い物をする	14																							
	趣味・娯楽・休息・その他	15																							

※［情報行動］について、行動があった場合にはすべてご記入ください。

		6時		7時		8時		9時		10時		11時		12時		13時		14時		15時		16時		17時	
			30		30		30		30		30		30		30		30		30		30		30		30
情報行動	テレビ放送を見る	16																							
	録画したテレビ番組を見る	17																							
テレビ	DVDソフト・レンタルDVDなどを見る	18																							
	テレビゲームをする	19																							

			6時	7時	8時	9時	10時	11時	12時	13時	14時	15時	16時	17時	
			30	30	30	30	30	30	30	30	30	30	30	30	
			6:00	7:00	8:00	9:00	10:00	11:00	12:00	13:00	14:00	15:00	16:00	17:00	18:00
情報行動	携帯電話	20 メールを読む・書く													
		21 サイトを見る													
		22 サイトに書き込む													
		23 インターネット経由の動画を見る													
		24 通話をする													
		25 テレビ放送を見る													
		26 録画したテレビ番組を見る													
		27 ゲームをする													
	パソコン	28 メールを読む・書く													
		29 サイトを見る													
		30 サイトに書き込む													
		31 インターネット経由の動画を見る													
		32 チャット機能やメッセンジャーを使う													
		33 テレビ放送を見る													
		34 録画したテレビ番組を見る													
		35 DVDソフト・レンタルDVDなどを見る													
		36 ゲームをする													
		37 作業をする(Wordなどでの文書作成、Excelなどでの計算)													
	印刷物	38 新聞を読む													
		39 マンガを読む													
		40 雑誌(マンガ・雑誌を除く)を読む													
		41 書籍(マンガ・雑誌を除く)を読む													
		42 上記以外の文章を読む													
	オーディオ	43 MP3プレイヤー・CD・MD・テープなどを聞く													
		44 ラジオを聴く													
	人との会話	45 人と話をする(打ち合わせを含む)													
		46 集会・会議・会合などに出席する													
		47 固定電話で通話する													
	その他	48 文書を手で書く(家計簿記入、事務文書作成も含む)													
		49 授業・講習・講演会に出席する													
		50 ビデオカメラ・携帯電話などで動画撮影をする													
		51 携帯型ゲーム機でゲームをする													

月　日（　曜日）
18 時〜翌朝 6 時まで

※記入上の注意 1　「あなたのいた場所」と「主な生活行動」は、最も長くしていた場所および生活行動を選んでご記入ください。

※記入上の注意 2　「情報行動」は、行動を行っていた時間が 10 分未満の場合は×印を、10 分以上の場合は矢印（←→）を記入してください。

※記入上の注意 3　インターネットは回線をつないでいる時間ではなく、実際にインターネット利用行動を行った時間帯をご記入ください。重複して利用している場合は、それぞれに記入してください。

※記入上の注意 4　「携帯電話」は、スマートフォンや PHS を含みます。

※「あなたのいた場所」と「主な生活行動」は 24 時間切れ目なく、また、重複記入がないようにご記入ください。

	あなたのいた場所							主な生活行動								
	自宅（現在お住まいのところ）	親戚や知人の家	職場	自宅兼職場	学校	移動中（交通機関、自家用車、徒歩など）	その他（矢印の下に具体的な場所をお書きください）	睡眠	身じたく（洗顔、化粧、トイレ・入浴、散髪など）・家事・子供や家族の世話	飲食（食事、喫茶、飲酒）	移動（送り迎えも含む）	仕事	学校、塾の授業、それ以外の勉強（部活動・クラブ活動も含む）	買い物をする	趣味・娯楽・休息・その他
No.	01	02	03	04	05	06	07	08	09	10	11	12	13	14	15

※「情報行動」について、行動があった場合にはすべてご記入ください。

情報行動	テレビ	テレビ放送を見る
		録画したテレビ番組を見る
		DVD ソフト・レンタル DVD などを見る
		テレビゲームをする
No.		16 / 17 / 18 / 19

(時間軸：18:00 19:00 20:00 21:00 22:00 23:00 24:00 1:00 2:00 3:00 4:00 5:00 6:00)

			18:00	19:00	20:00	21:00	22:00	23:00	24:00	1:00	2:00	3:00	4:00	5:00	6:00
			6時 30	7時 30	8時 30	9時 30	10時 30	11時 30	12時 30	13時 30	14時 30	15時 30	16時 30	17時 30	
情報行動	携帯電話	メールを読む・書く													20
		サイトを見る													21
		サイトに書き込む													22
		インターネット経由の動画を見る													23
		通話をする													24
		テレビ放送を見る													25
		録画したテレビ番組を見る													26
		ゲームをする													27
	パソコン	メールを読む・書く													28
		サイトを見る													29
		サイトに書き込む													30
		インターネット経由の動画を見る													31
		チャット機能やメッセンジャーを使う													32
		テレビ放送を見る													33
		録画したテレビ番組を見る													34
		DVDソフト・レンタルDVDなどを見る													35
		ゲームをする													36
		作業をする（Wordなどでの文書作成、Excelなどでの計算）													37
	印刷物	新聞を読む													38
		マンガを読む													39
		雑誌（マンガを除く）を読む													40
		書籍（マンガ・雑誌を除く）を読む													41
		上記以外の文章を読む													42
	オーディオ	MP3プレイヤー・CD・MD・テープなどを聞く													43
		ラジオを聴く													44
	人との会話	人と話をする（打ち合わせを含む）													45
		集会・会議・会合などに出席する													46
		固定電話で通話する													47
	その他	文書を手で書く（家計簿記入、事務文書作成も含む）													48
		授業・講習・講演会に出席する													49
		ビデオカメラ・携帯電話などで動画撮影する													50
		携帯型ゲーム機でゲームをする													51

（1）あなたのいた場所 分類表

場所分類	備考
01. 自宅（現在お住まいのところ）	自宅でパソコンなどの作業をした場合、「04 自宅兼職場」ではなくここに含めてください．
02. 親戚や知人の家	友人の家もここに含めてください．
03. 職場	アルバイト先なども含めてください．仕事中の立ち寄り先は、「07 その他」に印をつけてください．
04. 自宅兼職場	自宅に作業場などがあり、その仕事場にいた場合は、ここに記入してください．個人商店なども含みます．
05. 学校	中学、高校、高専、予備校、塾、短大、大学、専門学校、ビジネススクールなどは、ここに記入してください．
06. 移動中（交通機関、自家用車、徒歩など）	電車、バス、タクシー、営業用車輌、自家用車、自転車、徒歩など．電車での待ち時間もここに含めます．
07. その他	商業施設、レジャー施設、街でのショッピングなど上記01～06以外の場所すべて．

（2）主な生活行動 分類表

行動分類	備考
08. 睡眠	昼寝の場合もここに含めてください．
09. 身じたく（洗顔、化粧、トイレ、入浴、散髪など）・家事・子供や家族の世話	「病院での受診」「美容院」「金融機関でのやりとり」はここに含めてください．
10. 飲食（食事、喫茶、飲酒）	外での飲食だけでなく、自宅での飲食もここに含めてください．
11. 移動（送り迎えも含む）	電車の待ち時間もここに含めます．
12. 仕事	アルバイトなども含めてください．
13. 学校・塾の授業、それ以外の勉強（部活動・クラブ活動も含む）	勉強で本を読んだ場合、情報行動の「41 書籍を読む」にも記入してください．
14. 買い物をする	実際に商品を購入せず、店の中を見るだけの場合もここに含めてください．
15. 趣味・娯楽・休息・その他	「(この)調査票の記入」「お祈り」「犬の散歩」は「その他」と考え、ここに含めてください．

（3）情報行動 分類表

	行動分類	備考
テレビ	16. テレビ放送を見る	テレビ番組を放送と同時に見る
	17. 録画したテレビ番組を見る	録画したテレビ番組をビデオ・DVD・HDD・ブルーレイディスクなどで再生して見る
	18. DVDソフト・レンタルDVDなどを見る	レンタル及び市販のビデオやDVD、ブルーレイディスクなどを見る
	19. テレビゲームをする	Wii、PlayStationシリーズ、Xboxシリーズなど

	行 動 分 類	備 考
携帯電話	20. メールを読む・書く	携帯電話でメールを読み書きする
	21. サイトを見る	携帯電話で情報サイトや掲示板，ブログ，SNS，ツイッターなどを見る
	22. サイトに書き込む	携帯電話から掲示板やブログ，SNS，ツイッターなどへ書き込む（自分のサイトの更新も含む）
	23. インターネット経由の動画を見る	携帯電話でインターネットの動画サイトを見る（YouTube，ニコニコ動画，GyaO! など）
	24. 通話をする	携帯電話で通話をする
	25. テレビ放送を見る	携帯電話でテレビ番組を放送と同時に見る（ワンセグ）
	26. 録画したテレビ番組を見る	携帯電話で録画したテレビ番組を再生して見る
	27. ゲームをする	携帯電話でゲームをする（オンラインゲームを含む）
パソコン	28. メールを読む・書く	パソコンでメールを読み書きする
	29. サイトを見る	パソコンで情報サイトや掲示板，ブログ，SNS，ツイッターなどを見る
	30. サイトに書き込む	パソコンから掲示板やブログ，SNS，ツイッターなどへ書き込む（自分のサイトの更新も含む）
	31. インターネット経由の動画を見る	パソコンでインターネットの動画サイトを見る（YouTube，ニコニコ動画，GyaO! など）
	32. チャット機能やメッセンジャーを使う	パソコンでチャットやメッセンジャーを使う（MSN メッセンジャー，Yahoo メッセンジャー，ICQ など）
	33. テレビ放送を見る	パソコンでテレビ番組を放送と同時に見る（ワンセグチューナー，デジタルチューナー，アナログチューナー）
	34. 録画したテレビ番組を見る	パソコンで録画したテレビ番組を再生して見る
	35. DVD ソフト・レンタル DVD などを見る	パソコンでレンタル及び市販の DVD，ブルーレイディスクなどを見る
	36. ゲームをする	パソコンでゲームをする（オンラインゲームを含む）
	37. 作業をする（Word などでの文書作成，Excel などでの計算）	パソコンで Word などを使って文書作成，Excel などを使って計算したりする
印刷物	38. 新聞を読む	一般紙の朝刊・夕刊，スポーツ新聞，夕刊紙など
	39. マンガを読む	コミック雑誌，コミック単行本，コミック文庫本など
	40. 雑誌（マンガを除く）を読む	週刊誌，隔週誌，月刊誌，R25 のようなフリーペーパー・フリーマガジンなど
	41. 書籍（マンガ・雑誌を除く）を読む	単行本，新書，文庫本など
	42. 上記以外の文章を読む	
オーディオ	43. MP3 プレイヤー・CD・MD・テープなどを聞く	
	44. ラジオを聴く	据置型ラジオ，携帯型ラジオ，ラジカセ，カーラジオなど

行 動 分 類	備 考
人との会話	
45. 人と話をする（打ち合わせを含む）	
46. 集会・会議・会合などに出席する	
47. 固定電話で通話する	固定電話で通話をする
その他	
48. 文書を手で書く（家計簿記入，事務文書作成も含む）	
49. 授業・講習・講演会に出席する	
50. ビデオカメラ・携帯電話などで動画撮影する	
51. 携帯型ゲーム機でゲームをする	ニンテンドーDSやPSPなど

執筆者一覧 (執筆順)

橋元良明　東京大学大学院情報学環（序/0/1.1/2.1.1/2.1.2/2.1.5/2.1.7/2.4.2/3）
北村　智　東京経済大学コミュニケーション学部（1.2/1.5/2.2.1/5）
辻　大介　大阪大学大学院人間科学研究科（1.3/1.6/2.3）
金　相美　名古屋大学大学院国際言語文化研究科（1.4/2.1.6/2.4.3）
森　康俊　関西学院大学社会学部（2.1.3/2.2.2/2.4.4）
久保隅　綾　東京大学大学院学際情報学府博士課程／大阪ガス㈱（2.1.4/2.4.5/2.6/6）
是永　論　立教大学社会学部（2.4.1/4）
小笠原盛浩　関西大学社会学部（2.5）
長尾嘉英　㈱電通 電通総研（7）
庄野　徹　㈱電通 電通総研（8）

編者略歴

1955 年　京都市に生れる．
1978 年　東京大学文学部心理学科卒業．
1982 年　同大学大学院社会学研究科修士課程修了．
現　在　東京大学大学院情報学環教授．

主要著書

『背理のコミュニケーション』（1989 年，勁草書房）
『コミュニケーション学への招待』（編著，1997 年，大修館書店）
『メディア・コミュニケーション論』（共編著，1998 年，北樹出版）
『講座社会言語学 2 メディア』（編著，2005 年，ひつじ書房）
『メディア・コミュニケーション学』（編著，2008 年，大修館書店）
『ネオ・デジタルネイティブの誕生』（共著，2010 年，ダイヤモンド社）
『メディアと日本人──変わりゆく日常』（2011 年，岩波書店）

日本人の情報行動 2010

2011 年 9 月 21 日　初　版

［検印廃止］

編　者　　橋元良明
　　　　　はしもとよしあき

発行所　　財団法人　東京大学出版会

代表者　　渡辺　浩

113-8654　東京都文京区本郷 7-3-1 東大構内
電話　03-3811-8814　Fax 03-3812-6958
振替　00160-6-59964

印刷所　　株式会社三秀舎
製本所　　誠製本株式会社

© 2011 Yoshiaki Hashimoto, editor
ISBN 978-4-13-050176-7　Printed in Japan

R〈日本複写権センター委託出版物〉
本書の全部または一部を無断で複写複製（コピー）することは，著作権法上での例外を除き，禁じられています．本書からの複写を希望される場合は，日本複写権センター（0-3401-2382）にご連絡ください．